Highway Tunnel Operation Management Manual

公路隧道运营管理手册

夏永旭 编著

人民交通出版社股份有限公司
China Communications Press Co.,Ltd.

内 容 提 要

本书内容包括公路隧道的基本情况介绍、管理机构职能与制度、土建结构运营养护、机电设施运营养护、其他工程设施运营养护、安全管理、紧急事故处理、技术管理和运营安全等级评价等,并附有公路隧道运营相关的部分样表,公路隧道定期检查、专项检查、运营安全评估报告样本及公路隧道灭火救灾演习案例。

本书可作为公路隧道运营管理和养护相关技术人员的实用参考资料,亦可供高等院校公路工程、交通工程、隧道工程及相关专业师生阅读参考。

图书在版编目(CIP)数据

公路隧道运营管理手册 / 夏永旭编著. — 北京:
人民交通出版社股份有限公司, 2017.5
ISBN 978-7-114-13700-6

Ⅰ. ①公… Ⅱ. ①夏… Ⅲ. ①公路隧道—交通运输管理—手册 Ⅳ. ①U459.2-62

中国版本图书馆 CIP 数据核字(2017)第 044975 号

书　　名：	公路隧道运营管理手册
著 作 者：	夏永旭
责任编辑：	黎小东　韩　帅
出版发行：	人民交通出版社股份有限公司
地　　址：	(100011)北京市朝阳区安定门外外馆斜街 3 号
网　　址：	http://www.ccpress.com.cn
销售电话：	(010)59757973
总 经 销：	人民交通出版社股份有限公司发行部
经　　销：	各地新华书店
印　　刷：	北京鑫正大印刷有限公司
开　　本：	787×1092　1/16
印　　张：	22.5
字　　数：	526 千
版　　次：	2017 年 5 月　第 1 版
印　　次：	2017 年 5 月　第 1 次印刷
书　　号：	ISBN 978-7-114-13700-6
定　　价：	90.00 元

(有印刷、装订质量问题的图书,由本公司负责调换)

前 言

近 30 年来,我国公路隧道建设取得了举世瞩目的成果。截至 2016 年年底,全国共修建公路隧道 15 181 处、1 403.97 万 m。其中特长隧道 815 处、362.27 万 m,长隧道 3 520 处、604.55 万 m。然而,随着越来越多的公路隧道的建成并投入运营,公路隧道事故也呈现逐年上升的趋势。针对公路隧道的建设和运营管理,我国虽然先后颁布了一系列的设计、施工和养护规范及细则,但截至目前还没有一部完整的公路隧道运营管理标准或者手册。因此,系统总结长大公路隧道运营管理经验,对提高我国公路隧道管理水平,充分发挥其安全、高效的运营服务功能,避免和降低重大灾害的损失,有着重要的理论和实际意义。

本手册是在总结笔者二十余年研究成果的基础上,吸收国内外先进经验与技术,结合国家或行业最新标准规范编写而成的。全书共分 16 章。第 1、2 章绪论和总则介绍了我国公路隧道的发展情况以及编写本手册的目的和原则;第 3 章讲述公路隧道的基本情况及其安全、养护等级的划分和技术状况评定问题;第 4 章介绍了公路隧道的管理机构职能与制度;第 5 章介绍了公路隧道土建结构的运营养护内容,包括了公路隧道土建结构的日常巡查、清洁、结构检查、保养维修和病害处治等内容;第 6~11 章介绍了公路隧道机电设施的运营养护问题,涉及供配电、通风、照明、消防、交通安全和监控等系统的机电设施的日常巡查、清洁维护和设施检修等内容;第 12 章介绍了公路隧道其他工程设施的运营养护内容;第 13 章介绍了公路隧道安全管理的问题,涉及交通管制、超限车辆及危险品运输等内容;第 14 章介绍了公路隧道发生紧急事故时的应对措施及灾后评估问题,涵盖了交通事故、火灾、危险品泄漏和地震灾害问题;第 15 章介绍了公路隧道技术管理的相关内容;第 16 章介绍了隧道运营安全等级评价的相关内容。书后附有公路隧道运营相关的部分样表,公路隧道定期检查、专项检查、运营安全评估报告样本及公路隧道灭火救灾演习案例。

全书主要由长安大学隧道安全研究所夏永旭教授编写。在编写过程中,研究生雷平、宁鹏、卫巍、孙长海、侯建斌、郇星超、薛旋、罗浩、张勇、王飞、师江涛、王星、姚毅、张博、丁平、汪文兵,博士生柴伦磊、韩兴博等人做了大量的工作;本所王永东副教授在成书过程中给予了很多协助,在此一并表示感谢。

在本书编写过程中,山西省新原高速公路建设有限责任公司及所属雁门关隧道管理站给予了大力的支持,在此表示衷心的感谢。作者在编写时参阅了大量的有关文献资料,并得到缙云山隧道、中梁山隧道、猫狸岭隧道、湖雾岭隧道、终南山隧道等管理单位的支持,在此一并表示感谢。

限于作者的学识水平,书中难免会有诸多不妥和不足之处,敬请广大读者批评指正。

作 者
2017 年 4 月

目 录

第1章　绪论	1
1.1　我国公路隧道的发展状况	1
1.2　我国长大公路隧道的事故状况	6
1.3　编制《公路隧道运营管理手册》的必要性	9
第2章　总则	14
2.1　编制目的和参考标准	14
2.2　公路隧道运营管理的目的	14
2.3　公路隧道运营管理的原则	15
2.4　公路隧道运营管理的技术方法	15
第3章　公路隧道基本情况	20
3.1　公路隧道专业术语	20
3.2　公路隧道分类方式	33
3.3　公路隧道主要技术参数	34
3.4　公路隧道机电系统组成	34
3.5　公路隧道安全等级	37
3.6　公路隧道养护等级与技术状况评定	46
第4章　隧道管理机构职能与制度	55
4.1　隧道运营管理机构的设置	55
4.2　隧道运营管理机构的职能	56
4.3　隧道运营管理部门的管理制度	64
4.4　隧道消防系统管理制度	68
4.5　隧道管理处(公司、站、所)日常生活制度	69
4.6　隧道管理处(公司、站、所)考核制度	70
第5章　隧道土建结构	73
5.1　隧道土建结构日常巡查与清洁	73
5.2　隧道土建结构检查	77
5.3　隧道土建结构病害处治技术	82
第6章　供配电系统	91
6.1　供配电系统概述	91
6.2　供配电系统介绍	92
6.3　供配电系统的操作流程	94
6.4　供配电系统的养护与维修	100

6.5　供配电系统故障检查与处理 …………………………………………………… 104

第7章　通风系统 ……………………………………………………………………… 125
7.1　通风系统概述 …………………………………………………………………… 125
7.2　风机技术性能参数对照表 ……………………………………………………… 127
7.3　通风系统的运行操作流程及方案 ……………………………………………… 127
7.4　通风系统的检查与维修 ………………………………………………………… 131

第8章　照明系统 ……………………………………………………………………… 135
8.1　照明系统概述 …………………………………………………………………… 135
8.2　隧道灯具配置及技术参数 ……………………………………………………… 139
8.3　照明系统控制方案 ……………………………………………………………… 141
8.4　照明系统的维护与保养 ………………………………………………………… 143

第9章　救援与消防系统 ……………………………………………………………… 146
9.1　救援与消防系统概述 …………………………………………………………… 146
9.2　隧道的救援与消防设备 ………………………………………………………… 146
9.3　消防救援系统的组成 …………………………………………………………… 147
9.4　隧道消防管理与防灾救灾预案 ………………………………………………… 150
9.5　救援与消防系统的运行 ………………………………………………………… 153
9.6　救援与消防系统的检查与维修 ………………………………………………… 154
9.7　隧道防灾救灾演习 ……………………………………………………………… 159

第10章　交通安全系统 ……………………………………………………………… 160
10.1　交通安全系统概述 …………………………………………………………… 160
10.2　交通安全系统的运营控制 …………………………………………………… 165
10.3　交通安全系统的检查与维护 ………………………………………………… 166

第11章　监控系统 …………………………………………………………………… 168
11.1　监控系统组成 ………………………………………………………………… 168
11.2　控制系统 ……………………………………………………………………… 170
11.3　安全监控系统 ………………………………………………………………… 174
11.4　监控系统的运行 ……………………………………………………………… 187
11.5　监控与通信设施的检查与维修 ……………………………………………… 191

第12章　其他工程设施 ……………………………………………………………… 199
12.1　其他工程设施概述 …………………………………………………………… 199
12.2　其他土建设施的清洁维护 …………………………………………………… 199
12.3　其他土建设施的养护维修 …………………………………………………… 200

第13章　安全管理 …………………………………………………………………… 203
13.1　安全管理概述 ………………………………………………………………… 203
13.2　交通管制 ……………………………………………………………………… 204
13.3　超限运输管理 ………………………………………………………………… 207
13.4　危险品运输管理 ……………………………………………………………… 212

13.5	公路隧道非常规运输管理	213
第14章	**紧急事故处理**	**214**
14.1	交通事故处理	215
14.2	火灾事故处理	218
14.3	危险品泄漏事故处理	219
14.4	地震灾害处理	223
第15章	**技术管理**	**225**
15.1	交通状况调查	225
15.2	技术档案管理	227
15.3	运营成本管理	228
15.4	养护成本管理	229
15.5	事故档案管理	230
15.6	内业管理	231
第16章	**隧道安全等级评价**	**233**
16.1	目标和对象	233
16.2	技术标准	233
16.3	评价内容	233
16.4	评价方法	240
16.5	评价指标	245
16.6	评价系统	250
16.7	评价过程	259
16.8	整改措施	260
附录A	**公路隧道运营相关表格**	**262**
附录A1	公路隧道机电设备考核用表	262
附录A2	公路隧道监控室值班记录表	265
附录A3	公路隧道土建结构预防保养记录表	265
附录A4	公路隧道土建结构日常检查记录表	266
附录A5	公路隧道土建结构定期检查记录表	269
附录A6	风机技术性能参数对照表	271
附录B	**公路隧道评估报告示例**	**274**
附录B1	×××隧道定期检测报告	274
附录B2	×××隧道衬砌结构专项检测报告	303
附录B3	×××隧道运营安全评价	315
附录C	**×××隧道灭火救灾演习**	**340**
参考文献		**350**

第1章 绪 论

1.1 我国公路隧道的发展状况

我国最早的交通隧道是于公元66年建成的陕西古褒斜道上的石门隧道。20世纪60年代前,我国公路隧道仅有30多座,其总长约为2.5km,平均长度不足百米。60~70年代,我国在干线公路开始修建一些百米以上的隧道,但技术标准很低。80年代后期,我国才真正开始兴建高速公路和高速公路隧道。90年代开通的成渝高速公路中梁山隧道、缙云山隧道把我国公路隧道的建设长度提高到单洞3 000m以上,并在处理通风、塌方、瓦斯、地下水等方面积累了宝贵经验。20世纪90年代末通车的川藏公路二郎山隧道(长4 160m)、四川广安地区的华蓥山隧道(长4 634m)、云南楚大高速公路的九顶山隧道(长3 204m)开创了我国长大山岭隧道的建设史;广州珠江沙面水下公路隧道建成通车和上海穿越黄浦江江底隧道(长度超过3 000m)的修建标志着我国水下沉埋隧道修建技术达到了新的水平;重庆铁山坪路隧道(双线全长5 424m)、北京至八达岭高速公路的谭峪沟隧道(长3 455m)、重庆市境内的川黔公路真武山隧道(长3 048.5m)、四川二郎山隧道(长4 161m)、缙云山隧道(长2 528m)、中梁山隧道(长3 160m)、浙江大溪岭隧道(长4 116m)、猫狸岭隧道(长3 590m)、甘肃省的七道梁隧道(长1 560m)、辽宁沈大高速公路韩家岭隧道(长521m,亚洲最宽的四车道公路隧道)等一批长大公路隧道的建成通车,表明当时我国的公路隧道建设已具有相当的水平和实力。

进入21世纪,十年来我国公路网交通逐渐向崇山峻岭迈进,向离岸深水延伸,公路隧道的建设规模和里程也不断刷新。截至2016年年底,全国共修建公路隧道15 181处、1 403.97万m。其中特长隧道815处、362.27万m,长隧道3 520处、604.55万m。其中包括秦岭终南山隧道(长度18 004m)、秦岭包家山隧道(长度11 800m)、山西西山隧道(长度13 000m)、中条山隧道(长度9 608.m)、湖南雪峰山隧道(长度7 039m)、甘肃麦积山隧道(长度12 286m)、新七道梁隧道(长度4 070m)、湖北龙潭隧道(长度8 693m)、渔泉溪隧道(长度5 200m)、夹活岩隧道(长度5 300m)等典型隧道;与此同时,一些有影响的跨江、跨海隧道工程,如厦门翔安海底隧道(长度8 695m)、青岛海底隧道(长度8 695m)、上海长江隧道(长度8 950m)、南京长江隧道(长度3 790m)、武汉长江隧道(长度3 630m)相继建成,标志着我国公路隧道建设取得了辉煌的成就。正在修建的港珠澳伶仃洋跨海工程,以及规划中的渤海湾跨海工程、琼州海峡跨海工程和台湾海峡跨海工程,将拉开我国公路隧道建设的又一高潮。

表1-1给出了我国已建以及在建5 000m以上公路隧道的统计情况。从表1-1可以看到,我国无疑已经成为世界公路隧道建设的大国。

截至 2014 年年底我国已建和在建特长、长大公路隧道统计表　　表 1-1

名　称	地理位置	长度（m）	建成年份（年）	孔数×车道	路线号及名称	备　注
秦岭终南山隧道	陕西,西安—柞水	18 020	2007	2×2	G65 包茂高速	左线 18 020m,右线 18 020m
锦屏山隧道	四川,盐源—冕宁	17 500	2008	2×1	锦屏电站公路	
米仓山隧道	四川,南江—陕西南郑	13 772	在建	2×2	S2 巴陕高速	左线 8 700m,右线 8 640m
西山隧道	山西,太原—古交	13 654	2012	2×2	S56 太古高速	左线 13 654m,右线 13 570m
二郎山隧道	四川,天全—泸定	13 433	在建	2×2	S8 雅康高速	左线 13 433m,右线 13 381m
虹梯关隧道	山西,平顺	13 122	2013	2×2	S76 长平高速	左线 13 122m,右线 13 098m
黄土梁隧道	四川,平武—九寨沟	13 010	在建	2×2	G851 平绵高速	
麦积山隧道	甘肃,天水	12 290	2009	2×2	G30 连霍高速	左线 12 286m,右线 12 290m
云山隧道	山西,左权	11 408	在建	2×2	S66 邢汾高速	左线 11 408m,右线 11 377m
包家山隧道	陕西,旬阳—安康	11 200	2009	2×2	G65 包茂高速	左线 11 200m,右线 11 195m
宝塔山隧道	山西,平遥—榆社	10 480	2012	2×2	S66 邢汾高速	左线 10 192m,右线 10 480m
大相岭隧道	四川,荥经—汉源	10 007	2012	2×2	G5 京昆高速	左线 9 962m,右线 10 007m
中条山隧道	山西,运城—芮城	9 670	2014	2×2	运宝高速	左线 5 676m,右线 15 347m
六盘山隧道	宁夏,泾源—隆德	9 490	2015	2×2	G22 青兰高速	左线 9 490m,右线 9 480m
麻崖子隧道	甘肃,陇南	9 007	2013	2×2	G75 兰海高速	左线 8 985m,右线 9 007m
上海长江隧道	上海,浦东—长兴岛	8 950	2009	2×3	G40 沪陕高速	
佛岭隧道	山西,五台—盂县	8 805	2014	2×2	S45 阳五高速	左线 8 803m,右线 8 805m
鹧鸪山隧道	四川,理县—马尔康	8 803	在建	2×2	S9 汶马高速	左线 8 803m,右线 8 776m
米仓山隧道	甘肃,陇南	8 694	2014	2×2	S4 平武高速	左线 8 694m,右线 8 688m
龙潭隧道	湖北,长阳	8 693	2010	2×2	G50 沪渝高速	左线 8 693m,右线 8 599m
康家楼隧道	山西和顺—河北邢台	8 530	2015	2×2	S66 邢汾高速	
大坪山隧道	湖北,襄阳	8 243	2013	2×2	S63 老石高速	左线 8 243m,右线 8 234m
雪山梁隧道	四川,松潘	7 957	在建	1×2	川黄公路	
巴郎山隧道	四川,小金—汶川	7 945	在建	1×2	303 省道	
紫阳隧道	陕西,紫阳	7 938	2011	2×2	G65 包茂高速	
苍岭隧道	浙江,仙居—永嘉	7 930	2010	2×2	S26 诸永高速	左线 7 930m,右线 7 870m
胶州湾隧道	山东,青岛	7 800	2011	2×3		
方斗山隧道	重庆,石柱	7 605	2006	2×2	G50 沪渝高速	左线 7 605m,右线 7 567m
苍岭隧道	浙江,缙云—仙居	7 605	2006	2×2	S28 台金高速	左线 7 536m,右线 7 605m
明堂山隧道	安徽,岳西	7 548	在建	2×2	S18 岳武高速	左线 7 548m,右线 7 531m
石门垭隧道	湖北,秭归	7 524	在建	2×2	G42 沪蓉高速	左线 7 524m,右线 7 493m
纬三路过江隧道	江苏,南京	7 363	2015	2×4		盾构隧道
摩天岭隧道	重庆,巫山—奉节	7 353	2009	2×2	G50 沪渝高速	左线 7 280m,右线 7 353m
方斗山隧道	重庆,丰都—石柱	7 310	2013	2×2	丰石高速	左线 7 285m,右线 7 310m

续上表

名　称	地理位置	长度(m)	建成年份(年)	孔数×车道	路线号及名称	备　注
白云隧道	重庆,武隆	7 120	2008	2×2	G65 包茂高速	左线 7 089m,右线 7 120m
雀儿山隧道	四川,德格	7 048	在建	1×2	国道 317	
泰宁隧道	福建,泰宁	7 039	在建	2×2	浦建高速	左线 7 039m,右线 7 007m
雪峰山隧道	湖南,洪江	6 956	2006	2×2	G60 沪昆高速	左线 6 946m,右线 6 956m
通省隧道	湖北,十堰—房县	6 887	在建	2×2	S69 郧房高速	
安远隧道	甘肃,天祝	6 868	2013	2×2	G30 连霍高速	左线 6 848m,右线 6 868m
井冈山隧道	江西井冈山	6 810	2013	2×2	井睦高速	左线 6 810m,右线 6 805.72m
雷公山隧道	重庆	6 800	2013	2×2	G15 沈海高速	
茅荆坝隧道	河北隆化—内蒙古喀喇沁旗	6 776	2013	2×2	G45 大广高速	左线 6 752m,右线 6 776m
白芷山隧道	重庆,城口	6 710	2013	1×2	成万快速公路	主洞 6 710m,避难洞 6 660m
乌池坝隧道	湖北,利川	6 708	2008	2×2	G42 沪蓉高速	左线 6 708m,右线 6 693m
独龙江隧道	云南,贡山	6 680	2014	1×2	独龙江公路	
羊角隧道	重庆,武隆	6 676	2009	2×2	G65 包茂高速	左线 6 656m,右线 6 676m
吕家梁隧道	重庆,石柱	6 664	2009	2×2	G65 包茂高速	左线 6 664m,右线 6 663m
明月山隧道	重庆垫江—四川邻水	6 557	2009	2×2	G42 沪蓉高速	左线 6 557m,右线 6 555m
洞宫山隧道	福建,周宁—政和	6 556.5	2012	2×2	G1514 宁上高速	
西凌井隧道	山西,阳曲	6 555	2011	2×2	S50 太佳高速	左线 6 555m,右线 6 555m
峡口隧道	湖北,兴山	6 487	2014	2×2	G42 沪蓉高速	
藏山隧道	山西,盂县	6 440	2014	2×2	S45 阳五高速	左线 6 410m,右线 6 440m
高岭隧道	甘肃,古浪	6 333	2013	2×2	G30 连霍高速	左线 6 314.15m,右线 6 333.45m
葡萄山隧道	重庆,酉阳	6 308	2010	2×2	G65 包茂高速	左线 6 308m,右线 6 280m
双峰隧道	浙江,仙居—磐安	6 187	2010	2×2	S26 诸永高速	左线 6 142m,右线 6 187m
秦岭二号隧道	陕西,宁陕	6 145	2007	2×2	G5 京昆高速	左线 6 125m,右线 6 145m
秦岭一号隧道	陕西,户县—宁陕	6 144	2007	2×2	G5 京昆高速	左线 6 102m,右线 6 144m
大巴山隧道	陕西镇巴—四川万源	6 123	2012	2×2	G65 包茂高速	左线 6 123m,右线 6 115m
中兴隧道	重庆,武隆	6 105	2009	2×2	G65 包茂高速	左线 6 105m,右线 6 082m
分水关隧道	福建武夷山—江西铅山	6 043	2013	2×2	G1514 宁上高速	左线 5 946.5m,右线 6 043.42m
铁峰山二号隧道	重庆,万州	6 020	2006	2×2	万开高速	左线 6 010m,右线 6 020m
石鼓山隧道	福建,南安—安溪	6 005	2012	2×3	S30 厦沙高速	
凤凰岭隧道	山西,五台	5 868	2011	2×2	G5 京昆高速	
抢风岭隧道	山西,浑源	5 495	2012	2×2	G18 荣乌高速	
恒山隧道	山西,浑源	5 170	2012	2×2	G18 荣乌高速	
翔安海底隧道	厦门	5 960	2010	2×3	翔安大道	海底隧道

续上表

名　称	地理位置	长度(m)	建成年份(年)	孔数×车道	路线号及名称	备　注
凤凰岭隧道	山西,五台	5 897	2011	2×2	S46 忻保高速	左线5 897m,右线5 773.5m
将军石隧道	四川青川—甘肃文县	5 805	2012	2×2	G75 兰海高速	左线5 804m,右线5 805m
巴朗山隧道	四川	5 700	在建	2×1	省道303线	
界岭隧道	湖北,宜昌	5 681	2014	2×2	G42 沪蓉高速	左线5 653m,右线5 681m
港珠澳大桥海底隧道	广东	5 664	在建	2×3		沉管隧道
蒙山隧道	山西,昔阳	5 655	2013	2×2	S45 阳左高速	左线5 655m
大庙隧道	河北,隆化	5 645	2013	2×2	G45 大广高速	左线5 635m,右线5 645m
美菰林隧道	福建,闽清	5 580	2004	2×2	G70 福银高速	左线5 568m,右线5 580m
云中山隧道	山西,忻州	5 575	2011	2×2	S46 忻保高速	左线5 565m,右线5 575m
雁门关隧道	山西,代县	5 565	2003	2×2	G55 二广高速	左线5 160m,右线5 235m
拉脊山隧道	青海,湟中—贵德	5 564	2013	2×1	101省道	左线5 530m,右线5 564m
野马梁隧道	山西,原平	5 512	2015	2×2	灵河高速	左线5 512m,右线5 512m
楚阳隧道	湖北巴东—重庆巫山	5 500	2012	2×2	G42 沪蓉高速	左线5 443.8m,右线5 500.7m
抢风岭隧道	山西,浑源	5 495	2012	2×2	G18 荣乌高速	
灞源隧道	陕西,蓝田—商洛	5 450	2012	2×3	G40 沪陕高速	左线5 445m,右线5 450m
三花石隧道	陕西,略阳	5 434	2011	2×2	G7011 十天高速	左线5 431m,右线5 434m
九岭山隧道	江西,铜鼓—宜丰	5 384	2008	2×2	G45 大广高速	
棋盘关隧道	陕西,宁强	5 360	2008	2×2	G5 京昆高速	
福堂隧道	四川,汶川	5 347	2012	2×2	S9 都汶高速	左线5 347m,右线5 264m
鹘岭隧道	陕西,山阳	5 333	2009	2×2	G70 福银高速	左线5 273m,右线5 333m
映秀隧道	四川,汶川	5 325	2012	2×2	S9 都汶高速	左线5 305m,右线5 325m
八台隧道	四川万源—重庆城口	5 275	2013	1×2	成万快速公路	
夹活岩隧道	湖北,长阳	5 228	2009	2×2	G50 沪渝高速	左线5 107m,右线5 228m
铜锣山隧道	四川,邻水	5 197	2008	2×2	G42 沪蓉高速	
长山隧道	四川,荣县	5 106	2013	2×2	S44 乐自高速	左线5 068m,右线5 106m
分界梁隧道	重庆,奉节	5 085	2010	2×2	G42 沪蓉高速	左线5 085m,右线5 080m
彩虹岭隧道	广东,鹤山	5 068	2007	1×2	双和公路	
太石隧道	甘肃,陇南	5 028	2014	2×2	S4 平武高速	左线5 028m,右线4 984m
桃关二号隧道	四川,汶川	5 015	2012	2×2	S9 都汶高速	左线5 014m,右线5 015m
大风口隧道	重庆,巫山	5 003	2012	2×2	G42 沪蓉高速	
凤凰山隧道	陕西	4 975	2009	2×2	G65 包茂高速	
明垭子隧道	陕西	4 967	2011	2×2	G7011 十天高速	
芜湖城南过江隧道	湖北,芜湖	4 960	在建	2×3		盾构隧道

续上表

名 称	地理位置	长度(m)	建成年份(年)	孔数×车道	路线号及名称	备 注
财神梁隧道	重庆	4 943	2008	2×2	G42 沪蓉高速	
八卦山隧道	台湾	4 931	2002	2×2		
贵新隧道	福建	4 916	2009	2×2	G1501 福州绕城	
庙梁隧道	重庆	4 916	2006	2×2	G42 沪蓉高速	
清塘铺隧道	湖南,安化 邵阳	4 800	2013	2×2	G55 二广高速	左线 4 880m,右线 4 775m
三阳路长江隧道	湖北,武汉	4 650	在建			盾构,公铁两用
钱塘江隧道	浙江,杭州	4 450	2014	2×3		盾构隧道
海河隧道	河北,天津	4 200	2015	2×3		沉管隧道
南京长江隧道	江苏,南京	3 930	2009	2×3		盾构隧道
三河口隧道	山东,临沂	3 840	2012	2×3		河底隧道
南京过江隧道	江苏,南京	3 825	2010	2×3		盾构隧道
武汉长江隧道	湖北,武汉	3 295	2008			盾构隧道
望江路过江隧道	浙江,杭州	3 240	在建	2×2		

除此之外,我国还先后建了一些特殊的公路隧道,诸如：

(1)雅宝隧道。雅宝隧道是中国第一条双洞八车道公路隧道,位于广东省深圳市南坪快速路,为上下行分离式隧道,左线长 262.5m,右线长 225.5m,限界净宽 8m,限界净高 5m,于 2006 年 6 月 30 日建成通车。

(2)龙头山隧道。中国第一条双洞八车道高速公路隧道,位于广东省广州市黄埔区 G1501G4W 广州东二环高速公路,为上下行分离式隧道,左线长 1 010m,右线长 1 006m,最大开挖宽度 21.47m,最大开挖高度 13.56m,最大开挖面积 229.4m²,隧道净宽 18m,净高 5m,于 2008 年 6 月建成通车。

(3)浏阳河隧道。世界埋深最浅的河底隧道,位于湖南省长沙市湘江大道,全长 1 910m,双洞四车道,其中暗挖段在河床下最小覆土厚度为 14m,于 2009 年 10 月 1 日建成通车。

(4)金鸡山隧道。中国跨径最大的高速公路双连拱隧道,位于福建省福州长乐国际机场高速公路,全长 295m,为双向八车道连拱隧道,单洞净跨为 18.198m,连拱隧道总跨度达 41.498m,于 2010 年 8 月建成通车。

(5)弄尾隧道。中国开挖断面最大的公路隧道,位于 G15 沈海高速公路福建省泉州段,全长 367m,单洞四车道,隧道宽度 21.7m,于 2011 年建成通车。

(6)嘎隆拉隧道。中国坡度最大的隧道,位于西藏自治区波密县和墨脱县,是中国最后一条通县公路——墨脱公路的控制性工程,横穿岗日嘎布山,全长 3 310m,平均海拔 3 700m,隧道坡度为 4.1%(即每 100m 下降 4.1m),于 2010 年 12 月 15 日贯通。

(7)方兴湖隧道。中国最宽的湖底公路隧道,位于安徽省合肥市方兴大道,下穿方兴湖,长 820m,双向八车道,左右跨度净宽 16.45m,于 2012 年 7 月 10 日主体竣工。

(8)雅克夏雪山隧道(垭口山隧道)。目前中国已通车海拔最高的公路隧道,位于四川省黑水县的302省道(万源—阿坝公路)上,洞口海拔3 920m,隧道全长2 302m,于2012年10月15日建成通车。

(9)鄂拉山隧道。目前在建的世界上最长、海拔最高的高原冻土区公路隧道,位于青海省兴海县的214国道共和—玉树段,分离式双向四车道,左洞长4 710m,右洞长4 650m,隧道海拔约4 300m,于2015年12月贯通。

(10)长拉山隧道。目前在建的世界上海拔最高的公路隧道,位于青海省玉树藏族自治州杂多县境内的309省道上,全长2 380m,进口端海拔4 435m,出口端海拔4 493m。

另外,在长大隧道的建设过程中,经常会涉及诸如通风、照明、报警、消防、情报、机电、监控等一系列前所未有的技术与管理问题,而在隧道建成通车后,又涉及运营管理与防灾救灾问题。毋庸置疑,伴随着交通量的增加,大批长大公路隧道的出现,公路隧道灾害,尤其是隧道火灾、危险品泄漏,将成为危害公路隧道安全的重大隐患。加之公路隧道结构的特殊性,公路隧道火灾具有随机性大、成灾时间短、烟雾大温度高、扑救和疏散困难、危害性大等特点,使隧道火灾及危险品问题的解决更加棘手,许多问题亟待研究。从我国公路隧道的发展阶段来看,从20世纪80年代开始到21世纪初是公路隧道的建设期,而近十年以及今后很长一段时间将全面进入到公路隧道的运营管理期。

1.2 我国长大公路隧道的事故状况

目前,我国长大公路隧道除了最为常见的一般性的交通事故外,火灾和危险品泄漏已经成为威胁隧道运营安全和人员生命财产安全的主要灾害。由于隧道结构复杂、空间狭小、通风条件受限、纵深较长、出入口少,发生事故后火灾持续时间长、影响范围大、烟雾难以排出、火势扑救和人员疏散都将十分困难,且救援难度很大,往往会造成极具破坏性和危险性的后果,甚至产生二次灾害,进而造成较大的经济损失或者人员伤亡,产生较大的社会影响。从理论上讲,隧道的火灾不能绝对避免,只能是推迟和尽可能降低发生的概率及火灾造成的损失。由于我国前二十年主要的着眼点在于隧道的建设,对于隧道的运营安全管理研究不够重视,加之没有比较成熟的经验可供借鉴,造成近年来国内隧道火灾事故多发的局面。如2002年浙江猫狸岭隧道货车发动机着火,中断交通18天;2006年京珠高速温泉隧道货车轮胎爆裂起火,造成隧道内设施严重损毁;2010年浙江大溪岭隧道大货车轮胎起火,直接经济损失近1 000万元,隧道关闭7小时;2010年无锡惠山隧道夜班接送车起火,造成24人死亡,19人受伤;2010年厦门翔安隧道小面包车自燃导致隧道关闭数小时;2010年10月23日,沪渝高速长阳段朱家岩隧道连环撞车火灾,导致2人死亡并引发火灾;2011年1月25日,一辆运送面包车的大型半挂车在沪(上海)蓉(成都)西高速湖北宜昌长阳段渔泉溪隧道内起火,导致20多辆车被困隧道,现场疏散290人,2月22日该隧道内又发生一起货车轮胎起火事故;2011年5月沪陕高速蓝田段一辆半挂货车隧道内起火,2人当场死亡,千车滞留10小时;2011年6月陕西西汉高速石门隧道3车相撞致4死4伤,相撞后两辆大货车突然起火;2011年兰临高速七道梁隧道油罐车爆炸事故,造成4人死亡,1人受伤,隧道设施受损严重;2014年3月1日,山西省晋济高速800m长的岩后隧道因隧道前方煤炭检测导致大量车辆停滞在隧道内,后因一辆甲醇车辆发生火灾引发42辆煤车和两辆油罐车起火爆炸,造成40人死亡。

图 1-1 给出了我国部分公路隧道内火灾事故实景图片,表 1-2 给出了我国近年来隧道运营发生的事故统计。

a) 渔泉溪隧道火灾救援现场

b) 惠山隧道火灾后客车实景

c) 七道梁火灾后隧道设施受损情况

d) 千家砭隧道火灾扑救现场

e) 岩后隧道火灾后情况

f) 岩后隧道洞口变电所损毁情况

图 1-1 部分公路隧道火灾事故照片

我国近年来公路隧道运营期间发生的事故   表 1-2

隧道名称	隧道长度(m)	事故时间	灾害类型	事 故 情 况
大扁山隧道	791	2005 年 12 月 17 日	交通事故	1 辆小轿车与 1 辆大货车相撞,小轿车上的 4 人死亡
上海打浦路隧道	2 761	2006 年 1 月 4 日	交通事故引发火灾	上海打浦隧道 2 车追尾,造成 2 人死亡
大宝山隧道	3 150	2008 年 5 月 4 日	交通事故引发火灾	1 辆货车与 1 辆罐装车相撞起火爆炸,2 名驾驶员死亡,隧道部分墙体坍塌,交通阻塞超过 12 小时

续上表

隧道名称	隧道长度（m）	事故时间	灾害类型	事故情况
俞庄隧道	500	2008年9月4日	交通事故	1辆客车因超速撞上隧道口,造成10死36伤
大普吉隧道	1 300	2009年3月6日	交通事故	1辆卧铺车发生侧翻,14人不同程度的受伤,造成交通阻塞
沪渝高速朱家岩隧道	2 576	2010年10月23日	交通事故引发火灾	9辆车连撞,引发火灾,造成2人死亡
新七道梁	5 100	2011年4月8日	火灾	油罐车与装载橡胶水罐车追尾,爆炸引起火灾,部分拱顶剥落,4死1伤
萝峰隧道	1 840	2011年4月11日	火灾	1辆油罐车与1辆大货车追尾,导致油罐车爆炸引发火灾,2人死亡
老鸦峡1号隧道	左线587,右线535	2011年5月6日	交通事故	交通事故导致1死11伤,数千名驾乘人员和约500余辆车辆被堵塞
李家河3号隧道	8 433	2011年5月28日	火灾	1辆半挂货车隧道内侧翻起火,驾驶员和副驾驶当场死亡
关口垭隧道	880	2011年6月21日	交通事故	发生交通事故,造成2死23伤
岩坑尖隧道群2号隧道	1 831	2011年7月8日	危险品泄漏	重型集装箱半挂车与重型罐式半挂车追尾碰撞,高浓度氨水严重泄漏,1伤多人中毒
黄龙山隧道	441	2011年9月6日	火灾	1辆拉煤大货车突然起火,接连上演8车连撞,导致1死1伤
小河边隧道	290	2011年9月24日	交通事故	1辆汽车将横穿高速公路的3人撞倒,导致2人死亡,1人重伤
固原六盘山隧道	2 385	2011年10月22日	交通事故	由于能见度低,1辆小轿车和1辆农用车及1辆小货车相撞,1人死亡,4人受伤
黄埔大道隧道	1 047.5	2011年10月30日	交通事故	1辆小轿车因醉驾撞上4名施工人员,导致4人全部身亡
龙马田隧道	3 920	2012年1月14日	交通事故	雨天路滑,车速较快,隧道附近发生重大交通事故,致2人死亡,9人受伤
槽箐头隧道	7 580	2012年1月31日	交通事故	10车连环相撞事故,1人重伤,3人轻伤,事故原因调查中
方抖山隧道	17 212	2012年2月10日	交通事故	2辆货车追尾,造成1人重伤,2人死亡
台湾雪山隧道	12 900	2012年5月7日	火灾	交通事故引发火灾,双向车道封闭,2人死亡,22人受伤
沪渝高速朱家岩隧道	2 576	2012年8月14日	交通事故引发火灾	1辆车与多辆车连撞引发火灾,造成4死4伤
福银高速李家河隧道	4 200	2013年9月15日	交通事故引发火灾	追尾造成,2人死亡
晋济高速岩后隧道	800	2014年3月1日	危险品泄漏	甲醇运输车泄漏引发闪爆事故,造成41人死亡,47辆车损毁,隧道结构和洞口变电所严重受损

1.3 编制《公路隧道运营管理手册》的必要性

除了上述所描述的我国长大公路隧道所出现的火灾及一些重大交通事故外,由于前期建设、技术和管理等方面的诸多原因,使得我国许多公路隧道在竣工后的运营管理过程中,各类问题频繁出现,影响了隧道运营的水平。

1.3.1 公路隧道运营管理存在的问题

截至2015年年底,全国共修建公路隧道14 006处、1 268.39万m。其中特长隧道744处、329.98万m,长隧道3 138处、537.68万m。如果说前25年是我国公路隧道的建设期的话,那么现在到今后很长的时间内就是我国公路隧道的运营管理期。但非常遗憾的是,我国目前公路隧道的运营管理水平远远落后于建设水平,许多前所未有的问题逐渐凸显,隧道运营中的安全问题经常发生。针对公路隧道的建设,我国虽然先后颁布了《公路隧道设计规范》(JTG D70—2004)、《公路隧道施工技术规范》(JTG F60—2009)、《公路隧道设计细则》(JTG/T D70—2010)、《公路隧道设计规范 第二册 交通工程与附属设施》(JTG D70/2—2014)、《公路隧道照明设计细则》(JTG/T D70/2-01—2014)、《公路隧道通风设计细则》(JTG/T D70/2-02—2014)、《公路隧道养护技术规范》(JTG H12—2015),但截至目前既没有一部完整的公路隧道运营管理标准,也没有一套比较科学合理的专门针对公路隧道防灾救灾的预案,使得隧道运营管理部门长期面临巨大的压力。组织人力物力对公路隧道运营管理中一系列问题进行深入系统的研究,是管理部门及公路隧道工程界面临的又一重大课题。

1)建设遗留问题

在我国许多已经建成的公路隧道中,由于工期、资金、技术,甚至于人为干涉等方面的原因,在隧道建成后就出现了先天不足,给后期的运营管理带来了极大的困难和压力。例如华北某隧道,长5km,竖井已经打通,但风道还没有完成;另一条4km多的长隧道两洞间没有一个连接通道,而且隧道离最近的互通远达27km;有一特长隧道竖井没有打通就通车运营,而且洞外一侧没有撤离场地;华南一条3km多的长隧道,虽然洞中有电视监控,但既没有情报板,也没有报警电话、广播喇叭;另一中长隧道情报板设置不合理,刚通车就全部不能使用;有的隧道虽然有消防栓,但没有水源;早期建设的许多隧道设置了车行横通道,但横通道与隧道正洞直交,使得车辆转弯很困难;早期建设的隧道多用卷帘门做防护门,但卷帘门刚度不够,无法顺利打开(甚至有的横通道只设置一道卷帘门)。现在隧道大都采用横向开启式防火门,但类型又不配套;有的隧道火灾报警元件(紫铜管、光纤线缆依靠绝对温度和升温率报警,反映时间长)技术落后,甚至于无法使用。这些隧道建设中遗留下的问题,不仅给隧道管理部门带来了极大的困难和压力,而且也给隧道的运营安全留下了隐患。

2)政策法规问题

(1)技术规范缺项较大

①通风照明规范缺项较多。公路隧道的运营管理涉及隧道的通风、照明、机电、监控、安全

等一系列技术问题,但是我国目前的技术规范远远不能满足隧道建设和管理的要求。例如就隧道的通风照明而言,原交通部于 2000 年发布了我国第一部《公路隧道通风照明设计规范》(JTJ 026.1—1999),这在我国已经是一个具有开创性的成果,但是其中问题较多。例如,基础参数较为陈旧,风道细部参数缺项较多,送排风短道长度不合理,交通阻塞规定不明确,缺少风机房结构细部参数等;照明设计中基础参数不合理,导致进口段灯具布设太密,运营中又不全开。经过了近十多年的研究与工程实践,交通运输部于 2014 年发布了《公路隧道照明设计细则》(JTG/T D70/2-01—2014)和《公路隧道通风设计细则》(JTG/T D70/2-02—2014),虽然上述问题均有不同程度的改进,但是仍有尚未彻底解决的问题。

②缺少运营监控设计规范标准。现在国内有十多座隧道有运营监控,但至今我国没有一套有关公路隧道运营监控的设计规范或者标准。

③缺乏合理的公路隧道安全等级评估。目前我国公路隧道已有 12 000 余座,其中特长隧道 600 余座,虽然现有规范也曾根据隧道的长度和交通量把隧道分为 A、B、C、D 四个等级,但是还存在许多需进一步完善的地方。许多技术人员在设计中,要么是安全设防过高,造成不必要的浪费;要么是虽然有设防,但标准又不够,更有甚者是根本不设防,留下事故隐患。

(2)政策法规混乱和缺项

①危险品运输管理问题较多。目前,我国的危险品运输实行"点对点"的申报制度,即如果危险品从 A 地运往 B 地,只要有 A 地签发的起运证明和 B 地的接收证明,而在途经的所有路段就和普通的货运一样。对此,我国先后有十几个部委发布过有关危险货物的法规和文件。从危险货物名称、危险货物分类和品名编号、危险货物包装标志,到运输车辆标志、安全运输规程、装卸货物的规定等都有详细明确的规定,可以说国家各部委对危险货物运输还是相当重视的。但是,这些法律条文的重叠性太多,管理又是纵向垂直管理,操作起来存在许多实际困难。对于长大或者特长隧道,其管理部门应该了解危险品通过的信息,但是,在目前的危险品运输管理法规中,没有指明任何单位给隧道管理部门通报危险品运输信息。隧道管理部门如果要检查危险品,甚至于禁止危险品通过,又没有法律支持。

②紧急事故封闭隧道交通责任不清。当隧道发生重大灾害事故后,急需立即封闭隧道交通,但是隧道管理部门目前无权封闭,如果和交警部门沟通就会耽误时间,甚至于发生扯皮现象和承担法律责任。

③缺少公路隧道运营管理的行业标准。我国目前有数百座长大、特长公路隧道已经通车运行,但是至今没有一部公路隧道运营管理手册。虽然各个长大公路隧道的管理部门,都不同程度地制定了自己的运营管理手册,但是水平参差不齐,有的甚至于隐患较多。

④缺少公路隧道的防火标准。目前我国的公路隧道防火设计,基本照搬工业与民用建筑的防火标准,缺项、不适应的地方较多,执行起来也存在许多困难。可喜的是,公安部消防局组织编写的我国第一部国家标准《公路隧道消防技术规范》初稿已经完成。

3)管理问题

(1)重建设轻管理。许多建设单位,特别是交通主管部门,对于长大公路隧道的建设非常重视,但一旦建成通车,对其运营管理无论是从人力、物力还是技术方面都不够重视。

(2)机构设置不合理。国内现有长大公路隧道的运营管理机构是五花八门,有的是管理处、有的是管理公司、有的是管理站、有的是管理所;有的单独设立,有的隶属于其他单位;有的与路政、交警统属一个单位,有的与路政、交警分开;职责不明确,业务含糊不清。

(3)运营管理手册不科学。由于国家没有公路隧道运营管理的行业规程,所以,许多长大公路隧道在经过一定阶段的运营实践后制定了自己的运营管理手册,但是存在的普遍问题是内容比较简单,技术含量不高;行政管理多,业务管理少;交通控制多,防灾救灾少。

(4)设备配置不合理。由于技术、经济和认识上的差距,有的隧道基础设施,特别是交通安全设施配置极为不合理,消防救援设施配置认识差距较大,例如前述4km多的长隧道两洞间既没有一个连通道,也没有自己的消防队。

(5)管理人员专业技术较为缺乏。许多长大隧道都配置了监控人员,但人员的专业技术水平较低,大多只局限于正常交通的监控,缺乏应对突发灾害时的专业素养,更缺乏专门的技术培训。笔者曾和国内数十座长大隧道的监控人员座谈,这些问题相当普遍。

(6)缺乏防灾救灾预案。大部分的隧道管理部门都没有做到结合自己的隧道实际情况,科学合理地制订其防灾救灾预案。有的虽然编制了预案,流程也较为合理,但可操作性差;概念性多,量化的少。

(7)火灾演习缺乏实战。许多公路隧道都举行过防灾救灾演习,但基本上仍为消防灭火演习,真正做到灭火救灾、人员逃生的演习较少,接近实战的演习则更少。

(8)重业务管理,轻宣传教育。国内几乎所有的隧道管理部门,虽然对本隧道的运营管理很重视,但都忽视了对过往驾乘人员和周围群众的宣传教育。

4)技术问题

(1)运营监控问题。目前国内的所有长大隧道都设有监控设施,建设的越晚,设施越先进。但几乎所有的公路隧道,都是监多控少,而且所能够做到的也只是交通控制、照明控制和通风控制。

(2)防火救灾问题。隧道火灾是公路隧道常见的、危害最大的灾害之一,长大公路隧道的火灾只能是减少而绝对无法避免。由于目前国内缺乏真正的防灾救灾预案,所以在火灾发生时,隧道监控人员对于灾害过程中隧道内的设施控制、人员逃生引导非常有限。国内关于公路隧道的火灾研究,由于没有国家级或者部门性的统一规划,许多部门各自为战,重复性的研究较多;基础性的研究又不足,一般性的已知结论太多;没有我国自主开发的隧道火灾数值模拟软件程序;火灾的物理试验太少,并且试验过程太简单;没有把火灾研究和隧道火灾安全等级研究联系起来;更没有把火灾研究与防火救灾预案的制订结合起来。

(3)通风控制问题。在所有的长大公路隧道通风控制方案中,都设计有通过CO(一氧化碳)、VI(能见度)的门槛值自动控制方式,但在实际运营管理中,由于检测元件的灵敏度影响,或者由于经济原因,大都是靠管理人员手动操作。甚至于在发生火灾时,由于火灾探测元件的反应滞后,也不得不采用手动控制。手动控制的结果,经常会使得隧道的运营环境达不到舒适性,甚至于达不到卫生标准的要求。

(4)照明控制问题。关于国内公路隧道的照明,普遍的现象是建设时按照规范设计,隧道进口的灯具布设密密麻麻,而运营时灯具的开启很少超过一半,甚至于有的中长隧道只开四分之一。究其原因,一是设计本身就不合理,二是照明运营费用巨大。

(5)救援设施问题。由于对公路隧道的防灾救灾研究不深入不系统,长大公路隧道的救援设施如何配置也无章可循,有的配置过当,有的严重不足。另外,不仅缺乏专用的公路隧道救援设施,而且普通的救援设施在隧道中也难以发挥作用。

1.3.2 基本对策

1)健全公路隧道安全管理体系

长大公路隧道的运营管理,应该建立起一个"设施是基础,管理是关键,监控是核心,手册是指南,预案是保障"的安全运营管理体系。因此应该做到:

(1)结合隧道的安全等级,尽可能地完善其基础设施。对于一些安全等级较高的长大、特长隧道,要随着科学技术的进步,适时地更新基础设施。

(2)建立一套严密的隧道运营管理体系和制度,保证管理环节万无一失。

(3)根据运营管理手册,并通过研究合理车流密度、合理车速与监控隧道的关系,制定监控操作流程和细则,认真做好运营监控。特别是要充分发挥监控人员的自身作用,绝对不能过分依赖于报警元件。

(4)根据各自隧道的特点,制定一套详细的运营管理手册,内容应该包括正常和非正常的运营监控和管理,以及隧道的养护维修。

(5)每一长大、特长隧道必须制订自己防灾救灾预案。防灾救灾预案不能停留在概念和流程上,必须包含有细则,而且操作性强,尽可能地做到量化。

(6)组织力量开展公路隧道危险品管理和泄漏救灾研究。

2)全面系统地开展防灾救灾研究

我国公路隧道防灾研究的基本对策是灾害几率研究与安全等级相结合;系统研究与具体隧道相结合;通风方案与防火救灾功能相结合;基础研究与预案制订相结合;数值模拟与物理试验相结合;灾害发生过程研究与人员逃生相结合。研究的方法应该包括统计归纳的方法、理论推导的方法、数值模拟的方法和物理试验(室内和现场)的方法。

3)修订和制定新的标准、法规

在总结经验、调查研究、专项研究的基础上,逐步制定我国的《公路隧道消防技术标准》《公路隧道防火设计标准》《公路隧道运营监控设计指南》《公路隧道运营管理手册》《公路隧道危险品运输管理规定》,修订、完善现有的《公路工程技术标准》《公路隧道设计规范》《公路隧道通风设计细则》《公路隧道照明设计细则》《公路隧道施工技术规范》。

4)加强技术交流和宣传教育

(1)由行业主管部门牵头,定期举办"长大公路隧道运营管理技术"专题研讨交流会,邀请国内长大、特长公路隧道的管理部门参加,就有关运营管理过程的相关技术、法规、程序、设施等问题进行研讨,也可邀请国内外的有关专家举行专题讲座,提高运营管理的技术水平。

(2)公路隧道的防灾救灾应该遵循"以防为主,防救结合"的原则。因此,一定要做好宣传和教育工作。教育的对象主要是驾乘人员、隧道维修和管理人员。通过教育,提高民众的自救能力,使得火灾受困人员能及时采取措施自救,将火灾的危害降低到最小。宣传教育的方式有专门培训、散发宣传手册、VCD 光盘等。

1.3.3　编写《公路隧道运营管理手册》的必要性

　　针对我国目前公路隧道运营出现的问题,以及上述对策建议,结合现有的研究成果和运营管理经验,编写一部适合我国长大公路隧道的运营管理手册势在必行。希望通过本《公路隧道运营管理手册》的编写,能够为我国长大公路隧道的运营管理提供一个指导性的范本,完善和规范长大公路隧道的运营管理,提升我国长大公路隧道运营管理的整体水平,充分发挥其安全、高效的运营服务功能,避免和降低重大灾害损失,获取最大的社会经济效益。

第 2 章 总 则

2.1 编制目的和参考标准

（1）为了加强公路隧道的运营管理工作,提高运营服务水平,充分发挥其安全、高效的运营服务功能,降低重大灾害发生的几率和减少损失,获取最大的社会经济效益,特制定本管理手册。

（2）本手册的主要适用对象为所有运营的公路隧道,也可以供现代城市交通通道管理参考。

（3）编制本手册所参考的国家规范、标准包括：

①《公路工程技术标准》(JTG B01—2014),北京：人民交通出版社,2014。

②《公路隧道养护技术规范》(JTG H12—2015),北京：人民交通出版社,2015。

③《公路工程质量检验评定标准 第二册 机电工程》(JTG F80/2—2004),北京：人民交通出版社,2004。

④《公路隧道设计规范》(JTG D70—2004),北京：人民交通出版社,2004。

⑤《公路隧道设计规范 第二册 交通工程与附属设施》(JTG D70/2—2014),北京：人民交通出版社,2014。

⑥《公路隧道照明设计细则》(JTG/T D70/2-01—2014),北京：人民交通出版社,2014。

⑦《公路隧道通风设计细则》(JTG/T D70/2-02—2014),北京：人民交通出版社,2014。

2.2 公路隧道运营管理的目的

（1）通过有效的安全管理,创造良好的公路隧道运营环境条件,使公路隧道发挥最大的效率。在保证安全的前提下,尽可能提高通行能力,减少限制车辆通行的时间,使运输企业和公路隧道运营管理部门获得最大的经济效益和社会效益。

（2）通过采用各种有效的措施和手段,确保隧道运营行车安全,最大限度地降低隧道运营安全事故发生的概率,减少人员伤亡和财产损失,保障人民生命财产安全,维护运输企业和道路运输行业质量信誉。

（3）结合所管理隧道的实际情况,采用先进的管理理念、技术和设备,有计划地改善隧道服务状况,增强其抵抗各种灾害的能力,提高运营安全服务水平。

（4）在确保安全畅通的前提下,最大限度地实现和延长隧道的设计使用寿命。

2.3　公路隧道运营管理的原则

(1)公路隧道运营管理工作必须围绕"提高隧道的通行能力和通行质量"的原则,结合隧道的运营基础设施,根据积累的交通资料,尽可能合理地调控隧道运营管理系统,以达到安全、经济、高效的目的。

(2)公路隧道运营安全管理应该在"以防为主,防救结合"原则下,建立起一个"设施是基础,管理是关键,监控是核心,手册是指南,预案是保障"的安全运营管理体系。

(3)公路隧道养护工作必须贯彻"预防为主,防治结合"的方针。根据积累的技术资料并结合各个隧道的具体情况,采用科学合理且经济的方法,尽可能提高隧道及其附属设施的耐久性和抗灾能力。

(4)公路隧道的养护工程的组织实施,应符合现行《公路隧道养护技术规范》(JTG H12—2015)及《公路隧道设计规范》(JTG D70—2004)等的有关规定;在隧道养护施工的同时,应注重运营安全和保障隧道畅通,同时兼顾经济利益。

(5)隧道运营管理部门及技术人员,应该积极学习新的隧道养护技术和科学的管理方法,不断提高运营管理水平,改善养护生产手段,达到科学管理的目的。

2.4　公路隧道运营管理的技术方法

2.4.1　实地调查

公路隧道实地调查一般包括:公路交通情况调查、隧道运营状况调查和隧道灾害事故调查,调查结果应录入隧道运营状况数据库,实行病害监控,达到决策科学化,使有限的资金发挥最大的经济效益。各调查的主要内容如下:

1)公路交通情况调查

(1)隧道交通量的季节分布规律。

(2)隧道交通量的时间分布规律。

(3)隧道通行车辆的分类。

(4)隧道内货车运输货物的类型。

2)隧道运营状况调查

(1)土建设施

①定期检查土建结构的基本状况;

②日常检查结构物脏污、老化或轻微破损;

③专项检查衬砌结构的裂缝情况;

④专项检查衬砌施工缝的破损情况;

⑤专项检查隧道路面的抗滑性能;

⑥定期检查隧道路面的损毁情况；
⑦专项检查路面仰拱的塌陷、断裂情况；
⑧送、排风斜井、竖井、送风口及联络通道结构情况；
⑨隧道洞门结构、边坡稳定性情况；
⑩隧道突发事故后结构的破坏情况检查。

（2）供配电系统
①供配电系统的整体状态；
②隧道内电缆沟的电缆情况；
③供配电系统是否清洁；
④电路负荷及电压、电流情况；
⑤供配电系统及线路的绝缘情况；
⑥供配电系统的防雷及接地情况；
⑦隧道风机供电控制状况；
⑧隧道照明供电控制情况；
⑨消防管道电伴热情况；
⑩隧道送变电情况。

（3）通风系统
①射流风机运转情况；
②轴流风机运转情况；
③通风系统结构细部；
④风机的控制系统；
⑤风机房的环境；
⑥通风系统效率。

（4）照明系统
①照明灯具的检查；
②照明系统的细部检查；
③照明系统的完好率检查；
④照明控制系统检查；
⑤照明效果检查；
⑥应急照明检查。

（5）救援与消防系统
①隧道内消防水管、消防箱、消防设备的外观检查；
②隧道内消防水管、消防箱、消防设备的专项检查；
③隧道内报警设备的检查；
④隧道内通信设备的检查；
⑤洞外高、低位水箱检查；
⑥洞外输水管道检查；
⑦隧道消防水源检查；

⑧消防车辆、器材检查。
(6)交通安全系统
①隧道洞口护栏的检查;
②隧道内、外交通诱导标志的检查;
③隧道内标志、标线的检查;
④隧道内横通道标志的检查;
⑤隧道内横通道防火门的检查;
⑥隧道内、外情报板的检查;
⑦隧道紧急停车带内设施检查;
⑧隧道外的隔离封闭设施;
⑨隧道洞口的遮阳棚;
⑩隧道洞内外的限速标志。
(7)监控系统
①隧道内监控摄像头检查;
②监控系统的细部检查;
③视频事件监视器的检查;
④隧道洞口的云台检查;
⑤车辆检测线圈检查;
⑥监控系统的整体运行情况检查。
(8)通信系统检查
①紧急电话;
②隧道喇叭;
③情报发布;
④数据传输。
(9)排水系统的检查
①中心排水管的检查;
②中心检查井的检查;
③纵向排水管的检查;
④纵线排水检查井的检查;
⑤路面排水沟的检查;
⑥洞外排水沟的检查;
⑦洞外集水井的检查;
⑧洞外出水口的检查。
(10)隧道环境检查
①隧道洞内运营环境检查;
②隧道洞外环境检查。
3)隧道灾害事故的调查
(1)交通事故

①小型事故；
②中型事故；
③大型事故。
（2）火灾事故
①小型火灾；
②中型火灾；
③大型火灾。
（3）危险品泄漏
①小型泄漏；
②中型泄漏；
③大型泄漏。
（4）其他事故
①恐怖袭击；
②洪水袭击；
③地震灾害。

2.4.2　科学研究

（1）积极联系高校和相关研究机构做好基础理论研究，分析影响隧道运营安全因素的敏感性，建立一套科学合理的管理方案。

（2）分析隧道运营期间的相关信息，收集灾害事故类型，建立数值分析模型，为隧道安全运营管理提供数值化的依据。

（3）积极开发、采用自动化观测和计算机处理技术，协调隧道通风、照明、供电、火灾报警、消防安全、闭路电视、紧急电话、有线广播、可变情报板和监控中心等十多个子系统的工作。

（4）汲取新的科技成果，提供良好的服务条件，保证隧道安全、畅通和舒适的运营。

2.4.3　组织管理

（1）建立一支专业技术强、实际操作水平高的运营管理队伍，长期监控隧道以及附属设施的状况，并能对隧道简单的损毁进行检查、预测及维护。

（2）培养一支责任意识强、应对灾害能力强、能够经得住考验的队伍，保障隧道安全运营管理。

2.4.4　硬件维护

（1）重视对隧道土建工程（包括衬砌结构、洞门、路面、排水、斜竖井、服务通道等）的定期检查和维护工作。

（2）重视对机电工程（包括送变电、控制室、照明、通风、监控、电伴热等）的定期检查和维护工作。

(3)重视对消防工程(包括水井、高低压水池、洞外输水管、洞内消防管、消防箱)的定期检查和维护工作。

(4)重视对交通工程设施(包括标志、标线、通信、监控、护栏等)、收费设施、服务管理设施等的维护、更新工作。

(5)重视对监控工程(包括CCTV、通风、照明、情报、交通、通信)等设施的维护、更新工作。

2.4.5 软件维护

(1)重视对隧道监控软件(包括隧道通风、照明、供电、火灾报警、消防安全、闭路电视、紧急电话、有线广播、可变情报、协调联动等)的定期检查和维护工作。

(2)重视对隧道防灾救灾预案系统的更新和定期维护工作。

2.4.6 救灾演练

(1)每一个长大隧道,或者隧道群,应该结合自己的实际情况制订专门的防灾救灾预案。救灾演习的重点是灭灾救援,灾害场景的设计要尽可能接近实际,不能只有灭灾,没有救援,更不能流于形式。

(2)强化隧道运营管理人员防灾救灾意识,确保隧道管理人员时刻不松懈,提高其发生灾害时的应对技术水平。

(3)认真做好隧道运营安全的宣传工作,使隧道运营安全深入人心。

(4)定期做好隧道防灾救灾演练,通过现场演练,检验隧道运营管理人员的职业技能水平,提高隧道管理梯队的防灾救灾能力。

(5)通过现场演练,了解灾害发生时人们的具体逃生行为,有助于建立合理的逃生方案,提高人们在隧道出现灾害时的逃生能力。

第3章 公路隧道基本情况

3.1 公路隧道专业术语

3.1.1 一般术语

（1）公路隧道 road tunnel
供汽车和行人通过的隧道，一般分为汽车专用和人、车混用的隧道。
（2）山岭隧道 mountain tunnel
指贯穿山岭和丘陵的隧道。
（3）城市隧道 urban tunnel
指修筑在城市区域内的交通隧道，包括人行、车行通道，快速公路隧道。
（4）水底隧道 underwater tunnel
指修筑在水域下的公路隧道。
（5）围岩分级 rock mass classification
以土木工程为对象，将岩石集合体（岩体）按照一定方法和技术指标将其分成稳定程度不同的若干级别。
（6）隧道围岩 surrounding rock
指修建隧道过程中影响范围内的围岩。
（7）荷载 load
指作用于结构物而使结构物产生应力和变形的外在因素，包括体积力、面积力两大类。
（8）围岩压力 surrounding rock pressure
隧道开挖后，因围岩变形或松散等原因，作用于洞室周边岩体或支护结构上的压力。
（9）偏压 unsymmetrical pressure
作用于隧道的压力左右不对称，一侧压力特大的情况；作用于隧道结构上的不对称荷载。
（10）松散压力 loosening pressure
指因隧道的开挖爆破、支护的下沉以及衬砌背后的空隙等原因，致使隧道周边的围岩产生松动，以相当于一定高度的围岩重力，作为直接荷载作用于隧道支护和衬砌上的土压。

3.1.2 隧道土建

(1)洞门 portal
修在隧道洞口部位,为挡土、坡面防护等而设置的隧道结构物。
(2)明洞 opencut tunnel
用明挖法修建的隧道。常用于地质不良的路段或埋深较浅的隧道洞口段。
(3)衬砌 lining
为防止围岩变形或者坍塌,沿隧道洞身周边用水泥混凝土等材料修建的永久性支护结构。
(4)仰拱 invert
为改善隧道上部支护结构受力条件,设置在隧道底部的反向拱形结构。
(5)围岩 surrounding rock
隧道周围一定范围内,对隧道洞身的稳定有影响的岩(土)体。
(6)人行横洞 pedestrian adit
连接隧道左右行车洞之间供行人通过的通道。
(7)车行横洞 the garage adit
连接隧道左右行车洞之间供车辆通过的通道。
(8)横通道 horizontal adit
将隧道划分成几个工区进行施工时,为搬运材料和出渣等而设置的大体上接近水平的作业坑道。横通道有时也可以用于车行横洞。
(9)紧急停车带 emergency parking strip
指在高速公路和一级公路上,供车辆临时发生故障或其他原因紧急停车使用的临时停车地带。
(10)斜井 incline;inclined shaft
为隧道运营通风或提供施工开挖掌子面,按一定倾斜角度设置的通道。
(11)竖井 vertical shaft
为隧道运营通风或施工设置的竖向通道。
(12)隧道建筑限界 structural approach limit of tunnel
指为保证隧道内各种交通车辆的正常运行与安全,而规定在一定宽度和高度范围内不得有任何障碍物的空间限界。
(13)隧道埋深 depth
隧道开挖工作面的顶部到自然地面的距离。
(14)检修道 maintaining roadway
隧道内供检修人员行走工作的通道,一般位于隧道内行车道两侧,并高出行车道一定距离。

3.1.3　隧道交通

(1) 交通量 car traffic volume

在指定时间内通过道路某地点或某断面的车辆、行人数量。公路隧道内的交通量通常仅指机动车交通量，它是随时变化的。通常以平均交通量、高峰小时交通量和设计小时交通量作为有代表性的交通量。

(2) 年平均日交通量 annual average daily traffic

年平均日交通量指的是全年的日交通量观测结果的平均值。

(3) 月平均交通量 monthly average daily traffic

月平均日交通量指的是全月的日交通量观测结果的平均值。

(4) 年第 30 位最大小时交通量 thirtieth highest annual hourly volume

指将一年内所有小时交通量，按从大到小的顺序排列，序号第 30 位的小时交通量。

(5) 年最大小时交通量 maximum annual hourly volume

年最大小时交通量指的是一年内所有小时交通量中的最大值。

(6) 设计小时交通量 design hourly volume

设计小时交通量是确定公路等级、评价公路运行状态和服务水平的重要参数。

(7) 通行能力 traffic capacity

通行能力指的是在一定的道路和交通条件下，道路上某一路段单位时间内通过某一断面的最大车辆数。

(8) 基本通行能力 basic traffic capacity

基本通行能力指的是在理想的道路和交通条件下，单位时间一个车道或一条道路某一路段通过小客车最大数，是计算各种通行能力的基础。

(9) 可能通行能力 possible traffic capacity

可能通行能力指的是在现实的道路和交通条件下，一个车道或一条道路某一路段的通行能力。

(10) 设计通行能力 design traffic capacity

设计通行能力指的是道路交通的运行状态保持在某一设计的服务水平时，道路上某一路段的通行能力。

(11) 道路服务水平 service level

主要以道路上的运行速度和交通量与可能通行能力之比，是综合反映道路服务质量的一个指标。

(12) 公路交通规划 traffic planning

公路交通规划是交通工程学的组成部分，包括确定公路和城市道路交通建设的发展目标，通过设计达到这些目标的策略、过程和方案。

(13) 交通调查 traffic survey

交通调查指的是交通量、车速、交通运行特征、起讫点、交叉口、交通事故、交通环境等调查的统称。

(14) 交通量调查 traffic volume survey

交通量调查指的是一定时间、一定期间或连续期间内，对通过道路其一断面各种类型交通单元数量的观测记录工作。

(15) 系统响应时间 system response time

从事件发生到系统确认（包括系统自动检测或通过其他途径得到的事件信息，并得到确认）所用时间的平均值，称为系统响应时间。

3.1.4 隧道机电

(1) 变电所 substation

变电所就是电力系统中对电能的电压和电流进行变换、集中和分配的场所。

(2) 不间断电源 uninterrupted power supply (UPS)

即蓄电池，又称 UPS 电源，为隧道内停电时提供应急电源。

(3) 设备监控系统 equipment manage controlsystem (EMCS)

对隧道内的电力、照明、通风、给排水、消防等设备或系统，进行集中监视、控制管理的综合系统。

(4) 系统集成 integrated system (IS)

将隧道内不同功能的子系统在物理上、逻辑上和功能上连接在一起，实现信息综合和资源共享。

(5) 接口 interface

指两个不同系统的交接部分。

(6) 远程终端单元 remote terminal unit (RTU)

以 PLC 作为核心器件，主要负责隧道内变电所电力监控相关的信息收集、指令执行以及监控方案实施等工作，必要时可实现整条隧道的降级操作功能。

(7) 可编辑逻辑控制器 programmable logic controller (PLC)

一种先进的面向生产过程控制的数字电子装置，取代了传统的继电器控制应接线逻辑（或称布线逻辑）系统，并将控制程序由软件方式加以实施、修改。

(8) 区域控制单元 area control unit (ACU)

以 PLC 作为核心器件，主要负责隧道不同区段内涉及设备监控系统相关的信息收集、指令执行以及监控方案实施等工作。

(9) 音频矩阵 audio frequency matrix

用于完成多路单声道或立体声音音频切换的设备，在紧急情况下可自动插入紧急消防广播。

(10) 音频处理设备 audio frequency dispose equipment

包括均衡器、前置放大器和各种控制器及音响加工设备，具有信号前置放大、信号选择、对音量和音响效果进行调整和控制以及均衡频率和美化音色的功能。

(11) 监测/监听设备 monitoring equipment

用于监听广播回路中音量大小和音质好坏，判断播音回路是否出现故障的监听模块和音箱等设备。

(12) 时间占有率 occupancy rate

路段某检测截面或检测区域的某一统计总时间内,有车通过的时间所占的比率。

(13) 开启时间 turn on time

发生在感应终端能引起输出的阻抗变化时刻与实际发生输出时刻之间的时间延迟。

(14) 关断时间 turn off time

激励停止到输出停止的一个时间有限延迟。

(15) 信噪比 signal to noise ration

指放大器的信号噪声比,即放大器的输出信号电压与同时输出的噪声电压之比,简称为信噪比。

(16) 信号控制系统 signal control system

对交通信号进行统一控制与调度的系统,为隧道区段安全行车提供通行权。

(17) 单体调试 single commissioning

设备在未安装时或安装工作结束而未与系统连接时,为确认其是否符合产品出厂标准和满足实际使用条件而进行的单体调试或单机试运工作。

(18) 系统调试 system commissioning

各系统在设备单机试运或单体调试合格后,为使系统符合联合试运转必须具备的条件而进行的调试工作。

(19) 集中控制 centralized control

一种控制系统结构方式,指隧道内的各设施直接与中央控制室相连,隧道内的检测设备将检测信息直接传至中央控制室,由中央控制室直接向隧道内各控制设施发布控制命令。

(20) 多级控制 multilevel control

一种控制系统结构方式,将隧道分成若干区域,各区域的检测设备将检测信息传至各区域控制器,区域控制器将信息分析处理后上传中央控制室,中央控制室根据隧道的营运情况通过区域控制器向各控制设备发布控制命令。

(21) 射流风机 jet fan

隧道通风系统中,用来搅匀,清除局部空气死角,加速空气流动,使隧道内空气环境得到改善的机械。

(22) 轴流风机 axial flow fan

轴流风机是专门为特长隧道中竖(斜)井送排式通风用的送风、排风机械。

3.1.5 隧道通风

(1) 通风 ventilation

将隧道内有害气体排出洞外的一种换气行为。

(2) 机械通风 mechanical ventilation

当自然通风不能满足隧道通风要求时,采用以机械通风辅助的通风方式。

(3) 自然通风 natural ventilation

利用隧道内自然风流实现隧道内空气与外界大气交换,以达到隧道通风目的的一种通风方式。

(4)施工通风 construction ventilation

隧道施工中,为满足作业环境卫生标准要求而进行的机械或者自然通风。

(5)运营通风 permanent ventilation

隧道运营中,在规定时间内,为使隧道内空气和温度符合国家卫生标准而进行通风。

(6)通风设备 ventilation equipment

工程中完成通风工作的各项功能的设施,统称通风设备。

(7)全横向通风 transverse ventilation

全横向通风是指隧道横断面被分为送风道、排风道和行车道三部分。新鲜空气由风机送入风道,经送风孔进入行车道,与污染空气混合后,横穿隧道,经排风口进入排风道,最后由风机排出。

(8)半横向通风 semi-transverse ventilation

半横向通风有两种通风模式。第一种是隧道横断面被分成送风道和行车道两部分。新鲜空气由风机、通风井送入送风道,经送风孔进入行车道,在行车道内与污染空气混合后沿隧道排出。第二种是隧道横断面被分成排风道和行车道两部分,新鲜空气由隧道两端进入与污染空气混合,经送风孔进入排风道,然后由排风井排出。

(9)纵向通风 longitudinal ventilation

纵向通风是在隧道的适当位置安装通风机,靠风机产生的通风压力迫使隧道内空气沿隧道轴线方向流动的一种通风方式。

(10)射流风机纵向通风 jet-fan longitudinal ventilation;ventilation by force draft

在隧道内适当的位置安装射流风机,为隧道内通风提供动力,完成纵向通风。

(11)集中排风纵向通风 central exhaust ventilation

使用通风设施由通风井(竖井或斜井)、风道和风机,在隧道中部的集中排风通风方式。

(12)排送组合纵向通风 composite longitudinal ventilation

在单向交通的隧道内,为了充分利用交通风,采用通风井一侧排风一侧送风的通风方式。

(13)风道 air passage

风道是指用混凝土、砖等建筑材料砌筑而成的用于空气流通的通道。

3.1.6 隧道照明

(1)照明 tunnel lighting

通过在隧道内设置灯具,达到行车安全所要求的环境亮度。

(2)光通量 luminous flux

光通量是指单位时间内光辐射能量的大小。

(3)亮度 lightness luminance

人眼从一个方向观察光源,在这个方向上的光强与人眼所"见到"的光源面积之比。

(4)亮度曲线 brightness curve

沿隧道道路轴线,由入口洞外的接近段经入口段、过渡段、中间段直到出口段,驾驶人在白天所需要的路面亮度变化曲线。

(5)照度 illuminance

照度即光照强度,指单位面积上所接受可见光的能量。

(6)光强 light identity

光强即发光强度,是针对点光源而言的,或者发光体的大小与照射距离相比较小的场合。这个量是表明发光体在空间发射的汇聚能力的。

(7)隧道基本照明 tunnel basic lighting

在正常供电条件下,为保证隧道内机动车正常和安全行驶而设置的照明,它由安装在隧道顶部中央或两侧对称排列的若干灯具所组成。

(8)隧道加强照明 tunnel supplement lighting

为保证白天机动车从隧道外高亮(照)度环境下驶入隧道内低亮(照)度环境,或从隧道内低亮(照)度环境驶出到隧道外高亮(照)度环境时的行车安全,在隧道入口或出口人工光过渡区顶部增加的若干灯具所提供的照明。通常灯具可组成若干个亮(照)度等级,以适应隧道外亮(照)度的变化。

(9)洞外亮度 adaptation luminance

指驾驶员驾车驶入隧道洞口所看到的周围环境的平均亮度。

(10)配光曲线 distribution curve flux

配光曲线是指光源(或灯具)在空间各个方向的光强分布。

(11)维护系数 maintenance factor

维护系数又称光损失因子 LLF(light loss factor),经过一段时间工作后,照明系统在作业面上产生的平均照度(即维持照度)与系统新安装时的平均照度(即初始照度)的比值。

(12)失能眩光 disability glare

失能眩光是降低视觉功效和可见度的眩光,同时它也往往伴有不舒适感。主要是由于视野内高亮度光源的杂散光进入眼睛,在眼球内散射而使视网膜上的物像清晰度和对比度下降造成的。

(13)不舒适眩光 discomfort glare

不舒适眩光指在有眩光感觉的动态驾驶下,对道路照明设施的一种评价。该眩光会降低驾驶员行车的舒适程度,用眩光控制等级 G 表示。

3.1.7 隧道防排水

(1)隧道防水 tunnel waterproofing

隧道防水是根据地下水的渗流路径层层设防,在不同的位置进行不同的防水设计,分为结构防水和材料防水。

(2)防水板 waterproofing board

防水板是以高分子聚合物为基本原料制成的一种防渗材料,应用在隧道初次衬砌和二次衬砌之间,防止水的渗漏。

(3)隧道排水 tunnel drainage

隧道排水是设计在隧道中一个完整的排水体系,由纵向排水管、中心排水管、横向排水管、检查井、集水井等组成,将隧道内及隧道围岩的渗漏水排出洞外。

(4)排水设备 drainage facilities

排水设备主要是指安装和设置在隧道排水系统中的一些排水设施。

(5)隧道病害防治 protection and treatment defect of tunnel

隧道病害防治是指各种隧道病害预防与整治的方法和措施。

(6)堵漏 leaking stoppage

堵漏是一种施工措施,隧道内渗水时普遍用的措施。

(7)围岩注浆堵水 surrounding rock grouting for block off water

围岩注浆堵水即在隧道围岩的富水区段向地层灌注浆液,封堵地层中的渗水裂隙,减小流向隧道的流水。

(8)化学注浆 chemical grouting

化学注浆是将一定的化学材料(无机或有机材料)配制成真溶液,用化学灌浆泵等压送设备将其灌入围岩缝隙内,使其渗透、扩散、胶凝或固化,以增加围岩强度、降低围岩渗透性、防止围岩变形。

(9)防水卷材 waterproof roll

防水卷材主要是用于隧道内起到抵御围岩渗漏的一种可卷曲成卷状的柔性建材产品,作为工程基础与建筑物之间无渗漏连接,是整个工程防水的第一道屏障,对整个工程起着至关重要的作用。

(10)防水层 waterproof layer

防水层是为了防止水渗入隧道而设的材料层。

(11)纵向排水管 longitudinal drain pipe

纵向排水管是沿着隧道纵向设置在衬砌外侧的透水管,它的作用是将环向排水管和防水板垫层排下的水汇集并通过横向排水管排出。

(12)横向排水管 transverse drain pipe

横向排水管位于衬砌基础和路面的下部,布设方向与隧道轴线垂直,是连接纵向排水盲管和中央排水管道的水力通道。

(13)水文调查 hydrological survey

对隧道工程以及周边环境有影响的地表水和地下水所进行的调查。

3.1.8 隧道消防

(1)隧道防火板 tunnel fire proofing board

隧道防火板通常是指对隧道混凝土结构进行防火保护的板材。

(2)火灾 fire hazard

火灾是指在时间和空间上失去控制的燃烧所造成的灾害。

(3)消防 fire fighting

消防即预防和扑灭发生在隧道内的火灾。

（4）灭火剂 extinguishing agent

灭火剂主要有水、润湿剂、泡沫卤代烷干粉和二氧化碳等，应当满足对汽油火灾灭火能力强、不产生有害气体、不因温度和湿度的影响而变质、储存期长以及容易管理等条件。

（5）避车洞 refuge hole

避车洞是在隧道两侧边墙上每隔一定距离设置的供人员躲避列车或临时存放器材的洞室。

（6）卤代烷灭火剂 halon extinguishing agent

饱和碳氢化合物中的氢原子，完全或部分被卤族元素取代，生成的化合物即为卤代烷，卤代烷灭火剂主要用来扑灭易燃物质、电气设备等。

（7）干粉灭火剂 powder extinguishing agent

干粉是微细的固体颗粒，具有不导电、不腐蚀、扑救火灾等特点，能扑救流散的易燃液体、气体火灾和电气火灾。

（8）消火栓 fire hydrant

消防栓是一种截止阀的阀门，是一种固定式消防供水设备，是为了在初期火灾时灭火和防止火灾扩大的设备。

（9）隧道消防给水 tunnel fire water supply

隧道消防给水是指设置在隧道内的给水管道，平时保持常有水的状态，一旦发生火灾时，便可以立即投入使用。

（10）水头损失 head loss

流体克服阻力做功所损失的能量。

（11）自动阀门 self-acting valve

自动阀门是借助于介质本身的流量、压力或温度参数发生的变化而自行动作的阀门。

（12）驱动阀门 actuated valve

驱动阀门是用手操纵或其他动力操纵的阀门。

（13）截止阀 stop valve

截止阀主要用于热水供应及高压蒸汽管路中，使得流体经过截止阀时要转弯改变流向。

（14）闸阀 gate valve

闸阀是利用闸板升降控制开闭的阀门，流体经过阀门时流向不变，因此阻力小，它广泛用于冷热水管道系统中。

（15）止回阀 check valve

止回阀是一种根据阀瓣前后的压力差而自动启闭的阀门，它有严格的方向性，只许介质向一个方向流通，而阻止其逆向流动。

（16）减压阀 pressure-reducing valve

减压阀用于管道中降低介质压力，其原理是：介质通过阀瓣通道小孔时阻力大，经节流造成压力损耗从而达到减压目的。

3.1.9 隧道监控

(1)隧道监控量测 tunnel monitoring measurement
为了解正在施工或已运营隧道围岩的岩石力学性质和支护结构的受力状态,保证施工安全和工程安全,采用各种量测仪器对围岩和支护结构所进行的量测工作。

(2)车辆检测器 vehicle detector
车辆检测器主要为检测车辆的出现或存在,检测车辆的运动或通过。

(3)能见度检测器 visibility detector
能见度检测器根据柯西米德定律,选择合适的光源和光路结构,通过检测专用光源在指定大气体积重的前向散射强度,以求得其散射系统,并计算出大气能见度。

(4)光强检测器 light intensity detector
光强检测器主要是由布置在隧道口外的辉度计以及布置在隧道口内的照度计组成,辉度计是隧道口外物体反射光的强度,照度计用来记录在水平表面的照明强度(入射光)。

(5)一氧化碳检测器 carbon monoxide detector
一氧化碳检测器主要负责检测隧道内一氧化碳的浓度。

(6)火灾探测器 fire detector
火灾探测器是消防火灾自动报警系统中,对现场进行探查,发现火灾的设备。

(7)光纤感温探测器 optical fiber thermal detector
光纤感温探测器主要依据是光纤的光时域反射原理以及光纤的后向拉曼散射温度效应,激光光源沿着光纤注入光脉冲,脉冲大部分能传到光线末端并消失,但一小部分拉曼散射光会沿着光纤反射回来,对这一后散射光进行信号采集并在光电装置中进行分析,从而提供给用户有关温度的信息。

(8)交通信号灯 traffic lights
交通信号灯是交通信号中的重要组成部分,是隧道内道路交通的基本语言。

(9)防护等级 international protection (IP)
防护等级 IP 是将设备依其防尘、防止外物侵入、防水、防湿气的特性加以分级。

(10)系统监测 system monitoring
使得系统能不间断地定时检测各设备的工作状态,并对非正常情况通过人机接口报警。

(11)交通监控 traffic surveillance and control
通过采集、处理和发布道路交通信息,为交通管理者提供一种用于道路交通运行和管理的技术措施。

3.1.10 隧道通信

(1)通信系统 communication system
通信系统是指用以完成隧道内信息传输过程的技术系统。

(2)紧急电话系统 emergency telephone system

紧急电话系统是为求助者提供紧急救援的专用系统,在隧道发生事故或者车辆抛锚时能提供公路紧急通信业务,同时也是监控系统收集道路上车辆故障及事故信息、监控道路运行情况的主要工具。

(3)有线广播系统 wired broadcasting system

利用金属导线或光导纤维所组成的传输分配网络,将广播节目直接传送给用户接收设备的区域性广播系统。

(4)紧急警报系统 emergency prediction system

将隧道内发生的火灾、交通事故及时向隧道管理所通报的系统。

(5)闭路电视监控系统 closed circuit television monitoring system(CCTV)

是安全技术防范体系中的一个重要组成部分,是一种先进的、防范能力极强的综合系统,可以通过遥控摄像机及其辅助设备(镜头、云台等)直接观看被监视场所的一切情况,可以实现对被监视场所的情况一目了然。

3.1.11　隧道标志

(1)道路交通标志 road traffic sign

又称道路标志、道路交通标志。道路交通标志和标线是用图案、符号、文字传递交通管理信息,用以管制及引导交通的一种安全管理设施。

(2)警告标志 warning sign

警告车辆、行人注意道路交通的标志。

(3)禁令标志 regulatory sign

禁止或限制车辆、行人交通行为的标志。

(4)指示标志 mandatory sign

指示车辆、行人应遵循的标志。

(5)指路标志 guide sign

传递道路方向、地点、距离信息的标志。

(6)辅助标志 auxiliary sign

是附设在主标志下,起辅助说明作用的标志,这种标志不能单独设立和使用。

(7)可变信息标志 changeable message sign

可变信息标志是一种依交通、道路、气候等状况的变化,可以随之改变显示内容的标志。

(8)主动发光标志 active luminous sign

在光线较暗时能够被清楚辨认的,带有图形、符号的,通过电能或其他能源使其自身内部发光的标志。

(9)路面标线 pavement marking

标画于路面上的各种线条、箭头、文字、立面标记、突起路标和轮廓标等所构成的交通安全设施。

(10)避难通道标志 escape means sign

避难通道标志主要用于指示避难通道的位置。

3.1.12 隧道灾害

(1) 致灾因子 disaster-inducing factors

致灾因子是指由各种自然异动(暴雨、雷电、台风、地震等)、人为异动(操作管理失误、人为破坏等)、技术异动(机械故障、技术失误等)、政治经济异动(能源危机、金融危机等)等产生的各种异动因子。

(2) 孕灾环境 hazard inducing environment

孕灾环境是由大气圈、水圈、生物圈、岩石圈和物质文化圈所组成的综合地球表层环境。

(3) 地质灾害 geological disaster

在隧道工程施工和使用过程中,因地质作用和人为工程活动对人民生命财产和隧道施工、正常使用以及周围环境造成的破坏。

(4) 突水 water gushing

在硐室、巷道施工过程中,穿过溶洞发育的地段(尤其是遇到地下暗河系统)、厚层含水砂砾石层或与地表水连通的较大断裂破碎带等所发生的突然大量涌水现象。

(5) 突泥 mud bursting

突泥突沙灾害,又称涌沙涌泥灾害。伴随矿井突水活动,大量泥沙涌入井巷所造成的灾害。

(6) 岩爆 rock burst

岩爆,也称冲击地压,它是一种岩体中聚积的弹性变形势能在一定条件下的突然猛烈释放,导致岩石爆裂并弹射出来的现象。

(7) 瓦斯突出 gas outburst

是指随着隧道掘进深度的增大,瓦斯含量增加,瓦斯气体突破地层抵抗线,瞬间释放大量瓦斯而造成的一种地质灾害。

(8) 隧道冻害 freezing damage in tunnel

寒区隧道受寒冷气候的影响,产生路面结冰、洞顶吊冰柱、衬砌冻胀开裂和洞口飘雪,热融滑塌等病害。

(9) 酸性地下水腐蚀 acidic groundwater corrosion

酸性地下水中氢离子置换铁,使铁离子溶于水中,从而使隧道钢拱架、锚杆、衬砌内钢铁材料等受到腐蚀的作用。

(10) 地面塌陷 ground depression

由于隧道开挖或后期运营中出现塌陷造成的地表岩、土体向下陷落,并在地面形成塌陷坑(洞)的一种现象。

(11) 岩溶 karst

岩溶即喀斯特,是水对可溶性岩石(碳酸盐岩、石膏、岩盐等)进行以化学溶蚀作用为主,流水的冲蚀、潜蚀和崩塌等机械作用为辅的地质作用,以及由这些作用所产生的现象的总称。

3.1.13 隧道环境

(1) CO 容许浓度 allowable concentration of CO

隧道内为了保障人员健康所容许的 CO 的最大浓度值,单位为 ppm(parts per million),指 $1m^3$ 空气中所存在的 CO 的 cm^3 数。

(2) 烟雾容许浓度 allowable concentration of smog

为了保障隧道内车辆的行车视距所允许的烟雾最大浓度值,单位为 g/m^3。

3.1.14 隧道管理

(1) 隧道管理站 tunnel management station

为了管理隧道日常运营、养护以及处理突发事故而专门设立的管理隧道的机构。

(2) 应急预案 emergency responsible

指面对突发事件的应急管理、指挥、救援计划等。

3.1.15 隧道安全

(1) 黑洞效应 black hole effect

汽车驶入较长隧道洞口时,驾驶人感到洞口很黑,像个"黑洞",以致无法辨认洞口附近的情况,连障碍物也难以发现,这种现象称为"黑洞"效应。

(2) 白洞效应 white hole effect

白天汽车穿过较长隧道后,由于外部亮度极高,出口看上去像是个"白洞",这时驾驶人员因为眩光而感到不适。

(3) 黑框效应 black box effect

从隧道外部去看照明很不充分的隧道入口,会看见黑框(短隧道),称之为黑框效应。

(4) 隧道病害 tunnel disease

隧道运营中出现可能妨碍汽车正常运行的状态。

(5) 衬砌裂损 lining split

衬砌出现裂缝,大面积或局部剥离、掉块、腐蚀等的病害状态。

(6) 隧道漏水 water leakage in tunnel

隧道结构上因地下水活动出现渗漏水等的病害状态。

(7) 隧道火灾 tunnel fire

隧道由于自身、车辆或人为等因素造成的隧道内火势不受控制从而造成的人员伤亡,隧道结构损坏的现象。

3.1.16 隧道风险

(1) 隧道风险 risk

指隧道内对人身安全、财产、环境有潜在损害或对工程有潜在经济损失、延期的不利事件发生的频率和影响结果的综合。

(2) 风险管理 risk management

指在隧道工程项目的整个寿命周期内,为获得最佳的或可接受的风险减轻或者控制措施而进行的系统风险辨识、风险分析和风险响应的正式有序过程。

(3) 风险范围 risk spectrum

指隧道工程中可能发生风险所涉及的范围。

(4) 风险目标 aim of risk management

在工程各个阶段通过危险辨识、制定风险或减轻措施以确保合理的风险管理的目的。

(5) 风险管理策略 risk management strategy

为了减轻工程风险,达到成本最小化所采取的减轻风险措施。

(6) 隧道风险合同 contract of tunnel risk

为了合理分担隧道风险,参与隧道建设各方所签订的风险合同。

(7) 隧道风险保险 insurance of tunnel risk

业主和承包商针对隧道工程中的风险的投保。

3.2 公路隧道分类方式

公路隧道的分类有多种方式:

(1) 按照隧道所处的地质条件,分为土质隧道和岩质隧道。

(2) 按照隧道的长度,分为特长隧道、长隧道、中隧道、短隧道,见表3-1。

隧道按长度分类表　　　　　表3-1

项　目	长度 L(m)	项　目	长度 L(m)
短隧道	$L \leqslant 500$	长隧道	$1\,000 \leqslant L \leqslant 3\,000$
中隧道	$500 < L < 1\,000$	特长隧道	$L > 3\,000$

随着近年来许多特长隧道的建设,长安大学隧道工程安全研究所提出了一个新的长度分类建议,见表3-2。

隧道按长度分类表　　　　　表3-2

项　目	长度 L(m)	项　目	长度 L(m)
短隧道	$L \leqslant 500$	特长隧道	$5\,000 < L \leqslant 10\,000$
中隧道	$500 < L \leqslant 1\,000$	超长隧道	$10\,000 < L \leqslant 50\,000$
中长隧道	$1\,000 < L \leqslant 3\,000$	极长隧道	$50\,000 < L \leqslant 100\,000$
长隧道	$3\,000 < L \leqslant 5\,000$	巨长隧道	$L > 100\,000$

(3) 按照国际隧道协会（ITA）定义的隧道横断面积的大小，划分标准分类见表3-3。

隧道按横断面面积划分表　　　　　　　表3-3

项　目	面积 $A(m^2)$	项　目	面积 $A(m^2)$
极小断面隧道	$2 < A \leq 3$	大断面隧道	$50 < A \leq 100$
小断面隧道	$3 < A \leq 10$	特大断面隧道	$A > 100$
中等断面隧道	$10 < A \leq 50$		

(4) 按照隧道所在的位置，分为山岭隧道、水底隧道和城市隧道。

(5) 按照隧道埋置的深度，分为浅埋隧道和深埋隧道。

(6) 按照隧道的用途，分为交通隧道（交通隧道又分为公路隧道和铁路隧道）、水工隧道、市政隧道、人防隧道、矿山隧道和专用隧道。

3.3　公路隧道主要技术参数

公路隧道的主要技术参数见表3-4。

公路隧道主要技术参数　　　　　　　表3-4

隧道名称	隧道长度(m)		隧道宽度(m)		隧道高度(m)		设计车速（km/h）	设计流量（辆/h）
	左线	右线	净宽	车道宽	净高	限高		
里程桩号								

隧道名称	紧急停车带			人行横通道		车行横通道	
	左线(个)	右线(个)	长度(m)	数量(个)	长度(m)	数量(个)	长度(m)
里程桩号							

隧道名称	1号竖井及竖井通道			2号竖井及竖井通道			1号斜井及斜井通道		
	左线	右线	$\Phi \times h$	左线	右线	$\Phi \times h$	左线	右线	$\Phi \times h$
里程桩号									

3.4　公路隧道机电系统组成

公路隧道机电系统分别由11个子系统组成，即：中央监控系统、供配电系统、交通控制系统、通风系统、照明系统、闭路电视系统、紧急电话系统、有线广播系统、无线广播系统、环境监测系统及火灾报警系统，如图3-1所示。

1) 中央监控系统

中央监控系统能及时准确地协助管理人员进行指挥调度，尽快排除险情，恢复隧道交通。该系统还能连续及时地提供设备运行的有关资料、报表，集中分析后作为设备管理的决策依据,从而提高设备的整体安全水平,以实现设备管理的自动化和维护工作的合理化。此外,通过结合实际运营优化处理,可实现自动控制,简化操作程序,节约能源消耗。

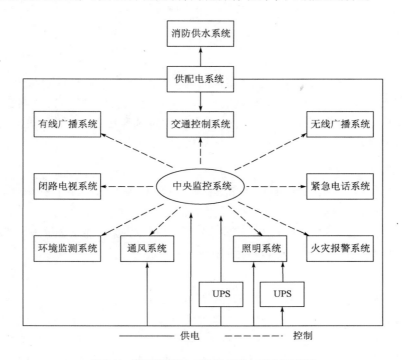

图 3-1　公路隧道机电系统及供配电、控制网络图

2) 供配电系统

隧道作为公路上的重要通行形式,尤其是长大隧道,作为路线上的控制工程,其重要性非常突出,因此,其供电系统非常重要。公路隧道供电系统可靠性是洞内外所有设备正常运营的基本保证,是隧道安全运营的关键所在。公路隧道供电一般要求有外接电源和一套自备电源,在外接电源发生故障的情况下,自备柴油发电机组可运转发电。

3) 交通控制系统

交通控制系统是配合中央监控系统组织指挥车辆按指定车道及车速行驶,在发生事故及灾害时,疏导车流;在正常情况下,实时采集交通信息,统计交通流量的现代化监控系统。交通控制系统设备主要包括:交通信号灯(隧道洞口布设)、车道指示标志、车行横洞诱导标志、栏杆机、可变限速牌、车辆检测器、车辆检测器控制箱等。

4) 通风系统

通风系统是维护隧道正常运营空气质量和隧道通行条件的重要系统,在隧道发生火灾的时候,起到控制火势快速排烟作用。一般公路隧道的通风系统,应根据隧道的实际情况,采取合理的通风方案,在满足隧道运营环境的情况下尽量减少能耗。

5) 照明系统

公路隧道作为公路的一个特殊的路段,其管状结构决定了洞内外亮度相差悬殊,具有污染严重、噪声大等缺点，降低了道路的通行能力，威胁到车辆的行驶安全。为了提高隧道的通行能力，确保行车安全，需要设置照明系统。隧道的照明系统分为正常照明和紧急照明。正常照明主要功能是保障隧道内具有足够的亮度和照度，满足隧道内驾乘人员的通行需要。紧急照明的功能是在隧道发生紧急事故时、正常照明失效情况下，为隧道提供照明。

6) 闭路电视系统

闭路电视（CCTV）系统是隧道监控系统的重要组成部分，主要对隧道出、入口及隧道内的交通流量、车流密度及道路使用状况进行监视。可及时地、直观地得到有关隧道内交通阻塞、交通事故、火灾事故和其他事故的现场情况、严重程度及其原因等；并能采集必要的交通数据资料，还能够对视频图像进行录像、打印，以便分析及取证。

7) 紧急电话系统

隧道紧急电话系统主要由摘机式（按钮式）电话机、程控电话交换主机、操作键盘等组成。摘机式电话机安装在隧道内行车方向右侧的设备洞内，相邻电话机大约相距200m，隧道各口变电站、消防保卫队、执勤亭及竖井机电室设有指令电话；程控电话交换主机安装在监控中心的设备室内；操作键盘设在监控室的综合控制台上。

8) 无线、有线广播系统

隧道入口处和紧急停车带设有扬声器，隧道内的每一个紧急停车带设有一个广播区，每一音区设有扬声器，背靠背地安装在隧道内的左侧壁上。

公路隧道广播系统可分为有线和无线两种，有线广播是一个局限在隧道内的封闭系统；而无线广播是一个开放的系统，它通过局域发射机、按照独有的频率广播，使得接近和通过隧道的所有驾乘人员可以听到隧道设施、通行环境、通行常识、紧急情况、逃生方式，以及发生灾害事故时的救援引导。

9) 环境监测系统

公路隧道环境监测系统是隧道内车辆通行环境质量及条件的监测系统，主要由CO（一氧化碳）、VI（能见度）和TW（风速风向）检测装置，以及微处理器等设备组成。每套CO、VI和TW装置把连续检测到的数据传递给监控中心计算机，这些数据（数字信号）不仅可供隧道管理人员掌握隧道内环境状况，而且中心计算机还将根据这些数据，利用预先编制的不同通风控制模式，实施对风机（射流风机、轴流风机）进行自动控制。

10) 火灾报警系统

公路隧道的火灾报警系统，一般由火灾探测器、区域报警器和集中报警器组成；也可以根据工程的要求同各种灭火设施和通信装置联动，以形成中心控制系统。该系统包括火灾自动报警主机、分布式光纤测温主机、手动报警按钮、声光报警器、火灾应急广播、火灾应急电话、缆式测温光缆、信号控制/反馈模块等，通过此系统，随时监察各探测器及模块的工作情况。一旦发生火情苗头，各防火区域和消防中心同时收到报警信号，并自动联动有关消防、路政、交警等部门的设备，还可以同时向上一级管理部门发出火灾警报报告。使所有消防保护区域可在消防中心的统一协调下同时采取灭火措施，将火灾扑灭于早期阶段。监控中心除主机的存储器记录火灾情况外，并配有打印机，随时打印火灾情况的资料。

3.5 公路隧道安全等级

3.5.1 影响公路隧道安全等级的因素

公路隧道的安全等级,是指根据隧道在区域交通网中的重要性和灾害对隧道的危害程度,将公路隧道按特定的安全标准进行划分的等级制度。不同安全等级的公路隧道,其设施和防灾救灾对策也不同。因此,确定公路隧道的安全等级是进行公路隧道设计和防灾救灾预案研究的基础性工作。影响公路隧道安全等级的因素如下:

(1)基础因素。隧道技术标准(隧道长度、车道数、线形/交通形式),隧道所在路网的位置,隧道沿线的社会、经济、人文、资源状况。

(2)交通因素。交通量的大小、高峰交通量、近远期预测交通量、交通量增长的速率、运输货物的种类、危险品的比例等。

(3)危害因素。隧道灾害的种类、不同灾害的频率、不同灾害的危害程度。

(4)社会因素。驾乘人员的安全意识与心理素质、社会治安与恐怖活动等。

(5)其他因素。隧道的战略价值、军事打击的可能性、地震等。

除了以上影响因素外,还必须考虑到安全等级与安全成本间的关系,即进行隧道运营安全风险评估。在进行公路隧道安全等级划分时,应妥善处理好以下4种关系:

(1)安全等级和隧道规模的关系。一般地,规模越大、长度越长的隧道,隧道灾害、特别是火灾对其危害性越大,因此对安全度的要求越高。

(2)安全等级和隧道交通量的关系。隧道内交通量越大,运输货物种类越多,发生交通事故和火灾的几率就越大,其安全等级也就越高。

(3)安全等级和社会经济的关系。隧道在社会、军事、经济建设中发挥的作用越大,发生灾害后带来的经济损失也越大,因此,其要求的安全等级也越高。

(4)安全等级与设施的关系。隧道安全等级越高,用于安全设施的费用也越大。

3.5.2 国外公路隧道安全等级的划分

国外关于公路隧道安全问题的研究,已有几十年的历史,但早期研究都比较零散,近几年来才逐渐形成系统。1999年,意大利的勃朗峰隧道和奥地利的陶恩隧道相继发生重大火灾,分别造成39人和13人死亡。2002年10月24日,瑞士圣哥达隧道发生火灾,死亡13人,直接经济损失130万瑞士法郎。之后,世界各国对隧道安全问题的研究愈发重视。如德国的 Alfred Haack 教授、瑞士的 Miroslav Matousek 博士等,曾对欧洲20多座长、大公路隧道,从安全标准、安全度与承受力、设计、施工、运营等方面进行了详细研究,并按10个安全指标予以评分比较,提出了公路隧道安全的一系列标准。瑞士根据 Miroslav Matousek 博士的研究,准备正式出台国家公路隧道安全标准。欧洲的其他各国以及一些著名的工程公司,也先后制定了自己的隧道安全标准。

国外隧道安全评价技术研究,以 Euro Test 机构的 Euro TAP 计划提出的评价技术应用最为广泛,国内在隧道安全评价方面也有一些研究,以下为国内外主要的几种隧道运营安全评价体系。

(1) Euro TAP 计划中所提出的隧道安全评价方式,分别就隧道风险和安全两方面的程度进行评估。即在欧洲各相关单位的规范与研发人员的经验汇集的基础上,通过计算隧道的风险潜势 RP(Risk Potential)和安全潜势 SP(Safety Potential)来最终确定隧道的安全等级。在计算风险潜势中,考虑了隧道运营的隧道长度、交通量、重车比例、危险品运输、交通密度、最大纵坡及其他(包括隧道进出口、交叉路段、长路段大坡度等)7 种风险因素;安全潜势的计算中考虑了隧道系统、照明与电力、交通与交通控制、通信、逃生与救援路径、火灾防护、通风及紧急时间管理等 8 类因素,隧道风险潜势和安全潜势各种因素及权重在每年都会进行稍微修改。Euro TAP 计划中隧道安全评价流程如图 3-2 所示。

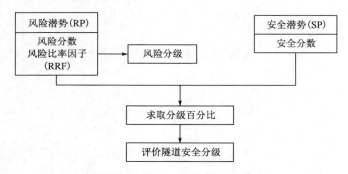

图 3-2　Euro TAP 计划中公路隧道安全评价方式流程图

(2) Euro Test 机构将影响隧道行车安全的因素分为风险潜势和安全潜势两个部分。所谓风险潜势,就是指通过隧道发生事故的风险程度及产生后果的严重程度,它包括隧道长度、交通量、重车比例、危险品运输、交通密度、最大纵坡及其他(包括隧道进出口、交叉路段、长路段大坡度等)。所谓安全潜势,包括一切设计用来阻止事故发生以及控制事故严重程度的措施、设施、方法、技术等,共分八大类,包括隧道系统、照明与电力、交通与交通控制、通信、逃生与救援路径、火灾防护、通风系统、紧急事件管理等。Euro Test 给出的风险潜势和安全潜势二级指标以下有些指标还有三级指标,共有 170 多项。其一、二级指标见表 3-5。

Euro Test 机构安全评价指标体系　　　　　　　　　　　　　　表 3-5

指　标　体　系	一　级　指　标	二　级　指　标
Euro Test 机构安全评价指标体系	风险潜势 (Risk Potential)	隧道长度
		交通量
		重车比例
		危险品运输
		交通密度
		最大纵坡及其他(包括隧道进出口、交叉路段、长路段大坡度等)
	安全潜势 (Safety Potential)	隧道系统
		照明与电力

续上表

指 标 体 系	一 级 指 标	二 级 指 标
Euro Test 机构安全评价指标体系	安全潜势（Safety Potential）	交通与交通控制
		通信
		逃生与救援路径
		火灾防护
		通风系统
		紧急事件管理

（3）日本在研究公路隧道防火设施时，基于事故和火灾发生的概率经验将公路隧道安全等级按长度和交通量划分为5个等级，如图3-3所示；设计速度高的高速公路长大隧道或曲线半径小、纵坡特别大的隧道相应提升一档等级。分析日本的隧道火灾安全等级划分可以看出，隧道长度分为500m、1 000m、3 000m、10 000m 四个分级点，而交通量以单洞交通量4 000 veh/d进行控制。这种划分虽然考虑到隧道的长度和交通量，但对于本身交通量很低的特长隧道（如挪威的Laerdal隧道，长度24.514km，但日交通量仅有1 000辆左右），或刚建成通车、交通量还不饱满的特长隧道，其安全要求显然不能和交通量很高时同样对待，该划分方法说服力稍显不足。

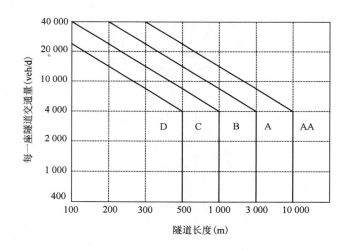

图3-3 日本公路隧道安全等级

（4）英国公路隧道安全等级由隧道设计年度（一般是隧道开始通车后第15年）的平均日交通量及隧道长度决定，如图3-4所示。其划分方法与日本分级方法类似。

（5）美国目前公路隧道主要是依据隧道长度进行分级，如图3-5所示，并对各分级所应该设置的消防安全设备进行详细的规定。

（6）欧洲其他各国关于公路隧道安全等级的划分也不尽相同。其中，德国以隧道长度分为4个等级；荷兰并无分级规定；瑞典也是依据隧道长度及交通量将隧道分为4个安全等级；法国以位于城市、非城市及隧道长度分为3个等级。

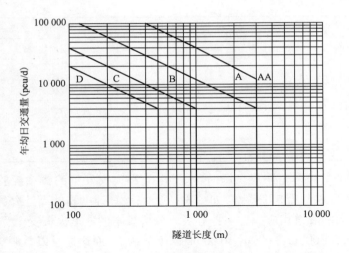

图 3-4 英国公路隧道安全等级

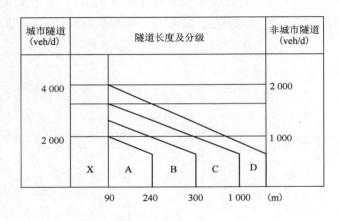

图 3-5 美国公路隧道分级图

3.5.3 我国公路隧道安全等级的划分

在公路隧道的诸多安全事故中,隧道火灾是危害最大的事故,且无法完全杜绝,只能是推迟和尽可能降低损失。相比其他国家,我国对于公路隧道安全等级的研究很少,2004年颁布的《公路隧道交通工程设计规范》(JTG/T D71—2004),参照日本的公路隧道安全等级划分,给出了一个类似的安全等级划分标准。湖南省地方标准《公路隧道消防技术规范》(DB43/T 729—2012),在《公路隧道交通工程设计规范》(JTG/T D71—2004)的基础上,根据隧道长度 L、设计年度预测隧道单洞年平均日交通量 q 及车道数按图 3-6 从高至低依次划分为 A+、A、B、C、D 五个等级。图中的粗实线为每一防火等级的分界线,分界粗实线上的点对应低的防火等级。最新颁布的《公路隧道设计规范 第二册 交通工程与附属设施》(JTG D70/2—2014)沿用了《公路隧道交通工程设计规范》(JTG/T D71—2004)的规定。

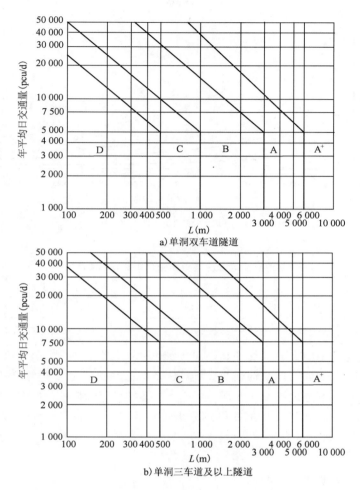

图 3-6 我国隧道交通工程与附属设施分级图

显然,上述这种划分仍然沿袭了日本的做法,虽然考虑到隧道的长度和交通量,但对于本身交通量很低的特长隧道(如挪威的 Laerdal 隧道,长 24.514km,但日交通量仅有 1 000 辆左右),其安全要求显然不能和交通量很高时同样对待。因此,公路隧道安全等级的划分必须考虑交通量的动态性。当然,更为科学的做法还必须考虑隧道本身的特点,如水下公路隧道、城市公路交通隧道、军事公路交通隧道、危险品运输所占比例较大的隧道等。

为此,长安大学隧道工程安全研究所根据目前我国公路隧道建设的实际状况和技术水平,隧道的特征长度取为 0.5km、1.0km、3.0km、5.0km、10km,隧道的断面交通量按照高速公路的最低要求取为 10 000veh/d,把公路隧道安全等级从高到低划分为 Ⅰ、Ⅱ、Ⅲ、Ⅳ、Ⅴ 五个等级,如图 3-7 所示;图中不同安全等级区域划分的函数 F 定义为:

$$F = NL \tag{3-1}$$

式中:N——隧道断面交通量,veh/d;

L——隧道长度,m;

F——等级判别函数,m·veh/d。

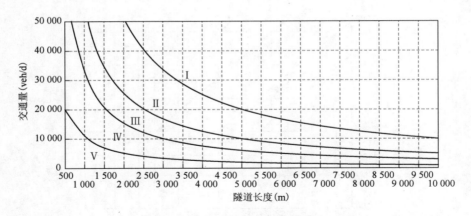

图 3-7　建议公路隧道的安全等级划分

对应于图中不同的等级区域,其临界值见表 3-6。

隧道安全等级分类界限值(10^7 m·veh/d)　　　　表 3-6

安全等级	Ⅰ	Ⅱ	Ⅲ	Ⅳ	Ⅴ
界限值	≥10	≥5,<10	≥3,<5	≥1,<3	<1

在该划分方法中隧道长度只是等级划分的基础,而交通量的大小起着决定性的作用。如某隧道,虽然长度超过 10.0km,但交通量不足 1 000veh/d,那么它的安全等级只能是 Ⅴ 级。如果某个隧道长度不到 1.0km,但交通量高达 50 000veh/d,那么它的安全等级应该定为 Ⅰ 级;又如某个隧道虽然很长,开通之初交通量不大,安全等级可以定的低些,随着后续交通量的上升,安全等级必须相应提高(这里是指那些可以分步实施的安全措施)。因此可以看到,这里给出的公路隧道安全等级划分更为科学合理。

3.5.4　公路隧道消防设施

公路隧道消防设施应按照隧道防火等级进行相应系统设置,并不应低于表 3-7 ~ 表 3-10 的规定。除表 3-7 ~ 表 3-10 中有要求外,长度在 500m 以下隧道可不考虑消防措施。采用的消防设施应符合相关消防产品标准的要求。

水下隧道内消防设施设置标准　　　　表 3-7

消防设施与防火措施		隧道防火等级					备注
		A+	A	B	C	D	
火灾报警设备	手动报警按钮	●	●	●	●	▲	
	火灾探测器	●	●	●	●	▲	
	消防电话	●	●	●	●	▲	
	消防应急广播	●	●	●	●	▲	D 类隧道也可采用有线广播
	火灾光警报装置	●	●	●	●	▲	(1)设有火灾自动报警系统的隧道未设置有线广播的必须设置; (2)不宜使用火灾声警报装置

续上表

消防设施与防火措施		隧道防火等级					备 注
		A⁺	A	B	C	D	
灭火设备	灭火器	●	●	●	●	●	
	消火栓	●	●	●	●	▲	
	泡沫灭火装置	●	●	●	●	▲	
	水泵接合器	●	●	●	●	▲	
自动灭火设施	泡沫-水喷雾灭火系统或其他适用于隧道油火的灭火系统	●	●	●	▲	▲	
防排烟设施	排烟设施						(1)公路隧道应设置排烟设施，并应根据隧道类别、隧道长度、交通量大小等确定机械排烟或自然排烟方式；(2)长度大于1 000m的隧道应设置机械排烟设施；(3)隧道内设置的附属用房应设置防排烟设施
	送风设施（防烟设施）						专用避难疏散通道及其连接道、独立避难间、火灾时暂不撤离人员的附属用房应设置机械加压送风设施
安全疏散设施							需根据不同隧道类别、隧道形式、通风方式设置适宜的车行横通道、人行横通道、横洞或平行疏散通道；水下隧道宜设置专用疏散通道，有困难的可设置独立避难间等安全疏散避难设施
应急照明及疏散标志	横通道指示标志	●	●	●	●		每条人行、车行横通道需单独设置
	安全出口标志	●	●	●	●		
	疏散指示标志	●	●	●	●		含独立避难间
	应急照明	●	●	●	●	▲	(1)含相应的隧道及其横通道、紧急停车带、隧道内附属用房的安全疏散通道、专用避难疏散通道及连通道、独立避难间；(2)配合应急照明，应在洞外设可变信息情报板
其他设施	可变信息情报板	●	●	●	●	▲	
	电视监控系统	●	●	●	●	▲	

注：●表示应设置，▲表示宜设置。

高速公路隧道消防设施设置标准　　　　　　　　　　　　　表3-8

消防设施与防火措施		隧道防火等级					备 注
		A⁺	A	B	C	D	
火灾报警设备	手动报警按钮	●	●	●	▲		设有监控系统时可不设
	火灾探测器	●	●	●	▲		1 000m以下的隧道可不考虑
	消防电话	●	●	●	▲		1 000m以下的隧道可不考虑
	消防应急广播	●	●	●	▲		D类隧道也可采用有线广播
	火灾光警报装置	●	●	●	▲		(1)设有火灾自动报警系统的隧道未设置有线广播的必须设置；(2)不宜使用火灾声警报装置

续上表

消防设施与防火措施		隧道防火等级					备注
		A⁺	A	B	C	D	
灭火设备	灭火器	●	●	●	●		
	消火栓	●	●	▲			
	泡沫灭火装置	●	●	▲			1 000m以下的隧道可不考虑
	水泵接合器	●	●	▲			
防排烟设施	排烟设施	(1)公路隧道应设置排烟设施,并应根据隧道类别、隧道长度、交通量大小等确定机械排烟或自然排烟方式; (2)长度大于1 000m的隧道应设置机械排烟设施; (3)隧道内设置的附属用房应设置防排烟设施					
	送风设施(防烟设施)	专用避难疏散通道及其连接道、独立避难间、火灾时暂不撤离人员的附属用房应设置机械加压送风设施					
安全疏散设施		(1)需根据不同隧道类别、隧道形式、通风方式设置适宜的车行横通道、人行横通道、横洞或平行疏散通道; (2)长度大于或等于4 000m的单洞双向交通隧道,宜设置专用疏散通道,设置确有困难的可设置独立避难间; (3)隧道内设置的附属用房应设置安全疏散通道					
应急照明及疏散标志	横通道指示标志	●	●	●	▲		每条人行、车行横通道需单独设置
	安全出口标志	●	●	●	▲		
	疏散指示标志	●	●	●	▲		含独立避难间
	应急照明	●	●	●	▲		(1)含相应的隧道及其横通道、紧急停车带、隧道内附属用房的安全疏散通道、专用避难疏散通道及连通道、独立避难间; (2)配合应急照明,应在洞外设可变信息情报板
其他设施	可变信息情报板	●	●	●	▲		
	电视监控系统	●	●	●	▲		

注:●表示应设置,▲表示宜设置。

一级公路隧道消防设施设置标准　　　　　　　　　　　表3-9

消防设施与防火措施		隧道防火等级					备注
		A⁺	A	B	C	D	
火灾报警设备	手动报警按钮	●	●	●	▲		设有监控系统时可不设
	火灾探测器	●	●	▲			1 000m以下的隧道可不考虑
	消防电话	●	●	▲	▲		1 000m以下的隧道可不考虑
	消防应急广播	●	●	▲	▲		D类隧道也可采用有线广播
	火灾光警报装置	●	●	▲	▲		(1)设有火灾自动报警系统的隧道未设置有线广播的必须设置; (2)不宜使用火灾声警报装置

续上表

消防设施与防火措施		隧道防火等级					备 注
		A+	A	B	C	D	
灭火设备	灭火器	●	●	●	▲		
	消火栓	●	●	▲			
	泡沫灭火装置	●	▲	▲			1 000m以下的隧道可不考虑
	水泵接合器	●	●	▲			
防排烟设施	排烟设施	(1)公路隧道应设置排烟设施,并应根据隧道类别、隧道长度、交通量大小等确定机械排烟或自然排烟方式; (2)长度大于1 000m的隧道应设置机械排烟设施; (3)隧道内设置的附属用房应设置防排烟设施					
	送风设施(防烟设施)	专用避难疏散通道及其连接道、独立避难间、火灾时暂不撤离人员的附属用房应设置机械加压送风设施					
安全疏散设施		(1)需根据不同隧道类别、隧道形式、通风方式设置适宜的车行横通道、人行横通道、横洞或平行疏散通道; (2)长度大于或等于4 000m的单洞双向交通隧道,宜设置专用疏散通道,设置确有困难的可设置独立避难间; (3)隧道内设置的附属用房应设置安全疏散通道					
应急照明及疏散标志	横通道指示标志	●	●		▲		每条人行、车行横通道需单独设置
	安全出口标志	●	●		▲		
	疏散指示标志	●	●	●	▲		含独立避难间
	应急照明	●	●	▲			(1)含相应的隧道及其横通道、紧急停车带、隧道内附属用房的安全疏散通道、专用避难疏散通道及连通道、独立避难间; (2)配合应急照明,应在洞外设可变信息情报板
其他设施	可变信息情报板	●	●	▲			
	电视监控系统	●	●	▲			1 000m以下的隧道可不考虑

注:●表示应设置,▲表示宜设置。

二级公路隧道消防设施设置标准　　　　　　　　　　　　　　　表3-10

消防设施与防火措施		隧道防火等级					备 注
		A+	A	B	C	D	
火灾报警设备	手动报警按钮	●	▲				设有监控系统时可不设
	火灾探测器	●	▲				1 000m以下的隧道可不考虑
	消防电话	●	▲				1 000m以下的隧道可不考虑
	消防应急广播	▲	▲				D类隧道也可采用有线广播
	火灾光警报装置	●	▲				(1)设有火灾自动报警系统的隧道未设置有线广播的必须设置; (2)不宜使用火灾声警报装置

续上表

消防设施与防火措施		隧道防火等级					备 注
		A⁺	A	B	C	D	
灭火设备	灭火器	●	●	▲	▲		
	消火栓	●	▲				
	泡沫灭火装置	●	▲				1 000m以下的隧道可不考虑
	水泵接合器	●	▲				
防排烟设施	排烟设施	（1）公路隧道应设置排烟设施，并应根据隧道类别、隧道长度、交通量大小等确定机械排烟或自然排烟方式； （2）长度大于1 000m的隧道应设置机械排烟设施； （3）隧道内设置的附属用房应设置防排烟设施					
	送风设施（防烟设施）	专用避难疏散通道及其连接道、独立避难间、火灾时暂不撤离人员的附属用房应设置机械加压送风设施					
安全疏散设施		（1）需根据不同隧道类别、隧道形式、通风方式设置适宜的车行横通道、人行横通道、横洞或平行疏散通道； （2）长度大于或等于4 000m的单洞双向交通隧道，宜设置专用疏散通道，设置确有困难的可设置独立避难间； （3）隧道内设置的附属用房应设置安全疏散通道					
应急照明及疏散标志	横通道指示标志	●	●	▲	▲		每条人行、车行横通道需单独设置
	安全出口标志	●	●	▲	▲		
	疏散指示标志	●	●	▲	▲		含独立避难间
	应急照明	▲	▲				（1）含相应的隧道及其横通道、紧急停车带、隧道内附属用房的安全疏散通道、专用避难疏散通道及连通道、独立避难间； （2）配合应急照明，应在洞外设可变信息情报板
其他设施	可变信息情报板	▲	▲				
	电视监控系统	▲	▲				1 000m以下的隧道可不考虑

注：●表示应设置，▲表示宜设置。

3.6 公路隧道养护等级与技术状况评定

3.6.1 养护等级

不同等级公路的隧道，因交通量、技术状况和自然条件的不同，其养护需求和养护资源并不一致。在实际工作中，需要细化不同等级公路隧道的养护要求，来满足这种差异化的养护需求。基于此，《公路隧道养护技术规范》（JTG H12—2015）根据公路等级、隧道长度和交通量大小，将公路隧道养护分为三个等级，分级标准见表3-11和表3-12。

高速公路、一级公路隧道养护等级分级标准　　　　　　　　　　　表 3-11

单车道年平均日交通量 [pcu/(d·ln)]	隧道长度(m)			
	$L>3\,000$	$3\,000 \geqslant L>1\,000$	$1\,000 \geqslant L>500$	$L \leqslant 500$
≥10 001	一级	一级	一级	二级
5 001～10 000	一级	一级	二级	二级
≤5 000	一级	二级	二级	三级

二级及二级以下公路隧道养护等级分级标准　　　　　　　　　　　表 3-12

年平均日交通量 (pcu/d)	隧道长度(m)			
	$L>3\,000$	$3\,000 \geqslant L>1\,000$	$1\,000 \geqslant L>500$	$L \leqslant 500$
≥10 001	一级	二级	二级	三级
5 001～10 000	二级	二级	三级	三级
≤5 000	二级	三级	三级	三级

3.6.2 技术状况评定

公路隧道技术状况评定包括隧道土建结构、机电设施、其他工程设施技术状况评定和总体技术状况评定,如图 3-8 所示。公路隧道技术状况评定应采用分层综合评定与隧道单项控制指标相结合的方法,先对隧道各检测项目进行评定,然后对隧道土建结构、机电设施和其他工程设施分别进行评定,最后进行隧道总体技术状况评定。

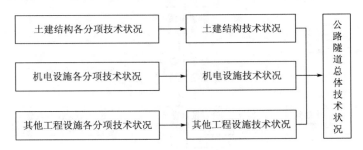

图 3-8　公路隧道技术状况评定

公路隧道总体技术状况评定分为 1 类、2 类、3 类、4 类和 5 类,评定类别描述及养护对策见表 3-13。隧道总体技术状况评定等级应采用土建结构和机电设施两者中最差的技术状况类别作为总体技术状况的类别。

公路隧道总体技术状况评定类别　　　　　　　　　　　表 3-13

技术状况评定类别	评定类别描述		养 护 对 策
	土建结构	机电设施	
1 类	完好状态。无异常情况,或异常情况轻微,对交通安全无影响	机电设施完好率高,运行正常	正常养护
2 类	轻微破损。存在轻微破损,现阶段趋于稳定,对交通安全不会有影响	机电设施完好率较高,运行基本正常,部分易耗部件或损坏部件需要更换	应对结构破损部位进行监测或检查,必要时实施保养维修;机电设施进行正常养护,应对关键设备及时修复

续上表

技术状况评定类别	评定类别描述		养护对策
	土建结构	机电设施	
3类	中等破损。存在破坏,发展缓慢,可能会影响行人、行车安全	机电设施尚能运行,部分设备、部件和软件需要更换或改造	应对结构破损部位进行重点监测,并对局部实施保养维修;机电设施需进行专项工程
4类	严重破损。存在较严重破坏,发展较快,已影响行人、行车安全	机电设施完好率较低,相关设施需要全面改造	应尽快实施结构病害处治措施;对机电设施应进行专项工程,并应及时实施交通管制
5类	危险状态。存在严重破坏,发展迅速,已危及行人、行车安全	—	应及时关闭隧道,实施病害处治,特殊情况需进行局部重建或改建

公路隧道检查及技术状况评定工作流程如图3-9所示。

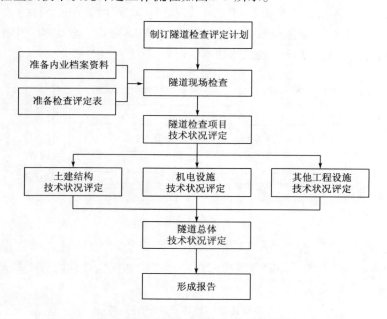

图3-9 公路隧道技术状况评定工作流程图

3.6.3 土建结构技术状况评定

土建结构技术状况评定应根据定期检查资料,综合考虑洞门、结构、路面和附属设施等各方面的影响,确定隧道的技术状况等级。专项检查时,宜按照《公路隧道养护技术规范》(JTG H12—2015)的规定,对所检项目进行技术状况评定。

土建结构技术状况评定分为 1 类、2 类、3 类、4 类和 5 类,评定类别描述及养护对策见表 3-13。评定应先逐洞、逐段对隧道土建结构各分项技术状况进行状况值评定,在此基础上确定各分项技术状况,再进行土建结构技术状况评定。评定结果应填入"土建结构技术状况评定表"(表 3-14)。

土建结构技术状况评定表　　　　　　　　表 3-14

隧道情况	隧道名称		路线名称		隧道长度		建成时间	
评定情况	管养单位		上次评定等级		上次评定日期		本次评定日期	
洞门、洞口技术状况评定	分项名称	位置	状况值	权重 w_i	检测项目	位置	状况值	权重 w_i
	洞口	进口			洞门	进口		
		出口				出口		

编号	里程	状况值							
		衬砌破损	渗漏水	路面	检修道	排水设施	吊顶	内装饰	标志标线
1									
2									
3									
…									
$\max(JGCI_{ij})$									
权重 w_i									
$JGCI = 100 \cdot \left[1 - \frac{1}{4}\sum_{i=1}^{n}\left(JGCI_i \times \frac{w_i}{\sum_{i=1}^{n}w_i}\right)\right]$					土建结构评定等级				
养护措施建议									
评定人					负责人				

隧道洞口、洞门、衬砌结构、衬砌渗漏水、路面、检修道、排水设施、吊顶、内装饰、交通标志标线等各分项技术状况值在 0~4 取值,其评定标准按《公路隧道养护技术规范》(JTG H12—2015)的规定执行。

土建结构技术状况评分应按式(3-2)进行计算:

$$JGCI = 100 \cdot \left[1 - \frac{1}{4}\sum_{i=1}^{n}\left(JGCI_i \times \frac{w_i}{\sum_{i=1}^{n}w_i}\right)\right] \tag{3-2}$$

式中:$JGCI_i$——分项状况值,值域 0~4,按式(3-3)取值;
　　　w_i——分项权重,按表 3-15 取值。

$$JGCI_i = \max(JGCI_{ij}) \tag{3-3}$$

式中:$JGCI_{ij}$——各分项检查段落状况值;
　　　j——检查段号,按实际分段数量取值。

土建结构各分项权重 表3-15

分项		分项权重 w_i	分项	分项权重 w_i
洞口		15	检修道	2
洞门		5	排水设施	6
衬砌	结构破损	40	吊顶及预埋件	10
	渗漏水		内装饰	2
路面		15	交通标志、标线	5

土建结构技术状况评定分类界限值宜按表3-16执行。

土建结构技术状况评定分类界限值 表3-16

技术状况评分	土建结构技术状况评定分类				
	1类	2类	3类	4类	5类
JGCI	≥85	≥70，<85	≥55，<70	≥40，<55	<40

土建结构技术状况评定，当洞口、洞门、衬砌、路面和吊顶及预埋件项目的评定状况值达到3或4时，对应土建结构技术状况应直接评为4类或5类。

在公路隧道技术状况评定中，有下列情况之一时，隧道土建技术状况评定应评为5类隧道：

（1）隧道洞口边仰坡不稳定，出现严重的边坡滑动、落石等现象。
（2）隧道洞门结构大范围开裂、砌体断裂、脱落现象严重，可能危及行车道内的通行安全。
（3）隧道拱部衬砌出现大范围开裂、结构性裂缝深度贯穿衬砌混凝土。
（4）隧道衬砌结构发生明显的永久变形，且有危及结构安全和行车安全的趋势。
（5）地下水大规模涌流、喷射，路面出现涌泥沙或大面积严重积水等威胁交通安全的现象。
（6）隧道路面发生严重隆起，路面板严重错台、断裂，严重影响行车安全。
（7）隧道洞顶各种预埋件和悬吊件严重锈蚀或断裂，各种桥架和挂件出现严重变形或脱落。

对评定划定的各类隧道土建结构，应分别采取不同的养护措施：

（1）1类隧道应进行正常养护。
（2）2类隧道或存在评定状况值为1的分项时，应按需进行保养维修。
（3）3类隧道或存在评定状况值为2的分项时，应对局部实施病害处治。
（4）4类隧道应进行交通管制，尽快实施病害处治。
（5）5类隧道应及时关闭，然后实施病害处治。
（6）重要分项以外的其他分项评定状况值为3或4时，应尽快实施病害处治。

3.6.4 机电设施技术状况评定

机电设施技术状况评定应根据日常巡查、经常检修和定期检修资料，根据设备完好率统计，并考虑机电设施各项目权重确定机电设施的技术状况等级。机电设施技术状况应采用设备完好率按式(3-4)进行计算。

$$设备完好率 = \left(1 - \frac{设备故障台数 \times 故障天数}{设备总台数 \times 日历天数}\right) \times 100\% \qquad (3-4)$$

上式中,设备台数按所属系统按表3-17确定考核单位。

机电设施设备完好率考核单位　　　　　　　　　　　　　　　　　表3-17

分　项	设　备　名　称	单　位
供配电设施	高压断路器柜、高压互感器与避雷器柜、高压计量柜、高压隔离开关和负荷开关柜、电力变压器、箱式变电站、电力电容器柜、低压开关柜、配电箱、插座箱、控制箱、综合微机保护装置、直流电源、UPS电源、EPS电源、自备发电设备	台
	防雷装置、接地装置、变电所铁构件	个/处
	电力线缆、电缆桥架	条
照明设施	隧道灯具、洞外路灯	盏
	照明线路	条
通风设施	轴流风机及离心风机、射流风机	台
消防设施	双/三波长火焰探测器、视频型火灾报警装置、火灾报警控制器、电动机、气体灭火设施、消防车、消防摩托车	台
	点型感烟感温探测器、光纤光栅感温火灾探测系统、液位检测器、消火栓及灭火器、阀门、手动报警按钮、水泵接合器、水泵、消防水池、电光标志	个/处
	线型感温光纤火灾探测系统、水喷雾灭火设施、给水管	条
监控与通信设施	亮度检测器、能见度检测器、CO检测器、风速风向检测器、车辆检测器、摄像机、编解码器、视频矩阵、监视器、硬盘录像机、视频交通事件检测器、本地控制器、横通道控制箱、光端机、路由器、交换机	台
	大屏幕投影系统、地图板、有线广播、紧急电话、横通道门、可变信息标志、可变限速标志、车道指示器、交通信号灯、监控室设备	个/处
	光缆、电缆	条

根据式(3-4)计算的设备完好率,机电设施各分项技术状况评定值按表3-18分为0、1、2、3。

机电设施分项技术状况设备完好率界限值　　　　　　　　　　　　表3-18

分　项	状　况　值			
	0	1	2	3
供配电设施	≥98%	≥93%,<98%	≥85%,<93%	<85%
照明设施	≥95%	≥86%,<95%	≥74%,<86%	<74%
通风设施	≥98%	≥91%,<98%	≥82%,<91%	<82%
消防设施	100%	≥95%,<100%	≥89%,<95%	<89%
监控与通信设施	≥98%	≥91%,<98%	≥81%,<91%	<81%

注:当机电设施各分项中任一关键设备的设备完好率为该分项各类设备完好率最低时,该分项技术状况按该关键设备的设备完好率评定。

机电设施技术状况评分按式（3-5）进行计算，并依评分划分为 5 类，其分类界限值如表 3-19 所示。

$$JDCI = 100 \times \left(\frac{\sum_{i=1}^{n} E_i \times \omega_i}{\sum_{i=1}^{n} \omega_i} \right) \tag{3-5}$$

式中：E_i——各分项设备完好率，0~100%；
ω_i——各分项权重，按表 3-20 取值；
$JDCI$——机电设施技术状况评分，0~100。

机电设施技术状况评定分类界限值　　　　　　　表 3-19

技术状况	隧道机电设施技术状况评定分类			
评分	1 类	2 类	3 类	4 类
JDCI	≥97	≥92，<97	≥84，<92	<84

机电设施各分项权重　　　　　　　表 3-20

分　项	分项权重 ω_i	分　项	分项权重 ω_i
供配电设施	23	消防设施	21
照明设施	18	监控与通信设施	19
通风设施	19		

根据机电设施技术状况评定结果，对评定划定的各类机电设施，宜分别采取不同的养护措施：

（1）1 类机电设施应进行正常养护。
（2）2 类机电设施或评定状况值为 1 的分项，应进行正常养护，并对损坏设备及时修复。
（3）3 类机电设施或评定状况值为 2 的分项，宜实施专项工程，并应加强日常巡查。
（4）4 类机电设施或评定状况值为 3 的分项，应实施专项工程，并应加强日常巡查，并采取交通管制措施。
（5）当各类机电设施的关键设备出现故障时，均应及时进行修复。

3.6.5　其他工程设施技术状况评定

其他工程设施应根据各分项设施完好程度、损坏发展趋势、设施使用正常程度等检查结果，确定各分项设施状况值，并按表 3-21 的分项权重和式（3-6）计算技术状况分值，确定其他工程设施技术状况。各分项评定标准见表 3-22；多处同类分项设施应逐处评定，以分项状况值 $QTCI_i$ 最高的一处纳入技术状况评分计算公式。

其他工程设施各分项权重　　　　　　　　　　　　　　　　　　　　　　表3-21

分项设施	权重 ω_i	分项设施	权重 ω_i
电缆沟	10	消声设施	3
设备洞室	10	减光设施	10
洞外联络通道	9	污水处理设施	4
洞口限高门架	14	洞口雕塑、隧道铭牌	2
洞口绿化	3	房屋设施	35

注：表列其他工程设施出现增项时，可根据设施的重要性，参照表列分项设施权重和分项技术状况评定标准，确定增项设施的权重和状况值，纳入公式进行计算。

$$QTCI = 100 \times \left[1 - \frac{1}{2} \sum_{i=1}^{n} \left(QTCI_i \times \frac{\omega_i}{\sum_{i=1}^{n} \omega_i} \right) \right]$$

式中：$QTCI$——其他工程设施技术状况评分；
　　　$QTCI_i$——各分项设施状况值，值域 0～2，按表3-22 取值；
　　　ω_i——各分项设施权重。

其他工程设施技术状况评定标准　　　　　　　　　　　　　　　　　　　表3-22

状况值	0	1	2
电缆沟	电缆沟结构完好～基本完好，沟内无杂物、积尘积水或少量积尘积水，能保障电缆正常～基本正常使用	电缆沟结构破损，沟内积尘积水，影响电缆正常使用但不影响交通和行人安全	电缆沟结构破损严重，沟内积尘积水严重，严重影响电缆正常使用，可能会影响交通和行人安全
设备洞室	设备洞室结构完好或基本完好，无渗漏水或少量渗漏水，标志齐全清晰或部分缺失，能保障设备正常使用	设备洞室结构破损，洞室内渗漏水，标志缺失，不影响设备正常使用，不影响交通和行人安全	设备洞室结构破损严重，洞室内渗漏水严重，标志缺失，严重影响设备正常使用，可能影响交通和行人安全
洞口联络通道	隔离设施整洁完好或基本完好，少量脏污，标志齐全或部分缺失，通道路面完好或轻微裂缝，排水基本通畅，能保障正常情况下通道处于封闭状态，紧急状况下车辆正常～基本正常使用	隔离设施部分缺失、脏污严重，标志缺失，通道路面有微小沉陷、隆起、有积水，能保障正常情况下车辆不误入，紧急状况下车辆能通过	隔离设施缺失，通道路面有明显的隆起、积水严重，标志缺失，不能保障正常情况下通道处于封闭状态及紧急状况下车辆通过
洞口限高门架	门架结构完好或轻微破损，外观整洁，标志基本齐全，满足限高要求	门架结构破损、变形较严重，标志部分缺失，净空误差大但基本满足限高要求，不影响交通安全	门架结构破损或整体变形，标志缺失，净空误差很大不能满足限高要求，可能影响交通安全
洞口绿化	树木透光适度、通风良好，无枯死，草皮适时修剪，整体绿化效果美观	无杂草、无枯死，发现死树及时清除补种，整体绿化效果较美观	树木枯死、倾倒，草皮失养，严重影响洞口美观
消声设施	完好、整洁，消声功能正常	存在脏污、缺失，基本具备消声功能	缺失、脏污十分严重，失去消声功能
洞口减光设施	结构完好、整洁或轻微破损、脏污，标志基本齐全清晰，减光效果基本正常	结构局部变形、破损，标志缺失，减光效果部分丧失，不影响交通和行人安全	结构变形、破损严重，标志缺失，减光效果基本丧失，可能影响交通和行人安全

续上表

状况值	0	1	2
污水处理设施	污水处理池和净化池不渗漏,无沉积泥沙、杂物,使用正常	污水处理池和净化池池壁局部渗漏,沉积泥沙、杂物,影响正常使用	污水处理池和净化池渗漏非常严重,泥沙、杂物沉积非常严重,无法正常使用
洞口雕塑	完好,整洁美观	破损较严重,表面脏污非常严重,影响洞口景观	严重破损,需更换
附属房屋	承重构件完好或基本完好,非承重墙体完好或少量损坏;屋面、墙体无渗漏或局部渗漏;楼地面平整完好或稍有裂缝,门窗基本完好,顶棚无明显变形,水卫、电照、暖气等设备基本完好、能使用正常或基本正常使用	承重构件少量损坏,非承重墙体较严重损坏;屋面、墙体局部渗漏较严重;楼地面严重起砂;门窗变形较严重或部分缺失;顶棚明显变形;水卫、电照、暖气等设备损坏较严重,基本无法正常使用	承重构件明显损坏,非承重墙体严重损坏;屋面严重漏雨;楼地面严重起砂开裂;门窗严重变形或大部分缺失;顶棚严重变形;水卫、电照、暖气等设备有严重损坏,无法正常使用

根据技术状况评分,其他工程设施技术状况分 3 类评定,其分类判断标准及界限值按表 3-23 执行。对评定划分的各类设施,应分别采取不同的养护对策:

(1)设施技术状态为 1 类及状况值评定为 0 的分项设施,正常使用,正常养护。
(2)设施技术状态为 2 类及状况值评定为 1 的分项设施,观察使用,保养维修。
(3)设施技术状态为 3 类及评定状况值为 2 的分项设施,停止使用,尽快维修加固。

其他工程设施分类判定标准及界限值　　　　　表 3-23

设施技术状况分类	技 术 状 态	界限值
1 类	设施完好无异常,或有异常、破损情况但较轻微,能正常使用	≥70
2 类	设施存在破损,部分功能受损,维护后能使用,应准备采取对策措施	40~70
3 类	设施存在严重破损,使用功能大部分或完全丧失,必须停用并采取紧急对策措施	<40

第4章　隧道管理机构职能与制度

4.1　隧道运营管理机构的设置

为了加强对隧道运营安全的管理,设置专门的管理机构必不可少。目前,国内对隧道运营管理机构的设置主要有隧道管理处、隧道管理公司和隧道管理站(所)三种形式。

(1)公路隧道管理处

公路隧道管理处一般见于具有特长隧道或者隧道群的高速公路中,其隶属于上一级管理局或者管理公司,主要任务是管理特长隧道和隧道群及所包含路段的运营安全,其组织机构如图4-1 所示。

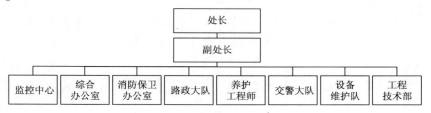

图 4-1　隧道管理处机构配置

(2)隧道管理公司

隧道管理公司通常是隶属于上一级管理公司或者管理局,其基本机构组成如图4-2 所示。

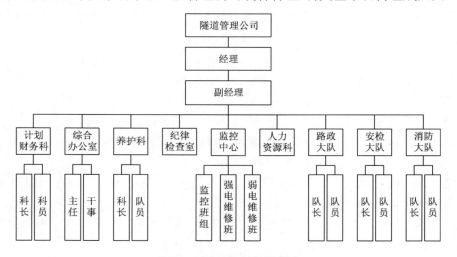

图 4-2　隧道管理公司机构配置

(3)隧道管理站(所)

一般公路隧道管理站(所)隶属于公路管理公司,其基本结构组成与隧道管理处相同(见图4-1)。

4.2 隧道运营管理机构的职能

4.2.1 隧道管理处(公司、站、所)职能

(1)负责隧道各系统及各处监控设备的维修和保养工作,确保设备正常运行。

(2)负责消防车辆及各类器材工具的保养和管理,并及时处理隧道内的火灾等危及隧道安全的险情。

(3)全天候严密监视各系统的运行情况,及时发现和处理系统运行中出现的异常情况,确保系统正常运行。

(4)负责发布隧道的交通信息,为广大驾乘人员提供交通信息服务。

(5)按照已经制定的隧道事故紧急预案,建立快速反应、决策机制。事故发生时,按照制定的预案及时下达控制指令、命令,正确启动相应的应急程序,并及时上报公司信息中心。

(6)负责沿线紧急电话的接听和处理;发现和受理隧道内的故障车辆和事故车辆,及时通知路政、交警进行处理。

(7)负责隧道值守人员的管理及隧道机电设备的安全保卫工作。

4.2.2 隧道管理处(公司、站、所)领导职责

1)处长(总经理、站长、所长)岗位职责

(1)在公司的领导下,组织制订隧道管理工作制度和隧道各系统操作规程,确保隧道的安全运营。

(2)检查指导业务工作,强化内部管理,不断总结经验,及时解决存在的问题。

(3)按计划组织职工进行业务学习,拓宽知识面,提高专业技能和应急处治能力,并定期与不定期地进行业务考问、考核工作。

(4)定期召开站务会,总结经验,研究问题,改进工作方法,提高办事效率。

(5)定期组织有关人员对隧道各系统设备进行检查、维护和保养,参与设备小修、中修、大修工作计划的编制,保证各系统的正常运转。

(6)监督检查每日值班记录,对突发事件进行正确处治,并将重大事件向上级报告。

(7)落实安全设施,及时排除事故隐患,确保人身、财产安全。定期对职工进行道德教育和安全教育,努力提高职工的政治思想素质和安全意识。做好本站员工的思想政治工作,团结同志,关心员工的工作、学习、生活,对上岗员工进行军事化管理。

(8)建立本站自我约束机制,做好管理工作,并接受监督检查。

2) 副处长(副经理、副站长、副所长)岗位职责

(1) 在处长(总经理)的直接领导下,做好本职工作,参与各重大事项的研究决策,保障全处各项工作顺利开展和工作任务的全面完成。

(2) 协助处长(总经理)搞好组织管理工作,处长(总经理)外出时,负责主持全处工作正常进行。

(3) 负责全站机电设备运行、维护及工作安排、检查督促值班工作,组织有关人员解决运行工作中的实际问题,纠正工作偏差,同时负责其他事务工作。

(4) 受处长(总经理)委托行使处长(总经理)职权,但遇重大问题应先请示上级领导或处长(总经理),对紧急情况可先处理后汇报。

(5) 根据工作侧重面,组织有关人员,对具体工作内容进行研究,及时提出工作建议或方案,对上级指定交办的事情应组织有关人员具体迅速实施完成。

(6) 有计划地组织职工进行业务学习,拓宽知识面,提高专业技能和应急处置能力。

(7) 做好本站人员思想工作,团结同志,关心员工的工作、学习、生活。

(8) 按时完成领导交办的其他工作任务。

4.2.3 隧道管理处(公司、站、所)办公室岗位职责

1) 办公室职责

(1) 贯彻执行国家有关法规、方针、政策和高速公路管理办法及标准的实施,并全面贯彻办公室的工作。完成上级下达的任务和目标。

(2) 负责组织编制工作发展目标、计划及其具体实施方案和考核办法。

(3) 负责各部门之间的工作调度及工作任务的安排。

(4) 定期召开工作会议,及时总结问题,制订存在问题的具体解决方案。

(5) 加强学习,不断提高政治觉悟、业务能力和职业道德水平,努力提高工作效率。

(6) 完成领导交办的其他工作。

2) 办公室主任岗位职责

(1) 负责办公室的全面工作,加强人员管理和规章制度建设,确保办公室各项工作顺利开展。

(2) 了解掌握管理处各部门工作情况,协助站领导处理有关各项工作。

(3) 负责组织各部门制订年度工作目标责任书及其考核工作。负责重要文件的起草工作。做好站会议的组织准备工作,并督促检查会议精神的贯彻执行情况。

(4) 负责协调处与公司、兄弟单位的关系。做好来信来访及有关服务投诉的处理工作。

(5) 负责 ISO 9001 质量认证的组织和管理工作。

(6) 完成领导交办的其他工作。

3) 办公室干事岗位职责

(1) 负责协助办公室主任的分管工作。

(2) 负责会议资料和文稿的印发工作。负责记录、整理各类会议纪要。

(3) 负责服务投诉信息的整理汇总工作。
(4) 负责公司来文、来函的登记、分办、传递、立卷及各种报表的收发工作。
(5) 负责公司文件、站内文件的归档工作。负责报刊、杂志、信函等的分拣和收发。
(6) 配合做好公司 ISO 9001 质量管理的日常运行工作。
(7) 完成领导交办的其他工作。

4.2.4 隧道管理处(公司、站、所)监控室职责

1) 监控室职责

监控室通过中心计算机对整个隧道及其机电系统进行监视与控制,保持同各工作网点之间的工作联系,发布各项工作指令以及向上级汇报各类重大情况,对隧道的安全运行起到重要的保障作用。

(1) 全天候严密监视隧道各系统运行情况,及时发现和处理系统运行中出现的异常情况,确保系统正常运行。
(2) 根据现场监测数据,适时控制隧道通风、照明、交通信号等设备的运行。
(3) 及时发现隧道内的故障车辆和事故车辆,并通知路政部门进行处理。
(4) 隧道发生各类紧急情况,正确启动相应的应急预案,并及时向上级汇报。
(5) 负责发布隧道的交通信息,为广大驾乘人员提供交通信息服务。
(6) 认真填写隧道监控值班记录,准确反映实际信息。

2) 隧道监控室主任职责

(1) 遵守国家的各项法律法规,执行本公司的各项规章制度,全面负责隧道监控室的各项工作,保障隧道监控运营正常。
(2) 组织制订本部门的工作目标计划和内部管理制度,并按期进行考核。
(3) 负责组织监控员进行业务学习,开展岗位练兵、劳动竞赛活动,提高职工的业务技能。特别是要求每一个监控人员熟悉各类隧道事故的救灾预案。
(4) 定期组织检查监控系统,发现问题及时向站领导汇报,保证隧道监控系统运行正常。保持与路政、交警及养护密切联系,确保隧道的安全运营。
(5) 积极掌握职工的思想动态,关心职工工作、学习和生活情况,并将职工建议和意见向站领导反映汇报。负责对监控员的考评、考核、督导工作的开展。
(6) 完成领导交办的其他工作。

3) 隧道监控员岗位职责

(1) 严格遵守监控程序,发现事故等异常情况做好资料录像,及时向有关领导和部门报告,并根据事故状况及时发出报警信号,情况严重时关闭隧道,并做好记录。
(2) 熟悉各种监控设备及技术性能,能够根据命令和异常情况熟练地进行操作。熟悉各类送到事故的救灾预案,会准确快速地操作每一个流程,熟记相关联系单位的电话。
(3) 认真监视隧道内各种设备运行情况,发现故障及时通知有关人员进行维修,并做好记录。

(4)认真做好交接班工作,做到交接清楚,手续齐全,责任分明。

(5)交班人员应将各种值班记录、资料、工器具、钥匙等按地移交,并将设备运行情况向接班人员交代清楚。如接班人员未能按时接班,交班人员应坚守岗位,不得擅自离开。

(6)接班人员提前10分钟到达工作场所,按规定内容严肃认真地进行交接班工作,接班人员应认真听取交班人员的交代和注意事项,有疑问应及时向交班人员问清,并对设备进行检查,确认无误后,履行签字手续,完成交接班。全部工作完成后交班人员方可离开。

(7)发生事故时不得进行交接班,接班人员可在交班人员的指挥下协助工作,待处理完毕,再进行交接班。接班人员如班前饮酒或精神异常时不得进行交接班。

(8)完成领导交办的其他工作。

4.2.5 公路隧道设备维护队职能

1)设备维护主要职责

设备维护队主要负责对设备的日常检查和维护。对隧道内外的部分机电设施进行定期与不定期的检查与维护。随时保持与中控室的密切联系,听从中控指挥,发生紧急情况下实施对隧道设备的维护,并协助参与隧道救援工作。

(1)在隧道管理处的领导下,负责隧道内外场机电设备的维护检修及安装、调试工作。

(2)认真贯彻执行"安全第一"的方针,抓好全队人员的安全教育,严格执行各项安全操作规程,建立安全监督检查制度,杜绝人身及设备事故的发生。

(3)严格执行维修工作规范,注意采用新技术、新工艺,认真进行质检,不断提高机电设备维修质量。

(4)合理安排维修任务和调配维修力量,及时提出维修工作所需配件计划和维修工作实施方案,按时完成站内下达的各项维修任务。

(5)严肃劳动纪律,严格执行各项规章制度,认真做好职工的考勤记载,按时报送站办公室检修工作报表,制定内部奖惩办法,奖勤罚懒,奖优罚劣。

(6)搞好职工教育与培训考核工作,不断提高职工的思想素质和业务技术水平。

(7)完成上级交办的各项工作任务。

2)机电设备维护队队长岗位职责

(1)在隧道管理处的领导下,负责设备维护队的全面工作。

(2)组织贯彻执行电力行业的有关行业维修工作的规章、规程,负责组织拟定机电维修工作的操作规范及本部门内部管理制度。

(3)督促、检查维修人员的工作情况,协调与各有关部门之间的工作关系,合理调配人员,根据检修计划,组织好检修的前期准备和实施工作。

(4)搞好安全生产,加强对职工的安全教育,提高职工的安全意识,杜绝违章作业,防止各类操作事故的发生。

(5)负责本部门人员的业务技术培训及业务考核工作,不断提高检修人员的技术水平与操作技能。组织学习机电维修新技术,提高维修工作效率和变配电设备的维修质量。

(6)深入调查研究,掌握职工的思想动态,关心职工工作、学习和生活情况,充分调动职工的工作积极性。

(7)完成领导交办的其他工作。

3)设备维护员岗位职责

(1)在隧道维护队队长的领导下,负责设备维护的工作。

(2)熟练掌握隧道相关行业维修工作的规章、规程。

(3)根据检修计划,组织好检修的前期准备和实施工作,完成设备的维护修理工作。

(4)搞好安全生产,杜绝违章作业,防止各类操作事故的发生。

(5)学习机电维修新技术,提高维修工作效率和变配电设备的维修质量。

(6)完成领导交办的其他工作。

4)电工岗位职责

(1)热爱本职工作,对工作认真负责,任劳任怨,认真钻研业务,精益求精。

(2)熟练掌握隧道供配电设施的技术性能、规范操作及维护方法。

(3)密切监视变电所内设备的运行情况,检查设备的线路以及仪表的工作状态,正确抄录仪表的各项数据。遇到紧急情况,应及时处理,并依实际情况做好详细记录。

(4)遇到报修项目,应随叫随到,及时处理,确保隧道供电的连续性、可靠性。

(5)按规章制度上岗,严格执行隧道养护手册,避免事故发生。坚守工作岗位,不得擅自离岗。

(6)认真做好配电室的安全防火、防事故工作。做好变电所的环境卫生工作,严禁在变电所内堆放易燃、易爆等其他物品。

(7)服从上级领导的安排,并保质保量地完成领导交办的任务。

4.2.6 隧道消防保卫部门职责

1)部门职责

(1)消防保卫队在正常情况下,负责隧道内外巡查、隧道口守护等工作。在隧道发生火灾监控室接到火灾信号后,第一时间赶到现场的进行灭火。

(2)全体消防人员应时刻保持"火警"意识,掌握一定的防火、灭火基本知识及安全注意事项,能够熟练掌握灭火器的性能及使用方法。

(3)按照隧道防火救灾的流程,制订详细的作战计划,长期演练。使得每一个消防队员完全掌握公路隧道灭火救灾的流程,并且每一个人能够担当2个以上的职能。

(4)定期对消防设施进行检查和抽样试验,对损坏及过期的灭火器具进行登记和回收。

(5)负责隧道内的巡视检查,发现可疑情况及时报告。隧道内的紧急停车带、车(人)行横洞,如发现堆积物时,应立即通知养护部门进行清理。注意"三危"车辆的通行。

(6)负责消防车辆、消防设备及消防器材的保养维护和管理,确保其在任何时候都能及时发挥作用。

(7)负责隧道内和斜竖井场地机电设备的安全保卫工作,确保机电设备不丢失,不被人为损坏。

（8）进行知识宣传，使过往驾驶员和乘客对隧道消防设施和沿线报警系统有一定的了解，以便一旦发生和发现火灾时，进行快速处置。

（9）认真填写值班记录。

（10）完成领导交办的其他工作。

2）消防保卫队队长岗位职责

（1）协助处长（总经理）搞好消防保卫工作，熟悉责任区的有关情况，掌握隧道灭火作战计划内容。

（2）掌握全队的值勤实力，检查战备情况、保证人员、器材、设备时刻处于规定的备战状态。定期组织队员对隧道消防设备进行检查、维护和保养，保证隧道的安全运营。

（3）有计划地组织队员按照救灾预案做好训练工作，提高专业技能和应急处置的能力。

（4）接警后，立即带领消防人员到现场，按照流程指挥救火。

（5）按上级规定时间上报值勤力量状态，战备工作中发生的重要问题，及时向上级报告，并认真填写值班记录。

（6）定期召开消防安全工作会，找出差距、研究问题，提高办事效率。

（7）每月进行一次队员考核。

（8）完成领导交办的其他任务。

3）消防班长主要职责

（1）掌握灭火区段有关情况和灭火作战预案的有关内容。

（2）确定战斗员的战斗分工；检查全班人员的战备情况，保证器材装备处于良好状态。

（3）听到出动信号，3分钟内带领全班迅速登车。到达现场有条不紊地按照预案继续灭火救援。并根据现场的情况，协助做好隧道内人员的逃生救援。

（4）完成领导交办的其他任务。

4）隧道消防员岗位职责

（1）消防人员必须认真贯彻执行《消防法》的有关规定，努力学习消防知识，提高自身的业务能力。

（2）消防员对灭火设施、设备（包括隧道内的设备）必须进行日检查、周保养、月维护，发现消防器材损坏，要在24小时内修复或更换，时刻保持战备状态。

（3）消防员要熟悉灭火救灾的所有流程，明确自己的工作岗位和应该完成的任务。

（4）在岗人员应时刻保持"火警"意识。接到险情警报后，必须在3分钟内出警。

（5）消防人员实行24小时工作制，严禁酒后上岗。值班人员要坚守岗位，不脱岗、不串岗，不擅自离岗。

（6）认真完成领导交办的其他任务。

5）消防保卫巡视员职责

（1）上岗要着装整齐，配带安全反光背心和工号、照明工具及个人装备，讲文明，懂礼貌。

（2）每日巡视隧道2次，每班不少于2人，要按时进洞巡检隧道内的各种设备，确保设备不丢失，不被人为损坏。

(3)及时发现隧道内的安全隐患,要及时处置和汇报,遇有交通事故和堵塞时,应配合交警疏通交通。

(4)巡视人员要注意自身的安全,巡逻时要在电缆沟盖板上行走,不得在路面上行走。

(5)详细、认真填写巡视值班记录。严禁酒后上岗巡视。

(6)完成领导交办的其他工作。

4.2.7 隧道养护部门职责

(1)隧道日常养护包括路面的清扫、经常性或预防性的保养和轻微破损部位的维修等内容,其实施应结合日常检查工作进行。

(2)日常检查发现结构物脏污、老化或有轻微破损等情况时,应及时安排养护作业,并可通过日常检查鉴定养护工作效果。

(3)清洁养护应考虑结构物的脏污程度、交通量大小等因素,确定合适的周期,并减少对交通运营的干扰。

(4)路面清扫宜以机械作业为主,人工清扫为辅,每天清扫1次,清扫时间应安排在后半夜,清扫的车速应控制在30km/h,清扫时,应特别注意路面脏污部位,如车道两侧、紧急停车带等。

(5)当路面被油类物质或其他化学物品污染时,应清洗干净,必要时可用中和剂或其他清洁剂处理后再清洗。清扫后的垃圾不得随意倾倒,应运往指定地点或垃圾场处置。

(6)清扫时,应保障交通安全和畅通。清扫车应按规定开启示警灯具,并设置明显的作业标志;清洁工人应着橘黄色的公路养护作业服或反光背心,并注意交通安全。

(7)当交通标志标线受到污染,影响其辨认和识别时,应及时对其进行清洗。标志、标线的清洁宜以人工方式进行,每月清洗一次。标志牌面应经常进行擦拭,保持其整洁、醒目。必要时,可使用清洁剂(或除垢剂)清除脏污。

(8)在日常养护工作中,应做好对结构物及其设施的预防性保养工作。土建结构的保养维修工作主要包括经常性或预防性的保养和轻微破损部分的维修等内容,以恢复和保持结构的良好使用状态。

(9)隧道洞口养护:

①及时清除洞口边仰坡上的危石、浮土,冬季应清除积雪和挂冰。

②保持洞口边沟和边仰坡上截水沟的完好、畅通。

③修复洞口挡土墙、护坡、排水设施和减光设施等结构物的轻微损坏。

④维护洞口花草树木的完好。

(10)隧道洞身衬砌养护:

①衬砌隧道出现的衬砌起层或剥落,应及时加以清除或固结。

②对衬砌的渗漏水,应开槽埋管将水引入边沟排出。

③冬季应及时清除洞顶挂冰。

(11)隧道路面养护:

①及时清除隧道内外路面上塌(散)落物。

②及时更换路面内损坏的窨井盖或其他设施盖板。
③当路面有渗漏水冒出时,应及时处理,开槽埋管将水引入边沟排出。
④冬季应及时清除洞口处积雪。
（12）人行和车行横洞养护：
①横洞内严禁放置任何非救援的物品,确保横洞畅通无阻。
②洞身和路面的养护应按照本手册洞身和路面的有关规定执行。
（13）斜（竖）井养护：
①及时清除井内可能损伤通风设施或影响通风效果的异物。
②维护井内排水设施的完好,保持水沟（管）的畅通。
（14）排水设施养护：
①维护隧道内（中心排水沟的检查井盖）外排水设施的完好,发现破损及时修复。
②排水管堵塞时,可用高压水或压缩空气疏通。
（15）顶板和内装养护：
①吊顶板须保持整洁、完好、美观,应及时修补其破损、变形之板块,并更换老化、脏污而不能修复之破板。
②内装板须保持整洁、完好,当发现其有破损、脏污和掉落时,应及时进行修复、更换和补充。
（16）检修道养护：维护检修道的完好、畅通和清洁,及时修复和更换破损之盖板。
（17）交通标志养护：
①及时清洗标志牌面的脏污,清除遮挡标志的障碍。
②及时修补变形、破损的标牌,修复弯曲、倾斜的支柱,紧固松动的连接构件。
③对锈蚀损坏、老化失效的标志,应及时更换,缺失的应及时补充。
④及时清洗脏污的标线,对破损严重和脱落的标线应及时补画。
⑤清除突起路标的脏污和杂物,及时紧固松动的路标,发现损坏或丢失的,应及时修复或补换。

4.2.8 隧道路政人员岗位职责

（1）长大公路隧道路政必须实行 24 小时轮流值班制度。及时纠正、查处隧道内不按规定车道行驶、超速、违法停车等各类影响隧道内安全通行的交通违法行为。
（2）对隧道内施工进行管理,确保隧道内安全畅通。
（3）对通行隧道的危化品车辆实行有效管控。
（4）巡逻车辆配备适合在隧道内工作的大型清障、救援设备,遇有隧道内发生事故或突发事件时,按照预案程序紧急处置。
（5）路政巡查人员在巡逻过程中,发现隧道发生重特大交通事故应立即报告值班室,由值班室迅速报告值班队长、大队长,并向高速交警大队通报。
（6）如果接到当事人报警电话,应立即报告值班队长、大队长,并向高速交警大队通报。
（7）重特大交通事故发生后的先期处置,并及时通知驻守隧道口的路政和交警,立即封闭隧道,禁止清障救援外的一切车辆驶入隧道。同时通知隧道监控,在可变情报板上发布交通事故信息,并且改变发生事故隧道内信号指示灯的指向。

(8)隧道内发生重大事故后,值班队长、大队长应立即带领相关队员在最短时间赶赴现场。

值班队长或大队长要在第一时间判断事故车辆清障救援所需器材,并且做到以下要求:

①发生火灾事故或者危险品事故,快速疏散人群,协助119救火及处置。

②发生一般交通事故,协助119或110进行现场处置后,调用清障车及时移动事故车辆,让出一条车道,尽快放行隧道内滞留车辆。

③事故处理完后,将隧道内所有滞留车辆放行完毕,及时对事故现场以及路产进行勘查,上报公司应急办现场情况和清障所需的时间。

④事故现场清理完毕后,应迅速撤除所有的安全标志,并指定专人对现场通行条件进行最后确认。

⑤在确定无误的情况下,正式通知交警大队解除交通管制,恢复通行,并及时报告公司信息中心及公司应急办公室。

⑥恢复通行后,巡逻车要迅速展开双向巡查,开启警灯、警报,及时指挥和疏导车辆,防止车流拥堵,避免新的事故发生。

4.2.9　隧道交警人员岗位职责

(1)长大公路隧道实行24小时轮流值班制度。隧道内工作交警应配备警戒带、隔离墩、切割设备、灭火器、口罩、防毒面具、防化服、强光手电等装备,其他民警按规定带全装备。

(2)加强隧道巡逻管控,及时纠正、查处隧道内不按规定车道行驶、超速、违法停车等,各类影响隧道内安全通行的交通违法行为。

(3)对通行隧道的危化品车辆实行有效管控,加强对隧道内行车秩序的实时监控;有效预防、处置隧道内各类突发事件。

(4)加强巡逻密度,做好危化品运输车辆、客运车辆登记,依法严查重处机动车超员、违法停车、大车违法占道行驶各类严重交通违法行为。

(5)在执行交通管制措施时,车辆要开启警灯、双闪,注意自身安全,防止影响人身安全的危害发生。

(6)隧道内一旦发生突发事件,应坚持"先控制、后处置"及"以人为本"的工作原则,按照预案实行统一指挥、密切配合、协同作战、快速有效处置。

4.3　隧道运营管理部门的管理制度

1)隧道机电设备运行管理制度

(1)隧道机电设备的正常运行是保障隧道安全畅通、经济高效运行的基础,各级运行、管理人员必须熟悉隧道机电系统及设备运行操作,狠抓运行质量和安全措施,确保隧道机电设备的安全运行。

(2)严格执行值班管理制度,值班人员不得随意离岗、脱岗,值班时精力集中,密切监视隧道通行状况和设备运行情况;当设备发生异常情况时,应立即采取应急措施做出正常处理,并按规定向有关部门和领导汇报。

(3)严格执行设备巡查制度,值班人员要认真按规定线路对系统设备的控制、温度、声响、气味及负荷情况进行巡视检查,重点检查设备运行有无不安全因素及事故隐患存在;当气候发生变化、系统运行异常时还要进行特殊巡视,发现问题要及时汇报,妥善处理。

(4)严格执行交接班制度,运行班交接双方必须按交接班制度规定进行,不得敷衍了事。正常情况下交接班要准时,特殊情况下根据实际需要作特殊处理。

(5)各级管理人员对机电设备的运行管理要实施监督与指导,包括对人员值班和设备运行的监督与指导。处长(总经理)每月应对隧道运行进行一次人员值守、设备运行及安全防范方面的综合巡查;副处长或值班处长(总经理)在每一轮值班期间应对隧道内外机电设备进行一次全面巡视检查,对发现问题及时设法解决并汇报。

(6)加强隧道机电设备的运行安全管理,严格遵守电力设备"安规""运规"的规定和其他机电设备的操作规程,强化安全意识,落实安全措施,保障机电设备的安全运行,避免人身及设备事故的发生。

(7)切实做好隧道机电设备的缺陷管理工作,运行人员要通过各种方式发现设备运行存在的缺陷,做好设备缺陷记录,运行值班人员能自行处理的缺陷要及时解决;不能处理的缺陷要立即报告维修部门消缺,消缺后要做好设备消缺记录。处长(总经理)、副处长(总经理)、工程技术部长,应是设备缺陷管理的主要负责人。

(8)加强隧道机电设备的防护与清洁卫生工作,特别是隧道内的机电设施,防水、防潮、防撞措施尤为重要,应定期进行检查与清洁。应保证室内机电设施在最适宜的温度下工作,同时做好设备的通风防尘与清洁卫生,保障机电设备在最佳状态下运行。

2)隧道机电设备巡视检查制度
(1)一般规定
①值班人员按制定的巡视路线按时巡视机电设备,并详细填写值班记录簿。
②隧道内外机电设备由值班处长(总经理)组织巡视检查。
(2)巡视检查周期
①正常巡视检查。隧道内外机电设备每轮值班必须进行一次完整、全面巡查。
②特殊巡视。在雷雨、地震后以及系统运行异常或发生事故时,应进行特殊巡查。
③有特殊要求的设备巡查周期按专项规定执行。
(3)巡视检查内容
①检查隧道内外设备是否运行正常、完好。
②设备有无损坏、脱落及异响。
③检查通风机械、照明光源、测光仪、车道表示器、交通信号机、限高架、摄像机、情报板等容易被挂损的设备,是否运行正常。
④紧急车行、人行安全通道是否畅通,通道门开关是否正常。
⑤隧道机电设备上有无杂物,消防洞室门、设备控制箱、柜门是否关闭。

3) 隧道机电设备缺陷管理制度

（1）一般设备缺陷

①值班员发现设备缺陷，应记录于缺陷记录簿中，能自行处理的应及时处理，不能处理的应及时报告部长，部长汇总后报隧道管理处工程技术部。

②非值班员发现的设备缺陷，也应由值班员记录于缺陷记录簿内。

（2）重大设备缺陷

①值班员发现本站重大设备缺陷，应立即报告上级领导，与供电调度有关的设备缺陷，应立即汇报给值班处长（总经理），请示紧急处理，同时做好记录，并按照事故预案，做好现场处置。

②设备缺陷消除后，值班人员应在缺陷记录簿内记录处理情况。

③凡未能消除的设备缺陷，处长（总经理）应不断向上级报告，并催促有关部门及时处理。

4) 中央监控室工作制度

（1）监控室是隧道的监视、控制、指挥中枢，担负着保障隧道安全运营的职责，是重要工作场所，非工作人员禁止入内。

（2）监控室实行全天 24 小时值班制，值班人员不得串岗、脱岗、擅自离岗。值班人员不做与工作无关的事情。

（3）严格执行工作程序，每班认真填写值班记录。发现异常情况做好资料及录像备份，及时向值班领导和公司领导报告，并根据实地情况及时发出报警信号，并做好记录。

（4）熟悉各种监控设备，能够根据异常情况和命令熟练地进行操作。

（5）认真负责地监视隧道内情况及各种设备运行情况，发现异常立即通知技术人员进行维修，并做好记录。

（6）熟悉交通事故、火灾事故和危险品事故的处理预案，做到平时训练有备，用时有条不紊，规范操作。

（7）监控室内严禁摆放易燃、有毒危险品及与工作无关的物品。严禁使用来历不明的光盘、磁盘，确保系统不受病毒感染。

（8）严格按监控操作规程操作，严禁乱发指令、命令，严禁违规操作。

（9）严禁利用监控设备（如电脑、电话、监视设备等）做与工作无关的事情（如上网聊天、打私语、看影碟、玩游戏、听音乐等）。

5) 中央监控室交接班制度

（1）监控室实行交接班制度，上下岗人员必须在上下岗前 15 分钟内做好交接准备工作。

（2）交班人员在下岗前整理值班记录、交接物品，检查监控系统是否正常、设施是否完好，在交班时必须交清接明。交班人员应在交班前清洁室内卫生。

（3）交班人员必须向接班人员详细说明当班内的值班记录、发生事件、发生时间、处理结果及遗留问题等。

（4）交接班执行签字交接制度，上下岗人必须在当日的值班记录上签署姓名和交接班时间。

(5)交接班期间,交接双方人员不得以任何借口随意离岗、脱岗。

6)隧道可变情报板管理制度

(1)按公司信息中心要求发布信息。根据即时天气或路面状况发布信息时需经部门负责人或值班处长(总经理)同意,并同时将详细内容通知公司信息中心。

(2)将各类事故常用的信息提前储备于计算机中,发生事故时,根据情况快速调用。

(3)严格遵守国家法律法规,禁止发布反动、暴力等信息。

(4)严禁私自随意发布信息。

7)供电系统机电维护人员工作制度

(1)严禁在无监护人的情况下单人操作。

(2)严禁无电工证者带电进行维修和设备检查作业。

(3)进入隧道作业,必须先拟定好严密的交通安全实施方案,确定专人负责交通安全,经审核无误后实施。

(4)在隧道内作业,安全标志按路政交通管理规定设置,作业中如发现安全隐患应立即停止作业整改隐患。负责交通安全的人员,必须进行全方位、全过程的安全监督。

(5)步行进入隧道巡视和检修行走时,必须穿反光衣,不得在隧道内随意穿行。

(6)维修工作车辆不得占用行车道随意停靠,严禁逆行和转弯。

(7)如因电气故障或停电,隧道内无照明、烟雾浓度大时,要及时通知路政,设置警示。

(8)检修机电设施时,严禁明火作业和取暖。

(9)严禁酒后进入工作场所,严禁酒后驾驶车辆上路。

8)柴油发电机组管理制度

(1)电工必须熟悉所使用柴油机发电机组的性能、原理和操作方法,严格遵守操作规程、维护制度和有关规定。禁止违章操作,预防人员伤亡和设备损坏。

(2)柴油发电机房必须配置必要的消防器材,制订防火措施,并定期进行检查。严禁在柴油发电机房内吸烟、使用明火照明和存放易燃、易爆物品;严禁在柴油机工作时添加燃油。各用燃油应存放于距离发电机组 10m 以外的安全位置。

(3)柴油必须经 72 小时以上沉淀方可使用,在任何情况下都应保持燃料系和加油用具的清洁。润滑油根据季节和地区,按规定选用。冷却水必须采用清洁的软水。

(4)气温低于零下 5℃时,应注意发电机组保温,如较长时间不用或准备外运时,必须将机内冷却水放净。

(5)发电机组必须按规定采取接地保护措施,并定期检查接地装置是否可靠,接地电阻值不应超过 50Ω。

(6)机组禁止超负载使用,也不允许单相负载超过单相额定功率。各相负载的不平衡度不得大于额定电流的 25%。

(7)蓄电池、备份器材、工具和随机资料,应由专人负责保管,并定期检查和维护。

(8)操作人员应及时认真填写柴油机发电机组开关、维护等相关记录,并妥善保存。

4.4 隧道消防系统管理制度

1）隧道消防安全保卫管理工作制度

（1）隧道安全保卫要以"预防为主，从严管理、确保安全、保障畅通"为方针，真正把安全保卫工作落到实处。

（2）认真贯彻执行安全管理的消防法律、法规，提高警惕，增强安全保卫工作的责任感和自觉性，确保隧道的安全运营。

（3）隧道消防值守人员实行24小时工作制，上、下班实行交接班制。每天详细、真实填写值班记录。

（4）上岗要着装整齐、配带安全反光衣，讲文明，懂礼貌。严禁在值班期间喝酒和酒后上岗。

（5）阻止行人进入洞内，发现载有易燃易爆危险的车辆应及时报告有关部门。

（6）每日从隧道进口至出口全面巡视不少于2次，每班不少于2人，巡视发现隧道内的安全隐患，以及机电设备丢失或人为损坏，应及时处置和汇报。

（7）隧道发生灾害，消防队接警后，3分钟内必须出警，并尽快赶到事故现场，按照程序开展救援灭火。

（8）隧道发生交通事故和交通堵塞时，应配合交警疏通交通。

（9）消防人员要注意保护自身的安全。巡逻时要在电缆沟盖板上行走，不得在路面上行走，消防人员驻地应防火、防盗。

（10）每半月召开一次安全保卫管理工作会，学习安全知识，进行安全教育，总结经验，提出改进措施，全面提高安全管理的自觉性。

2）消防战备值班制度

（1）战备值班分为经常性战备值班、二级战备值班和一级战备值班。每天安排1名领导值班。

（2）消防队必须建立并落实战备值班、勤务交接班、战备检查等制度，明确战备值班和灭火救援出动人员及职责。

（3）各级值班人员应明确分工，坚守岗位，履行职责，填写值班记录，随时做好出警准备。

3）消防保卫值班人员交接班制度

（1）认真做好交接班工作，做到交接清楚，手续齐全，责任分明。

（2）接班人员应提前15分钟到达工作场所，按规定内容严肃认真地进行交接班工作，全部工作完成后交班人员方可离开。

（3）交班人员将各种值班记录、资料、工具、钥匙等按时移交。接班人员认真听取交班人员的交代和注意事项，如有疑问应向交班人员问清。

（4）如接班人员未能按时接班，交班人员应坚守工作岗位，不得擅自离岗。

（5）接班人员班前4小时内饮酒不得上岗。

4.5 隧道管理处(公司、站、所)日常生活制度

1)隧道管理处(公司、站、所)办公室工作制度

(1)办公室应做好隧道管理处的日常行政管理,做好上传下达。

(2)负责筹备各类会议,及时做好各种会议记录,检查、督促、催办会议决定事项的贯彻执行。

(3)根据保密制度,负责做好机要文件的收发、传阅、保管工作,负责信函、信件的收发、登记、分发,作好立卷归档工作。

(4)负责接待来站人员及办理来访事宜。对上级来电要及时做好记录,并向领导汇报。

(5)负责本站车辆管理、使用、安全和维修工作。

(6)负责做好通信设备的使用管理工作。

(7)负责站内办公用品的领用和管理工作。

(8)负责站内日常票据、账务的管理工作。

(9)负责站内日常信息的管理工作。

(10)负责站内党、工、团等各项规范化的管理工作。

(11)负责本站的考勤工作,对所有工作人员进行签到。

(12)负责食堂水、电、暖方面的管理,做好后勤工作。

2)隧道管理处(公司、站、所)电话管理制度

(1)站内(公司)所有外线电话实行专人负责。

(2)使用外线电话完毕后要进行详细登记。

(3)禁止用外线电话公话私用。

(4)监控室的外线电话余额,值班人员在当班期间应记录清楚。

(5)所有外线电话的通话费要控制在规定范围内。

(6)对超出规定话费的电话,站内只报销规定数额部分,超出部分由部门自行处理。

(7)严禁占用内线电话进行长时间的聊天,以保证紧急事件时的线路畅通。

3)隧道管理处(公司、站、所)员工请假制度

(1)隧道管理处(公司)所有员工在确保各项工作正常进行的前提下,每月休息天数为8天,实行轮流休息。

(2)员工请休假均实行请假条制度。员工如需要请假时,站内批假权为3天,3天以上5天以下,由分管领导审批,5天以上由处长(总经理)审批。

(3)假条的审批先由部门负责人签字,再经站领导签字,并交办公室保存。

(4)员工请休假完毕后,须向站领导办理销假手续。如请休假超过公司、站内规定的天数,则按公司规定的相关办法处理。

4)隧道管理处车辆管理制度

(1)公用车辆的使用、维修由站办公室统一安排。

(2)各部门如需要用车,部门负责人提前到办公室登记,驾驶员如实填写用车部门,并在

派车单上签字，未经批准，驾驶员不得擅自出车。

（3）汽车需换件、修理时，驾驶员必须先填写申报单，由处长（总经理）签字后，通知车队队长，方可到指定维修厂修理。

（4）由办公室统一发放"加油单"，司机持"加油单"到指定地点加油，并在单上签字，不得将油单转送他人。

（5）驾驶员每月应将油单及里程尾数、行车里程油耗、换件及修理费用及次数、车辆完好率、安全情况等填表交回办公室。

（6）建立单车档案，记载该车出厂年月，使用年限、车型、牌号、发动机、车架号码、用车驾驶员、并记录随车附属设备，工具及有关物品。

5）宿舍管理制度

（1）职工以宿舍为单位，各宿舍选一名室长，负责检点宿舍日常卫生和人员的管理。

（2）宿舍管理实行规范化、军事化，不得拖家带口居住。职工住宿由站办公室统一安排，未经允许不准私自调换宿舍及床位。

（3）在站住宿的职工，要严格遵守作息时间，晚9时至早7时禁止无故外出。

（4）室长负责本宿舍的安全保卫工作，禁止商贩及闲杂人员随意进入宿舍。

（5）职工宿舍不得私自留客，如有亲友探望，应到办公室登记，经处长（总经理）批准后，办公室负责安排住宿。

（6）不得随意改接电线，不准使用电炉取暖、做饭，不准在楼道放置其他物品，严禁将易燃易爆及违禁物品带回宿舍。违反上述规定的，视情节轻重给予行政和经济处罚。

（7）不准在宿舍内传播、放映、收藏淫秽、反动书刊、音像制品等，不准在宿舍内进行赌博、吸毒等违法活动。

（8）每星期由宿舍负责人组织进行卫生、财产互检，互检结果报办公室备案，作为评比先进班组、个人条件之一。

（9）宿舍公共财产不得损坏、丢失，室长负责监督，如损坏或丢失无责任人，由本宿舍全体人员赔偿。

4.6 隧道管理处（公司、站、所）考核制度

1）隧道管理处（公司、站、所）稽查（检查）制度

（1）隧道管理处（公司、站、所）要建立稽查（检查）组，由领导任组长，下有稽查（检查）员若干名。

（2）检查严格按照站内有关管理工作条例开展。

（3）站内稽查（检查）时间不固定，每星期不少于1次，部门内部稽查（检查）每日不少于1次。

（4）稽查（检查）人员对岗上和岗下的工作进行全面和专项稽查（检查）。内容包括维修业务、文明服务、监控业务、遵章守纪、工作秩序、军容风纪、内务卫生、消防安全保卫和交接班情况九个方面。

(5)稽查(检查)必须按规定填写稽查(检查)记录,否则稽查(检查)无效。

(6)对稽查(检查)出来的问题,要给予批评指正,情况严重的要及时报检查组长处理。

2)考勤制度

(1)严格执行请、销假制度,对未请假擅自离岗者,按旷工处理。

(2)考勤表由专人负责填写,于次月2日前递交站领导审核签字后交办公室归档管理。

(3)考勤人员要按照考勤表上的规定详细填写,不得弄虚作假,一经发现应严肃处理。

(4)遇公休假日或法定假时,休假日数连续计算,各类假均应一次休完,一次休假不足规定天数,一般不予补假。

(5)因公伤影响出勤,按有关规定处理。

(6)职工加班按劳动法规定执行,具体办法按有关规定执行。

3)例会制度

(1)隧道管理处(公司、站、所)每周星期一召开一次部门负责人会议,主要是对上周的工作进行总结,对下周的工作进行计划。

(2)隧道管理处(公司、站、所)每月召开一次安全例会,总结上一月的安全工作,找出存在的事故隐患。组织安全知识学习,通过案例分析对职工进行安全教育,布置安排下一阶段的安全防范工作,定期检查,做好有备无患,责任到人。

(3)隧道管理处(公司、站、所)每月进行一次站工作总结,总结当月的工作情况,制订次月的工作计划。总结内容包括维修业务、"百分"考核、纪律、出勤、好人好事、卫生、值班、军训和稽查工作九个方面的内容。半年工作总结在此基础上进行,并对这半年的维修工作情况、队伍建设、政治学习、党团及工会小组活动、业务练兵和半年先进进行评比。全年总结在半年总结的基础上进行先进工会会员、先进团员、先进集体和个人的评比。

(4)按照上级党团组织的安排,定期召开党团民主生活会,学习党团有关知识、时事政治等,积极开展批评与自我批评,充分发挥党团员的先锋模范作用。

4)考核管理

(1)岗位考核

岗位考核针对不同部门,不同岗位的人员以及部门整体按月、季度、年等不同周期进行考核。

(2)部门业务考核

为加强隧道机电设备管理,减少机电设备故障发生率,节约机电维护成本,保证隧道机电设备的正常运行,制定机电设备管理考核办法。

①考核对象。

考核对象为站属各部门。

②考核原则。

a.坚持客观公正、民主公开、注重实效、鼓励创新的原则;

b.考核内容力求全面,评判力求客观、方式力求统一,操作力求可行。

③考核方法。

考核采用日常考核与季度集中检查相结合的方法,年终汇总形成最终考核结果。

a. 日常考核。

日常考核为站内在机电设备日常运行、维修维护、巡检等方面不定期对各部门工作的考核。

b. 考核频率。

每月不少于5次;季度考核在每年四月、七月、十月、下年一月初由站内组织相关机电维护人员对隧道各部门第一、二、三、四季度工作分别进行考核。

c. 考核标准。

站内对各部门分别进行考核,满分为100分,日常考核占60%,季度考核占40%,年底进行汇总。

d. 计算方式。

日常考核全年平均成绩×60% + 季度考核全年平均成绩×40% = 全年成绩。

(3) 考核结果

机电设备考核成绩在95分以上为优秀;机电设备考核成绩在85~95分为一般;机电设备考核成绩在85分以下为差。凡机电设备考核成绩在85分以下部门,不能参加先进班组评选。

(4) 考核内容及评分标准

机电设备考核采用百分制,考核内容及评分标准参考本手册附录A1(表A1-1~表A1-2)。

第5章 隧道土建结构

公路隧道土建结构的养护工作应包括日常巡查、清洁、结构检查与技术状况评定、保养维修和病害处治等内容。隧道养护产生的垃圾、废渣和废水的处理应符合环保方面的有关规定。

5.1 隧道土建结构日常巡查与清洁

5.1.1 日常巡查

日常巡查应对隧道洞口、衬砌、路面是否处在正常工作状态、是否妨碍交通安全等进行检查,包括下列内容:
(1)隧道洞口边仰坡是否存在边坡开裂滑动、落石等现象。
(2)隧道洞门结构是否存在大范围开裂、砌体断裂、脱落等现象。
(3)隧道衬砌是否存在大范围开裂、明显变形、衬砌掉块等现象。
(4)是否存在地下水大规模涌流、喷射,路面出现涌泥沙或大面积严重积水等威胁交通安全的现象。
(5)隧道路面是否存在散落物、严重隆起、错台、断裂等现象。
(6)隧道洞顶预埋件和悬吊件是否存在断裂、变形或脱落等现象。

日常巡查可采用人工与信息化手段相结合的方式,频率宜不少于1次/d,雨季、冰冻季节和极端天气,应增加日常巡查的频率。隧道日常巡查可与路段日常巡查一起进行。日常巡查中,发现路面有妨碍通行的障碍物或其他异常情况时,应视情况予以清除或报告,并做好记录。记录方式可以文字记录为主,并配合照相或摄像手段辅助。

5.1.2 清洁

隧道清洁应综合考虑隧道养护等级、交通组成、结构物脏污程度、清洁方式及效率和环境等因素确定清洁方案和频率。按照养护等级,隧道清洁维护频率宜不低于表5-1和表5-2规定的频率。
(1)隧道内路面清洁应满足下列要求:
①应保持干净、整洁,两侧边沟不应有残留垃圾等物品。
②高速公路和一级公路宜以机械清扫为主,清扫时应防止产生扬尘。

③路面被油类物质或其他化学品污染时,应采取措施清除。

高速公路、一级公路隧道清洁频率 表5-1

清洁项目	养护等级		
	一级	二级	三级
路面	1次/d	2次/周	1次/旬
内装饰、检修道、横通道、标志、标线、轮廓标	1次/月	1次/2月	1次/季度
排水设施	1次/季度	1次/半年	1次/半年
顶板	1次/半年	1次/年	1次/2年
斜井	1次/半年	1次/年	1次/2年
侧墙、洞门	1次/2月	1次/季度	1次/半年

二级及二级以下公路隧道清洁频率 表5-2

清洁项目	养护等级		
	一级	二级	三级
路面	1次/周	1次/半月	1次/月
内装饰、侧墙、洞门、检修道、横通道、标志、标线、轮廓标	1次/季度	1次/半年	1次/年
排水设施	1次/半年	1次/年	1次/年
顶板	1次/年	1次/2年	1次/3年
斜井	1次/年	1次/2年	1次/3年

(2)隧道的顶板、内装饰、侧墙和洞门清洁应满足下列要求:
①应保持干净、整洁、无污垢、污染、油污和痕迹。
②顶板、内装饰和侧墙的清洁宜以机械作业为主,人工作业为辅。
③采用湿法清洁时,应防止路面积水和结冰,并应注意保护隧道内机电设施的安全,防止水渗入设施内。清洗用的清洁剂,可根据实际效果选择确定,宜选用中性清洁剂。清洁剂应冲洗干净。
④采用干法清洁时,应避免损伤顶板、内装饰和侧墙,以及隧道内机电设施。清洁时应采取必要的降尘措施。对不能去除的污垢,可用清洁剂进行局部特别处理。
⑤隧道内没有顶板和内装饰时,应根据需要对洞壁混凝土进行清洁。
⑥洞门的清洁应按照侧墙要求执行。
(3)隧道排水设施应按下列规定进行清理和疏通:
①应保持无淤积、排水通畅。
②在汛前、汛中和汛后以及极端降水天气后,应对排水设施进行检查和清理疏通。在冰冻季节,应增加排水沟的清理频率。
③对于纵坡较小的隧道或隧道的洞口区段,应增加清理和疏通的频率;对于窨井和沉沙池,应将其底部沉积物清除干净。

(4)隧道的标志、标线和轮廓标清洁应满足下列要求：
①应保持完整、清晰、醒目。
②当标志、标线和轮廓标表面有污秽,影响其辨认性能时,应及时进行清洗。清洗标志、标线和轮廓标时,应避免损伤其表面覆膜或涂层等。
(5)隧道横通道应定期清除杂物和积水。
(6)斜井、检修道及风道等辅助通道应定期清除可能损伤通风设施或影响通风效果的异物。

5.1.3 维修保养

土建结构的保养维修工作,主要包括经常性或预防性的保养和轻微破损部分的维修等内容,以恢复和保持结构的良好使用状态;应对土建结构经常检查和定期检查发现的一般性异常和技术状况值为2以下的状况,进行保养维修(详见本手册附录A3)。

根据结构部位的不同,土建结构的保养维修应满足如下规定：
(1)隧道洞口及明洞
①及时清除洞口边仰坡上的危石、浮土,冬季应清除积雪和挂冰。
②保持洞口边沟和边仰坡上截水沟的完好、畅通。
③修复存在轻微损坏的洞口挡土墙、洞门墙、护坡、排水设施和减光设施等结构物的开裂、变形,维护洞口花草树木。
④修复洞口的路面结构,保证其平整度和摩擦系数。
⑤维护洞口花草树木的完好。
⑥当明洞上边坡出现危石或有崩塌可能时,应及时清除,也可采取保护性开挖等措施。
⑦明洞顶的填土厚度和地表线,应保持原设计状态。
⑧当遇边坡塌方形成局部堆积,或遇暴雨、洪水原填土大量流失时,应及时采取措施调整到原有状态,避免产生严重偏压导致明洞结构变形、损坏。
⑨明洞的防水层失效或损坏时,应及时修复。
(2)洞身
①对有衬砌隧道出现的衬砌起层、剥离,应及时清除。
②及时修补衬砌裂缝,并设立观测标记进行跟踪观测。
③无衬砌隧道出现的碎裂、松动岩石和危石,应按照"少清除,多稳固"的原则进行处理。
④对衬砌的渗漏水或无衬砌隧道围岩的渗漏水应接引水管,将水导入边沟。
⑤冬季应及时清除洞顶挂冰。
(3)隧道路面
①及时清除隧道内外路面上塌(散)落物。
②及时修复、更换损坏的窨井盖或其他设施盖板。
③当路面出现渗漏水时,应及时处理,将水引入边沟排出,防止路面积水或结冰。
④冬季应及时清除洞口段积雪。

(4) 人行和车行横洞
①横洞内严禁放置任何非救援的物品,确保横洞畅通无阻。
②洞身和路面的养护应按照本手册洞身和路面的有关规定执行。
③定期保养横通道门,保证横通道清洁、畅通。
④及时修复轻微破损结构。

(5) 斜(竖)井
①及时清除井内可能损伤通风设施或影响通风效果的异物。
②维护井内排水设施的完好,保持水沟(管)的畅通。
③对井内的检查通道或设施进行保养,防止其锈蚀或损坏。

(6) 风道
①清理送(排)风口的网罩,清除堵塞网眼的杂物。
②定期保养风道板吊杆,防止其锈蚀或损坏。
③及时修复风口或风道的破损,更换损坏的风道板。
④及时处理风道内的积水和结冰。

(7) 排水设施
①维护隧道内外排水设施的完好,发现破损或缺失及时修复。
②及时清理排水边沟、中心排水沟、沉沙池等排水设施中的堆积物,不定期检查排水沟盖板和沟墙,及时修复破损、翘曲的盖板。
③排水管堵塞时,可用高压水或压缩空气疏通。
④寒冷地区应及时清除排水沟内结冰堵塞,排水的金属管道应定期做好防腐处理。

(8) 顶板和内装
①吊顶和内装饰应保持完好和整洁美观,当有破损、缺失时,应及时修补恢复,不能修复的应及时更换。
②各种预埋件和桥架应保持完好、坚固、无锈蚀,当有缺损时,应及时更换或加固。

(9) 人行道和检修道
①人行道或检修道不得积水,当道板有破损、翘曲或缺失时,应及时进行修复和补充。
②定期保养人行道或检修道护栏,护栏应保持完好、清洁、坚固、无锈蚀,立柱正直无摇动现象,横杆连接牢固,当有缺损时,应及时恢复。

(10) 交通标志
隧道的交通标志应保持外观完整、信息清晰准确,保持位置、高度和角度适当,保证交通信息传递无误,并应符合下列规定:
①应及时修补变形、破损的标牌,修复弯曲、倾斜的支柱,紧固松动的连接构件。
②对锈蚀损坏、老化失效的标志,应及时更换,缺失的应及时补充。
③对损坏的限高及限速设施应及时维修。
④及时清洗脏污的标线,对破损严重和脱落的标线应及时补画。
⑤清除突起路标的脏污和杂物,及时紧固松动的路标,发现损坏或丢失的,应及时修复或补换。

(11)结构防冻

①对于地处寒区的隧道,在冬季应特别注意土建结构物的防冻、保温。

②寒冷地区隧道的防冻保温设施,如有损坏应及时修复,确保结构使用功能良好。

③洞口设有防雪设施的隧道,应做好防雪设施的保养维护,并在大雪降临前完成设施的维修加固;冬季应及时清除洞口处积雪。

5.2 隧道土建结构检查

5.2.1 结构检查分类

土建结构检查应严格按照《公路隧道养护技术规范》(JTG H12—2015)所确定的原则和有关规定进行。公路隧道土建结构检查应包括经常检查、定期检查、应急检查和专项检查,并应满足下列要求:

(1)经常检查应对土建结构的外观状况进行一般性定性检查。

(2)定期检查应按规定频率对土建结构的技术状况进行全面检查。

(3)应急检查应在隧道遭遇自然灾害、发生交通事故或出现其他异常事件后对遭受影响的结构进行详细检查。

(4)专项检查应根据经常检查、定期检查和应急检查的结果,对于需要进一步查明缺损或病害的详细情况的隧道,进行更深入的专门检测、分析等工作。

公路隧道土建结构检查工作流程图如图 5-1 所示。

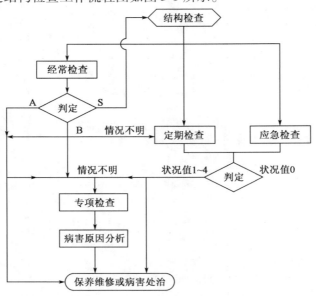

图 5-1 隧道土建结构检查工作流程图

注:英文字母"S、B、A"分别代表判定结果"情况正常、一般异常、严重异常"。S——情况正常;B——一般异常,需进一步检查或观测/异常情况不明;A——严重异常,需要采取处理措施。

5.2.2 经常检查

经常检查应对土建结构的外观状况进行一般性定性检查。根据公路隧道养护等级,土建结构经常检验的频率:一级应不低于1次/月,二级应不低于1次/2月,三级应不低于1次/季度,且在雨季、冰冻季节或极端天气情况下,或发现严重异常情况时,应提高经常检查频率。

应通过经常检查,及时发现早期缺损、显著病害或其他异常情况,确定对策措施,并应符合下列规定:

(1)经常检查宜采用人工与信息化手段相结合的方式,配以简单的检查工具进行。应当场填写"公路隧道经常检查记录表"(附录A4),翔实记述检查项目的缺损类型,估计缺损范围和程度以及养护工作量,对异常情况做出缺损状况判定分类,并提出相应的养护措施。

(2)经常检查以定性判断为主,检查内容和判定标准宜按表5-3执行。经常检查破损状况判定分情况正常、一般异常、严重异常三种情况。

(3)当经常检查中发现隧道存在一般异常情况时,应进行监视、观测或做进一步检查;当经常检查中发现隧道存在严重异常情况时,应采取措施进行处治;当对其产生原因及详细情况不明时,尚应做定期检查或专项检查。

经常检查内容和判定标准 表5-3

项目名称	检查内容	判定描述	
		一般异常	严重异常
洞口	边(仰)坡有无危石、积水、积雪;洞口有无挂冰;边沟有无淤塞;构造物有无开裂、倾斜、沉陷等	存在落石、积水、积雪隐患;洞口局部挂冰;构造物局部开裂、倾斜、沉陷,有妨碍交通的可能	坡顶落石、积水漫流或积雪崩塌;洞口挂冰掉落路面;构造物因开裂、倾斜或沉陷而致剥落或失稳、边沟淤塞、已妨碍交通
洞门	结构开裂、倾斜、沉陷、错台、起层、剥落;渗漏水(挂冰)	侧墙出现起层、剥落;存在渗漏水或结冰,尚未妨碍交通	拱部及其附近部位出现剥落;存在喷水或挂冰等,已妨碍交通
衬砌	结构裂缝、错台、起层、剥落	衬砌起层,且侧壁出现剥落状况,尚未妨碍交通,将来可能构成危险	衬砌起层,且拱部出现剥落状况,已妨碍交通
	渗漏水	存在渗漏水,尚未妨碍交通	大面积渗漏水,已妨碍交通
	挂冰、冰柱	存在结冰现象,尚未妨碍交通	拱部挂冰,形成冰柱,已妨碍交通
路面	落物、油污;滞水或结冰;路面拱起、坑槽、开裂、错台等	存在落物、滞水、结冰、裂缝等,尚未妨碍交通	拱部落物,存在大面积路面滞水、结冰或裂缝,已妨碍交通
检修道	结构破损;盖板缺损;栏杆变形、损坏	栏杆变形、损坏;盖板缺损;结构破损,尚未妨碍交通	栏杆局部毁坏或侵入建筑限界;道路结构破损,已妨碍交通

续上表

项目名称	检查内容	判定描述	
		一般异常	严重异常
排水设施	缺损、堵塞、积水、结冰	存在缺损、积水或结冰,尚未妨碍交通	沟管堵塞,积水漫流,结冰,设施缺损严重,已妨碍交通
吊顶及各种预埋件	变形、缺损、漏水(挂冰)	存在缺损、漏水,尚未妨碍交通	缺损严重,或从吊顶板漏水严重,已妨碍交通
内装饰	脏污、变形、缺损	存在缺损,尚未妨碍交通	缺损严重,已妨碍交通
标志、标线、轮廓标	是否完好	存在脏污、部分缺失,可能会影响交通安全	基本缺失或严重缺失,影响行车安全

当经常检查中发现隧道存在一般异常情况时,应进行监视、观测或做进一步检查;当经常检查中发现隧道存在严重异常情况时,应采取措施进行处治;当对其产生原因及详细情况不明时,尚应做定期检查或专项检查。

5.2.3 定期检查

定期检查是按规定周期对土建结构的基本技术状况进行全面检查。定期检查的周期应根据隧道技术状况确定,宜每年1次,最长不得超过3年1次。当经常检查中发现重要结构分项技术状况评定状况值为3或4时,应立即开展一次定期检查。定期检查宜安排在春季或秋季进行。新建隧道应在交付使用1年后进行首次定期检查。通过定期检查,应系统掌握结构基本技术状况,评定结构物功能状态,为制订养护工作计划提供依据,并符合下列规定:

(1)定期检查应由隧道管理处的土建养护部门负责安排有经验的技术人员组织实施。对于问题较为严重且复杂的检测,检测单位还要有一定级别的检测资质。

(2)定期检查需配备必要的检查工具或设备,进行目测或量测检查。检查时,应尽量靠近结构,依次检查各个结构部位,注意发现异常情况和原有异常情况的发展变化。对于有异常情况的结构,应在其适当位置做出标记。此外,检查结果记录宜量化。

(3)定期检查的必要工具和设备如下:

①尺寸测量:卷尺、游标卡尺、水准仪、激光断面仪等。

②裂缝检查:带刻度的放大镜、宽度测定尺、测针、标线、裂缝测宽测深仪等。

③衬砌结构检查:锤子、回弹仪、超声波仪、地质雷达等。

④漏水检查:pH试验纸、温度计等。

⑤路面检查:摩擦系数测定仪、平整度仪等。

⑥照明器具:卤素灯或目测灯、手电筒。

⑦记录工具:隧道展开图纸、记录本、照相机或摄像机等。

⑧升降设备、可移动台车、升降台车。

⑨清扫工具、交通控制标志牌板等。

(4)定期检查内容及判定标准。

定期检查内容及判定标准见表5-4,检查结果应及时填入"定期检查记录表"(附录A5),将检查数据及病害绘入"隧道展示图",发现评定状况值为2以上的情况,应做影像记录,并详细、准确地记录缺损或病害状况,分析成因,对结构物的技术状况进行评定。

公路隧道土建定期检查内容表　　　　　表5-4

项目名称	检查内容
洞口	山体滑坡、岩石崩塌的征兆及其发展趋势;边坡、碎落台、护坡道的缺口、冲沟、潜流涌水、沉陷、塌落等及其发展趋势
	护坡、挡土墙的裂缝、断缝、倾斜、鼓肚、滑动、下沉的位置、范围及其程度,有无表面风化、泄水孔堵塞、墙后积水、地基错台、空隙等现象及其程度
洞门	墙身裂缝的位置、宽度、长度、范围或程度
	结构倾斜、沉陷、断裂范围、变位量、发展趋势
	洞门与洞身连接处环向裂缝开展情况、外倾趋势
	混凝土起层、剥落的范围和深度,钢筋有无外露、受到锈蚀
	墙背填料流失范围和程度
衬砌	衬砌裂缝的位置、宽度、长度、范围或程度,墙身施工缝开裂宽度、错位量
	衬砌表层起层、剥落的范围和深度
	衬砌渗漏水的位置、水量、浑浊、冻结状况
路面	路面拱起、沉陷、错台、开裂、溜滑的范围和程度;路面积水、结冰等范围和程度
检修道	检修道毁坏、盖板缺损的位置和状况;栏杆变形、锈蚀、缺损等的位置和状况
排水系统	结构缺损程度,中央窨井盖、边沟盖板等完好程度,沟管开裂漏水状况;排水沟(管)、积水井等淤积堵塞、沉沙、滞水、结冰等状况
吊顶及各种预埋件	吊顶板变形、缺损的位置和程度;吊杆等预埋件是否完好,有无锈蚀、脱落等危及安全的现象及其程度;漏水(挂冰)范围及程度
内装饰	表面脏污、缺损的范围和程度;装饰板变形、缺损的范围和程度等
标志、标线、轮廓标	外观缺损、表面脏污状况,连接件牢固状况,光度是否满足要求等

(5)当定期检查中出现状况值为3或4的项目,且其产生原因及详细情况不明时,应做专项检查。

(6)定期检查完成后,应编制土建结构定期检查报告,内容应包括:
①检查记录表、隧道展开图及相关调查资料等。
②对土建结构的技术状况评定。
③对土建结构的养护维修状况的评价及建议。
④需要实施专项检查的建议。
⑤需要采取处治措施的建议。

5.2.4 应急检查

应急检查是在隧道遭遇自然灾害、发生交通事故或出现其他异常事件后,对遭受影响的土建结构立即进行的详细检查。通过应急检查,应及时掌握结构受损情况,为采取对策措施提供

依据,并应符合下列规定:

(1)应急检查可由隧道管理处主任工程师组织实施,特别检查无固定的周期,根据情况需要随时实施;并应根据受异常事件影响的结构,决定采取的检查方法、工具和设备。

(2)应急检查的内容和方法原则上应与定期检查相同,但应针对发生异常情况或者受异常事件影响的结构或结构部位做重点检查,以掌握其受损情况。

(3)检查的评定标准,应与定期检查相同。当难以判明缺损的原因、程度等情况时,应做专项检查。

(4)检查结果的记录,应与定期检查相同。检查完成后,应编制应急检查报告,总结检查内容和结果,评估异常事件的影响,确定合理的对策措施。

5.2.5 专项检查

专项检查是根据定期检查和应急检查的结果,对于需要进一步查明缺损或病害详细情况的隧道,进行更深入的专门检测、分析等工作。通过专项检查,应完整掌握缺损或病害的详细资料,为其是否实施处治以及采取何种处治措施等提供技术依据,并应符合下列规定:

(1)专项检查宜委托具有相应检测资质的专业机构实施。

(2)检查的项目、内容及其要求,应根据经常检查、定期检查或应急检查的结果有针对性地确定,可按表5-5选择执行。

公路隧道土建结构专项检查项目表 表5-5

检查项目		检查内容
结构变形检查	公路线形、高程检查	公路中线位置、路面高度、缘石高度以及纵、横坡度等测量
	隧道横断面检查	隧道横断面测量,周壁位移测量(与相邻或完好断面比较)
	净空变化检查	隧道内壁间距测量(自身变化比较)
裂缝检查	裂缝调查	裂缝的位置、宽度、长度、开展范围或程度等
	裂缝检测	裂缝的发展变化趋势及其速度;裂缝的方向及深度等
漏水检查	漏水调查	漏水的位置、水量、浑浊、冻结及原有防排水系统的状态等
	漏水检测	水温、pH值检查、电导度检测、水质化学分析
	防排水系统	拥堵、破坏情况
材质检查	衬砌强度检查	强度简易测定,钻孔取芯,各种强度试验等
	衬砌表面病害	起层、剥落、蜂窝、麻面、孔洞、露筋等
	混凝土碳化深度检测	采用酚酞液检查混凝土的碳化深度
	钢筋锈蚀检测	剔凿检测法、电化学测定法、综合分析判定法
衬砌及围岩状况检查	无损检查	无损检测衬砌厚度、空洞、裂缝和渗漏水等,以及钢筋、钢拱架、衬砌配筋位置及保护层厚度、围岩状况、仰拱充填层密实程度及其下岩溶发育情况
	钻孔检查	钻孔测定衬砌厚度等,内窥镜观测衬砌及围岩内部状况
荷载状况检查	衬砌应力及拱背压力检查	衬砌不同部位的应力及其变化,拱背压力的分布及其变化
	水压力检查	对于地下水丰富的隧道,检查衬砌背后水压力大小、分布及变化规律

（3）检查人员应对有关的技术资料、档案进行调查，并对隧道周围的地质及地表环境等展开实地调查。

（4）对严重不良地质地段、重大结构病害或隐患处，宜开展运营期长期监测，对其结构变形、受力和地下水状态等进行长期观测。监测频率宜取经常检查的频率，当发现监测参数在快速发展变化时，观测频率应提高。

（5）检查完成后，应编制专项检查报告，报告内容应包括：

①检查的主要经过，包括检查的组织实施、时间和主要工作过程等。

②所检查结构的技术状况，包括检查方法、试验与检测项目及内容、检测数据与结果分析以及缺损状态评价等。

③对缺损或病害的成因、范围、程度等情况的分析，及其维修处治对策、技术以及所需工程量和费用等建议。

5.3 隧道土建结构病害处治技术

5.3.1 病害处治技术选择的原则

病害处治包括修复破损结构、消除结构病害、恢复结构物设计标准、维持良好的技术功能状态，并应符合下列规定：

（1）确定病害处治方案前，应对病害隧道进行检测，对破损或病害的成因、范围、程度及其发展趋势等情况进行分析评定。

（2）处治设计应综合考虑隧道病害状况、地形、地质、生态环境及运营和施工条件，合理确定处治方案。处治方案可由一种或多种处治方法组成。

（3）在处治设计与施工中，应根据病害程度、地质条件、处治方案，进行工程风险评估，制订相应的应急预案。

（4）隧道处治施工应编制实施性施工组织设计方案。

（5）病害处治工程施工完毕后，被处治段各分项状况值应达到0或1。

病害处治主要技术工作程序包括：检查、评定、设计、施工和验收。检查评定工作的重点是对结构各分项分段检查、分析病害产生原因，为处治设计提供依据。选定病害处治方法，重要的是要正确把握病害产生的原因。为了找出病害的原因，有必要将有关隧道设计和施工技术资料、地质资料和病害发生至今的过程作综合分析和研究。隧道病害的原因大体分类如下：

（1）松弛压力（含突发性崩溃）；

（2）偏压；

（3）地层滑坡；

（4）膨胀性土压力；

（5）承载力不足；

（6）静水压力；

（7）冻胀力；
（8）材质劣化；
（9）渗漏水；
（10）衬砌背面空隙；
（11）衬砌厚度不足；
（12）无仰拱。

病害处治应根据结构检查结果，针对病害产生原因，按照安全、经济、合理的原则确定方案，并应满足下列要求：

（1）原则上应不降低隧道原有技术标准。
（2）应按照安全、经济、快速、合理的原则，通过多方案技术、经济比选确定。
（3）处治设计应体现信息化设计和动态施工的思想，制订监控量测方案。
（4）应尽量减少施工对隧道正常运营的影响，不能中断交通时应制订保通方案。
（5）应采取相应措施减小处治施工对既有结构、排水设施、机电设施及附属设施的不良影响。

根据隧道病害原因，处治方案可由一种或多种处治方法组成，处治方法可按表5-6中的各项处治方法进行综合研究，充分考虑到单项和组合的处治方法，并应考虑到施工时的交通管理、安全和工期。

病害处治方法选择表   表5-6

处治方法	病害原因												病害现象特征	预期效果
	外力引起的变化								其他					
	松弛压力	偏压	地层滑坡	膨胀性土压力	承载力不足	静水压力	冻胀力	材料劣化	渗漏水	衬砌背面空隙	衬砌厚度不足	无仰拱		
衬砌背后注浆	★	★	★	★	★	★	★		○	★	★		（1）衬砌裂纹、剥离、剥落； （2）支护结构有脱空	初期支护与岩体、二次衬砌与初期支护紧密结合，荷载作用均匀，衬砌和围岩稳定
防护网								★					（1）衬砌裂纹、剥离、剥落； （2）衬砌材料劣化	防止衬砌局部劣化
喷射混凝土	○	☆		☆	○	○	☆	○			☆		（1）衬砌裂纹、剥离、剥落； （2）衬砌材料劣化	防止衬砌局部劣化

续上表

处治方法	病害原因												病害现象特征	预期效果
	外力引起的变化							材料劣化	渗漏水	其他				
	松弛压力	偏压	地层滑坡	膨胀性土压力	承载力不足	静水压力	冻胀力			衬砌背面空隙	衬砌厚度不足	无仰拱		
施作钢带					☆			○			☆		(1)衬砌裂纹、剥离、剥落； (2)衬砌材料劣化	防止衬砌局部劣化
锚杆加固	☆	★	☆	★	★	○	☆				○	★	(1)拱部混凝土和侧壁混凝土裂纹,侧壁混凝土挤出； (2)路面裂缝,路基膨胀	(1)岩体改善后岩体稳定性提高,防止松弛压力扩大； (2)通过施加预应力,提高承受膨胀性土压力和偏压的强度
排水止水	○	○	☆	○	○	★	★	○	★				(1)衬砌裂纹,或施工缝漏水增加； (2)随衬砌内漏水流出大量沙土	(1)防止衬砌劣化,保持美观； (2)恢复排水系统功能,降低水压
凿槽嵌拱或直接增设钢拱	★	★	★	★	★	★		○					(1)衬砌裂纹、剥离、剥落； (2)衬砌材料劣化	增加衬砌刚度,衬砌抗剪、抗压强度得到提高
套拱	○	☆	☆	☆	○	○	☆				★		(1)衬砌裂纹、剥离、剥落； (2)衬砌材质劣化	由于衬砌厚度增加,衬砌抗剪强度得到提高
隔热保温							★						(1)拱部混凝土和侧壁混凝土裂缝,侧壁混凝土挤出； (2)随季节变化而变动	(1)由于解冻,防止衬砌劣化； (2)防止冻胀压力的产生
滑坡整治		☆	★										(1)衬砌裂缝,净空宽度缩小； (2)路面裂缝,路基膨胀	防止岩层滑坡

续上表

处治方法	病害原因										病害现象特征	预期效果
	外力引起的变化							材料劣化	渗漏水	其他				
	松弛压力	偏压	地层滑坡	膨胀性土压力	承载力不足	静水压力	冻胀力			衬砌背面空隙	衬砌厚度不足	无仰拱		
围岩压浆	○	○			○	○	○			☆	☆	☆	(1)拱部混凝土和侧壁混凝土裂缝,侧壁混凝土挤出;(2)路面裂缝,路基膨胀	周边岩体改善,提高了岩体的抗剪强度和黏结力
灌浆锚固	☆	★	★	★	★						○	★	(1)拱部混凝土和侧壁混凝土裂缝,侧壁混凝土挤出;(2)路面裂缝,路基膨胀	由于施加预应力提高膨胀性岩层、偏压岩层的强度
隧底加固		★	☆	★	★	○	☆					★	(1)拱部混凝土和侧壁混凝土裂缝,侧壁混凝土挤出;(2)路面裂缝,路基膨胀	提高对膨胀围岩压力和偏压围岩压力的抵抗力
更换衬砌	☆	☆	☆	☆	○	○		★	☆	☆	★	★	(1)拱部混凝土和侧壁混凝土裂缝,侧壁混凝土挤出;(2)路面裂缝,路基膨胀	更换衬砌,提高耐久性

注:(1)符号说明:★-对病害处治非常有效的方法;☆-对病害处治较有效的方法;○-对病害处治有些效果的方法;
(2)松弛压力中包括突发性崩溃。

病害隧道往往存在结构失稳风险,对施工人员和行人、行车安全均有威胁,因此有必要将风险管理引入病害处治工程中,并制订专门的应急预案。此外,病害处治工程依然是一种隧道工程,鉴于隧道工程的复杂性和不可预知性,其处治依然应遵循信息化设计和动态施工的思想和原则。

5.3.2 常见处理方法的介绍

1)衬砌背面注浆技术

当围岩与衬砌存在空隙或出现偏压时,应从隧道内或地表向衬砌背面注浆,使衬砌受力均匀,有效地利用衬砌强度。

(1)根据专项检查的结果,注浆孔的布置应注意以下事项:

①当衬砌背面在拱顶附近有较多的空隙时,最佳注浆方式宜将注浆孔布置在拱顶中部。

②在单向行驶的隧道,当有车道规定时,可采取分上下线的注浆布置。

(2)注入材料可使用水泥浆、水泥砂浆、加气水泥稀浆、加气水泥砂浆、双液浆,所选材料应满足以下要求:

①材料注入后体积收缩小。

②有漏水时宜选用密度大的材料。

③材料注入后,必须具有充填空隙的流动性。

④浆液的配合比应根据试验确定。

(3)衬砌背面注浆施工,可按在衬砌上钻孔、在钻孔中安装注浆咀注浆、封闭注浆孔的顺序进行。为防止注入浆液的流失,注浆作业时,应采取以下措施:

①当浆液从衬砌施工缝、裂缝等处流出时,可采用快凝砂浆堵塞流出部位;当不能止住漏浆时,应中断注浆,待浆固结后再继续注浆。

②当浆液向注浆范围外流失时,应在注浆范围的边界设止浆墙,止浆墙的间距,一般应根据注浆的实际情况适当调整。

(4)注浆作业应重视材料质量管理和注浆质量的施工管理。

(5)注浆作业前,一定要做好试验注浆,试验的内容包括浆液配比、注浆孔距、注浆深度、注浆压力、维持时间等。

(6)注浆质量检查可采用钻孔取芯、超声波检测和雷达检测等方式进行。

2)防护网技术

当材料劣化,导致衬砌在 $2m^2$ 内开裂,为防止掉落,可在衬砌表面设置防护网,防护网的设置应注意以下事项:

(1)材料可采用 $\phi6$、$\phi8$ 的钢筋和其他材料,焊接成钢筋网,网眼尺寸可采用 $5cm \times 5cm$。

(2)施工前应凿落衬砌表面已起层、剥离等的劣化部分。

(3)防护网可用锚栓固定在衬砌表面上,并应固定牢靠。

(4)防护网可以与喷射混凝土技术联合使用。

(5)防护网必须选用耐火的材料。

3)喷射混凝土处治技术

由外荷载作用或材料劣化等引起的衬砌开裂,可采用喷射混凝土的方法进行处治。

(1)喷射混凝土的种类应根据病害程度和施工条件等因素进行选择,其主要类型有素混凝土、钢筋网喷射水泥砂浆、钢筋网喷混凝土、钢纤维混凝土和玻璃纤维混凝土。

(2)喷射混凝土必须具有足够的强度和附着率。其配合比应根据处治要求和不同的材料通过试验确定。常用的配合比可根据表5-7的经验数据选用,集料组成可按表5-8选用。

(3)喷射混凝土的施工注意事项:

①必须使衬砌与喷层紧密结合,形成整体,不得产生分离或脱落,必要时加连系筋。

②采用钢纤混凝土时,应研究其可施工性和喷射效果,必要时可通过试验确定。

③当采用钢筋网喷射混凝土时,钢筋必须有恰当的保护层厚度,防止金属网锈蚀、喷层裂纹和剥落。

④当喷射混凝土作业完成后,应对喷射层进行检验,其质量指标及检测方法按表5-9的规定执行。

公路隧道病害治理喷射混凝土配合比　　　　表 5-7

喷射部位	材料指标				配合比
	骨胶比	砂石比	砂率	水灰比	水泥中粗砂、砾石
侧墙	1~4	1:0.8~1	50~0.5	0.4~0.5	1:(2.5~2)
拱部					1:(2.5~2)

注:(1)可掺速凝剂以减少喷射的回弹量;
（2）可掺钢纤维以提高强度,28d抗压强度达20Pa;
（3）可掺加气剂、防水密实剂或特种水泥,以抗渗漏;
（4）抗渗漏混凝土强度等级根据水头大小决定,一般用C40;
（5）使用级配砾石比碎石为好。

公路隧道病害治理喷射混凝土集料级配　　　　表 5-8

筛孔(mm)	5	10	20
累计筛余质量百分比(%)	90~100	30~60	0~5

公路隧道锚喷支护实测项目　　　　表 5-9

序号	检查项目	规定值或允许偏差	检查方法和频率
1	混凝土强度(MPa)	在合格标准内	按相关规范检查
2	锚杆拔力(kN)	28d拔力平均值≥设计值,最小拔力≥0.9设计值	按锚杆数1%做拔力试验且不小于3根
3	喷层厚度(mm)	平均厚度≥设计厚;检查点的60%≥设计厚;最小厚度≥0.5设计厚,且≥60	每10m检查1个断面,每断面从拱顶中线起每2m检查1点,用凿孔或激光断面仪、光带摄影法确定厚度

4）锚杆加固技术

当隧道围岩的松弛压力、偏压等引起隧道结构病害时,可采用锚杆进行加固。

（1）锚杆按固定形式可分为锚头式锚杆和黏结式锚杆。锚头式锚杆只限于硬岩和中等硬度岩层中使用,黏结式锚杆可适用于硬岩和软岩地层。

（2）当采用水泥砂浆锚杆时,注浆开始或中途停止超过30min,应用水或稀水泥浆润滑注浆罐及其管路;杆体插入后,若孔口无砂浆溢出,应及时补注。

（3）当采用自进式锚杆时,安装前应检查锚杆中孔和钻头的水孔是否畅通,若有异物堵塞,应及时清理;锚杆灌浆料宜采用纯水泥浆,地质条件差时可灌入聚氨酯、硅树脂。

（4）锚杆质量的检查可做锚杆拉拔力试验。

5）套拱加固技术

当隧道或裂缝区域较大,衬砌承载能力严重不足或衬砌厚度不足,年久变质,腐蚀剥落,漏水严重,危及洞内交通安全且隧道净空富余时,可采用套拱加固的方法进行处治,其设计施工方法应注意以下事项:

（1）套拱设计不得侵入建筑限界。

（2）为确保衬砌与套拱结合牢固,施工前应凿除衬砌劣化部分,深度一般为8~10cm,最大不大于15cm;衬砌内面应涂抹界面剂,并设置联系钢筋;当套拱厚度较大时,可在套拱与衬砌之间设置防水层。

(3)新旧拱圈间应填满水泥砂浆,必要时可加锚固钉连系。

(4)为保证隧道的净高符合规定,如加套拱后净高不足,可适当降低洞内路面。

6)防冻保温技术

(1)在寒冷地区,应在衬砌表面设置防冻保温层防止衬砌产生冻害。防冻层损坏,可用同样的轻质膨胀珍珠岩混凝土修补;无防冻层的,可在大修、改善时加筑。

(2)隧道内的渗漏水应顺利排入边沟,不使路面积水结冰。对局部易冻结路段的路面,应抓住时机适时撒布防冻药剂或拌砂药剂。

7)滑坡稳定工程

采用滑坡整治方法处治病害,应符合下列要求:

(1)洞口段边仰坡出现裂缝,可用黏土等填实,必要时可采用锚杆加固。

(2)滑动面以上地层厚度不大时,可在滑动面下端设置抗滑锚固桩。

(3)对洞顶山体进行保护性开挖,减轻下滑力。

(4)在滑动面下方修筑挡土墙,进行保护性填土,土方应夯实不积水。

8)围岩压浆

采用围岩注浆方法处治病害,应符合下列要求:

(1)围岩注浆压力应比静水压力大 0.5~1.5MPa。

(2)注浆材料宜采用水泥浆液、超细水泥浆液、自流平水泥浆液等。

(3)围岩注浆可采取钻孔取芯法对注浆效果进行检查,必要时进行压(抽)水试验,当检查孔的吸水量大于 $1.0L/(min \cdot m)$ 时,必须进行补充注浆。

(4)注浆结束后,应将注浆孔及检查孔封填密实。

9)更换衬砌

采用更换衬砌方法处治病害,应符合下列要求:

(1)衬砌的内轮廓线必须与原衬砌内轮廓线一致。

(2)施工前应收集衬砌背面空洞和围岩垮塌资料,必要时可用超声波进行检测。

(3)拆除衬砌时,应根据围岩的地质情况及时进行支撑。

(4)施工时,在不影响通行的情况下,可采用简易施工台车。

10)综合治理措施

当隧道漏水时,应根据专项检查的结果和对隧道地质环境状况的分析,采用综合治理措施,进行漏水处治。漏水处治方法可按表 5-10 的规定选用。

公路隧道渗漏水处治方法　　　　　表 5-10

施工方法	涌水量小		涌水量大	
	净空断面无富余	净空断面有富余	净空断面无富余	净空断面有富余
排水施工		√		√
止水施工		√		
喷涂施工	√		√	

续上表

施工方法	涌水量小		涌水量大	
	净空断面无富余	净空断面有富余	净空断面无富余	净空断面有富余
防水板		√		
涂抹施工	√		√	
墙背注浆				√
降低水位			√	

注:"√"表示根据情况宜选用的处治方法。

(1)当隧道局部涌水病害时,宜采用排水法处治,排水边沟的设置间距应根据涌水量的大小和位置等情况确定。排水法可采用设置排水管和开槽埋管两种施工方法,其施工应注意以下事项:

①排水管道不得阻塞,排水管材料应具有抗老化性。
②当采用开槽埋管法时,衬砌表面可用氯丁橡胶等材料覆盖。
③当采用外置排水管时,可用固定装置将U形排水管固定在衬砌表面,将水引入并排出。
④外置排水管的设置不得侵入建筑限界,并严禁在设置机电设施的地方开凿排水沟槽。
⑤设置外置排水管应尽量减少对隧道外观的损坏。

(2)当地下水沿衬砌施工缝和裂纹以滴水形式漏出时,可用注浆止水法,包括不开槽向裂纹注浆和开槽向裂纹注浆,其施工应注意以下事项:

①注浆应根据现场的漏水情况,选择适合的材料和配合比。
②注浆的范围应根据漏水的面积合理确定,防止注浆后水从另一地方漏出。
③在裂纹处注浆,应选择可追随裂纹扩展材料,如有机浆液中的水溶性聚氨酯液。
④在漏水情况下,应选择亲水性的止水材料。

(3)当涌水量小,且呈表面渗透状时,可设置防水板进行处治,防水板一般有聚氯乙烯(PVC)、聚乙烯(PK)、乙烯醋酸共聚体(EVA)、橡塑、橡胶板等,材料应具有耐热和耐油性,施工时应注意以下事项:

①防水板的设置应根据隧道断面,确保规定的建筑限界。
②施工前应清除粉尘,并保护好电缆设施。
③防水板的搭接处理应牢固、不漏水。
④有裂纹需要观察的部位,可设置进行检查的观察窗。

(4)当隧道内出现喷射状漏水时,宜采用衬砌背面注浆的方法处治,施工时应注意以下事项:

①为了使注浆材料能充填背面空隙和岩体裂隙,应选择初期黏度低的注浆材料。
②材料固化或胶化后,应立即具有高强度、不收缩、不分离和不透水性,并充分保持稳定。
③使用、拌和应简单,固化或胶化时间易于调整。
④注浆材料严禁含有污染环境的有害物质。
⑤注浆压力可能造成裂纹的扩展,根据衬砌的抗压强度,应适当控制注浆压力。
⑥注浆后为降低地下水位,应在侧墙处设置排水孔,排水孔与水沟之间可用导管连接。

（5）当隧道处于含水地层中，地下水位较高，可用降低围岩地下水位的方法处治。

（6）降低地下水位可采取设置排水孔、加深排水沟、设置水平钻孔等方法排水。施工应注意以下事项：

①应采用过滤性能良好的材料，防止排水孔的堵塞。

②应根据地下水位，确定排水沟加深的深度。

③排水孔和排水沟之间应有管道联系。

④水钻孔的设置，必须根据围岩的地质条件和地下水的状况决定。

第6章 供配电系统

6.1 供配电系统概述

隧道作为公路上的重要组成部分,尤其是长大隧道,通常为路线上的控制工程,其重要性非常突出。长大公路隧道供电的可靠性是洞内外所有设备正常运营的基本保证,是隧道安全运营的关键所在。

公路隧道供电一般要求有外接电源和一套自备电源,在外接电源发生故障的情况下,自备柴油发电机组可运转发电。

1)隧道供电要求

(1)隧道一级负荷的供电电源应符合下列规定:

①隧道一级负荷应由双重电源供电。一级负荷容量不大时,应优先采用从邻近的电力系统取得第二低压电源,亦可采用应急发电机组作为备用电源。

②对于隧道一级负荷中特别重要负荷,应设置不间断电源装置(UPS)或应急电源装置(EPS)作为应急电源,并不得将其他负荷接入应急供电系统。

(2)隧道二级负荷的供电系统,宜由两回路电源线路供电。两回路电源线路供电的隧道,宜采用同级电压供电。当一路电源中断供电时,另一路电源应能满全部一级和二级负荷的供电要求。

除一级负荷中特别重要的负荷外,不应按一个电源系统检修或发生故障的同时,另一电源也发生故障进行设计。

2)电压等级选择与供电系统

(1)一般隧道常用配电电压 10/0.38kV 线路,特长隧道有中部斜、竖井通风,配有 6kV 大型轴流风机,此类工程应配电压为 10/6kV 线路。

(2)电源变压器位置应深入负荷中心,尽量缩短供电半径,降低电能损耗,节约有色金属,减少电压损失,满足供电质量要求。

(3)配电系统应简单可靠,尽量减少配电级数,同一用户内,高压配电不宜多于 2 级,低压一、二级负荷配电不宜多于 3 级,三级负荷不宜多于 4 级。

配电系统不超过三级,不应理解为保护级数不超过三级。配电级数与保护级数不同,不按保护开关的上下级个数(保护级数)作为配电级数,而是按一个回路通过配电装置分配为几个回路的一次分配称作一级配电。对于一个配电装置而言,总进线开关与馈出分开关合起来称为一级配电,不因为它的进线开关采用断路器或隔离开关而改变其配电级数。

3）隧道变电站设计

（1）隧道变电站形式及供电电源

①箱式变电站。适合600m以下隧道。宜采用单回路高压专线电源+EPS备用电源的供电。

②隧道洞外房建式变电站。适合700～4 000m隧道,1 300m以下在隧道口外一端建一处房建式变电站,大于1 300m以上在隧道口外两端各建一处房建式变电站。宜采用单回路高压专线电源+柴油发电机组+UPS或EPS备用电源进行供电。

③隧道内横洞式变电站。适合4 000m以上特长隧道。应设置双回路高压专线电源供电+EPS备用电源的供电。

④隧道内埋地式变电站。适合4 000m以上特长隧道。应设置双回路高压专线电源供电+EPS备用电源的供电。

⑤隧道内斜井式变电站。适合隧道内斜井大型轴流风机配电。应设置双回路高压专线电源供电+EPS备用电源的供电。

（2）供配电方式

①集中式供电（放射式供电）:供电可靠性高,故障发生后影响范围较小,切换操作方便,保护简单,便于自动化,但配电线路和高压开关柜数量较多。

②分散式供电（树干式供电）:配电线路和高压开关柜数量少,但故障影响范围较大,供电可靠性较差。

（3）隧道变电站位置选择

①接近负荷中心或大容量设备处。隧道工程主要特点是射流风机和轴流风机集中处负荷大,照明负荷分散,而且容量小。变电站位置应靠近射流风机和轴流风机集中处。

②方便高低压进出线。

③方便设备运输及搬运。

④不应设置在地势低洼和可能积水的场所。

⑤应避开建筑物的沉降缝、伸缩缝等位置。

⑥不宜与有防电磁干扰要求的设备及机房贴邻或正上下方。

⑦远离多尘或污染环境。

6.2 供配电系统介绍

6.2.1 供电方案

通常公路隧道的变电站均分别设置在隧道的两端,图6-1～图6-3为我国某隧道供电方案及系统布置图。

6.2.2 主要设备

公路隧道变电的设备和一般的工业与民用变电站基本类似,所不同的是根据隧道内通风与机电设施,配置了一些专用的控制箱,如表6-1所示。在具体实施过程中,可以根据隧道的实际情况进行增减。

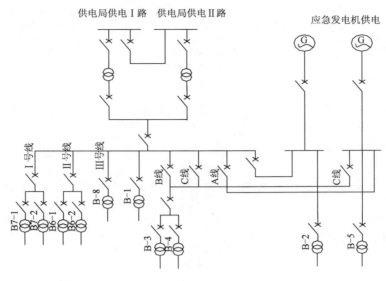

图 6-1　隧道供电方案图

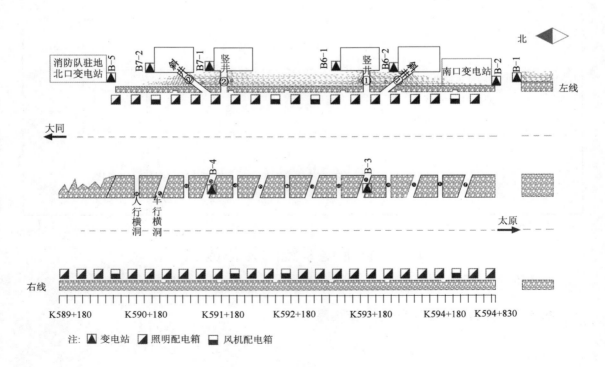

图 6-2　×××隧道变电站位置布置图

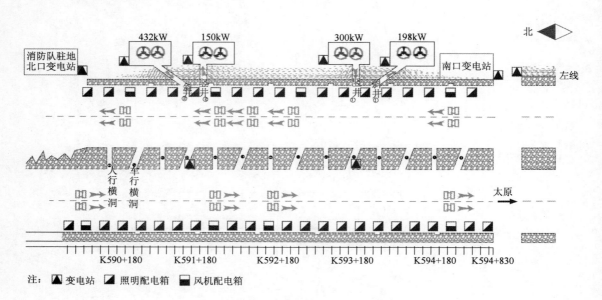

图 6-3 隧道机电设备平面布置图

公路隧道机电主要设备　　　　　　　　　表 6-1

序号	材料、设备名称	规格、型号	单位	数量	备注
1	变压器				
2	箱式变电站				
3	高压开关柜				
4	低压配电柜				
5	柴油发电机组				
6	射流风机控制箱				
7	轴流风机控制箱				
8	洞内照明控制箱				
9	检修电源插座				
10	双电源自动切换柜				
11	架空线路				
12	高低压电力电缆				

6.3 供配电系统的操作流程

6.3.1 高、低压配电系统操作程序

（1）送电前的检查工作

①全面检查设备内是否有大量的灰尘和杂物，有则必须清理干净。

②检查高压开关柜断路器小车、计量柜小车是否已插到位,如果没有,必须按要求插到位;检查设备接地刀闸是否断开,否则断开接地刀闸。

③检查控制回路 UPS 电源是否接好,否则连接好。

④检查电压互感熔断器是否完好,否则更换。

⑤确认所有输出开关均处于断开位置。

⑥确认断路器处于工作位置。

⑦确认设备及线路上无人员在工作。

⑧检查干式变压器温度控制仪是否接入,如果没有接入,则立即接入。

⑨确认设备、线路绝缘情况良好。

(2) 高压侧送电

①操作时必须穿戴安全防护用具,按安全规程进行操作。用绝缘操作杆将变电所外对应回路杆上隔离开关合上。

②检查高压开关柜进线检测器显示是否正常,否则停电进行检查处理。

③将控制电源 UPS 打开(按下 UPS 电源键持续 3s 左右)。

④检查各柜指示灯是否正常,将各断路器柜储能开关转向 ON,使断路器完成储能,黄色储能指示灯亮。

⑤将进线柜合闸转换开关(KK)转向合闸位,完成合闸并将转换开关回位。

⑥检查进线柜电压指示是否正常,否则断电进行检查处理。

⑦将变压器柜合闸转换开关(KK)转向合闸位,完成合闸并将转换开关回位。按下变压器综合继保器面板上的合闸键亦可完成合闸,查看变压器工作是否正常,否则断电检查处理。

(3) 低压侧送电

①查看低压断路器是否已储能完毕,否则检查原因或手动储能。

②转动转换开关(SA)查看面板上低压电压指示是否正常,否则检查原因处理。

③将进线柜及发电机柜手动/自动转换开关转向手动位置(适用于隧道洞外变电所)。

④将发电柜内 ATS 自动切换开关工作状态选择在自动位置(适用于隧道洞外变电所)。

⑤用手按下面板上的绿色合闸按钮,查看受电侧工作是否正常,否则立即断开断路器,检查并处理。

⑥将无功补偿柜隔离开关合到位,并将转换开关(SA2)转向自动/手动位置,实现补偿电容的自动/手动投入运行。

⑦根据需要将各输出回路低压抽屉投向合闸位置。

(4) 自动运行(适用隧道洞外变电所)

自动运行必须在各设备及发电机手动运行正常的前提下进行。

①高压开关柜。

a. 将高压两路电源送至高压开关柜的两个进线柜上,检查带电显示是否正常,否则停电检查处理。

b. 将两面进线柜的运行状态转换开关(SA)转向自动位置。

c. 当一路高压失电后另一路将自动投入运行。
②低压开关柜。
a. 将进线柜及发电机柜手动/自动转换开关转向自动位置。
b. 将发电机柜 ATS 自动切换开关工作状态选择在自动位置。
c. 将发电机组运行方式选择在自动状态。
d. 市网停电后发电机自动起动,为消防及监控设备供电;当市网恢复供电发电机自动停机,自动切换为市网供电。
③运行检查。
a. 听变压器有无异常声音。
b. 检查各仪表指示是否正常。
c. 检查输出回路工作电流指示是否正常。
④停电操作。
a. 按下低压侧断路器红色停止按钮。
b. 断开高压侧负荷开关。

6.3.2 箱式变电站系统操作程序

(1) 送电前的检查工作
① 全面检查设备内是否有大量的灰尘和杂物,如有则必须清理干净。
② 检查肘形插头是否已插到位,如没有则必须按要求插到位。
③ 检查负荷开关熔断器是否完好,否则更换。
④ 确认所有输出开关均处于断开位置。
⑤ 确认断路器位置处于工作位置。
⑥ 确认设备及线路上无人员在工作。
⑦ 检查箱边有无漏油现象。
⑧ 确认设备、线路绝缘情况良好。
(2) 高压侧送电
① 用钥匙打开箱式变电站高压侧门取出操作杆。
② 将操作杆卡住负荷开关的操作孔。
③ 将加力柄套在操作杆的末端。
④ 顺时针/逆时针旋转操作杆将变压器接入电源1/电源2,直到听到清脆合闸声;查看变压器及工作指示是否正常,否则立即断开负荷开关,检查原因处理。
(3) 低压侧送电
① 查看低压断路器是否已储能完毕,否则检查原因或手动储能。
② 转动转换开关(SA1)查看面板上低压电压指示是否正常,否则检查原因处理。
③ 用手按下面板上的绿色合闸按钮;查看受电侧工作是否正常,否则立即断开断路器,检查处理。

④用操作手柄将无功补偿隔离开关合到位,并将转换开关(SA2)转向自动/手动位置,实现补偿电容的自动/手动投入运行。
⑤将回路控制转换开关(SA3、SA4)转向手动位置。
⑥根据需要将各输出回路低压空气开关扳向合闸位(ON位)。
(4)运行检查
①听变压器有无异常声音。
②检查各仪表指示是否正常。
③检查输出回路工作电流指示是否正常,随时监视设备运行状况,记录设备运行参数。
(5)停电操作
①按下低压侧断路器红色停止按钮。
②断开高压侧负荷开关。

6.3.3 柴油发电机组操作程序

(1)开机前的检查准备工作
①全面检查柴油发电机组上是否有大量灰尘堆积,有则清洁之。
②确保机组周围的场地清洁及无易燃易爆物件。
③确保风扇冷却通风网没有被阻塞。
④确保电池两电极没有腐蚀或不清洁现象。
⑤测量电池电压值确保其电压、电量足够,检查电池液水平,必要时可添加纯净水;如果电池是新的从未有过充电,则加预先配好的标准电池液。
⑥检查冷却系统是否已加满洁净冷却水。
⑦检查燃油箱内的燃油量,必要时添加。
⑧检查机油面是否在油标尺两刻度之间,必要时添加。
⑨检查机组的燃料系统冷却系统及润滑机油油封有无发生泄漏现象。
⑩确保空气滤清器没有被阻塞。
⑪检查水泵皮带、充电机皮带的预紧情况,重新收紧。
⑫检查所有软管,确保没有松脱或磨损,否则应收紧或换掉。
⑬检查发电机输出电路接法是否正确,确保MCCB空气开关在OFF位置手柄向下。
⑭确保启动控制屏上开关操作灵活、工作可靠。
⑮确保充电及启动电气线路接线线路正确、接触良好、无松动、无脱落。
⑯确保各紧固件和油门调节系统的可靠性,确保各操纵机构灵活轻便可靠。
⑰旋松高压油泵上的放气螺钉,排尽燃油管中的空气,再拧上放气螺钉。
(2)手动开机
①完成开机前检查的全部工作。
②连接电池到机组,先接正极,再接负极。
③机组润滑系统预润滑,方法是先断开油门开关的电源,然后按START启动,使启动马达转动并带动机组运转。

④用手动输油泵连续地泵油,直到有泵油阻力喷油器发出清脆的吱吱声,且放出困在燃油过滤系统中的空气。

⑤按START键可启动机组,如果连续启动了3次仍未能实现正常着车,则应停下来检查机组未能正常着车的原因,或查看柴油机手册。在确保机组故障已经排除后重新启动柴油发电机组。

(3)机组运行

①检查机组是否有不正常的噪声或振动。

②检查是否有三漏现象(漏水、漏油、漏气)或排烟系统泄漏现象。

③检查控制系统运行参数有无异常的指示,尤其是高水温或低油压时,油压应在机组正常着车后大约10s内进入正常范围。

④从控制屏确认输出电压和频率机组的输出电压在工厂已调好,在正常范围内频率在空载情况下应接近52Hz。

⑤用相位检查器检查相位是否正确,注意应把相位表接在断路开关一侧,该项检查应由有资格的技术人员进行。

⑥随时记录机组运行时的所有重要参数。

(4)机组停机

①停机按STOP键即可实现正常停机。

②紧急停机。当发生下列情况之一时必须紧急停机。

a. 机油压力过低故障。

b. 冷却水温过高故障。

c. 当机组转速超过某一转速和频率超过某一设定值时。

d. 当机组发出急剧异常的敲击声时。

e. 当零件损坏可能使机组的某些部件遭到损伤时。

f. 当气缸活塞轴瓦调速器等运动部件卡死时。

g. 当机组输出电压超出表上的最大读数时。

h. 当发生可能危害到机组操作人员安全的火灾、漏电或其他自然灾害时。

③按下紧急停机按钮,机组会迅速切断负载并立即关断油门,同时屏幕出现紧急停机指示,该按钮需重新旋出才可解除急停信号。当机组正常运行时或正在给设备供电时,如无特殊紧急的情况发生,建议不要随意进行紧急停机的操作。

(5)自动开机/停机

①首先应完成手动功能的全部测试过程并确保无误。

②确保市电220VAC正确接入控制屏。

③将控制位选择在自动位置。

④如市电正常,则此时机组不会自动启动,当发生市电断开或市电电压太低、电压波动频繁等情况时,机组应能实现自动启动,否则说明机组的自动启动功能不正常,应停下来检查原因并排除。

⑤重复机组运行状态及所有参数的检查过程,如有不正常则查找出原因并排除。

⑥使市电恢复正常机组自动停机。

⑦如有延时过程,未能满足用户的使用要求可在正常范围内重新调整。
⑧将位置重选在停止位置。
(6)每个型号柴油机有专门的操作说明书,使用维护人员必须详细阅读,按照其要求进行操作。

6.3.4 配电箱操作程序

(1)送电前的检查工作
①全面检查设备内是否有大量的灰尘和杂物,有则必须清理干净。
②确认所有输出开关均处于断开位置。
③确认设备及线路上无人员工作。
④确认设备、线路绝缘情况良好。
(2)送电启动
①打开配电箱门,将主回空气开关扳向 ON 位置。
②转动转换开关(SA)到手动/自动位置,将面板上主令开关转向 ON 位置。
③按下面板上的启动按钮/监控室发出启动信号即可完成操作。
(3)运行检查
①检查运行、声音和指示是否正常。
②必要时随时监视设备运行状况,记录设备运行参数。
(4)停电操作
①按下面板上的停止按钮。
②将主回路空气开关扳向 OFF 位置。

6.3.5 风机配电操作程序

(1)送电启动
①打开射流风机配电柜,将主回空气开关扳向 ON 位置。
②转动转换开关(SA)到手动/自动位置,将面板上主令开关转向 ON 位置。
③按先后顺序按下面板上的启动按钮/监控室发出启动信号(两次启动间隔须大于60s)即可完成操作。
(2)运行检查
①检查运行、声音和指示是否正常。
②必须随时监视设备运行状况,记录设备运行参数。
(3)停电操作
①按下面板上的停止按钮。
②将主回路空气开关扳向 OFF 位置。

6.4 供配电系统的养护与维修

6.4.1 高、低压配电系统维护与保养

正确的维护保养系统设备是确保长期无故障操作和实现正常供电的必要保障,因此应按下述步骤和内容对机组进行正常的维护保养:
(1)定期为系统设备做好清洁。
(2)监视系统运行的状态,对损坏的元件及时进行维修和更换。
(3)定期检测系统设备及线路绝缘情况。
(4)定期检查配电系统接地情况。
(5)定期对系统设备进行保养。

6.4.2 箱式变电站维护与保养

正确的维护保养系统设备是确保长期无故障操作和实现正常供电的必要保障,因此应按下述步骤和内容对机组进行正常的维护保养:
(1)定期为箱式变电站做好清洁。
(2)监视系统运行的状态,对损坏的元件及时进行维修和更换。
(3)定期检查箱式变电站的绝缘油。
(4)定期检测系统设备及线路绝缘情况。
(5)定期检查配电系统接地情况。
(6)定期对箱式变电站进行保养。

6.4.3 柴油发电机系统维护与保养

1)机组维护与保养

正确的维护保养是确保柴油发电机组长期无故障操作和实现正常供电的必要保障,因此应按下述步骤和内容对机组进行正常的维护保养。
(1)启动前的检查项目
①清洁机组表面。
②检查水箱冷却液面,应尽可能接近填口盖焊接面下3cm处,建议不要超出。
③检查水箱散热器芯和中间冷却器的外部是否被挡住,如果很脏,应拆下并移开防护装置从机组上取下充气阀,然后从散热器上取下中间冷却器向后/向上折叠用低浓度的去污剂清洗,清洗时一定要小心,不能损坏了上面的薄片。
④检查空气滤清器堵塞情况,如果堵塞指示器处于红区机组停机后,应马上更换滤清器,

换完后,按红色钮重新复位指示器,更换下的空气滤清器不允许重复使用。

⑤检查柴油机润滑油油面。

(2)启动后的检查项目

①着重检查并拧紧各旋转部件螺栓,特别是喷油泵水泵、皮带轮、风扇等连接螺栓中的紧固地脚螺栓。

②检查是否有三漏现象,必要时予以清理。

③排除在运转中所发现的简易故障及不正常现象。

④清理空气滤清器滤芯上的尘土。

⑤检查机油液面和喷油泵的油面,必要时添加品质可满足技术要求的机油。

⑥检查水箱冷却水液面,必要时添加软纯净水。

⑦全面清洁机组表面。

(3)检查项目(每运行50h)

除完成上述班次保养项目外,还应增加下列工作:

①如有离合器脱离,请润滑离合器、解脱轴承(适用于每天松挡15~20次以上),每400h用润滑脂时,用量要少以免挤出。

②检查电池,电池液面应位于极板上约100mm处,并测量电池电压,必要时充满。

③检查是否有三漏现象。

④检查三滤系统是否良好,必要时更换。

⑤检查并调整风扇皮带松紧度。

⑥必要时添加或更换水箱和机体内的冷却水。

⑦检查发电机及电控部分各接线线头是否牢靠。

(4)检查项目(每运行250h)

①更换机油,热机时把油排出。

②更换机油滤清器和分流滤清器,用专用工具取下滤清器,确保向新的滤清器倒满机油以排干其中的空气,然后用手拧上密封垫触上后,再拧3/4圈;启动机组检查是否有漏油现象,停机检查油面。

③更换空气滤清器。

④更换柴油滤清器,用专用工具拆下柴油滤清器润滑衬垫,并用手拧上新的灌满清洁柴油的滤清器衬垫,触上后再拧12圈;

⑤检查并调整气门间隙。

⑥检查发电机轴承温度是否正常。

(5)检查项目(每运行400h)

①检查并拉紧三角皮带,在拉紧同步发电机传送带时,要先拧下紧固螺钉带轮之间的皮带,应该有可能被压下10mm,成对使用的皮带用完后,应该一起更换风扇皮带(装有自动拉紧装置)。

②检查散热器和中间冷却器是否被堵塞(如有配置)。

③润滑离合器解脱(如有安装)。

④润滑内支持轴承(有一个润滑脂嘴的地方)、主轴承、解脱轴承及解脱装置内各活动

部件。涂少量润滑脂(主轴承20~30g),给内连接臂滴润滑油(有关级别请参考相关资料)。

⑤调节移开检查孔,取下凸轮挡,顺时针调节红色调节器,锁上凸轮挡,调节后离合碟,不得滑动。

⑥检查/调节离合器解脱,有挂挡时,拉杆末端的咬合力应在34~41kPa(2片离合)或36~45kPa(3片离合)。

(6)检查项目(每运行800h)

①在可能的情况下,应彻底清除燃料油龙头里所积聚的油泥。

②检查进出涡轮增压器的油管是否泄漏,检查空气阀及其接口处是否漏气。

③检查所有的空气阀是否有损坏,必要时更换,换好后应重新拧紧所有固定螺钉。

④检查喷油压力及雾化情况,必要时清洗喷油器偶件,重新调整喷油压力,无效时更换喷油嘴。

⑤检查调整喷油泵,更换喷油泵机油。

⑥清洗燃料箱及管道和油底壳机油滤清器。

⑦检查及紧固连杆螺栓、主轴承螺栓、气缸盖螺栓。

⑧检查蓄电池电解液比重,必要时补充电解液。

⑨检查校对仪表、调整励磁电路。

(7)检查项目(每运行1 200h)

①完成每800h检查的全部工作。

②检查阀门间隙,并要求由经过专业培训有资格的工程技术人员操作。

(8)检查项目(每运行1 200h)

①完成每1 200h的全部检查工作。

②检查喷油嘴,喷油嘴的拧紧转矩为50N·m、供油管为15~20N·m,必要时更换新的喷油嘴。

③由专业技术人员检查涡轮增压器状况,并对柴油机部分及其配件做综合检查。

(9)检查项目(每运行6个月)

更换冷却液滤清器,关上冷却水龙头,用专用工具取下该滤清器,并重新安装一个新的滤清器,最后打开龙头。

(10)检查项目(每运行12个月)

检查有无泄漏情况。

(11)检查项目(每运行24个月)

①清洁冷却系统/更换冷却液(仅适用于没有冷却液滤清器的机组)。

②检查有无泄漏情况,冷却液低液面、节温阀故障、排风扇故障或中间冷却器/散热器或冷却系统其他部分的堵塞,都可以引起冷却液高温。

2)发电机保养和维护

发电机及所有附件须作定期的检查和清洁,根据《交流发电机手册》提供的步骤对线圈的绝缘性能进行检测,每3~6个月检测绕组线圈绝缘度一次。为降低发电机的故障发生率和确保其正常的使用寿命,交流发电机的内外都应定期清洁,清洁的频率视机器环境而定,当需要清洁时,可将所有电源断开,把外表所有的灰尘污物油渍水及液体擦掉,通风网也要清洁干净,因为这些东西进入线圈就会使线圈过热或破坏绝缘。灰尘和污物最好用吸尘器吸掉,不要用吹气或高压喷水来清洁。

一般情况下,《交流发电机手册》提供了更为详细的保养资料,并有寻找故障的指导,应该仔细阅读。

3)电池维护及保养

在维修保养电池时,应穿上防酸围裙和戴上面罩或防护目镜,一旦电解液不慎溅落在皮肤或衣物上时,应立即用大量清水冲洗。

(1)充电时间

①电池存放时间超过 3 个月充电时间可以为 8h。

②环境温度持续超过 30℃或相对湿度持续高于 80%,充电时间可以为 8h。

③如电池存放时间超过 1 年,充电时间可以为 12h。

④如果充电器电流输出不足,那么较低电流亦可,但充电时间应该按比例延长。

(2)电池充电

电池充电的电源分为用户自配充电机装置和在启动控制屏内的电池浮充装置,两种装置的使用条件不尽相同,简单介绍如下:

机组启动控制屏内装有一个对应电池充电电压的浮充装置,该浮充装置的电源为单相市电标准电压 220VAC,其作用主要是防止当机组长期停放时电池过量放电导致电池损坏和影响机组的正常可靠启动。只需按要求将 220VAC 的单相市电正确接入控制屏的相应接线端子上即可,无需另外配电池充电机。电池浮充装置的特点决定了其适合连续 24h 向电池充电,它的优点是只需将电源正确接入即可,无需再对电池进行额外的保养工作,而且由于其独有的充电方式和过压过流等全面保护,在标准 220VAC 电源的充电条件下,其充电过程不会给电池造成任何损害。当机组启动运行后电控部分会自动断开浮充回路,这就同时对充电机和电池起到了较好的保护作用,当柴油发电机组正在运行时,机组电气接线可以确保将浮充装置与电池自动隔离开。

(3)充电时注意事项

①在充电结束时应检查电解液的液位是否足够,必要时可加入正确比重的标准电解液。

②需要注意的是充电电流的大小和充电时间的长短。

③应同时考虑到电池的新旧情况和电池已有电量的多少。

④在给电池充电时,应首先将电池过滤帽或排气孔盖打开,并检查电解液水位。

⑤长期封闭使电池格中污气不能及时排放,应注意将专门的通气孔打开以方便空气适当流通并避免水珠在单元格内侧顶壁上凝结。

4)冷却系统维护

(1)冷却系统更换

冷却液应该每半年内至少更换一次,以避免由于冷却系统内有沉淀而降低冷却性能。更换冷却液的另一个原因是避免机组锈蚀的危险,因为时间一长锈迹就会阻止添加剂的有效性能并使水温传感器失败。

（2）冷却液排放

①冷却液排放前应确保机组关闭及机体完全冷却后，再打开水箱填口盖（如果柴油机还是热的请勿打开填口盖，否则蒸气和热液可能喷出）。

②打开排放盖或排放塞机组，加装冷却液过滤器（附加件），取下过滤器，并将其排空。

③盖/塞上可能有沉积物，如有应清除掉。

（3）向水箱中添加冷却液须知

①向冷却系统加入冷却液前，应确保其排放盖紧闭及排放塞位于正确位置。

②向系统加入冷却液时，不要太快以避免系统内形成气泡断层。

③空气须通过通风口或填孔排出，如冷却系统连接有加热器，加热器控制阀须打开，注入时应保持单元内通风。

④注入冷却液时，液面应达到位于填口塞焊接面下 5cm 处，确保柴油机停机和完全冷却后，才能加入冷却液。

⑤在系统通风和加满之前，不得启动柴油机。

⑥冷却液加满后，应注意启动并预热机组，同时，检查冷却液面。如需要，应补满水箱内同原冷却系统内所含相同的冷却液。

6.4.4 配电箱控制系统维护与保养

正确的维护保养系统设备是确保长期无故障操作和实现正常供电的必要保障，因此应按下述步骤和内容对机组进行正常的维护保养：

(1) 定期为系统设备作好清洁。

(2) 监视系统运行的状态，对损伤的元件及时进行维修和更换。

(3) 定期检测系统设备及线路绝缘情况。

(4) 定期检查控制系统工作情况。

(5) 定期对系统设备进行保养。

6.5 供配电系统故障检查与处理

6.5.1 供配电设施的检查

供配电设施包括高低压成套开关柜、箱式变电站、配电箱、电力电缆、综合微机保护装置、电源设备、各种金属构件等各种为隧道用电设施服务的供配电及辅助设施。

供配电设施养护人员应持有特殊工种上岗证书，并配备专门的电工检修工具。供配电设施养护应严格执行相关设备的检修规程和国家的有关规定。供配电设施经常检修、定期检修主要项目及其检修频率可参照表6-2执行。

供配电设施经常检修、定期检修主要项目及其检修频率　　　　表 6-2

设施名称	检查项目	主要检查内容	经常检修 1次/1~3月	定期检修 1次/年
高压断路器柜*	断路器触头、真空泡	1 触头有无烧损,接触是否紧密,动静触点中心是否相对		√
		2 触头或真空泡是否损坏		√
		3 操作机构是否正常,分、合闸时间是否符合生产厂规定		√
	"五防"功能	1 在断路器处于分闸位置时,手车能否抽出和插入		√
		2 在手车处于不同位置时一次、二次回路是否正常		√
		3 断路器与接地开关的机械连锁是否正常		√
		4 柜后的上、下门连锁是否正常		√
		5 仪表板上带钥匙的控制开关(或防误型插座)是否正常		√
	穿墙套管	穿墙套管有无破损		√
	排气通道	排气通道有无堵塞		√
	二次端子	端子有无污染、松动		√
	线圈	线圈绝缘是否良好		√
	分合闸试验	1 分、合闸能否正常进行		√
		2 电磁式弹簧操动机构有无卡塞,是否正常		√
	运行	1 电气整定值是否满足电力系统要求		√
		2 保护装置能否与中央信号系统协调配合		√
高压互感器与避雷器柜*	高压互感器	有无污染、裂痕,绝缘是否良好		√
	避雷器	1 避雷器外观有无损伤		√
		2 有无放电痕迹		√
		3 接地装置有无腐蚀		√
		4 预防性试验		√
高压计量柜	电流互感器	有无污染、损伤,绝缘是否良好		√
	计量仪表	1 计量仪表有无污染,计量是否准确	√	
		2 仪表检验按"电力电容器柜"中"仪表"执行		√
高压隔离开关和负荷开关*	触头	1 有无污染、损伤	√	
		2 接触是否紧密	√	
		3 灭弧装置是否烧损	√	
	操作机构	1 操作机构有无污染	√	
		2 有无卡塞,转动是否灵活		√
	负荷开关	1 触头有无烧损,接触是否紧密,动静触点中心是否相对		√
		2 操作机构是否正常,分、合闸时间是否符合生产厂规定		√
		3 采用SF6绝缘和灭弧的装置应观测其壳体漏气率是否符合生产厂规定	√	
	高压熔断器	1 外观有无污染、烧伤痕迹	√	
		2 熔断丝是否熔断	√	

续上表

设施名称	检查项目	主要检查内容	经常检修 1次/1~3月	定期检修 1次/年
35kV电力变压器*	总体	1 有无污染、漏油,油量是否足够	√	
		2 有无异常声响和过热	√	
		3 噪声是否符合要求	√	
		4 内部线圈直流电阻是否符合生产厂规定		√
		5 内部相间、线间及对地绝缘是否符合要求		√
		6 铭牌有无污染		√
		7 绝缘套管有无污染及裂痕		√
		8 接线端子有无污染、松动		√
		9 变压器油耐压测试		√
10kV电力变压器*	总体	1 有无异常声响和过热	√	
		2 噪声是否符合要求	√	
		3 内部线圈直流电阻是否符合生产厂规定		√
		4 内部相间、线间及对地绝缘是否符合要求		√
		5 铭牌有无污染		√
		6 绝缘套管有无污染及裂痕		√
		7 接线端子有无污染、松动		√
		8 检查所有分接头的变压比		√
箱式变电站*	总体	1 箱体外壳有无污染、破损和锈蚀	√	
		2 室内温度和湿度是否符合要求	√	
		3 噪声是否符合要求	√	
		4 电缆进出线孔封堵是否密实	√	
		5 箱体周围接地电阻是否符合要求		√
		6 各电器连接是否可靠,有无松动、发热		√
		7 室内电气元件检查按相关规范内容执行		
电力电容器柜*	电力电容器	1 外观有无污染,接头有无松动	√	
		2 有无漏油、过热、膨胀现象	√	
		3 绝缘是否正常,有无击穿现象	√	
	接触器	1 有无机械卡塞,噪声是否符合要求	√	
		2 线圈直流电阻是否符合生产厂规定	√	
		3 触头有无烧损痕迹,闭合是否紧密,动静触头是否中心相对	√	
		4 能否正常动作	√	
		5 引线接头有无污染、松动	√	
	控制器	控制器能否正常工作	√	

续上表

设施名称	检查项目	主要检查内容	经常检修 1次/1~3月	定期检修 1次/年
电力电容器柜*	熔断器	1 有无烧伤痕迹	√	
		2 电熔丝是否完好	√	
	仪表	1 外表有无污染	√	
		2 仪表能否正常显示	√	
低压开关柜*	断路器	1 外观有无污染、裂痕	√	
		2 触头有无烧伤,接触是否紧密	√	
		3 有无明显的噪声	√	
		4 脱扣器是否正常	√	
		5 绝缘是否良好	√	
		6 整定值能否满足系统保护要求	√	
		7 引线接头有无污染、松动	√	
	接触器	按"电力电容器柜"中"接触器"执行		
	互感器	1 有无污染	√	
		2 绝缘是否良好	√	
		3 外部接线是否断开	√	
	熔断器	按"电力电容器柜"中"熔断器"执行		
	热继电器	1 外部检查 (1)继电器外壳是否清洁、完整、嵌接良好 (2)外壳与底座接合是否紧密牢固,防尘密封是否良好,安装是否端正	√	
		2 内部和机械部分检查 (1)热元件是否烧毁; (2)进出线头是否脱落; (3)接线螺钉是否拧紧; (4)触头是否烧坏或动触头杆的弹性是否消失; (5)双金属片是否变形; (6)动作机构是否卡死; (7)继电器内是否清洁; (8)整定把手是否能可靠固定在整定位置; (9)触点固定是否牢固		√
		3 校验 (1)一般性校验; (2)整定动作值与整定值误差不应超过±3%		√
	二次回路	端子排是否污染,接线是否松动	√	
	仪表	按"电力电容器柜"中"仪表"执行		
	双电源转换开关	1 外部检查 (1)转换开关外壳是否清洁、完整、嵌接良好; (2)外壳与底座接合是否紧密牢固,防尘密封是否良好,安装是否端正	√	

续上表

设施名称	检查项目	主要检查内容	经常检修 1次/1~3月	定期检修 1次/年
低压开关柜*	双电源转换开关	2 内部和机械部分检查 (1)转换开关端子接线是否牢固可靠; (2)构件是否磨损、损坏; (3)转换开关端子有无腐蚀; (4)手柄转动后,静触头和动触头是否同时分合; (5)转换开关可动部分是否灵活,旋转定位是否可靠、准确; (6)开关接线柱相间是否短路; (7)控制是否达到要求; (8)各部件的安装是否完好,螺钉是否拧紧,焊头是否牢固		√
配电箱、插座箱、控制箱*	断路器	按"低压开关柜"中"断路器"执行		
	接触器	按"电力电容器柜"中"接触器"执行		
	熔断器	按"电力电容器柜"中"熔断器"执行		
	二次回路	按"低压开关柜"中"二次回路"执行		
	箱体	接地是否良好	√	
	照明控制箱	1 可编控制程序是否正确	√	
		2 自动集控手动操作是否正确	√(1次/周)	
	风机启动及控制柜	1 有无腐蚀及积水		√
		2 接触是否良好	√	
电力线缆*	总体	1 外表有无损伤	√	
		2 电缆线间、相间和对地绝缘是否正常		√
		3 接头处是否正常,有无烧焦痕迹		√
		4 电缆沟是否干净,有无杂物垃圾,有无积水、积油,盖板是否完整		√
		5 高压架空线路和电缆线路及其附属设施巡查	√	
		6 高压架空线路及其附属设施登杆检查		√
电缆桥架、槽盒、托架及支架	总体	1 外表有无变形、断开		√
		2 各部件连接是否紧固		√
		3 有无腐蚀		√
		4 接地是否良好		√
变电所铁构件	总体	有无腐蚀		√
综合计算机保护装置*	主站硬件设备	1 硬件设备运行状况检查	√(1次/d)	
		2 系统时钟检查	√(1次/月)	
		3 数据保存、备份设备整理	√(1次/d)	
		4 缆线检查、接插件紧固	√	
		5 设备的避雷性能与接地电阻检测		√
	子站硬件设备	1 硬件设备运行状况检查	√(1次/d)	
		2 缆线检查、接插件紧固	√	

续上表

设施名称	检查项目	主要检查内容	经常检修 1次/1~3月	定期检修 1次/年
综合计算机保护装置*	子站硬件设备	3 通信管理机设备的除尘、清扫		√
		4 设备的避雷性能与接地电阻检测		√
	主站软件系统	1 数据备份	√(1次/d)	
		2 主站软件测试功能	√(1次/月)	
		3 日志检查	√(1次/月)	
		4 数据库检查	√(1次/月)	
		5 记录异常情况、处理、系统优化与调整	√(及时)	
		6 系统软件升级和补丁	√(1次/月)	
		7 防病毒软件升级	√(1次/月)	
	通信网络	按"监控与通信设施"中"通信设施"执行		
	计算机设备及软件	按"监控与通信设施"中"监控室设备及系统"执行		
直流电源、UPS电源、EPS电源*	箱体	1 清洁表面	√	
		2 检测、紧固连接端子	√	
		3 测量、记录输入输出电压	√	
		4 接地是否良好		√
	电池组	1 电池组外观有无污染损伤,电池的电解液是否正常,温度是否正常	√	
		2 电池的电压是否正常	√	
		3 电池的绝缘是否正常	√	
		4 进行一次容量恢复试验		√
	充电机及浮充电机	1 输出直流电压、电流是否正常	√	
		2 整流装置是否正常	√	
自备发电设备*	负荷运行30min以上	1 启动、停止试验	√	
		2 油压、异响、振动、过热检查	√	
		3 额定转数及电压确定	√	
		4 预热的情况是否正常	√	
		5 各部分温度是否正常	√	
		6 各机械的动作状态是否灵活	√	
		7 自动调节励磁是否正常,响应时间是否正常	√	
	柴油发动机	1 外观有无污染、损伤	√	
		2 计量表有无异常、漏油、漏水	√	
		3 "三清"更换		√
		4 各部分加油	√	
		5 各部位有无松动	√	

续上表

设施名称	检查项目	主要检查内容	经常检修 1次/1~3月	定期检修 1次/年
自备发电设备*	发电机	1 外观有无污染、损伤	√	
		2 给轴承加油	√	
		3 电刷的接触状态及磨损情况	√	
	接线	1 连接是否可靠		√
		2 绝缘是否正常	√	
		3 温度是否正常	√	
	启动装置	1 外观有无污染、损伤	√	
		2 空气压缩机的润滑油量	√	
		3 计量表是否正常	√	
		4 有无异响、振动	√	
		5 各部位有无污染、损伤,油量是否正常,有无变形、松动	√	
		6 是否更换润滑油		√
		7 附属装置是否正常		√
		8 直流电动机是否满足启动要求		√
		9 直流电动机是否正常		√
	燃料装置	1 外观有无污染、损伤	√	
		2 有无漏油,储留量	√	
		3 泵的运行状态是否正常	√	
		4 燃料过滤器的手动操作是否可靠	√	
		5 油位计及漏油开关的动作状态	√	
		6 给轴承部位加油		√
		7 储油槽的排水泵是否通畅		√
		8 各部分有无松动		√
	润滑油装置	1 外观有无污染、损伤	√	
		2 燃料过滤器手动操作是否正常	√	
		3 泵的运行状态有无异常		√
		4 油的黏度是否正常	√	
		5 保温装置的运行状态有无异常	√	
		6 除渣、放水		√
	冷却塔方式冷却装置	1 外观有无污染、损伤	√	
		2 冷却水量、水温是否正常,有无漏水	√	
		3 运行状态	√	
		4 浮球阀的工作状态是否正常		√
		5 轴承部位加油		√

续上表

设施名称	检查项目	主要检查内容	经常检修 1次/1~3月	定期检修 1次/年
自备发电设备*	散热器方式冷却装置	1 外观有无污染、损伤	√	
		2 冷却水量、水温是否正常,有无漏水	√	
		3 风扇工作状态是否正常		√
		4 压力栓的工作状态是否正常	√	
	空气净化器或换气扇	1 外观有无污染、损伤	√	
		2 工作状况有无异常	√	
		3 排气颜色有无异常	√	
		4 排气管、支撑接头有无裂纹、腐蚀		√
		5 空气净化器有无污染		√
	减振装置	减振橡胶、锚具螺栓有无变形、损伤	√	
	控制台	1 外观有无污染、损伤	√	
		2 计量仪表、显示灯、故障显示器有无异常	√	
		3 操作开关、继电器、电磁开关、配线断路器等有无异常	√	
		4 柜内配线有无异常,有无污染、损伤、过热、松动、断线	√	
		5 电压、电流、电量测量	√	
		6 运行时间计量是否正常	√	
		7 供配电柜中定期检修项目		√
	配线管	各接头有无松动		√
	接地线	有无断线、连接部位状态、接地电阻是否正常		√
防雷接地设施*	防雷装置	1 电源和信号输入端的浪涌保护器是否完好		√
		2 雷雨季节加强浪涌保护器的巡查		√
		3 外部防雷装置安装是否牢固,连接导线绝缘是否良好		√
	接地装置	1 有无腐蚀		√
		2 接地电阻是否正常		√
		3 紧固接地连接		√
		4 保护处理接地连接段		√

注:带"*"为关键设备。

6.5.2 柴油发电机组的检查

柴油机发电机的日常检查维修以及常见问题处理有专门的技术规范。这里只给出一些常见的问题及处理方法。

（1）柴油机部分。常见问题原因及处理方法见表6-3。

（2）发动机启动困难或启动不了,但排气管冒烟。常见问题原因及处理方法见表6-4。

柴油机部分常见问题原因及处理方法 表6-3

问 题 原 因	处 理 方 法
A)电池充电不足	A)检查电解液位,如果需要则给蓄电池充电;必要时更换蓄电池
B)主开关断开	B)合上主开关
C)接线盒中的一个半自动保险管脱开	C)按下保险管上的按钮使保险管复位
D)接触不良/线路断路	D)排除任何断路/接触不良故障,检查接头有无氧化,如果必要则清洗
E)钥匙开关故障	E)更换钥匙开关
F)启动继电器故障	F)更换启动继电器
G)启动马达故障	G)与经授权的人员联系
H)任何启动线路故障	H)检查所有其他启动线路
I)发动机中有水,启动发动机	I)与经授权的修理人员联系,不要企图自修
J)润滑油温度低	J)安装油底壳润滑油加热器
K)使用错误类型的润滑油	K)更换润滑油和滤清器,确保使用正确类型的润滑油
L)影响发动机旋转的其他内外原因	L)检查曲轴是否可以灵活盘动

××××× 常见问题原因及处理方法 表6-4

问 题 原 因	处 理 方 法
A)启动马达驱动发动机转速太低	A)见"不能盘动发动机或盘车转速过低"
B)发动机的驱动装置与发动机啮合	B)脱开发动机驱动装置
C)错误使用冷启动装置	C)查看用户手册如何操作冷启动系统
D)预热不足	D)查看用户手册/检查半自动保险管,如需要则按下按钮复位;检查电线连锁钮和预热继电器,如需要更换预热元件并与经授权人员联系
E)燃油滤清器阻塞	E)更换燃油滤清器
F)燃油系统中有空气	F)排出燃油滤清器
G)吸油管路阻塞	G)清理管路
H)进气系统阻塞	H)清理进气管路
I)燃油中有水	I)更换燃油加装油水分离器
J)使用错误类型或牌号的燃油	J)用一个临时油箱开动发动机来判别
K)喷油器故障或喷油器型号不对	K)进行压力试验/调整或更换喷油器
L)喷油器进回油管接头松动	L)拧紧管接头
M)输油泵故障处理方法	M)检查/修理输油泵如果必要则更换
N)喷油泵故障	N)请油泵代理商检查喷油泵
O)供油定时不对	O)查看喷油泵数据并调整
P)配气正时不对	P)调整至规定数据
Q)压缩压力低	Q)参见后文(18)"压缩压力低"
R)燃油关闭阀阻塞	R)见燃油关闭阀可能出现的故障
S)排气管阻塞	S)检查排气管是否阻塞

第6章 供配电系统

（3）发动机可以盘动但不能启动排气管无烟。常见问题原因及处理方法见表6-5。

表6-5

问 题 原 因	处 理 方 法
A）燃油箱无油	A）加注燃油
B）停机电磁铁故障	B）检查停机电磁铁,如有必要则更换
C）错误使用冷启动装置	C）查看用户手册如何操作冷启动系统
D）喷油器无油喷出	D）拧松喷油泵与缸盖之间的油管,同时启动发动机,检查有无燃油溢出
E）输油泵吸油管接头松动	E）拧紧油箱至油泵之间的所有滤清器管接头
F）燃油滤清器阻塞或吸油管阻塞	F）更换燃油滤清器,检查燃油软管有无阻塞
G）油泵中无燃油	G）给油泵泵油
H）进气或排气系统阻塞	H）检查进气和排气系统有无阻塞
I）油泵驱动轴折断	I）与代理商联系
J）齿轮泵拉伤或齿轮磨损	J）与代理商联系
K）输油泵故障	K）检查/修理输油泵,如果必要则更换
L）喷油器喷孔阻塞处理方法	L）检查/清理或更换喷油器

（4）发动机能启动但不能保持运行的原因。常见问题原因及处理方法见表6-6。

表6-6

问 题 原 因	处 理 方 法
A）燃油系统中有空气	A）排出燃油中的空气,拧紧油管接头和滤清器
B）燃油系统泄漏或堵塞	B）检查油箱直立管
C）发动机驱动装置与发动机啮合	C）脱开发动机驱动装置
D）燃油滤清器阻塞或因温度过低造成燃油冻结	D）更换燃油滤清器加装燃油加热器
E）吸油管路阻塞	E）清理管路
F）使用错误类型或牌号的燃油	F）用一个临时油箱开动发动机来判别
G）燃油中有水	G）更换燃油加装油水分离器
H）预热不足	H）检查保险管,如需要按下按钮复位;检查电线连锁按钮和预热继电器,如需要更换预热元件,与经授权人员联系
I）进气系统阻塞	I）清理进气管路
J）压力管损坏处理方法	J）安装新压力管

（5）冒烟。常见问题原因及处理方法见表6-7。

表6-7

①冒黑烟	
问 题 原 因	处 理 方 法
A）进气系统阻塞	A）检查进气系统有无阻塞
B）喷油器故障或喷油器型号不对	B）检查/调整或更换喷油器
C）冷启动系统故障	C）安装冷启动装置检查修理,如有必要则更换

续上表

| ①冒黑烟 ||
问 题 原 因	处 理 方 法
D) 使用错误类型或牌号的燃油	D) 用一具临时油箱开动发动机来判别
E) 排气管阻塞	E) 检查排气管是否阻塞,检查尺寸是否正确
F) 发动机温度过低	F) 冷却液温度低于正常温度
G) 气门间隙不对	G) 调整气门间隙
H) 涡轮增压器与缸盖之间进气管路漏气	H) 检查回油管路有无阻塞
I) 回油管阻塞	I) 检查回油管路有无阻塞扭曲或凹陷
J) 气温过高或海拔过高引起空气稀薄	J) 根据发动机销售手册中的修正方法进行修正
K) 供油定时不对	K) 查看喷油泵数据并调整

| ②冒蓝烟或冒白烟 ||
问 题 原 因	处 理 方 法
A) 使用错误类型的润滑油	A) 更换润滑油和滤清器,确保使用正确类型的润滑油
B) 冷却启动系统故障	B) 安装冷启动装置检查修理,如有必要则更换
C) 发动机温度过低	C) 见冷却液温度低于正常温度
D) 发动机润滑油过多	D) 检查润滑油位
E) 涡轮增压器密封圈和轴承磨损	E) 修理/更换涡轮增压器
F) 使用错误类型或牌号的燃油	F) 用一个临时油箱开动发动机来判别
G) 发动机已到大修期限	G) 大修发动机
H) 气缸头漏水处理方法	H) 检查缸头和缸垫,必要时更换

(6) 发动机达不到额定转速。常见问题原因及处理方法见表6-8。

表6-8

问 题 原 因	处 理 方 法
A) 相对于额定功率发动机负载过大	A) 降低车辆负载或用低档位
B) 转速表有问题	B) 用手持转速表或数字转速表检查
C) 油门控制杆调整不当	C) 检查油门行程
D) 吸油管阻塞	D) 检查润滑油位
E) 调速器故障或设置不当	E) 检查/调整调速器
F) 调速器最高限速设置过低	F) 检查/调整调速器
G) 燃油中有水处理方法	G) 更换燃油加装油水分离器

(7) 发动机不能停机。常见问题原因及处理方法见表6-9。

表6-9

问 题 原 因	处 理 方 法
A) 接线盒中的一个自动保险管脱开	A) 按下保险管上的按钮使保险管复位
B) 接触不良/线路断路	B) 排除任何断路/接触不良故障检查,接头有无氧化,如有必要则清洗

续上表

问 题 原 因	处 理 方 法
C)停机按钮故障处理方法	C)更换停机按钮
D)停机电磁铁故障	D)检查/更换停机电磁铁
E)燃油关闭阀故障	E)见燃油关增长阀可能出现的故障
F)回油管阻塞	F)检查回油管有无阻塞扭曲或凹陷

（8）发动机输出功率不足。常见问题原因及处理方法见表6-10。

表6-10

问 题 原 因	处 理 方 法
A)相对于额定功率发动机负载过大	A)降低负载
B)海拔过高造成功率不足	B)海拔超过1 000m需要对发动机进行修正
C)燃油管阻塞	C)检查油路有无阻塞
D)润滑油位过高	D)检查机油尺刻度和油底壳容积
E)油门控制杆移动受阻	E)检查油门全开时的控制杆位置
F)进气或排气系统阻塞	F)检查进气和排气系统有无阻塞
G)燃油中有空气,油路中有气泡现象	G)排出燃油中的空气拧紧油管接头和滤清器
H)回油管路阻塞或油箱通气不畅	H)检查油箱直立管
I)气门间隙不对	I)检查回油系统有无阻塞扭曲或凹陷,拆除清理或更换等
J)使用错误类型或牌号的燃油	J)调整/检查气门间隙
K)进气温度过高(40℃以上)	K)用一个装有合适燃油的临时油箱开动发动机来判别
L)进气温度过低(0℃以下)	L)气温较高时从室外引入空气至增压器
M)燃油温度过高(70℃以上)	M)气温较低时将机罩下的空气引入发动机
N)喷油器故障或喷油器型号不对	N)给油箱加油,关闭燃油加热器,最高燃油温度为70℃
O)输出泵故障	O)检查、修复或更换喷油器
P)燃油滤清器脏污	P)检查/修理输油泵,如果必要则更换
Q)调速器阻力过高,有故障或设置错误	Q)更换燃油滤清器
R)压力调节器有故障或设置错误	R)与经授权人员联系
S)高速器最高限速设置过低	S)与经授权人员联系
T)喷油泵故障	T)检查/调整调速器
U)供油定时不对	U)请代理商检查喷油泵
V)压缩压力低	V)查看喷油泵数据并调整或参见后文(18)"压缩压力低"
W)涡轮增压器叶轮损坏或脏污	W)修理或更换涡轮增压器
X)废气门工作不正常(如果装有)	X)修理或更换废气门

（9）润滑油压力问题。常见问题原因及处理方法见表6-11。

表6-11

问 题 原 因	处 理 方 法
A）润滑油位不合适	A）检查有无润滑油泄漏，添加或排放润滑油
B）润滑油压力表有问题	B）检查机油尺刻度
C）润滑油被燃油稀释	C）检查润滑油压力表
D）润滑油牌号不对	D）更换润滑油，如果润滑再次被稀释，与经授权的修理机构联系
E）润滑油温度超过正常值	E）更换润滑油检查润滑油牌号
F）润滑油滤清器脏污	F）检查清理或更换润滑油冷却器
G）曲轴轴承磨损或损坏	G）更换润滑油滤清器
H）润滑油泵磨损	H）检查/更换曲轴轴承
I）减压阀不关闭	I）检查修理/更换润滑油泵
J）减压阀损坏	J）更换减压阀
K）润滑油泵吸油管故障	K）更换减压阀
L）油底壳吸滤器阻塞	L）检查修理/更换吸油管清洗吸滤器
M）减压阀不开启	M）更换减压阀

（10）冷却液温度低于正常温度。常见问题原因及处理方法见表6-12。

表6-12

问 题 原 因	处 理 方 法
A）冷却液位过低	A）添加冷却液
B）散热器阻塞或损坏	B）按照用户手册中的说明清洗，如果必要则修理
C）散热器软管凹陷或阻塞	C）检查软管，如果必要则更换
D）风扇传动皮带松弛	D）检查风扇皮带张紧度，并将它拧紧
E）润滑油位不合适	E）添加或排放润滑油，检查机油尺刻度
F）冷却风扇罩损坏或丢失	F）检查风扇罩，修理更换或重新安装
G）散热器压力盖有问题或型号不对	G）检查散热器压力盖，如果必要则更换
H）温度表有问题	H）检测/修理温度表，如果必要则更换
I）散热器百叶窗没有完全打开	I）检查/修理百叶窗，如果必要则更换
J）空气滤清器阻塞或型号不对	J）检查或更换空气滤清器
K）喷油器故障或喷油器型号不对	K）检查/调整或更换喷油器
L）排气管阻塞	L）检查排气管有无阻塞，检查尺寸是否合适
M）风扇损坏	M）更换风扇
N）散热器气路或水路阻塞	N）检查并清理
O）系统中冷却液不足	O）添加冷却液
P）冷却系统中有空气聚集	P）排出冷却系统中的空气
Q）水泵故障	Q）检查/修理或更换水泵
R）节温器故障/型号不对	R）检查/更换节温器

续上表

问 题 原 因	处 理 方 法
S)冷却系统中有空气	S)检查吸水侧的软管夹有无泄漏,检查缸盖有无漏气
T)喷油泵故障	T)请油泵代理商检查喷油泵
U)供油定时不对	U)查看喷油泵数据并调整
V)配气正时不对	V)调整至规定数据
W)气缸垫漏气	W)检查气缸垫
X)活塞损坏	X)更换缸套和活塞

（11）燃油消耗率超过正常水平。常见问题原因及处理方法见表6-13。

表6-13

问 题 原 因	处 理 方 法
A)空气滤清器阻塞或型号不对	A)查出原因,如果必要则更换
B)喷油器故障或喷油器型号不对	B)检查、调整或更换喷油器
C)发动机温度过低	C)见冷却液温度低于正常温度
D)气门间隙不对	D)调整、检查气门间隙
E)压力调节器有故障或设置不当	E)修理、重新调整
F)供油定时不对	F)查看喷油泵数据并调整
G)油控制杆调整不当	G)检查油门全行程
H)气温过高或海拔过高引起空气稀薄	H)根据发动机销售手册中的修正方法进行修正
I)发动机过载	I)检查最大负载,如果必要则降低负载
J)外部或内部燃油泄漏	J)排除泄漏
K)燃油箱通气受阻	K)清理/加装通气管
L)排气管受阻	L)检查排气管有无阻塞,检查尺寸是否合适
M)冷启动系统故障	M)安装冷启动装置,检查修理,如果必要则更换
N)气门卡滞	N)清理、更换或重磨气门
O)压缩压力低	O)参见后文(18)"压缩压力低"

（12）发动机敲缸。常见问题原因及处理方法见表6-14。

表6-14

问 题 原 因	处 理 方 法
A)输油泵故障	A)检查处理输油泵,如果必要则更换
B)喷油器故障或喷油器型号不对	B)检查或更换喷油器
C)冷启动系统故障	C)安装冷启动装置,检查修理,如果必要则更换
D)使用错误类型或牌号的燃料	D)使用优质含硫量低的柴油,推荐最高含硫量为0.05%
E)油门控制杆调整不当	E)检查油门行程
F)发动机温度过高	F)见发动机温度超过正常温度
G)气门间隙不对	G)调整/检查气门间隙

续上表

问 题 原 因	处 理 方 法
H)润滑油过多或使用的润滑油规格不对	H)查看使用手册中正确的润滑油容量和规格
I)吸油管路漏电	I)检查有无泄漏,更换有故障的零件
J)供油定时不对	J)检查喷油泵设定数据并调整
K)气门卡滞	K)清理/更换或重磨气门
L)压缩压力低	L)检查排气管有无阻塞、尺寸是否合适
M)曲轴轴承磨损或损坏	M)更换曲轴轴承,检查润滑油更换周期
N)气门弹簧折断	N)更换气门弹簧

(13)润滑油消耗率过大。常见问题原因及处理方法见表6-15。

表6-15

问 题 原 因	处 理 方 法
A)涡轮增压器封圈和轴承磨损	A)修理/更换涡轮增压器,检查润滑油
B)活塞环磨损或折断	B)定期更换并查看活塞、活塞环轴承和轴颈磨损
C)缸套和活塞磨损或拉伤	C)见活塞环轴承和轴颈磨损
D)润滑油牌号不对	D)更换润滑油/滤清器,确保使用正确的润滑油

(14)发动机不稳定的原因。常见问题原因及处理方法见表6-16。

表6-16

问 题 原 因	处 理 方 法
A)燃油管阻塞	A)检查/更换燃油管
B)输油泵故障	B)检查/修理输油泵,如果必要则更换
C)燃油滤清器脏污	C)更换燃油滤清器
D)调速器弹簧调整/装配不对	D)调整/更换调速器弹簧
E)喷油器故障或喷油器型号不对	E)检查、调整或更换喷油器
F)燃油箱通气受阻	F)清理/加装通气管
G)燃油系统有空气	G)排出燃油中的空气
H)空气滤清器阻塞或型号不对	H)更换空气滤清器/确保安装型号正确的空气滤清器
I)发动机转速控制系统运动卡滞	I)检查清洗
J)发动机温度过高	J)见冷却液温度高于正常温度
K)气门间隙不正确	K)检查/调气门间隙
L)润滑油过多或年用润滑油品种牌号不对	L)检查并调整油量或更换润滑油品种号
M)冷启动系统有故障	M)安装冷启动辅助装置,检查修理冷启装置,必要时更换
N)排气管堵塞	N)检查并排除堵塞,检查排气管尺寸是否正确
O)喷油泵故障	O)与代理商取得联系
P)压缩压力低	P)参见后文(18)"压缩压力低"

续上表

问 题 原 因	处 理 方 法
Q)气门卡滞	Q)清理气门杆及导管孔
R)高压油管用错或装错	R)纠主或更换
S)气门弹簧折断	S)更换气门弹簧

(15)发动机振动。常见问题原因及处理方法见表6-17。

表 6-17

问 题 原 因	处 理 方 法
A)喷渍器故障或喷油器型号不对	A)检查调整或修理喷油器,更换正确型号的喷油器
B)转速控制系统卡滞	B)检查清洗
C)发动机温度过高	C)检查补充冷却液,检查风扇节温器,检查是否漏水
D)冷却风扇损坏	D)修理风扇
E)发动机装配故障	E)与授权修理人员联系
F)喷油泵故障处理方法	F)请代理商检修喷油泵
G)压缩压力低	G)参见后文(18)"压缩压力低"
H)高压泵管用错或装错	H)更换或纠正
I)飞轮壳飞轮同轴度不符合要求	I)与代理商联系

(16)发动机游车。常见问题原因及处理方法见表6-18。

表 6-18

问 题 原 因	处 理 方 法
A)油门拉杆	A)检查拉杆连接点间隙是否过大,调整至正确间隙,若有必要更换零件
B)进油管路内有气	B)检查有无泄漏,更换损坏零件
C)调速器飞块运动卡滞	C)修理调速器飞块,必要时更换

(17)曲轴箱气压过高。常见问题原因及处理方法见表6-19。

表 6-19

问 题 原 因	处 理 方 法
A)通气管阻塞	A)检查通气管是否阻塞
B)缸套磨损	B)见活塞环轴承和轴颈磨损
C)活塞环卡滞磨损或折断	C)见活塞环轴承和轴颈磨损
D)气门杆/气门导管磨损	D)更换气门导管
E)活塞损坏	E)见活塞环轴承和轴颈磨损

（18）压缩压力低。常见问题原因及处理方法见表6-20。

表6-20

问 题 原 因	处 理 方 法
A）空气滤清器或进气系统阻塞	A）清理进气系统/更换空气滤清器
B）气门间隙不对	B）检查/调整气门间隙
C）配气正时不对	C）调整至规定数据
D）气缸垫漏气	D）查看维修手册测量平面度或更换气缸垫
E）气门开闭不灵活	E）清理更换或重磨气门
F）缸套磨损	F）见活塞环轴承和轴颈磨损
G）气门和气门座之间漏气	G）更换/重磨气门和气门座
H）活塞环卡滞磨损或折断	H）更换活塞环
I）气门杆/气门导管磨损	I）更换气门和气门导管
J）气门弹簧折断	J）更换气门弹簧

（19）燃油阀故障检查项目。常见问题原因及处理方法见表6-21。

表6-21

检 查 项 目	检 查 方 法
A）燃油阀电压检查	A）钥匙开关在工作位置时,电磁阀接点应有电压在工作状态下,紫色电线应有电压电磁阀线圈
B）吸铁有无咔嗒声	B）移动柴油机,让助手把钥匙开关转至工作位置,然后再转至0位,听阀门是否发出咔嗒声;如有必要检查吸铁的动作,依次点动启动按钮和停机按钮,燃油阀应发出咔嗒声,必要时重复进行
C）溢流阀耗电	C）检查喷油泵上的溢流阀是否还能逆向密封,若不能则应更换溢流阀

6.5.3 发电机部分

（1）机组运行时无电压输出,处理方法如下:
①检查 AVR 之 K1～K2 接线是否正确及牢靠;
②检查柴油发电机组的转速;
③检查发电机的剩磁电压,必要时充磁;
④按励磁分离试验法的步骤检查发电机和 AVR。
（2）机组输出电压不稳定,处理方法如下:
①检查机组的转速是否稳定;
②检查稳定性的设置是否正确。
（3）输出电压不稳定,处理方法如下:
①检查机组的转速是否过高;
②检查机组所带负载是否为容性负载功率因数超前。
（4）空载时电压过低,处理方法如下:
①检查机组的转速是否过低;

②检查AVR之1~2接线或外接手动微调是否连接完好。
(5)带载时电压过低,处理方法如下:
①检查机组的转速是否正常;
②检查AVR之UFRO设定是否正确;
③按励磁分离试验法的步骤检查发电机AVR是否正常;
④旋转二极管损坏。

6.5.4 电控部分

(1)当START信号正确输入但手动/自动均无法启动,处理方法如下:
①检查紧急停机按钮是否已松动;
②检查控制钥匙是否在STOP位置;
③检查有否故障指示,必要时修复故障并将对应故障信息复位;
④检查电池电压,如电压太低则需对电池重新充电到满;如电压值正常则需按图纸逐步检查电压信号,是否被正确送到所有控制环节如油门电磁阀和启动马达等;
⑤如果电控部分所有外连线均没有问题,则应更换相应电控单元。
(2)启动马达运转但机组不着车,处理方法如下:
①检查燃油油位并确保油管正确连接;
②对机械式调速系统机组,检查油门电磁阀是否正确吸合;
③对电子式调速系统机组,检查EPG电源是否正确接入及电压是否正常;
④对电子式调速系统机组在启动马达运转时,用电表测量MPU是否有正确的交流电压信号;
⑤检查机组转速是否已达到或超出设定的正常启动转速;
⑥检查燃油输送系统是否被堵塞;
⑦检查空气滤清器是否被堵塞;
⑧寒冷地区的机组在启动前应确保机组预热。
(3)高水温故障报警/停机,处理方法如下:
①检查机组是否过载;
②检查散热器是否堵塞;
③检查风扇皮带的松紧度;
④待机组完全冷却后检查冷却水的水位是否足够;
⑤检查水温传感器是否损坏;
⑥对8100-8200电控系统,检查后面的微拨动开关位置是否正确;
⑦对8800电控系统,检查高冰温报警/停机的设定限值是否正确合理;
⑧检查节温阀能否正确打开;
⑨检查水泵与水箱间的间隙是否正确;
⑩确认机房内温度不高出40°C。
(4)低油压故障报警/停机,处理方法如下:

①检查机油油位；
②检查机油品质及黏度；
③检查机油温度；
④检查油压传感器是否损坏；
⑤对 8100－8200 电控系统,检查后面的微拨动开关位置是否正确；
⑥对 8800 电控系统,检查低油压报警/停机的设定限值是否正确合理；
⑦检查机油滤清器及油路是否被堵塞。
（5）超速故障停机,处理方法如下：
①检查转速仪表指示有无异常；
②对机械式调速机构,检查油门拉杆是否灵活并确保正确调节；
③对电子式调速系统,检查油门拉杆是否灵活；检查执行机构是否正确动作并确保 EPG 正确调节；
④重新校正和调节超速保护限值；
⑤对 8100-8200 电控系统,检查后面的微拨动开关位置是否正确；
⑥对 8800 电控系统,检查超速保护停机的设定限值是否正确合理；
⑦故障排除后将控制屏上的报警信号复位。
（6）电压高报警,处理方法如下：
①测量机组输出电压的实际值；
②确认显示仪表没有偏差；
③如电压实际偏高,则可按步骤详细检查及重新调整 AVR；
④确认负载性质为非容性功率因数没有超前；
⑤确认机组转速/频率正常；
⑥如电压实值正常,可检查电压显示时电路部分是否正确；
⑦对 8800 电控系统,检查电压高报警的设定限值是否正确合理。
（7）电压低报警,处理方法如下：
①测量机组输出电压的实际值；
②确认显示仪表没有偏差；
③如电压实际偏低,则可按步骤详细检查及重新调整 AVR；
④确认机组转速/频率正常；
⑤如电压实值正常,可检查电压显示的电路部分是否正确；
⑥重点检查发电机终端盒后壁上的三个熔丝是否正常及连接牢靠；
⑦确认三相电压值没有较大偏差；
⑧确认没有缺相现象；
⑨确认当发生报警时,负载变化幅度不大；
⑩确认机组没有超负载运行；
⑪对 8800 电控系统,检查电压高低报警的设定限值是否正确合理。
（8）机组不能带载,处理方法如下：
①检查电压是否正常；

②检查负载性质,确认没有超载及功率因数超前现象;
③确认 MCCB 手柄向上及各项设定正确合理;
④对于配套了 ATS 的用户,应重点检查 ATS 及相关部分;
⑤检查 ATS 控制转换的所有接线,并确保无误;
⑥确认 ATS 转换控制开关,没有在 MAINS 位置;
⑦当 ATS 转换控制开关在 AUTO 位置时,确认所接入市电没有正常电压;
⑧确认机组电力正确引入 ATS 机组端;
⑨确认 ATS 主交流接触器操纵灵活无卡死现象。

(9)不能手动停机,处理方法如下:
①检查钥匙开关和控制开关的位置是否正确;
②确认电气控制部分全部正常;
③检查燃油电磁阀是否正常,必要时更换;
④对电子调速系统机组,确认 EPG 各项设定正确合理;
⑤确认喷油泵油量设定正确;
⑥对于 8800 确认机组是在手动模式下运行。

(10)自动模式下机组无法实现自动停机,处理方法如下:
①确认市电完全恢复正常;
②确认无市电感应器已动作;
③确认机组的自动停机延时已计完;
④检查燃油电磁阀是否正常,必要时更换;
⑤对电子调速系统机组,确认 EPG 各项设定正确合理;
⑥确认喷油泵油量设定正确。

(11)不能实现远程监控,处理方法如下:
①确认监控软件已正确安装进远程 PC;
②确认监控界面通信参数设定与实际连接形式正确对应;
③当为拨号方式的通信时,确认机组端 MODEM 已被 8800 正确检测,确认远端 MODEM 设定正确;
④确认通信线路正确可靠无占线;
⑤确认机组端通信口已正确连接通信模块。

(12)不能实现远程紧急停机,处理方法如下:
①确认已正常实现机组的远程通信;
②确认 8800 内已加装 CV2 协议适配器并正确连接;
③确认 CV2 相关接线正确无遗漏;
④确认机组为自动备用模式;
⑤确认遥控密码正确输入。

备注:有关 8800 更详细的故障分析及排除内容可另外参考 8800 系列柴油发电机组远程智能监控系统操作手册中的相关章节。

(13)电池充电错误/故障排除,处理方法如下:

故障1——无充电电流故障

①排除充电线缆接错或电池接头不好,检查并清洁接线接头;

②电池损坏或充电电压太低,更换新电池或调高充电电压;

③市电失压或没有正确连接。检查市电及市电到充电机的线路;

④充电熔丝烧断,更换新熔丝;

⑤整流二极管损坏,更换已损坏的二极管。

故障2——无充电电流显示

充电电流表损坏,更换新电流表。

故障3——充电效率低故障

①市电电压偏低,检查市电供应情况;

②充电机变压器抽头错,检查市电电压是否与该抽头正确对应;

③充电电缆接头松动,检查并拧紧。

故障4——充电接头发热故障

①接头连接不良,清洁接头并重新接牢;

②接头螺丝松,清洁并拧紧接头螺丝。

注意:蓄电池安装在地面下将有爆炸的危险。

第7章 通风系统

7.1 通风系统概述

7.1.1 系统描述

(1) 系统功能

在额定工况下工作时,能满足最大车流量的通风要求,为隧道内提供所需要的新鲜空气,并且在隧道内发生火灾或者危险品泄漏时能够及时提供所需要的风流速度;隧道内风量可以通过隧道洞口以及轴流风机台数控制,轴流风机可在0%到100%的额定风量范围内有级调节;隧道的射流风机必须能够反转,且在反向额定工况下稳定工作,其总的反向风量不低于正向额定风量的95%。

(2) 风机布置

风机分布位置,总数,送、排风风机类型,应根据具体隧道的通风设计方案确定。每组射流风机的台数为1~3均可,安装于拱顶或者壁龛,但要求各组射流风机间距不小于120m。

轴流风机的布置格局由通风方案确定,轴流风机必须安置在特定的风机房内,风机房可以放在地面,也可以放在地下。图7-1为某公路上的风机安装布置图。

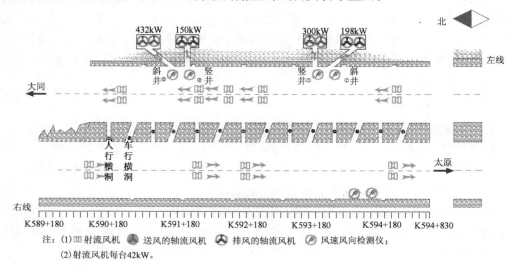

注:(1)□□射流风机,◎送风的轴流风机,◎排风的轴流风机,◎风速风向检测仪;
(2)射流风机每台42kW。

图7-1 ×××隧道通风设备图

(3) 电源状况

每组风机应有一个对应的控制箱,风机电源引自相应的控制箱。

(4) 通风方案

隧道通风方案依据设计方案而定,具体情况具体对待,分为横向通风、半横向通风、全射流纵向通风、分段送排式纵向通风、混合式通风、互补式通风等。

(5) 风机控制

采用计算机程序控制启动和关闭,也可以采用手动控制。

风机控制可以在洞内或者监控中心。风机控制装置布置于风机附近进行风机的起停、正反转控制,监控室值班人员集中控制风机的运转。射流风机每一组风机(1~3台)对应设立一套风机启动柜,设置于风机侧的隧道壁上,轴流风机单台对应启动柜安装在控制室内,由供配电系统提供风机的用电,并接入风机启动柜,检修人员可以在本地对每台风机进行控制,以便于维护、检修风机。

(6) 接地及安全措施

所有金属管、箱、盒、风机外壳及其他金属构件均相互可靠连接,并且与接地干线连接。

(7) 风机房的环境

风机房必须采取防火安全措施。地下风机房还必须具有除潮措施。

7.1.2 设备描述

1) 原理及结构

隧道射流风机根据动量定理,高能量的喷射气流将能量传递给隧道内的空气,产生克服空气流动阻力的压力,推动隧道内的空气顺着喷射气流方向运动,实现通风目的。整套风机由叶轮、风机罩、消声器、电机、悬臂及附件构成。

轴流风机是依靠输入的机械能提高气体压力并排送气体的机械,它是一种从动的流体机械。轴流风机的工作原理与透平压缩机基本相同,只是由于气体流速较低,压力变化不大,一般不需要考虑气体比容的变化,即把气体作为不可压缩流体处理。隧道轴流风机通常安装在通风机房内,风机之间既可以串联安装也可并联安装。隧道轴流风机不仅可以为隧道提供新鲜空气,也可以为通风提供动力。

2) 技术标准及功能

(1) 射流风机(以某型号隧道射流风机为例)

①整套风机(包括风机、风机支撑、消声器、风机电机和接线盒等)在任何工作条件下满负荷、环境温度为250°C时可正常可靠运转1h,不会出现机械、电气或结构方面的故障。

②整套风机设备能够经受隧道洗涮车辆喷洒的水雾。

③风机可以反向运转,并且反向流量不小于正向流量的95%。

④风机能够从全速正转到全速反转,或全速反转到全速正转,转换的最长断点时间为30s。任何时候,在流过风机的空气温度为25.0°C条件下,15min内可以4次换向。

⑤风机正向启动达到全速最长时间为150s,反向启动达到全速最长时间为180s。

⑥叶片为可调节式流线型表面,翼型剖面;叶片的材料和结构满足气流温度为250℃的条件下连续工作1h以上的要求。

⑦现阶段风机叶片的角度正常,使风机达到要求的流量而不至电机过载,不要随意调节风机叶片的角度。

⑧其他性能参数见隧道射流风机技术性能参数对照表。

(2)轴流风机(以某型号隧道轴流风机为例)

①整套风机(包括风机、风机内置电机等)在环境温度为250℃时满负荷运转1h,不会出现机械、电气或结构方面的故障。

②整套风机设备能承受安装所产生的溅水和汽雾。

③风机噪声小于规定值。

④风机的最长启动时间不超过180s。

⑤风机主要参数如下:

a. 流量:也称风量,是指单位时间风机输出流体的数量。可分为体积流量 $Q_v(m^3/s)$、质量流量 $Q_m(kg/s)$。

b. 压力:也称风压,是指气体在风机内压力升高值,有静压、动压和全压之分。

c. 全压:风机提供的能量通常用压头表示,称为全压,系指单位体积气体通过风机后的能量增加值,用符号 P 表示,单位为Pa。

d. 功率:功率可分为有效功率和轴功率,有效功率指单位时间通过风机的流体获得的功,即风机的输出功率,用 P_e 表示,单位为kW。

e. 轴功率:即原动机传到风机轴上的功率,又称输入功率,用Pa表示。

f. 效率:效率是风机总效率的简称,是指风机输出功率与输入功率之比的百分数。反映风机在传递能量的过程中轴功率有效利用的程度。

7.2 风机技术性能参数对照表

隧道射流风机和轴流风机技术性能参数对照表参见本手册附录A6。

7.3 通风系统的运行操作流程及方案

1)通风控制子系统

(1)系统组成

通风控制子系统由隧道管理处监控室主控制器、隧道内区域控制器、风机电气控制柜、风机(包括轴流风机和射流风机)、CO/VI检测器、风速风向检测器等组成。

①根据隧道的通风方式,在一氧化碳浓度比较高和烟雾透过率较低的通风竖井进风口附近及隧道洞口附近,设置CO/VI检测器,用以快速、准确、连续地自动测定隧道内的一氧化碳浓度和隧道内全程烟雾透过率数据。检测数据由区域控制器采集数据,并传输给监控中心,监控系统将检测数据与标准值进行比较,对风机的启停控制提供参数依据,为操作人员人工控制风机提供依据。

②风速风向检测器设置在隧道内通风竖井进风门和排风口附近,自动测定隧道内平行于隧道壁面的风向、风速数据以检测风机的运行情况。

③通风系统的风机电气控制柜能完成就地的人工控制。区域控制器与通风控制柜通过中间继电器接点输出相连,以保证对风机的远程控制,每组射流风机进行独立控制,尽量减少相互之间的影响。

④通风监控系统对射流风机的自动控制是将一个断面上的两台风机作为一组分别进行控制,由通风系统返回每台风机的状态信号,包括风机的正转、反转、停止、故障等信号,输入输出之间采取相应的电磁隔离措施。

⑤轴流风机则是单独控制每一台,并由通风系统返回每台风机的状态信号,包括轴流风机的启动、停止、故障等信号(轴流风机无反转功能)。

⑥根据通风系统确定通风方式,风机控制包括轴流风机控制和射流风机控制,将轴流风机控制和射流风机控制作为一个整体考虑,但控制回路为单独回路。

(2)隧道通风控制原则

隧道通风控制子系统对通风的控制原则遵照《公路隧道通风设计细则》(JTG/T D70/2-02—2014)和相应的国家标准。

隧道通风控制子系统采用 CO 和烟雾浓度(VI)作为通风控制参数,具体指标如下:

①保持隧道内环境指标在标准范围内。

a. 公路隧道通风设计的安全标准应以稀释机动车排放的烟尘为主,必要时可考虑隧道机动车带来的粉尘污染;卫生标准应以稀释机动车排放的 CO 为主,必要时可考虑稀释 NO_2;舒适性标准应以换气稀释机动车带来的异味为主,必要时可考虑稀释富余热量。

b. 隧道内烟尘的设计浓度根据光源种类和隧道设计速度按照表 7-1 进行取值。

烟尘设计浓度 $K(m^{-1})$ 表 7-1

设计速度 v_t(km/h)	≥90	60≤v_t<90	50≤v_t<60	30<v_t<50	≤30
钠光源	0.006 5	0.007 0	0.007 5	0.009 0	0.012 0*
荧光灯、LED 灯光源	0.005 0	0.006 5	0.007 0	0.007 5	0.012 0*

注:*此工况下应采取交通管制或关闭隧道等措施。

c. 隧道内 CO 正常运营时的允许浓度:中、短隧道(L≤1 000m)为 150ppm,特长隧道(L>3 000m)为 100ppm,长隧道(1 000m<L≤3 000m)可根据长度按线性内插进行取值。交通阻滞时,阻滞段平均 CO 设计浓度可取 150ppm,且经历时间不超过 20min。

d. 隧道内 20min 内的平均 NO_2 设计浓度可取 1ppm。

②CO 浓度由低到高、透过率检测值由好到坏分为几个级别,投入的风机数量和运转时间在隧道正常运营时由此确定。隧道内能见度测量范围为 0~151/km,分为 4 级,当能见度<5 时为正常,当 5<能见度<10 需要启动风机,直到能见度恢复正常,当能见度>10 时关闭隧道。

③具有运行时间统计功能,风机的运行根据 CO 浓度、透过率值、交通量状况、火灾报警等综合情况进行控制,具体原则如下:

a. 根据隧道营运过程中的交通状况,适时调整通风量,在保证交通安全的前提下,以最经济的动力给隧道提供满足营运条件的通风量。

b. 隧道内某一位置的 CO 或透过率值先达到风机启动值,则最靠近此检测器的风机首先启动。

c. 因风机起动瞬间冲击电流很大,故各台风机的启动有短暂的延时,以减少对变电站供电的冲击。

d. 风机的启闭次数不应过于频繁,防止风机出现振荡现象。

e. 具有风机启动和间隔连锁功能。

f. 具有对风机进行就地控制的功能。

g. 火灾时,接受监控室的远程控制指令,立即中断正常运行状态,接受监控室管理人员的指令,对风机进行控制。

h. 采用 CO/VI 检测仪测量 CO 浓度和能见度,由 PLC 的模拟量转换模块将被测模拟量转换成数字量,经 PLC 程序处理、判断,控制隧道射流风机的启停,达到排除 CO 和烟雾,保证满足最大车流量的通风要求,达到隧道空气卫生要求。

(3) 风机远程控制

风机在监控室远程控制启动、停止及故障输出,其监控界面如图 7-2 所示。根据以下监测条件,可以初步判断风机控制是否正常。

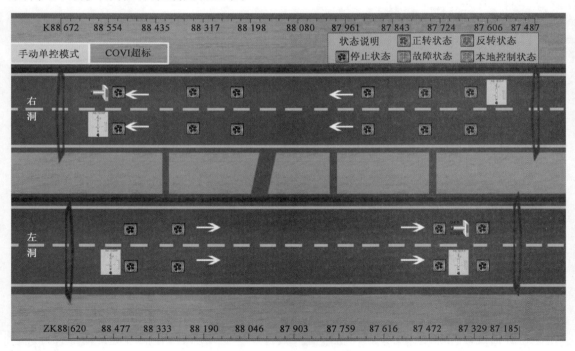

图 7-2　隧道通风监控屏幕图

① 启动条件(同时具备以下各条):

a. 远程控制状态;

b. 风机电源开关闭合;

c. 有启动控制信号;

d. 另一台电机停或启动时间超过 15s；
e. 另一台电机不在启动状态；
f. 电机停止时间已超过 10s；
g. 没有过载保护。
②停止条件（任一条件具备）：
a. 非远程控制状态；
b. 无启动控制信号；
c. 过载保护；
d. 电源开关跳闸。
③故障输出条件：
a. 控制信号输出后 3s 无启动状态信号返回；
b. 过载保护动作。

2）正常情况下的使用

正常情况下，通风系统的运行主要是根据各种通风监控设施提供的现场数据，通过对其进行分析，然后与通风标准进行对比，高于通风标准规定的浓度时，需要进行机械通风。

(1) 自动控制

当监控室工作人员通过监控屏幕获得的数据大于通风标准规定的浓度时，监控室工作人员通过远程控制按钮，通过远程控制信号来控制风机的启动；并在同时通知电工人员去隧道现场进行现场监控。

(2) 手动控制

手动控制主要是依靠电工人员的手动调节来完成的。当监控室工作人员通过监控屏幕获得的数据大于通风标准规定的浓度时，监控室工作人员通知电工人员应该启动的风机数，然后，电工人员乘车去隧道现场。电工人员通过启动风机配电箱中的启动按钮来启动风机，同时电工人员应在隧道现场进行监控。

3）紧急状态下的使用

当隧道发生火灾时，风机的开启应参看隧道救灾预案中风机控制相关的部分。

4）风机运行时的注意事项

(1) 凡在风机附近作业时，须穿戴合适的防护服（包括安全帽、护眼、耳机）。

(2) 射流风机是按照原设计的安装要求进行制造的，在未经厂家的同意之前，不得对风机结构进行任何变动，所有有关安装中的安全和操作问题可询问厂家在当地的代理商，保修期内风机发生故障，在进行修复前，应与厂家联系。

(3) 任何维修保养工作必须在风机电源及其控制电源切断后，并在风机转动部件停止后方可进行。

(4) 维修前，须先确定所到区域的烟气、灰尘、有毒发散物、热气等已被驱散，且风机叶片不像风车般旋转不停。

(5) 对电机进行维修保养时应小心，防止碰坏消声器多孔内壁。

(6) 维修时，首先确认所用的升降机械及吊点是否满足需升降的设备重量。

(7)风机的使用温度范围为-20℃~+40℃,在冬季低温环境下使用时,须防止风机上结冰。

7.4 通风系统的检查与维修

7.4.1 通风设施的日常保养

1) 日常保养

(1)维修人员须由合格人员使用适当的工具和设施进行。风机保养须建立日常维修保养制度,并做好维修记录。若环境状况不良,保养周期应相应缩短。可以使用低压水对风机壳体的外表面进行冲洗,但不可粗暴摩擦壳体表面。消声器上的排水孔必须清理干净以便顺利排水。应严格避免使用冲洗水直接冲向电机排水孔、电机轴封和消声器填充材料。

(2)日常保养中,检查紧固件是否牢固时,若无松动迹象,尽量不要损伤原有锁定装置或油漆过的紧固件。必须保证风机的所有固定件处于安全固定状态。如对特殊的固定件固定状况有疑问应向厂家咨询。任何锁定装置在保养时若受损伤均须报废并换上新的合格品。

(3)除了日常保养外,电机轴封、绕组和轴承也须在稍长时间内定期检查。如果电机轴承是采用外部润滑注油器,则应按风机或电机铭牌上的要求,选用相容形式的润滑油定期加注。加注润滑油时,先清除油嘴上的水和赃物,并用洁净油枪注入干净的油脂。只需用较低的压力来注油,注油孔通常位于风机接线盒附近;若需用较高压力注油,须慎重。

(4)维修保养工作结束后,须检查是否有维修工具遗留在现场;关闭风机时,须确认用于阻止风机叶轮转动的临时限定装置是否已拿掉。

(5)风机的使用温度范围为-20℃~+40℃,在冬季低温环境下使用时,须防止风机上结冰。

2) 风机不常使用时的维修保养

若风机很少使用,如每月仅用1次,或仅仅在紧急情况下使用,则应遵守如下附加的维修保养程序,并做好记录。

(1)电机绕组的接地电阻应每月测量一次(在直流500V下)。若测出的接地电阻低于10MΩ,电机应进行干燥处理,并在使用前重新检测接地电阻。

(2)风机须每月运行至少2h,以便使电机轴承保持良好润滑。

(3)应急运行系统应保证每月连续运行至少15min,应确认应急运行系统工作时,其他控制的配电系统是否能正常关闭。

7.4.2 通风设施检修

通风设施的检修主要包括经常检修和定期检修。其主要检修项目及检修频率可按表7-2的要求进行。

通风设施经常检修、定期检修主要项目及其频率表 表 7-2

设施名称	检查项目	主要检查内容	经常检修 1 次/1~3 月	定期检修 1 次/年
射流风机*	总体	(1)风机运转过程中有无异响	√	
		(2)风机运转时电流值是否在额定值内	√	
		(3)风机反转是否正常	√	
		(4)维护性开启频率	√(1 次/15d)	
	各安装部位	(1)有无松动、腐蚀现象	√	
		(2)安全吊链的松紧程度	√	
	叶片	叶片是否清洁,有无异响		√
	电动机	(1)转动轴有无振动、异响、过热		√
		(2)润滑油的检查、更换及轴承清洗		√
		(3)电机的拆卸检查、轴承清洗与油脂更换		√
		(4)防护情况检查		√
		(5)绝缘测试		√
		(6)三相电流平衡试验		√
		(7)运行中的电动机温升是否正常		√
	其他	拆卸组装后的风速及推力测试		√
轴流风机*	总体	(1)运转状态有无异响和异常振动	√	
		(2)各计量仪器、仪表读数是否正确	√	
		(3)基础螺栓及连接螺栓的状态有无异常		√
		(4)轴承温度、油温、油压有无异常		√
		(5)振动测试有无异常		√
		(6)逆转 1h 以上的工作状况有无异常		√
		(7)与监控测试联动试验		√
		(8)手动旋转的平衡状态		√
		(9)正、反转间隔一定时间的试验		√
		(10)叶片安装状态检查		√
		(11)维护性开启频率	√(1 次/15d)	
	减速机	(1)油量是否正常	√	
		(2)有无异响,油温是否正常		√
		(3)润滑油老化试验		√
		(4)更换油脂		√
轴流风机*	润滑油冷却装置	(1)配管、冷却器、交换器、循环泵的状态	√	
		(2)运转中有无振动、异响、过热现象	√	
	气流调节装置	(1)动作状态有无异常	√	
		(2)内翼有无损伤、裂纹		√

续上表

设施名称	检查项目	主要检查内容	经常检修 1次/1~3月	定期检修 1次/年
轴流风机*	气流调节装置	(3)密封材料状态		√
	动翼、静翼及叶轮	(1)翼面有无损伤、剥离		√
		(2)焊接部有无损伤		√
		(3)检查叶轮液压调节装置		√
轴流风机及离心风机	导流叶片及异型管	有无生锈、涂装剥离、螺母松动		√
	驱动轴	(1)接头、齿轮润滑状态有无异常	√	
		(2)传动轴的振动与轴承温度有无异常	√	
		(3)加油脂		√
	电动机	(1)运转中有无异响、振动、过热	√	
		(2)连接部的工作状态	√	
		(3)绝缘测试		√
		(4)三相电流平衡试验		√
	消声器	(1)清扫消声器内壁灰尘		√
		(2)噪声检测		√
		(3)吸音材料检查与变质材料更换		√
	其他	(1)仪表的检查、校正和更换		√
		(2)供油装置的检验		√
		(3)必要时的金属探伤		√
		(4)组装、检查后的试运转及风速、推动测试		√

注:带"*"的为关键设备。

7.4.3 设备大修

(1)风机/电机大修程序、轴承密封件更换、电机更换、电机绕组的重绕及备件等可向风机制造厂服务中心索取;建议电机轴承密封及轴承运行20 000h,或正常使用5年后即进行更换;电机在正常运行40 000h后应重绕以保证绝缘寿命,从而可使电机满足应急运行需要;电机制造厂的说明书可通过厂家获取。

(2)大修工作结束后,检修人员应将风机正确装回原处,然后检查风机是否运行平稳、无振动,运行电流正常,并满足风机铭牌规定的满载电流范围。

7.4.4 废弃物处理

风机和电机的金属部件应分类回收利用,有机材料应按当地环境保护要求安全处置。

(1)电线接头橡胶皮、电机绕组绝缘材料、轴承润滑油、风机、电机接线头、油漆材料、包装材料、消声器填充材料等应分类回收利用。

（2）在处理消声器填充材料时，应戴上面具和手套，如果消声器填充材料特别干燥或者被破坏，在处理之前应加湿。

7.4.5 运行效果的检测

隧道风机运行效果的检测，一般应该结合隧道运营环境的检测同步进行，可分为竣工运营前的检测和阶段性检测。检测的内容和位置要根据不同的风机类型和要求，制定详细的检测方案，一般应该包括如下内容：

（1）射流风机

风速、风压、噪声、启动时间，反转效率等。

（2）轴流风机

风速、风压、噪声、启动时间等。

第8章 照 明 系 统

8.1 照明系统概述

公路隧道的照明系统由隧道灯具、标志、信号灯、洞外路灯、亮度检测器和照明线路五部分组成。照明系统主要为隧道提供必要、持续地照明环境,以确保车辆安全舒适的通过隧道。公路隧道照明系统应满足路面平均亮度、路面亮度总均匀度、路面中线亮度纵向均匀度、闪烁和诱导性要求。

8.1.1 隧道灯具

隧道照明灯具主要采用高压钠灯、LED 灯等,主要分为隧道内照明灯具和隧道外照明灯具。隧道内照明灯具包含入口段灯具、过渡段灯具、基本段灯具、人行横洞灯具、车行横洞灯具、紧急停车带灯具、出口段灯具、应急灯灯具、隧道外灯具。

以高压钠灯照明为例,一般隧道照明灯具含 400W 高压钠灯、250W 高压钠灯、150W 高压钠灯、100W 高压钠灯、100W(带应急电源)高压钠灯及 2×36W 洞内荧光灯、70W 人行横洞内吸顶灯、100W 车行横洞内吸顶灯。其中,400W 高压钠灯、250W 高压钠灯、150W 高压钠灯主要用于入口段、出口段及过渡段的照明;100W 高压钠灯、100W(带应急电源)高压钠灯主要用于基本段照明;70W 吸顶灯用于人行横洞照明;100W 吸顶灯用于车行横洞照明;2×36W 洞内荧光灯用于紧急停车带照明。

隧道外照明灯具主要包含 2×400W 洞外照明灯、250W 隧道洞外照明灯。通常隧道照明设计的文件会明确标明灯具的数量,见表 8-1。

隧道灯具数量总汇 表 8-1

设 备 名 称	规格、型号	数量(台)	供 货 厂 家	备 注
隧道灯具				
隧道灯具				应急电源
隧道洞内吸顶灯				用于人行横洞
隧道洞内吸顶灯				用于车行横洞
洞外高杆路灯				
隧道洞内荧光灯				用于紧急停车带

(1)隧道照明灯具组成

隧道照明灯具包含以下部分:底座、灯具外壳、反光器、光源、电器(含补偿装置)、灯具接线盒(含灯具至接线盒电缆)、备品、备件。图8-1、图8-2分别为高压钠灯和LED隧道灯具,图8-3、图8-4分别为高压钠灯和LED灯照明的效果。

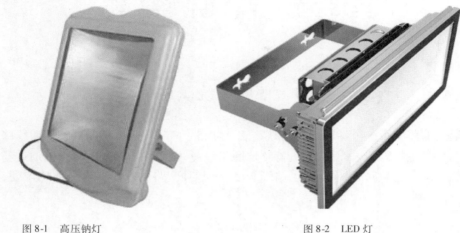

图8-1 高压钠灯　　　　　　　　　　图8-2 LED灯

图8-3 高压钠灯照明效果图　　　　　图8-4 LED灯照明效果图

(2)照明标准

公路隧道照明设施包括入口段照明设备、过渡段照明设备、中间段照明设备、出口段照明设备、紧急停车带和横通道照明设备、应急照明设备和洞外引导照明设备、照明控制设备。

隧道照明标准应根据洞口朝向及洞外环境、设计交通量和设计速度等分别确定入口段、中间段的亮度,再据此确定过渡段和出口段的亮度,并满足路面亮度总均匀度、路面中线亮度纵向均匀度、闪烁和诱导性要求,具体参见《公路隧道照明设计细则》(JTG/T D70/2-01—2014)。

8.1.2 洞外路灯

(1)基本要求

当隧道外引道曲线半径小于一般值、隧道设夜间照明且处于无照明路段的洞外引道或隧道与桥梁连接处、连续隧道间的路段需设置洞外引道照明。

洞外照明灯杆高10m(在桥上时为9m),采用250W(400W)高压钠灯。光源采用符合IEC标准的进口优质高压钠灯,普通路灯采用250W单灯。发光体为管形并具有近似2 300K的色温,寿命不低于28 500h。光源应在开启后5min之内达到最大光通量的85%,供电电压下降1%时光源输出的光通量减弱应小于3%。照明灯具采用高压铸铝,灯具的密封等级为IP65。灯具等应能在水平方向和垂直方向调整。

(2)灯杆主要特点

①灯杆为拔销钢杆,表面热浸镀锌。

②灯杆、悬臂、灯具和其他部件应能抗40m/s的风速。

③每根灯柱均设有一个防风雨维护门,门内设电器接线维修盒,盒体镀锌钢板,并且良好接地。

④每根灯杆应提供防雷保护。灯杆所有的金属部件,在电气上应良好连接以保证到灯杆基础的接地连续性。

8.1.3 亮度检测器

亮度仪主要用于测量隧道内外的光亮度。为系统提供隧道内外的光亮度数据,以控制隧道内的照明设备。

亮度检测器的主要功能和技术指标如下:

(1)光亮度测量功能

①量程:室外型(0~6 000)cd/m^2;室内型(0~300)cd/m^2(仪表对应量程标识于后面板上)。

②准确度:±3%(一级光度计要求)。

③分辨率:0.05%。

④测量角度(视场角):40°。

(2)DC4mA-20mA输出功能

①输入与输出关系:当输入在测量量程内变化时,输出在4~20mA范围内线性变化。

②允许最大负载:100Ω。

(3)探头允许工作温度:-20℃~+60℃。

(4)探头信号线长度约3m(用Q9与仪表连接)。

(5)供电:220V±10%,AC,50Hz/60Hz。

8.1.4 照明电缆

隧道照明电缆从照明配电箱引出灯具照明电源;人行及车行横洞内的吸顶灯使用消防系统提供的电源。照明配电箱布置如图8-5所示。

(1)电缆配线槽说明

①电缆配线槽应为钢制防火型材料。

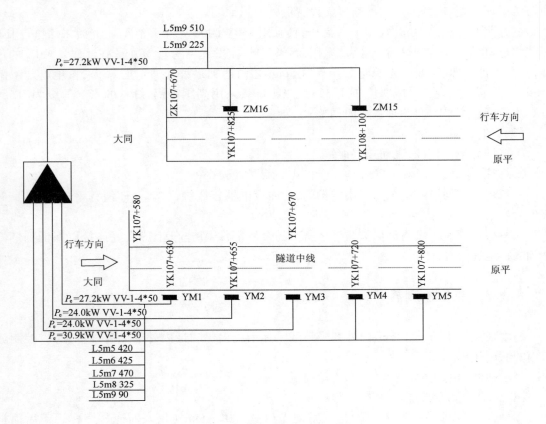

图 8-5　照明配电箱平面位置图

②电缆配线槽至少应能承受 3 倍自身及电线的总重量。

③电缆配线槽的安装托架每 2m 一道。

④沿配线槽全长采用 BV-0.5-6 蓝白相间导线,设立一根接地干线,将配线槽各段连为一体,接地干线通过配电箱内的接地汇流排与隧道等电位接地系统相连。

(2) 配电线路

①隧道照明采用 380/220V 三相四线制配电,由洞外箱式变电站供电,由各照明配电箱控制。隧道照明分为五个三相四线制配电回路,根据洞外亮度的变化分两级进行程控及手动控制灯具的启闭。

②从照明配电箱配出的照明配电导线采用耐压 500V 的 BV 导线。

③洞外路灯配电采用穿管保护埋地方式敷设;隧道照明配电导线敷设于灯具上方的配线槽内,穿越隧道壁或拱部的电缆均穿过钢管敷设。

④隧道照明灯具处的端电压变化值不大于其额定电压的 5%。

⑤隧道灯具及配电箱等,均采用接地保护,保护接地干线沿照明配线槽敷设。

⑥为便于区别和接线,各相导线外皮应采用不同的颜色。

(3) 防火措施

①隧道的照明电缆应该暗埋,通过穿线钢管埋设在隧道壁或拱部。

②隧道的照明电缆应该按照防火区段,设置防火隔断措施。

8.2 隧道灯具配置及技术参数

1)隧道灯具的电子镇流器

隧道照明的电子镇流器是产生感应电动势的元件,它的功能一是激发灯管发亮;二是抑制电流的增大,起到限流的作用;三是稳定输入功率和输出光通量,延长灯管寿命。公路隧道照明灯具电子镇流器有各种各样的品牌,但最为基本的要求是:

(1)内部电子元器件应该采用合格、可靠性好的产品。

(2)电子元器件耐温在105℃以上。

(3)具有本机损耗低、功率因数高、电压适应范围宽、谐波含量低、恒功率输出、环境适应性强等特点。

(4)具有灯管异常及外部输入过流、过压镇流器自我保护功能。

(5)允许输出端长期带电状态下开路、短路,更换灯泡而不损坏镇流器。

2)隧道灯具的光源

公路隧道照明应选择节能光源与高效灯具,其性能应满足下列要求:

(1)防护等级不低于 IP65。

(2)具有公路隧道特点的防眩装置。

(3)光源和附件便于更换。

(4)灯具零部件具备良好的耐腐蚀性能。

(5)灯具安装角度易于调整。

(6)气体放电灯的灯具效率不应低于70%,功率因数不应小于0.85。

(7)LED 隧道灯具的功率因数不应小于0.95。

3)隧道灯具的外壳

隧道内高速行驶的车辆较多,因此隧道振动比较大,如果灯具外壳较薄,灯具长期随着隧道的振动而振动,就可能会引起灯具的壳体变形,从而影响灯具的密封性,因此隧道高压钠灯灯具的外壳壁厚至少应达到3mm。

4)隧道灯具壳体的表面处理及防腐蚀措施

公路隧道的特点是行驶车辆较多,汽车尾气排放污染严重,而且通风能力相对较弱,因而不可避免地会造成多尘、腐蚀性气体增加。但目前隧道灯具外壳多选用铝合金,材料本身较容易受到腐蚀,所以必须要进行表面的电泳或氧化处理,电泳或氧化层的质量及厚度是决定防腐效果的重要因素。

不同灯具的电泳或氧化层厚薄如果差异过大,用肉眼就可以比较出来,过薄的电泳或氧化层色泽偏淡,接近铝本色,甚至表面有拉丝状,较厚的氧化层表面颜色呈金黄色或淡灰色,色泽非常均匀。好的隧道灯具采用散热效果极好的加厚铝合金材料,表面经电泳或超厚氧化处理后,既保证了灯具的抗冲击能力,又降低了灯具内部温度,具有抵御高浓度汽车尾气腐蚀的特性。

5)隧道灯具所采用的反光材料

反光板的质量是决定反光效率的一个重要因素。目前国内市场主要有德国、意大利、美国、日本以及国产的反光板,从反光效率及耐久性来看以德国产品最优,其他国家次之,国产材料稍差。

质量好的隧道灯具采用专用反光铝材,反光效率高,表面经特殊技术处理,可保证十年内光亮如初。在反光结构上采用大角度设计,大大提高了每盏灯的反光效率,扩大了照射面积,使隧道内灯与灯之间的光照连续性达到最佳状态,并采用防眩光设计,使亮度更均匀,光线更柔和。

6)隧道灯具的密封及绝缘材料

隧道灯具的密封及绝缘材料应具有良好的耐热和耐腐蚀性能,以适应隧道内的高湿度环境,保证隧道灯具防护等级长时间达到IP65,有效延长隧道灯具的工作寿命,降低了隧道灯具的日常维护费用。

7)隧道灯具的引出线

因隧道灯具电器使用温度高,隧道内汽车尾气污染严重,所以好的节能型隧道灯具,应该配备具有防老化、耐180℃高温的硅橡胶耐热导线作为隧道灯具的引出线,使隧道灯具更加安全、稳定、耐用,可保证隧道灯具十年以上的电气安全性。

8)隧道灯具的钢化透光玻璃

隧道灯具应采用透光效果和安全性能俱佳的高强度钢化安全玻璃。

9)隧道灯具的开启方式

隧道灯具应采用前开启方式。考虑到隧道灯具维护保养方便,隧道灯具选择不用工具即可开启的前开启方式,以提高营运期间维护保养工作的便利性。

10)应急灯具

应急灯具是保障高速公路隧道安全行车的重要组成部分,其目的是在高速公路隧道停电时立即启动,并且实施应急照明,保证隧道内的车辆安全、有序的通过,同时等待隧道内设置的应急柴油发电机或其他供电设备启动,恢复正常照明,以保障整个高速公路的安全、畅通。

11)隧道灯具的可靠性及综合节能效果

隧道照明灯具根据隧道交通的特殊性,要求其24h均处于亮灯工作状态,因此对隧道灯具的可靠性提出了相当高的要求;又因为隧道内照明灯具数量众多,其电费开支往往占据了整个隧道维护费用的一个很大比例,因而在选购相关隧道灯具时应从可靠性和节能效果这两方面进行综合考虑。

普通型隧道灯具采用传统电感式镇流器,需使用触发器、补偿电容等一系列电器产品构成一个完整的系统,而触发器、补偿电容均属易耗品,因此在维护保养方面带来了一定的不便,增加了运营成本,降低了可靠性。同时,普通型隧道灯具自身功耗大、功率因数低、谐波含量高、电压适应范围小等致命的弱点已大大制约了其发展空间。节能型隧道灯具,通常采用大功率HID灯电子镇流器,性能稳定、可靠,不需其他电器附件。其内置大规模集成电路,可独立完成触发启动、镇流工作,且具有恒功率输出功能,可有效延长光源使用寿命一倍,其综合节能效果达到20%。

节能既是为了节省运营费用的支出,同时也是为了绿色环保的需要,所以隧道灯具节能效果的好坏也是灯具性能一个非常重要的指标。

12) 隧道灯具与电子镇流器采用一体化设计

近年来一些节能型隧道灯具采用灯具与镇流器一体化设计。将电子镇流器底部紧贴灯具底板,通过铝合金壳体的良好导热性将电子镇流器与电器室内的温度带到壳体外部,并在灯具底板处设置了散热条,加强热量的散发,通过隧道内空气的对流带走大量热能,降低了电子镇流器及灯具电器室的温度,延长了电子镇流器与光源的使用寿命,增加了灯具的可靠性与热稳定性。

8.3 照明系统控制方案

公路隧道在现代交通网中非常重要,但是不断增加的交通量给隧道运营带来较高要求的同时,也增加了运营的安全风险。就公路隧道照明而言,在隧道两端出入口,照明条件的突变,严重的影响人们的视觉(或太暗或耀眼)。另外,公路隧道中的黑烟和灰尘颗粒会减少洞内可视距离。因此,公路隧道必须具有科学合理的照明装置。此外,科学合理的照明控制系统有助于提高隧道的运营服务水平,降低隧道安全风险,从而使进入隧道的驾乘人员面临尽可能少的危险。

公路隧道洞内照明灯一般采用"程控+手控"方式。"程控"方式由隧道监控中心进行远程控制,"手控"方式由现场维护人员在隧道内各配电箱处进行人工手动操作控制。隧道照明控制子系统根据检测到的洞内外光强数据、交通量变化以及白天、黑夜等情况,控制隧道的照明系统,调节出入口以及洞内的照明,保证行车的安全,以及在满足照明要求的情况下达到节能运行的目的,同时对洞内照明以及照明控制设备的状况进行监视。

1) 正常使用下的照明控制

(1) 照明控制方案

隧道照明控制系统根据隧道洞内、洞外照度计检测的参数,结合此时的隧道运行状况(正常、火灾等)由监控室进行自动控制。除此而外,技术水平要求较高的隧道还可以根据隧道内的交通量,进行照明控制。

①控制方案(白天,以某隧道为例)。

根据公路隧道照明设计的方案,照明组合方式在白天有以下四种:

a. 晴天:基本灯+四组过渡灯;

b. 多云:基本灯+三组过渡灯;

c. 阴雨:基本灯+两组过渡灯;

d. 重阴:基本灯+一组过渡灯。

②控制方案(黑夜,以某隧道为例)。

在黑夜,分为三阶段,有两种组合方式:

a. 前半夜:基本灯(包括基本灯兼作诱导灯)(左右侧)+路灯;

b. 后半夜：基本灯（包括基本灯兼作诱导灯）（左或右侧）+路灯；

c. 黎明：基本灯（包括基本灯兼作诱导灯）（左右侧）+路灯。

隧道照明监控系统对以上照明组合方式可进行自动控制，根据有关标准、规范和经验提供每级控制所对应的亮度值。也可以在照明控制软件中，根据实际运营调查的情况进行参数调整，以保证节能运行。

（2）正常情况下的照明控制

正常工况照明控制分为两种：一种是自动控制，另一种是手动控制。

①自动控制。

自动控制由隧道监控室工作人员，根据天气情况、时间情况、并结合能见度的实际情况，来定性的判断需要开启哪种照明控制模式。监控室工作人员通过远程控制按钮来控制照明灯具的启动与关闭。图8-6为某隧道的照明监控工作图。

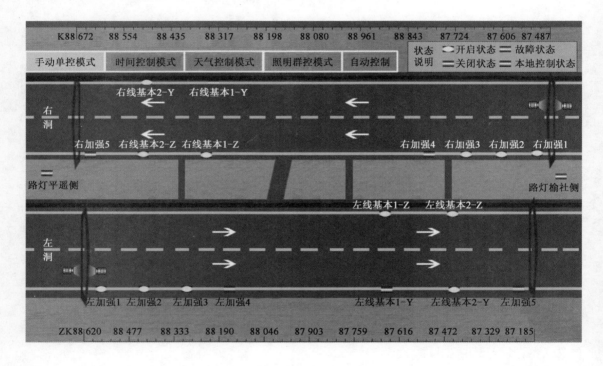

图 8-6　隧道照明监控屏幕图

②手动控制。

隧道照明手动控制，主要是依靠隧道电工人员的手动调节来完成的。实际操作时，可以根据天气情况、时间情况，并结合能见度的实际情况来定性的判断需要开启那种照明控制模式。然后，电工人员乘车去隧道现场，通过启动照明配电箱中的启动按钮来启动照明灯具，同时电工人员应在隧道现场进行监控。

2）紧急情况下的照明控制

当隧道发生火灾时，照明系统的开启应参看公路隧道救灾预案中相关的部分。

8.4 照明系统的维护与保养

1)日常的维护、保养

公路隧道照明灯具日常的维护、保养,可从以下几个方面进行:

(1)保持隧道通风正常、空气清洁干燥。

(2)检查配电箱的照明灯具接线,注意有无松、脱现象,确保接线牢固。

(3)用万用表测量灯具的电压,确保电压是在允许的范围内($220V \pm 10\%$,$50Hz \pm 4\%$)。

(4)观察照明灯具的接地是否良好,用地阻测试仪测量接地阻值,确保接地阻值在允许的范围内($\leq 10\Omega$)。

(5)观察并测量照明用电缆、电线的线间绝缘、对地绝缘情况,确保绝缘良好。

(6)检查灯具的元器件有无损坏,并对灯具的电气元件进行定期的电气特性测试。

(7)定期巡查有无灯具或者照明电缆被超高/超宽车辆挂坏情况。

(8)照明设施日常检查主要是对设施使用及损坏情况进行的巡检登记。对中间段连续坏灯2盏以上,洞口加强段连续坏灯3盏以上情况,应及时进行更换或维修。

2)照明设施的检修

(1)检修内容

公路隧道照明设施的检修,一般分为经常检修和定期检修,检修的主要项目可参看表8-2。对于因为隧道交通事故或者灾害引起的照明设施损坏,应该进行专项检修,检修的目标就是尽快恢复其正常照明功能。

(2)照明设施在检修过程中应注意事项

①公路隧道照明设施养护的工具,除必备的电工工具、高空作业车、清洁卫生用具外,应配备照度仪等相关设备。

②高速公路隧道照明设施的完好率应不低于95%。

公路隧道照明设施经常检修、定期检修主要项目　　　　表8-2

设施名称	检查项目	主要检查内容	经常检修 1次/1～3月	定期检修 1次/年
隧道灯具	总体	(1)电压是否稳定,灯的亮度是否正常	√	
		(2)灯泡的损坏与更换	√	
		(3)引入线检查,电磁接触器、配电箱柜是否积水	√	
		(4)开关装置定时的准确性与动作状态有无异常	√	
		(5)脱漆部位补漆及灯具修理更换		√
		(6)补偿电容器、触发器、镇流器、接触器是否损坏		√
		(7)绝缘检查		√

续上表

设施名称	检查项目	主要检查内容	经常检修 1次/1～3月	定期检修 1次/年
隧道灯具	各安装部位	有无松动、腐蚀		√
	密封性	灯具内是否有尘埃、积水、密封条是否老化		√
	检修孔、手孔	有无积水		√
	照度测试	超过灯具寿命周期后应进行照度测试	√（1次/半年）	
洞外路灯	灯杆	(1)外观有无裂纹、焊接及连接部位状况		√
		(2)有无损伤及涂装破坏		√
		(3)接地端子有无松动		√
	基础	(1)设置状况是否稳定		√
		(2)有无开裂、损伤		√
		(3)锚具、螺栓有无生锈、松动		√
	灯体	(1)有无损坏、亮度目测是否正常	√	
		(2)防护等级检查	√	
照明线路*	总体	(1)回路工作是否正常	√	
		(2)有无腐蚀及损伤		√
		(3)托架是否松动及损伤		√
		(4)对地绝缘检查		√

注：带"*"的为关键设备。

③照明光源达到其额定寿命的90%时，应进行成批更换，并选用节能的光源。更换后的照明设施应达到下列要求：

    a.夜间及中间段亮度应不低于$2.5cd/m^2$；

    b.路面亮度总均匀度应不低于0.4；

    c.亮度纵向均匀度应不低于0.6；

    d.照明灯具的防护等级应不低于IP65。

3）灯具故障的查找方法

(1)打开灯具面罩，用万用表测量外电是否正常。

(2)若外电正常，检查保险管是否完好，若保险管烧断，更换保险管。

(3)若外电、保险均完好，再检查灯管是否拧紧、光源是否正常，若坏则更换。

(4)若外电、保险、光源均正常，再检查整流器元件及其接线，若坏则更换。

(5)若无外电，应先确定是断线故障还是混线故障，方法是：只有该灯无电，其他灯正常，为断线故障；若有一组灯不亮，且造成配电箱开关跳闸，为混线故障。

(6)若为断线故障，查找该灯接线并处理。

（7）若为混线故障，先找出该灯所在的是几路几相，根据图纸逐个查找该相线上接的所有灯具接线，并处理。

4）应急照明灯充、放电

为了确保应急照明灯具的正常使用效果及使用寿命，应急照明灯具应每6个月至少进行一次完全的充、放电。

第 9 章　救援与消防系统

9.1　救援与消防系统概述

1) 公路隧道消防安全等级

火灾是公路隧道常见而且危害最大的灾害之一,因此,为确保隧道的运营安全,防火设施就必然成为一个重要内容。公路隧道消防设施的具体设置应该在安全等级和风险评估的基础上进行。工作的基本思路是针对所研究的隧道,给出其个人风险、社会风险、经济风险和环境风险的接受准则,然后通过对该隧道的不同风险概率进行研究,在研究结果的基础上设置消防设施。

我国公路隧道防火等级划分及相应的消防设施设置参见 3.5 节的相关内容。

2) 公路隧道火灾的特点

公路隧道的火灾只能降低其发生的概率和灾害的损失,无法避免。通过对国内外的隧道火灾事故调查和研究试验报告,可以看到公路隧道火灾有以下的特点:

(1) 火灾发生的时间、地点、类型以及规模都具有随机性。

(2) 如发生火灾,火势发展迅猛、烟雾笼罩、能见度差、燃烧温度高、易形成"高温温腔效应"。

(3) 火灾燃烧产生的有毒烟雾浓度大,对受害人造成致命的二次伤害,给工作人员、消防人员的抢险救援、疏散工作带来负面影响。

(4) 由于空间狭长且封闭,发生火灾时造成的交通堵塞,使得隧道内的人员、车辆疏散困难,扑救难度大。

(5) 隧道内一旦发生火灾,极易造成重大事故。不仅对交通设施破坏严重,还严重威胁人的生命和财产安全,降低使用者对隧道安全的信任,造成不良的社会影响。

9.2　隧道的救援与消防设备

公路隧道消防系统由给水消防系统、防火设施系统、斜/竖井通风逃生系统及火灾报警系统组成,通常应该建立消防设施登记表(表 9-1)。

公路隧道消防设施登记表　　　　　表 9-1

隧 道 名 称	长度(m)	桩号、消防设施	备　注

消防系统设备包括室外消火栓、室内消火栓、水成膜泡沫灭火装置、灭火器等。在隧道电缆槽中布置环状消防主干管网,隧道洞口设置供水深井、低位蓄水池、消防加压泵。洞口以上适当高度设高位蓄水池,隧道管理处配备专用消防车辆。消防系统提供在火灾状况下隧道所需消防设备,供给隧道消防用水所需的水量及水压。

9.3 消防救援系统的组成

公路隧道消防系统由给水消防系统、防火设施系统、斜/竖井通风逃生系统及火灾报警系统组成。消防救援的一般原则如下:

(1)采用以防为主、消防结合原则,隧道一旦发生火灾,要尽可能把火灾限制在最小范围内,为此应迅速检出、报警,由监控中心确认并实施有效灭火行动。

(2)为了及时检出火灾并报警,隧道内需装备容易辨认的自动报警设备和操作方便的手动报警设备以及多道消防措施。

(3)为了尽快地灭火,隧道内应设置有足够有效的灭火设备,以便争取时间能在消防车到来之前,就地开始灭火。因此,这些设备应该是人们无需接受专门训练,就能方便地辨认和操作的灭火装置。另外,隧道内还应设置常规消火栓和供消防车取水专用的水源。

根据隧道运营条件、长度、交通量等因素,设置隧道消防系统,主要包括室外消火栓、室内消火栓、水成泡沫灭火装置、灭火器、消防管网、高低位水池、消防加压泵、Y防水水幕、消防管道电伴热等设备。按照隧道的安全等级不同,这些不同的消防设施均有不同的要求。

1)消防系统

(1)消防系统

消防系统主要是提供火灾状况下的隧道消防所需设备,以及供给隧道消防和冲洗用水。通常沿隧道纵向一侧每隔50m(经计算消防箱设置间距为45m左右)设一组消防箱。每一个消防箱包括:

①水成泡沫灭火装置。水成泡沫灭火装置是专门用于扑灭汽油等易燃液体的火灾,泡沫药剂与水混合,产生水泡沫,覆盖在油层表面,并结成薄膜,使火焰窒息而灭,并具有控制油层表面蒸发的能力,以防止污染环境和重新着火的危险。

②干粉灭火器。每个消防箱设置水成泡沫灭火器和磷酸铵盐干粉灭火器各两套,灭火器主要用于扑灭小型或初期火灾。

③给水栓和水龙带。每个消防箱内有一个消防给水栓和一条不小于25m的消防水龙。

④消防水源。隧道消防水源一般设置在两个隧道洞口,洞口的低压水池容积为200~300m³,高位水池通常设置在山上一定高度处,一般容积为300~500m³。另外,隧道洞口还设有加压消防、生活水泵房。隧道消防用水时,由高位水池和消防泵直接供给,必须满足消防用水量和压力要求。图9-1为我国某公路隧道消防设备分布图。

(2)给水管道

隧道内沿强电电缆沟内侧盖板下敷设一根贯穿的消防给水总管,左、右消防管经过洞口连接成环网供水系统,同时为了保证消防水系统的可靠性,在隧道中间通过车行道又加设了两条连通管,用支管将主隧道的消防主干管与消防箱连接,供给消防用水,洞内消防管采用无缝钢管,布设阀门将消防管网分割成独立段,以利于维修和使用。

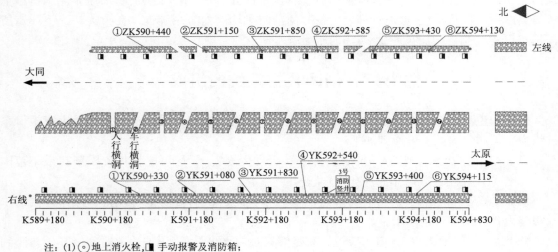

图9-1　×××隧道消防设备分布图

（3）消防加压系统

隧道洞口设有消防水泵房,200~300m³低位水池、300~500m³的高位水池各1个。低位水池的水源由深井泵供给,消防泵从低位水池吸水,经消防泵加压后一部分直接送入隧道环状管网上,另一部分送到高位水池。高位水池的出水管又连接在隧道内的环状管网上,时刻保证两趟供水管,其中一趟有故障时,另一趟可以保证消防用水,以此来增强整套消防系统的严密性和可靠性。

（4）灭火喷淋水幕

对于城市隧道和水下隧道,应该考虑设置消防喷淋水幕。当隧道内发生火灾时,可利用密集喷洒所形成的水墙,阻断烟气和火势的蔓延。灭火消防喷淋系统由开式洒水喷头、雨淋控制阀、信号阀、过滤器、减压阀组、管道等组成。水幕系统采用电动装置控制方式,失火时消防控制设备收到防火分区内探测器发出的火灾信号,自动打开相应的电磁阀,启动管中的水流出,使阀体控制腔内的水压远低于消防系统供水压力,雨淋阀阀瓣打开,雨淋阀组开启,三排喷头全部喷水形成密集的防火水墙。雨淋阀开启后,启动报警装置,发生声响报警并且启动压力开关,发出启动消防泵信号。图9-2为某公路隧道喷淋系统分布图。

（5）消防管道电伴热(寒区隧道)

对于寒区隧道,两个隧道洞口的消防管道冬季常常发生冻结,甚至于消防水管冻裂。因此,为了防止消防管道冻结,隧道出入口至隧道内1km处的消防管道需要进行电伴热,根据需要确定热负荷,选择适宜的发热电缆,按照设计确定的敷设间距将其沿着管道轴线方向均匀缠绕,利用带有高精度的温度传感器来控制管道外表面的温度(温度传感器的控制点设置于温度最不利点)。当探测点温度低于设定值时,发热电缆启动,从而维持管道内介质温度,并以较少的能量消耗获得最好的使用效果。

第 9 章 救援与消防系统

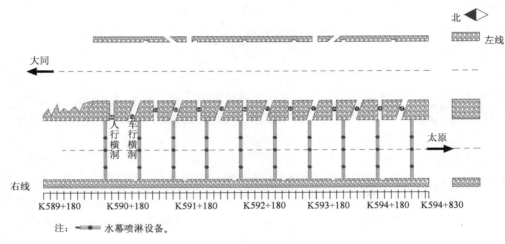

图 9-2 ×××隧道喷淋设施分布图

2）防火设施系统

（1）防火卷帘门

防火卷帘门设置在隧道正洞与车行横洞和人行横洞的连接处，以便隧道内发生事故、火灾等不利情况时，通过开启车行横洞和人行横洞执行交通疏导、救援及消防灭火等方案。防火卷帘门能够实现就地手动控制和自动控制，同时可由监控室手动和自动控制。

防火卷帘门主要由帘板、卷轴、过轮轴、导槽、驱动装置、防火电机、控制箱等部件组成。帘板采用镀锌钢板冷扎复合成型，帘板内填充隔热材料。

除了采用卷帘式的防火门外，还可以采用推拉式防火门。但不论那一种防火门，必须达到可以防火隔烟的功能，且便于控制和操作。

（2）电缆沟防火墙

隧道左右两侧通常设有深 0.85m，宽 0.5m 的电缆沟。为了防止火灾发生后，对全线电缆的损毁，通常在隧道电缆沟内每隔 100m 布设一道防火墙进行封堵，每个封堵宽 1m。

①电缆沟防火墙材料。

电缆沟防火墙，可以采用 NECA-02-01 型有机防火堵料，即两剂型硬质截火堵料。两剂型硬质截火堵料是由 A、B 两种剂料混合发泡而形成的中等密度发泡型截火堵料，现场即可发泡，随结构开口成型，特别适用于封堵中间贯穿多层电线、电缆托架。A 料为红色，B 料为棕色，以 7:4 的剂量充分搅拌后，现场浇注。混合物可在 1~5min 内发泡，完全紧密封堵开口及填实贯穿物体缝隙，并可保持墙体结构强度，达到防火分区，防止火灾蔓延的目的。

②电缆沟防火墙特性。

a. 可随各型封堵开口形状及集束贯穿物特色，真正做到安全紧密填实。

b. 具备结构强度，与承载墙体支撑。燃烧膨胀倍率高，愈烧愈紧密，且有最低烟量保证，具有防止浓烟、火焰、热气及有毒气体扩散蔓延的超效阻火抑烟、截火蔓延功能。

c. 隔热效果良好，测试背温仅达 80℃，并有优良的抗烧蚀能力，适用恶劣环境。

d. 不含任何有害物质，超低 D50 值，确保环境安全，以及烟毒安全。

e. 寿命长、不需特殊固修,整体经济效益高,系统防火等级通过 GA-161 认证,耐火性能达到一级(180min)。

3) 火灾报警系统

隧道火灾报警系统由紧急电话报警系统和火灾自动报警系统两部分组成。通常隧道每隔 300m 就有紧急电话。当隧道发生火灾或其他交通异常情况时,隧道内的驾乘人员可通过紧急电话向隧道监控室报警。隧道监控室也可通过闭路电视的监控发现事故点,利用隧道广播系统呼叫疏导交通,并采取紧急救援措施。隧道紧急电话系统与闭路电视系统具有相互联动功能,当发生紧急电话呼叫时,摄像机会自动对准事故发生地点,及时掌握事故现场信息。

火灾自动报警系统分线式和点式两种,通常采用差温式光纤或者光栅,按照绝对温度和升温率报警,也有采用红外波长报警系统的。分布式光纤测温监控系统主要由光纤测温控制主机、测温光缆、智能型火灾报警控制主机、智能控制模块、智能监控模块、智能手动报警按钮等组成。

(1) 监控点的设置

监控点的设置原则是根据设备辐射距离均匀布设。系统配置消防报警按钮、紧急声光报警器等辅助设备。消防主控制器控制整个高速公路隧道并构成一个完整的系统网络,系统将对整个高速公路隧道内的火灾实时检测并在火灾报警时进行火灾紧急处理。系统采用数字传输方式实现探测点、监控点与主机之间的通信。

(2) 工作原理

火灾自动报警及联动系统采用全数字智能报警系统,其中 1 台控制器安装在隧道中央侧壁上,另一台控制器安装在远程控制室内,2 台控制器通过光纤相联结。中央控制室配置 CRT 中文显示,全数字智能报警系统还安装有联动控制柜,集中控制消防水泵、排烟风机、正压风机、防火卷帘门等重要的消防设备。通过此系统,随时监察各探测器及模块的工作情况,一旦发生火情苗头,各防火区域和消防中心同时收到报警信号,并自动联动有关设备,使所有消防保护区域可在消防中心的统一协调下同时采取灭火措施,使火灾被扑灭于早期阶段。除主机的存储器记录火灾情况外,并配有打印机,随时打印火灾情况的资料。

(3) 数字智能探测器

该系统中采用了数字智能探测器,数字智能型控制模块等器材构成了一个完善的消防报警系统、紧急声光报警系统和紧急电话系统,一旦发生火灾,水泵应急启动,断开非消防用电,自动控制防火卷帘门启闭等功能,使得系统联动更加可靠、操作更加简单。

9.4　隧道消防管理与防灾救灾预案

9.4.1　消防管理

1) 一般规定

(1) 公路隧道运营管理部门是隧道消防安全管理的主体,应对所辖公路沿线隧道的消防安全管理工作全面负责。

(2)消防安全管理工作包括设置管理机构、配备人员及队伍、检查和维护消防设施、制定规章制度,明确岗位职责,开展宣传教育,制订防灾救援预案,组织灭火救灾演习等。

(3)长度超过10km山岭公路隧道、长度超过5km水下隧道,应在隧道管理站内配置专职消防队,消防队应能满足24h不间断值班的要求。

(4)对于没有设置管理所(站)的隧道,应根据隧道规模、维护管理等情况设置管理点,负责对本隧道的消防安全和机电设施、消防设施进行维护管理。

(5)公路上消防设施的管理和维护,参照同类建筑消防设施管理及维护规定执行。

(6)在运营隧道的车行横通道、人行横通道、服务隧道以及其他各类疏散通道上,禁止堆放影响人员、车辆疏散的物品。

(7)用于隧道灭火、抢险救援的各种消防器材、设备设施、消防车、清障车等,不得用于与消防和抢险救援无关的其他事项。

2)消防应急管理

(1)隧道运营管理部门,根据所管理隧道实际情况,应制订灭火救援预案,经相关部门批准。其内容包括:

①应设置合理可靠的应急救援组织机构及防灾救援梯队,明确各机构构成与人员的职责。

②应详细制订火灾事故灾害时,通风、照明等系统及设施的控制方案,人员、车辆的逃生路线,救援人员的救援路线,各个部门的职责及现场处理措施等,以保证疏散救援及时、有序地进行。

③根据隧道的通风方式,制订火灾后期的排烟方案。

④隧道管理所每年应至少举行一次消防救援演练。

(2)发生火灾后,公路隧道运营管理部门应立即启动救灾预案,内容包括:

①及时向有关方面通报火灾发生的地点、性质及关联的交通状态等。

②按照制订的预案,立即启动光报警信号、消防应急广播、闭路电视监控、可变信息情报板等及时发布火灾警告。

③会同交警(或者征得交警同意),采取关闭隧道等措施,禁止后续车辆驶入隧道,并进行交通管制。

④根据救人为主、应急疏散和灭火救援协调一致的原则,按照预案设定安全疏散路线和灭火救援路线,组织救援。

⑤灭火救援交通流向不应与疏散交通流向产生交叉,以防止产生新的交通事故和其他灾害。

3)灾后管理

隧道火灾灭火救援完成后,隧道运营管理部门应会同交警、消防部门进行灾害评估。内容包括:

(1)调查火灾发生的原因,还原事故发生过程。

(2)总结、评估灭火救援的效果。

(3)检查、评估隧道结构损毁情况。

(4)检查、评估隧道设施的损毁情况。
(5)提出隧道消防设施修复、补充建议。
(6)提出隧道灭火救援预案的修改建议。

9.4.2 公路隧道消防救援预案编制指南

(1)长隧道、特长隧道或隧道群竣工后,建设单位或管理单位必须制订专门的隧道灭火救援预案。
(2)隧道灭火救援预案,必须尽可能地做到科学、合理、完整且可操作。
(3)隧道灭火救援预案,应清楚地指出主管机构或参与部门在事故监管、修正或缓解中应担负的职责。
(4)应根据隧道的不同的事故类型及特点,设定事故场景。有下列情况之一发生时,应实施灭火救援预案:
①隧道中的一辆或多辆车辆发生火灾或生成烟气。
②一辆或多辆车辆发生碰撞。
③电源故障造成照明、通风和其他生命安全系统停止运行。
④易燃、有毒、刺激性蒸汽和气体的渗漏和泄漏。
⑤多发性人员伤亡事故,以及乘客的紧急救助。
⑥冲击和热暴露中的结构受损。
⑦严重破坏或重大犯罪行为,例如恐怖袭击。
⑧恶劣的气候条件,如大雪、低温或高温、冰雹、冰雪。
⑨地震。
⑩危险品有意或无意地被释放到隧道中。
(5)隧道灭火救援预案的制定应符合下列要求:
①预案应提交当地消防部门审查通过,并包括以下内容:
a. 预案的名称。
b. 主管部门的名称,负责人的姓名。
c. 预案实施、审查和修订的日期。
d. 参加部门和职责范围,包括政府部门和主管人员的签名。
e. 每一种应急响应的安全应对流程及措施。
f. 相关的管辖机构就发生在不同环境中的不同紧急事故履行的程序。
g. 隧道管理单位内每个部门在不同灾害中的责任及工作流程。
h. 参与部门认同的其他附加信息。
②隧道应急救援组织机构应包括指挥部、警戒组、救援梯队、医疗、交通、通信、宣传、事故调查、事后处理等相关单位及人员,并应明确各单位及人员的职责和应对事故的处置对策与流程。

③救援梯队。

a.隧道事故救援一般分为三个梯队。第一梯队为隧道内维护及驾乘人员；第二梯队为隧道管理、消防、交警及路政等人员；第三梯队为专业的消防人员、公安、武警、医疗救护、环保等单位及人员。图9-3为建议的隧道灭火救援梯队示意图。

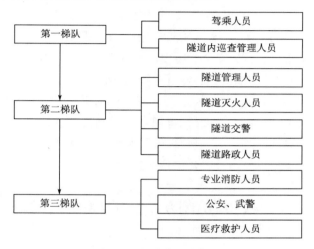

图9-3　公路隧道灭火救援梯队图

b.对救援梯队中相关单位及人员的职责应有明确规定。

④长大公路隧道必须进行救援区段的合理划分。救援区段的划分不仅要考虑隧道火灾影响范围、通风排烟控制、分段排烟设置、救灾设备的位置、救援队伍的驻地，而且要考虑人行通道、车行通道以及逃生通道的位置。

⑤救灾预案的制定要结合具体隧道实际，依据不同的事故类型和事故场景，采用理论分析、逻辑推理、沙盘推演、数值模拟或者物理模拟的方法仔细研究制订，并在实践中不断予以完善。

⑥预案中必须明确不同灾害事故时监控、路政、交警、电工、水工、养护等各个部门的工作流程及具体措施。

（6）隧道管理部门应该每年至少组织一次防灾救灾演习，并应做好演习记录。

（7）长隧道、特长隧道或隧道群洞口处应设置交通集散场地，并具备合理可行的洞口交通集散方案，与隧道防灾救援预案紧密联系，形成相互协调的网络体系。

9.5　救援与消防系统的运行

隧道内一旦发生火灾，为尽可能把火灾限制在最小范围内，必须具有三个梯队。第一梯队由隧道内车辆驾乘人员和日常在隧道内巡查的管理人员组成；第二梯队由隧道管理人员、灭火人员、路政人员、交通警察组成；第三梯队由就近县市的专业消防人员和医疗救护人员组成。

其中，第一梯队中的隧道内巡查管理人员，在日常巡查过程中，应仔细检查隧道内老化线路和隧道病害,如若发现问题,应及时报告给隧道检修人员,以便及时维修。第一梯队总是首先发现和面临火灾,但他们没有专门的消防技术,因此隧道消防箱内所设置的消防设备必须充分考虑到易辨认性和易操作性。

第二梯队在隧道火灾发生后一段时间才能到达火灾现场,他们具有专业的消防技能,但一般不携带设备,而是使用隧道内的灭火设备。根据国内外公路隧道运营经验和国际道路会议常务委员会(PIARC)的推荐,第一、第二梯队使用的最佳灭火设备是轻水泡沫系统。

影响隧道火灾量级并影响生命安全的主要因素是时间,所以隧道火灾的初期灭火工作不容忽视。在国内外隧道火灾救援组织中,隧道火灾的初期灭火工作一般由第一梯队和第二梯队实施,后期的灭火工作由第三救援梯队完成。图9-3给出了公路隧道灭火救援梯队的组成。各个梯队的人员数量可通过实践一阶段后,特别是在所制订的防火救灾预案演习几次和实际运行一段时间后,根据需要再确定。隧道管理人员和消防人员,要由专业消防部门进行专门的培训。救援消防过程应按照专门的救灾紧急预案执行。

9.6 救援与消防系统的检查与维修

9.6.1 隧道救援与消防系统日常检查与维护

隧道消防与救援系统的日常检查与维护主要是对隧道内消防设备、报警设备、洞外消防设施的外观进行巡视,并及时处理设施的异常情况。

(1)低位水池为消防与生活共用,泵房值班人员要每天检查水池水位是否满足消防要求(通过水泵房液位显示装置,水池水位要保持在2.5m以上),不足时要及时进行补水(通过深井泵补水系统)。

(2)利用消火栓箱内灭火器扑灭小型火灾后,要及时对用过的灭火器进行更换(消火栓箱内配干粉灭火器两具,泡沫灭火器两具)。

(3)发热电缆保温系统在夏季关闭,冬季打开运行,要对发热电缆保温系统控制箱进行检查,看是否处于正常工作状态(温度设定达到设定要求15℃),是否有掉闸、断电等现象,尤其是冬季要每天进行检查,保证系统正常运行,实现对管道等设施的主动性保温防冻。

(4)对于使用天然水源的地方,由于天然水源可能不稳定、杂质大,因此要对天然水源的供水管道、阀门进行检查,观察其压力表示数是否符合设计压力要求,不符合时要通过减压阀进行调节。

(5)要做好水泵养护工作,对泵房采取有效的采暖设施,特别是对低位水池深井泵补水系统管道要做好防冻措施,保证低位水池正常补水,应每隔一个月定期检查并试运转。

(6)水幕控制箱电源每隔3个月检查是否正常;信号阀应处于开启状态,模拟火灾远程控制应每隔半年试验1次。

(7)防火卷帘每隔1个月检查电源,手动、控制室远程控制开启关闭,卷帘上下灵活为正常(卷帘升降速度为4m/min)。

(8)每次喷射泡沫/水混合液结束后,应继续供水2min,将管路内残存泡沫液清洗干净,然后恢复原始状态。每隔半年检查消火栓箱泡沫罐内泡沫液是否充满(30L),不足的应加以补充。泡沫液必须是同一厂家、同类型号泡沫液,使该装置处于正常防备状态。PMZ水成膜泡沫灭火装置适用于扑救有机固体类、液类、可融化固体类火灾,不适用于扑救带电火灾和醇类、醚类、酮类、酯类等易燃液体的火灾,适用环境温度为4℃~48℃;

(9)每隔半年对灭火器进行检查,查看灭火器上的压力表指针,如指针到达红色区域,需要更换或重新充装。

(10)水泵每隔一个月手动启动30s,以防水泵长时间不用而锈死。具体方法为将按钮打到自动位置,然后按下红色消防按钮,采用变频软启动,运转30s后关闭即可。

(11)经常观察管网压力,查看压力是否满足要求。数值通过水幕系统上的压力表及水泵房管道上的压力表读取。

(12)每年对泡沫灭火器、消火栓灭火系统、室外消火栓做试验,查看是否满足压力要求。

(13)要加强隧道消防设备的日常管理工作,特别是隧道内停车带经常有车停留,要加强监管,防止消防设备破坏、丢失,对车、人行横洞防火卷帘要禁止随便开启、关闭,每半年应对隧道内闸阀加机油润滑,确保阀门开启关闭灵活。

9.6.2 救援与消防设施经常检修和定期检修

救援与消防设施不进行分解性检修,其经常检修、定期检修可按表9-2进行。在检修期间应有相应的防灾措施。

公路隧道救援与消防设施经常检修、定期检修主要项目　　　　　　表9-2

设施名称	检查项目	主要检查内容	经常检修 1次/1~3月	定期检修 1次/年
火灾报警设施*	点型感烟、感温探测器	(1)清洁表面	√	
		(2)各回路的报警随机抽检试验		√
	双/三波长火焰探测器	(1)清洁表面	√	
		(2)各回路的报警随机抽检试验		√
	线型感温光纤火灾探测系统	(1)清洁表面	√	
		(2)各回路的报警随机抽检试验		√
	光纤光栅感温火灾探测系统	(1)清洁表面	√	
		(2)各回路的报警随机抽检试验		√
	视频型火灾报警装置	(1)清洁表面	√	
		(2)各回路的报警随机抽检试验		√
	手动报警按钮	(1)清洁表面	√	
		(2)检查防水性能	√	
		(3)报警信号及传输测试		√
		(4)各回路的报警随机抽检试验		√

续上表

设施名称	检查项目	主要检查内容	经常检修 1次/1~3月	定期检修 1次/年
火灾报警设施*	火灾报警控制器	(1)清洁表面	√	
		(2)检查防水性能	√	
		(3)线缆连接是否正常	√	
		(4)报警试验		√
液位检测器	总体	(1)电极棒液位控制装置检查		√
		(2)浮球磁性液位控制器检查		√
		(3)超声波液位计检查		√
		(4)仪器检测精度标定		√
消火栓及灭火器*	总体	(1)有无漏水、腐蚀,软管、水带有无损伤	√	
		(2)室外消火栓的放水试验及水压试验	√	
		(3)泡沫消火栓的使用与防渣检查		√
		(4)消水栓的放水试验及水压试验		√
		(5)寒冷地区消防管道的防冻检修		√
		(6)确认灭火器的数量及其有效期	√	
		(7)灭火器腐蚀情况	√	
		(8)设备箱体及标识检查	√	
阀门	总体	(1)外观检查,有无漏水、腐蚀	√	
		(2)操作试验是否正常	√	
		(3)导通试验	√	
		(4)保温装置的状况		√
水喷雾灭火设施*	总体	(1)检查系统组件工作状态	√	
		(2)检查设备外表	√	
		(3)检查管路压力	√	
		(4)检查报警装置	√	
		(5)检查系统功能	√	
		(6)清洗雨淋阀本体的密封圈		√
		(7)检查阀瓣断头和锁紧销		√
		(8)清洗控制阀和密封膜		√
		(9)管网耐压试验		√
水泵接合器	总体	(1)清洁表面、内部	√	
		(2)检查密封性	√	
		(3)送水加压功能是否正常		√
水栗*	总体	(1)运转时有无异响、振动、过热,压力上升时闸阀的动作是否正常	√	

续上表

设施名称	检查项目	主要检查内容	经常检修 1次/1~3月	定期检修 1次/年
水泵*	总体	(2)外观有无污染与损伤	√	
		(3)轴承部位加油与排气检查	√	
		(4)启动试验与自动阀同时进行	√	
		(5)紧固泵体各部连接螺栓	√	
		(6)清除离心泵泵内垃圾	√	
电动机	总体	(1)运转时有无异响、振动、过热	√	
		(2)外观有无污染、损伤	√	
		(3)电压、电流检测	√	
		(4)启动试验	√	
		(5)各连接部情况		√
		(6)绝缘试验		√
给水管	总体	(1)有无漏水,闸阀操作是否灵活	√	
		(2)管支架是否腐蚀、松动		√
		(3)洞外及隧道内水管的防冻、防盐雾腐蚀		√
		(4)管过滤器清洗		√
气体灭火设施	总体	(1)与火灾报警控制器联动试验		√
		(2)检查气溶胶		√
消防车、消防摩托车	总体	(1)车辆保养	√	
		(2)检查灭火装备	√	
消防水池*	总体	(1)有无渗漏水	√	
		(2)水位是否正常及液位检测器是否完好	√	
		(3)泄水孔是否通畅	√	
		(4)水池的清洁		√
		(5)寒冷地区保温防冻检查		√
电光标志*	总体	(1)检查、调节LED集束像素管的发光亮度	√	
		(2)检查显示功能是否正常	√	
		(3)外观有无污染、破损、锈蚀、字迹清晰	√	

注:带"*"的为关键设备。

9.6.3 水泵的维修与保养

(1)水泵运行中的维护与保养要求如下:
①进水管必须高度密封,不能漏水、漏气。
②禁止水泵在气蚀状态下长期运行。

③禁止水泵在大流量工况运行时,电机超电流长期运行。
④定时检查水泵运行中的电机电流值,尽量使水泵在设计工况范围内运行。
⑤水泵在运行中应有专人看管,以免发生意外。
⑥水泵长期运行后,由于机械磨损,使机组噪声及振动增大时,应停车检查,必要时可更换易损零件及轴承,机组检修期一般为1年。

(2)故障的原因及排除方法见表9-3。

公路隧道水泵故障原因及排除方法　　　表9-3

故障现象	可能产生的原因	排除方法
水泵不出水	(1)进出口阀门未打开,进出管路阻塞,叶轮流道阻塞; (2)电机运行方向不对,电机缺相转速很慢; (3)吸入管漏气; (4)泵未灌满液体,泵腔内有空气; (5)进口供水不足,吸程过高,低阀漏水; (6)管路阻力过大,泵选型不当	(1)检查,去阻塞物; (2)调整电机转向,紧固电机接线; (3)拧紧各密封面,排除空气; (4)打开泵上盖或打开排气阀,排尽空气; (5)停机检查、调整(井网自来水关和带吸程使用易出现此现象); (6)减少管路弯道,重新选泵
水泵流量不足	(1)先按水泵不出水原因检查; (2)管道、泵流道或叶轮部分阻塞,水垢沉积,阀门开度不足; (3)电压偏低; (4)叶轮磨损	(1)先按水泵不出水排除; (2)去除阻塞物,重新调整阀门开度; (3)稳压; (4)更换叶轮
功率过大	(1)超过额定流量使用; (2)吸程过高; (3)泵轴承磨损	(1)调节流量,关小出口阀门; (2)降低吸程; (3)更换轴承
杂音振动	(1)管路支撑不稳; (2)液体混有气体; (3)产生气蚀; (4)轴承损坏; (5)电机超载运行	(1)稳固管路; (2)提高吸入压力,排气; (3)降低真空度; (4)更换轴承; (5)调整按"电机发热"
电机发热	(1)流量过大,超载运行; (2)局部摩擦; (3)电机轴承损坏; (4)电压不足	(1)关小出口阀门; (2)检查排除; (3)更换轴承; (4)稳压
水泵漏水	(1)机械密封磨损或软填料损坏; (2)泵体有砂孔或破裂; (3)密封面不平整	(1)更换; (2)焊补或更换; (3)休整

9.6.4　水幕系统维护

水幕系统主要作用是在隧道发生火灾时能够阻止火势蔓延,隔断烟气,为人员、车辆疏散,消防灭火工作提供帮助。水幕系统维护注意事项包括：

（1）平时水幕控制柜的电源指示灯亮,同时应打到遥控上,使之处于准工作状态。

（2）应经常检查电源指示灯和雨淋阀的工作状态,以保证火灾时,水幕系统能正常使用。

（3）水幕控制箱电源每隔3个月检查是否正常。具体方法是电源控制箱上电源显示灯亮为正常,控制箱电源有主电和备电,平时电源主要用主电（隧道供电系统）,在隧道停电时靠备电（安装在控制箱内的蓄电池）提供电源,因此蓄电池在使用后,要及时进行充电,确保系统运行正常。

（4）信号阀应处于常开状态,模拟火灾远程控制应每隔半年试验1次,具体方法是关闭信号阀,控制箱打到遥控上,然后通知监控室,电磁阀动作,隔膜腔内压力水泄掉为正常；

（5）雨淋阀在使用一次以后,要对其进行复位；复位螺丝在雨淋阀前盖下方,先逆时针旋转,然后再顺时针旋转,听到"咔嚓"声即复位。

9.7　隧道防灾救灾演习

隧道防灾救灾演习参见本手册附录 C 相关内容。

第 10 章 交通安全系统

10.1 交通安全系统概述

交通安全系统是隧道的重要组成部分,它对提高隧道的服务性能,保障行车安全和交通畅通具有重要意义。公路隧道交通控制主要包括交通安全设施、交通标志、交通标线和交通监控设施。

10.1.1 交通安全设施

隧道交通安全设施包括护栏、遮阳棚、振颠设施、隔离封闭设施、视线诱导设施等。

1)护栏

护栏的防撞机理是通过护栏、车辆的弹塑性变形、摩擦、车体变位来吸收车辆碰撞能量,从而达到保护乘客生命安全的目的。护栏与其他安全设施的显著区别是以护栏和车辆自身的破坏(变形)来防止更严重伤害事故的发生。

护栏的功能目标是能阻止车辆越出路外,绊阻或阻止车辆从护栏下钻过;能使车辆回复到正常行驶方向;具有良好的吸收碰撞能量的功能;诱导驾驶员的视线,增加行车的安全性和道路的美观。隧道的护栏主要设置在隧道洞外与公路的交接处。

2)遮阳棚

遮阳棚是为使驾驶员免受对向行车灯光的眩光干扰而设置在中央分隔带上的挡光设施。遮阳棚一般设在隧道进口与眩光隧道的过渡处。

3)减速带

减速带是设在隧道路面上,用以警告驾驶人员减速的安全设施。车辆通过减速带时受到冲击和振动,从而起到警告驾驶员和强制减速的作用。

4)隔离封闭设施

隔离封闭设施是阻止人和动物随意进入或横穿隧道内的路面,隔离封闭设施可有效地排除横向干扰,避免由此产生的交通延误或交通事故,从而保障公路隧道快速、舒适、安全的运行特性得以充分发挥。

5)其他安全防护设施

(1)锥形交通标

锥形交通标是对交通起警告和阻拦作用的临时性设施,通常由塑料、玻璃钢制成,表面用红、白相间材料粘贴,夜间使用时上端应粘贴白色反光材料或反光导标,使之具有良好的反光性能。主要用于隧道内施工等临时作业,控制车辆穿越或标明车辆绕过障碍路段的轮廓。

锥形交通标的高度有两种:一种高70cm,锥顶直径5.6cm,锥底直径27cm,底座直径42cm;另一种高50cm,锥顶直径8cm,锥底直径27cm,底座直径35cm。

(2)路栏

路栏是对交通起警告和阻拦作用的设施,通常由钢管、基座组合,表面由油漆与反光膜组成,红白相间。主要用于施工、落石、塌方等危险路段,路栏一般应在危险路段的两端设置,保持一侧的车行道维持通行,也可沿危险路段纵向设置。为了安设方便,运输时节省空间,框架应做成折叠式,在框架的上部留有灯具的插孔,以便作业时插放作业警示灯具。

路栏的高度为100cm,宽度为180cm,在路栏框架上配有上下两块版面。上版面宽度为40cm,下版面宽度为20cm,上下版面的间距为20cm。路栏版面无文字,仅为黄黑相间的条幅,条幅宽度为20cm,与水平方向成45°角。考虑到夜间及光线不良时的使用效果,版面应采用工程级以上的反光材料贴制。

(3)移动性施工标志

高速隧道公路养护作业经常是移动性作业,这些作业经常是在没有进行路面交通管制的情况下进行的。为保证作业车辆和行驶车辆的安全,同样需要向过往车辆提供必要的作业信息,以便及时安全避让。

移动性作业标志一般挂于作业车的尾部明显可见处,其作用是警告行驶车辆的驾驶员,前方隧道道路正在施工,应减速慢行或变换车道行驶。这类标志为黄底黑边框、黑字,使用工程级以上的反光膜贴制,此警示标牌长不超过车体宽度,宽度不小于50cm,字体鲜明,在100m以外能明显被辨认。为了增加警示效果,白天作业时,还应在车辆的较高处,插挂颜色鲜明的作业标识旗帜。在夜间或光线不良时作业,应在车顶部挂有黄色闪光作业警示灯具。

(4)警示灯具

警示灯具是一种专门为道路施工作业配置的灯具,安装在路栏或独立活动支架上,灯光为黄色或橙黄色,即使在隧道内烟尘大,也有较强的穿透能力。其作用为警告行驶车辆前方有养护作业,应减速慢行,适当避让。灯具一般使用在光线不良或夜间施工作业时,灯具应能发出500m以外清晰可见的连续、闪烁或旋转的黄光,开启时,每分钟闪烁不低于60次,不高于90次。在危险程度较为严重的作业场区,可在周围的锥形帽上增设一种便携式警示灯,使之能清楚反映作业区轮廓。另外,规模性施工有大型设备、大宗材料占用行车道而夜间不能及时撤离的,必须配备专用的标志灯光车示警,标志专用灯光车应摆放在作业区前端的封闭区内。

(5)安全作业服(安全帽)

作业服分为普通作业服和反光作业服,面色为醒目的橘红色,一般穿着上装或上装与帽子同时佩戴。反光作业服的反光部分面积应尽量大,最小宽度不低于5cm,反光部分与不反光部分交替配置。高速公路上路施工人员一般穿着反光作业服。

盔式安全帽采用橘红色,主要用于有高空作业或超重作业的现场工作人员佩戴。

10.1.2 交通监控设施

公路隧道交通监控子系统主要包括设在洞口交通信号灯、车道控制标志、车行横洞诱导信号灯及车辆检测器。隧道监控室可根据车辆检测器检测数据情况,通过区域控制器对交通信号系统进行控制。运用交通信息管理系统,可以在交通异常情况下提醒驾驶员注意车速,保证在各种交通情况下对车辆提供交通诱导信号,及时向道路使用者推荐最佳行车速度,以平缓交通流和缓解道路的拥塞,确保交通的正常畅通。在隧道发生火灾或者其他事故情况下,隧道监控室可以按照预先设置的救灾预案,开启隧道内的交通信号、照明、通风、消防、情报、语音等系统,为救灾逃生提供协助和指导。

1) 车辆检测器

在隧道内大约500m区域装设一套环形线圈车辆检测器,用以测定隧道内的车流量、车速、占用率,提供判别洞内是否发生阻塞或拥挤等情况的依据。当车流量达到预置车流量密度值时,即向中控室报警。通过改变设置在隧道口的可变限速标志的显示,指示驾驶员减速或停车。隧道车辆检测器分为线圈型和数字型。

(1) 系统组成

以南非 Nortech 国际公司的 IRl00 智能道路事件检测系统为例,车辆检测器由以下设备组成:四通道欧标卡式车辆检测器 TD634EN 二块,处理与通信模块 SC600E7 一块,扩展模块 NP601A,电源模块(PSU) PS224B 一块,19 英寸机架及背板等。

(2) 检测的基本原理

感应式环形线圈检测系统由两个部分组成:检测器和感应式线圈及引入线。检测器振荡电路驱动能量(10~200kHz)通过线圈而产生一个电磁场。环形线圈感应器形成一个调解电路,线圈成为其中的一个元件。当一个金属物体通过磁场时,旋流将会在导体中被感应到。由于环形线圈的电感与磁流是成比例的,这就导致了环形线圈的电感系数的减少。检测器检测到这种变化并驱动其电子输出。环形线圈和引入导线是检测系统的感应部分,并且具有阻抗和电容(线间以及线与地之间的电容)。线被环绕起来形成线圈(通常环绕 2~4 圈),此处的磁场更为集中,形成一个检测区。所有的运载电流的导体或线由于电流通过线体而产生磁流。这种磁流的结果被称为电感的电流性质,电感量是以亨利(H)来衡量的。车辆检测器的工作原理如图 10-1 所示。

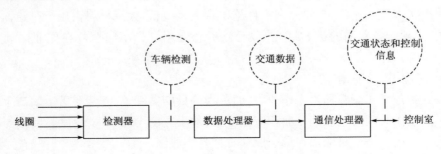

图 10-1　车辆检测器工作原理

2)信号灯

交通信号灯是交通监控子系统重要组成部分,主要对隧道内交通车辆的行驶起诱导作用,应在洞口设置交通信号灯,在洞内设置车道控制标志,在车行横洞处设置车行横洞诱导信号灯,以用于车辆限制诱导控制。

(1)交通信号灯

安装在隧道入口、出口处,由红色叉和绿色箭头组成。绿色表示隧道运行正常,车辆可以进入;红色表示禁止车辆前进(如隧道出现事故或车辆违章超高等);采用同一箱体,LED 双面显示,铝合金外壳。

交通信号灯技术指标如下:

①采用 LED 双面显示,铝合金外壳。

②显示红×和绿↓两种状态,在不显示状态时,显示面板为黑色。

③显示面板直径为 300mm。

④可视距离大于 200m,可视夹角大于 30°。

⑤开关电源:输入 AC220V ± 15%,50Hz ± 3Hz。

⑥防护能力:具有防尘、防水、防潮、耐高温、稳定性高、可靠性强、抗震动等特性。

⑦功耗小于 50W。

⑧环境温度: - 20℃ ~ + 60℃。

⑨境湿度:10% ~ 90% RH。

⑩MTBF:5 000h。

(2)车道控制标志

安装在隧道内车道正上方,为红叉、绿箭头两种状态。同一箱体,LED 双面显示,以备紧急情况下变向行驶使用。红叉表示此车道封闭,绿箭头表示此车道允许通行。两状态互为锁定。

车道控制标志技术特点如下:

①外框尺寸 300mm × 300mm。

②电压:AC220V ± 15%,50Hz ± 3Hz。

③有效距离:视力正常的驾驶员在 200m 外可清晰分辨。

④MTBF:5 000h。

⑤功率损耗: < 50W。

⑥环境温度: - 20℃ ~ + 60℃。

⑦工作湿度:10% ~ 90%。

⑧使用寿命:100 000h。

⑨信号灯红绿变化控制接口小于 24V 的低压接口,由双向开关控制红、绿色的变换。

(3)车行横洞诱导信号灯

车行横洞诱导信号灯安装在车行横洞车道正上方。LED 具有正反两面显示功能,三显示为:红色"×"、绿色左行箭头和绿色上行箭头。红叉表示此车道封闭,绿色上行箭头表示此车道允许直行,两状态互为锁定,绿色左行箭头在紧急情况下变向行驶使用,与绿色上行箭头互为锁定。

车行横洞诱导信号灯技术指标如下:
①采用 LED 双面显示,铝合金外壳。
②LED 光源:超高亮度红色 LED 光源,超高亮度纯绿色 LED 光源。
③具有亮度调节功能,可根据光线的强弱自动调节信号的发光亮度,即阳光直射时,自动提高亮度,夜晚自动降低亮度。
④显示:绿←红×和绿↓两种组合状态,在不显示状态时,显示面板为黑色。
⑤显示面板直径为 300mm,可视距离大于 200m,可视夹角大于 30°。
⑥电源:AC220V±15%,50Hz±1Hz。
⑦LED 平均寿命:100 000h。
⑧MTBF:≥5 000h。
⑨功率损耗:<50W。
⑩环境温度:−20℃~+60℃,相对湿度:10%~95%。

(4)信号灯的控制

信号灯是由所在区域控制器通过编码方式控制的。隧道内的所有信号灯通过区域控制器与中心计算机连接,接受来自中心计算机的命令,并回馈执行状态,完全能够实现交通控制与诱导系统功能要求。

信号灯可以在区域控制器就地控制(优先),也可以在隧道监控室远程控制,其原理如图 10-2 所示。

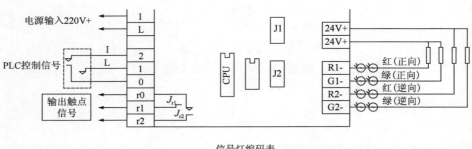

图 10-2 信号灯控制原理

3)栏杆机

在隧道内发生紧急状态时,为防止隧道外车辆误入隧道,特别设置了电动栏杆机,该装置采用专门设计的扭矩减速电机和智能型控制器,可以由人工手动方式和自动方式控制。

常见的 MAG 公路自动栏杆系列是吸收德国技术而生产的高科技产品,采用高度可靠的转矩电机及正弦连杆系统使得驱动系统结构简单、性能可靠。该驱动系统工作时起落时间快,终点位置无冲击。在发生断电的情况下,栏杆可以自动抬杆,也可以用手将挡杆抬起。整个驱动装置仅用4个螺栓安装在壳体上端,只需去掉4个螺栓,就可从壳体上拿下整个驱动装置。

栏杆机技术参数如下:
(1)型号:MAG-30。
(2)杆长:3 000mm。
(3)起/落杆时间:1.8s。
(4)电压:220~240V。
(5)频率:50~60Hz。
(6)功率:60W。
(7)外壳:350(长)×350(宽)×1074(高)(mm^3)。
(8)质量:50kg。

10.2 交通安全系统的运营控制

1)交通检测部分

在隧道内设置固定摄像机,通过对部分固定摄像机图像的处理(视频事件检测设备)可得到交通量、平均车速、占有率等交通参数,根据交通参数的运算可判断隧道内的交通运行状况,这也是通风控制子系统的基本数据。同时通过摄像机视频图像的处理还可直接得到隧道内交通异常信息,如事故、拥堵、违章行车、烟雾等信息,并在发生异常事件时自动报警。

2)交通信号控制部分

交通信号控制主要是用于协助疏导交通、给驾驶员提供信息,以保证道路畅通。在隧道两端入口前设置交通信号灯,用于表示此时隧道内的交通情况。交通信号灯可显示红、黄、绿三色及一个转弯标志。隧道内交通正常显示为绿色,隧道内交通异常显示为黄色;当发生紧急状况,此时隧道关闭、禁行,显示为红色;需要从隧道口的换向车道驶入对向隧道或者调头从对向车道驶回时,启用转弯标志。

在隧道入口、出口和隧道内设置车道指示标志指示每条车道的状况。设备采用LED显示方式:包括两个显示板,每个显示板上可显示红色"X"或绿色"↓",分别表示本车道处于关闭或通行状态。由于在事故情况下需要逆向行驶,因此车道指示标志采用双面式。在隧道每个人行横洞和车行横洞处设置横洞指示标志,用于紧急情况下指示道路。本标志平时不亮,仅在紧急情况下疏散人员和车辆时显示。光源采用专用白炽灯,信息的显示是通过开关启动相应灯箱的光源来实现。

在隧道两端入口设置小型可变信息标志用于简单信息提示和速度限制。在隧道内或隧道口设置可变信息标志和可变限速标志用于在异常情况下发布隧道内交通提示信息和速度控制信息,5km以上的特长公路隧道中情报信息板的设置间距不应小于2 000m。

3)系统结构与运行

(1)系统结构

本系统由隧道监控站计算机系统、隧道交通监控本地控制器、外场设备以及传输通道等组成。隧道交通监控本地控制器系统是隧道监控站与隧道外场设备的联系纽带。隧道(群)的本地控制器目前流行通过工业以太网全部相连,形成一个冗余环网系统,并通过该工业以太网与隧道监控站相连;本地控制器向下则以一对多的方式与隧道内分散的外场设备相连。

本地控制器系统收集、存储和管理外场设备数据,监控外场设备工作状态,报告给隧道监控站,并且接收隧道监控站命令对外场设备进行控制;另外它还具有本地自动控制的功能;在维修或测试等需要时,可由隧道内的本地控制器进行控制。

(2)系统运行

根据检测交通参数及隧道环境参数,通过软件运算可得出交通和环境状况,即可采用相应的控制方案。

10.3　交通安全系统的检查与维护

1)护栏

(1)护栏的检查

除日常巡回时检查护栏有无异常情况外,还应每隔2～3个月进行定期检查,其内容包括:
①各类护栏的损坏、变形情况;
②立柱与水平构件的紧固情况;
③清洁、油漆损坏、反光膜缺损情况;
④螺栓的松弛程度。

(2)护栏的养护维修
①每半年对护栏连接部螺栓进行拧固、缺损螺栓补齐;
②经常清除护栏周围的杂草、杂物等;
③护栏表面的油漆损坏应及时修补;反光膜缺损应及时补贴;
④由于交通事故或自然灾害造成护栏缺损或变形,应及时修补或更换;
⑤保持波形护栏(含端头)立柱高低顺适、牢固美观,表面锈蚀严重的金属护栏应予以更换;
⑥在不能及时恢复损坏部位时,可采用应急材料临时修补;
⑦由于路面修复而使护栏高程发生显著变化时,应及时调整高程;
⑧应定期对护栏表面进行清洗,对油漆损坏严重的,应酌情重新涂漆一次;
⑨对于水泥混凝土护栏,应结合当地实际情况酌情刷水泥浆一次。

2)遮阳棚

(1)遮阳棚的检查
①日常巡视时应注意遮光栅有无缺损、歪斜;
②钢质遮光栅有无油漆剥落、锈蚀;
③支柱有无变形等。

(2)遮阳棚的养护维修
①遮光棚应定期油漆;

②发现破损应及时修复,歪斜的应加以扶正,锈蚀和变形严重的应予以更换。

(3)减速带

①经常清扫减速带上的杂物;

②减速带因损坏或磨损而影响其性能时,应予以修复。

(4)隔离封闭设施

①隔离封闭设施的检查

a. 隔离栅损坏、变形情况;

b. 污秽程度;

c. 油漆损坏及锈蚀情况。

②隔离封闭设施的养护维修

a. 保持隔离栅的线形美观、平顺;

b. 定期清洗,对污秽严重的部位,应及时、重点清刷;

c. 每2～4年定期重新刷漆一次;

d. 对于锈蚀、松动、歪倒、缺口及损坏部分,应及时修复或更换。

第11章 监控系统

11.1 监控系统组成

1)公路隧道监控系统的功能

(1)交通与环境信息检测系统:包括 VI、CO、照度、交通参数等检测设备,为交通控制、通风控制、照明控制提供依据。

(2)闭路电视监视系统:用于监视隧道的交通状态,确认是否有阻塞、事故、火灾等异常发生。

(3)通风、照明及横通道(短隧道无)控制系统:包括风机、通风控制器、灯具及其控制设备等,用于为道路使用者提供满足规范要求的环境条件及火灾与交通阻塞时通风、照明控制。

(4)交通控制与诱导系统:包括车道指示器、交通信号灯、可变限速标志、可变情报板等,通过这些外场控制设施实现隧道内交通流诱导与阻塞排除。

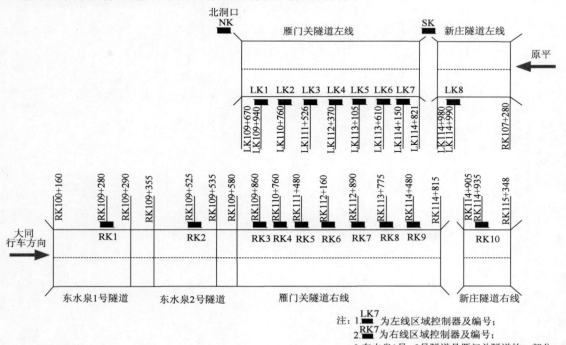

图 11-1 区域控制器分布图

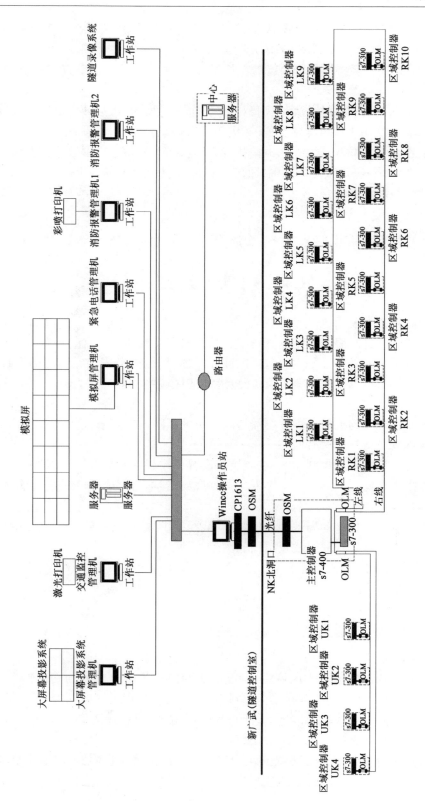

图11-2 控制系统组成图

（5）火灾自动报警系统：包括手动火灾报警与自动火灾报警，用于探测火灾以便及时采取救援措施。

（6）有线（无线）通信系统：用于隧道信息检测设施、控制设施、信息提供设施等之间的通信。

（7）广播系统：包括有线广播与无线广播，用于交通信息发布、事故或火灾时现场管理等。

（8）紧急电话系统：用于提供异常交通、火灾等语音信息。

（9）救援系统：包括消防车、救护车、故障排除车、巡逻车等，用于交通管理与救援。

（10）中央控制系统：包括监控计算机、通信计算机、监视器、大屏幕投影（或模拟地图板）等，用于中央调度、控制和管理。

2）公路隧道监控系统的组成

公路隧道监控系统及其组成（以×××公路隧道为例）如图11-1和图11-2所示。

11.2 控制系统

公路隧道控制系统主要由区域控制器、主控制器、操作员站等组成。通常控制器功能强大，可以实现隧道交通监控、照明控制、通风控制、消防安全控制和供电监测等多种功能。

公路隧道控制系统的外场设备主要包括区域控制器，一般分散安装在隧道的左线和右线中。区域控制器是隧道控制系统的核心设备，隧道内的区域控制器通过光纤组成的冗余光纤环网连接起来。

主控制器安装在隧道的洞口。主控制器将两个单独环网连接起来，这样，主控制器就能通过区域控制器对现场设备进行实时监控。

为了能在隧道监控室实现控制功能，在监控室设置了控制系统操作员站，操作员站通过光纤与主控制站连接。在操作员站的显示屏上，不仅可以看到隧道的运行情况，还能对隧道设备进行远程控制。

操作员站也和隧道监控室的局域网连接，为局域网提供隧道的各种运行数据，并接受来自局域网的控制指令。控制系统的组成及结构如图11-2所示。

11.2.1 硬件控制系统

1）区域控制器

（1）区域控制器功能。

区域控制器对外场设备进行小区域集中，能够不间断采集隧道内外的交通信息、环境情况，与主控制器相连接上传监测信息并接受控制指令。区域控制器的主要功能有：

①采集本区段检测设备检测的信息，包括CO/VI检测器、风速检测仪、亮度仪、车检器、水池水位和供电设备开关状态等。

②对收集信息进行预处理，并通过光纤冗余环网传给隧道的主控制器，由主控制器传给操作员站。

③接收来自隧道管理处的各种控制命令,结合设备运行状态控制外场执行设备的动作。(如控制车道标志、交通信号灯、风机控制柜、照明配电箱、防火卷帘门、喷淋等)。

④区域控制器设有本地控制功能。当通信中断或其他原因和上端失去联系时,可进行就地操作,且就地控制优先。

⑤具有自检功能。

(2)区域控制器组成及工作原理。

区域控制器的核心是可编程控制器,简称PLC,是目前应用最广泛的工业控制装置。PLC以微处理器为核心,具有微机的许多特点,PLC是采用"顺序扫描、不断循环"的方式进行工作的,包括输入采样、系统处理、用户程序执行和输出刷新四个阶段。完成上述四个阶段称为一个扫描周期。在整个运行期间,PLC的CPU以一定的扫描速度重复执行这四个阶段:

①输入采样阶段:顺序访问PLC所有输入单元的信号状态,将其放入输入缓冲区内。

②系统处理阶段:对系统工作状态进行检查,对连接的I/O单元及外部设备等硬件进行定期诊断。

③用户程序执行阶段:执行预先设定的用户程序,将处理结果分别放入动态数据区和输出缓冲区。

④输出刷新阶段:将输出缓冲区的所有信号送到输出单元,刷新输出单元锁存器的原有状态。

PLC的主要特点有:

①可靠性高、抗干扰能力强。

②功能完善、扩充方便、组合灵活、实用性强。

③编程简单、使用方便、控制程序可变,具有很好的柔性。

④体积小、重量轻、功耗低。

2)主控制器

隧道控制系统是一个工业现场总线网络控制系统,主控制器是控制主站,区域控制器是从站。涉及各区域控制器或受控制设备协调等全局性的控制功能通常在主控制器中完成。与其他区域控制器无关的(外场设备级的控制功能)在区域控制器中完成。

(1)主控制器组成。

以雁门关公路隧道为例,其主控制器为西门子大型PLCS7-400,主要配置为安装底板、电源模块、CPU模块、工业以太网模块等。主控制器并不直接与外场设备相连接,所以,不需要配置输入/输出模块。

电源模块PS407/10A的参数:

①输入电压:220VAC。

②输入电压范围:85~264VAC。

③额定频率范围:47~63Hz。

④输出电压:5VDC/24VDC。

⑤电网停电缓冲:>20ms。

⑥短路保护:电子式。

⑦电源模块带2个后备电池,保证断电或更换电池时,不丢失程序或数据。

CPU 模块选用功能强大的 CPU416-2，其主要特性有：
①基本指令处理速度：基本指令 $0.08\mu s$。
②程序容量：256kB。
③自带现场总线接口和 MPI 编程接口。
④状态显示：运行，停止，故障，电池。
⑤现场总线接口速率：12Mbps。
⑥CPU 带实时时钟功能：诊断信息带日期和时间标记。
⑦指令系统包括：逻辑指令、控制指令、定时计数指令、数据控制处理指令、增减符号运算指令、调试处理故障诊断指令、块指令、特殊指令、字符串处理指令。
⑧特殊模块（智能模块）品种丰富。

通信模块 CP443-1：
①用于将 S7-400 连接到工业以太网上。
②传送速度：工业以太网 10Mbps/100Mbps 自适应全双工连接。
③可用于 ITP、Pd45 和 AUI 全球连接。
④带有 ISO 和 TCP/IP 传输协议的多协议方式。

光交换模块 OSM：
一端用电缆与 CP443-1 上的接口相连接，另一端通过光纤与新广武操作员站的另一个 OSM 相连接。用于实现主控制器与操作员站间的远距离网络通信。

（2）工业以太网总线。

工业以太网是基于 IEEE802.3（Ethernet）强大的区域和单元网络。一个典型的工业以太网络环境，有以下三类网络器件。

①网络部件。
a. 连接部件：FC 快速连接插座，OSM（工业以太网光纤交换机）。
b. 通信介质：普通双绞线，工业屏蔽双绞线和光纤。
②SIMATICPLC 上的工业以太网通信处理器（如 CP443-1），用于将 SIMATICPLC 连接到工业以太网。
③PG/PC 上的工业以太网通信处理器（如 CPl613），用于将 PG/PC 连接到工业以太网。

（3）操作员站。

控制系统的操作员站是系统的人机交互界面。操作员站具有管理功能，可以显示系统总貌、分系统显示、回路显示、报警显示、系统状态显示和隧道相关参数显示等。同时还可对各种外场设备进行远程手动操作。

①操作员站组成。

仍以雁门关隧道为例，操作员站硬件由 IBMPC 插入工业以太网卡 CPl613 组成，软件为通用工控组态软件西门子公司的 WINCC（Windows Control Center）。该软件以 Windows 2000 为软件平台，是一个全面开放的软件。操作员站硬件由以下几方面组成：

a. IBM 计算机主机的 CPU 主频 2.8G，配 17 英寸液晶显示器构成了操作员站的硬件主体。
b. 工业以太网卡 CPl613 把 IBM PC 接入工业以太网，通过工业以太网在主控制器和操作员站间建立联系。

c. 光交换模块 OSM：一端用电缆与 CPl613 上的接口相连接，另一端通过光纤与隧道北端洞口的另一个 OSM 相连接。用于实现主控制器与操作员站间的远距离网络通信。

d. IBM PC 上集成有快速以太网卡，通过该网卡可将操作员站与隧道监控室的局域网连接，实现信息共享。

②WINCC 组态软件。

WINCC 是为在标准 PC 和 WINDOWS NT（WINDOWS 2000）环境下实现 HMI（人机界面）的功能而设计的。

WINCC 是结合西门子公司在过程自动化领域中的先进技术和微软公司强大软件功能的产物。其特性之一是全面开放，各系统集成商可用 WINCC 作为其系统扩展的基础，通过开放接口开发自己的应用软件。WINCC 提供各种 PLC 的驱动软件，支持用户将 PLC 与上位计算机连接。用户可以在 WINCC 软件的基础上，开发出适合自己需要的人机界面软件。

11.2.2 消防安全子系统

公路隧道消防主要是通过水消防完成，消防恒压供水系统通过蓄水池中的水位与地面高度差确保消防供水压力，控制系统主要通过水位检测控制显示仪检测的水位，控制消防水泵的起停，确保蓄水池中的水位范围。水位检测对象主要为隧道进出口消防蓄水池，控制对象主要为消防水泵。

消防恒压供水控制子系统主要由水位检测仪、水泵控制柜、PLC 控制器等组成。全自动水位显示控制仪主要用于系统高位水池（消防）、低位水池的水位测量和控制，一般采用全自动水位显示控制仪。下面以雁门关隧道为例进行说明：

（1）设备组成。

雁门关消防安全子系统隧道采用了 SKY-4 型水位控制仪。该控制仪由传感器探头、放大器、数显表三大件组成，传感器探头采用投入式压力传感器，具有精度高、安装简便、可靠等优点。

（2）传感器。

传感器采用 X 型横向压阻式扩散硅压力传感器，其作用是将水的压力信号转换成电信号、传感器输出连续信号，可实现无触点、无级调节控制。该元件由美国摩托罗拉公司出品，结构精密，体积小，性能可靠。

传感器主要技术参数如下：

①测量范围：$0 \sim 80$m。

②精度：$0.2 \sim 0.5$ 级。

③遥控遥测距离：$0 \sim 4\,000$m。

④压力范围：$0 \sim 800$kPa。

⑤最大过压：$20 \sim 1\,600$kPa。

⑥灵敏度：1.2(mV/kPa)。

⑦输出信号电流：$4 \sim 20$mA。

⑧线性度（全量程最大值%）± 0.1。

(3)放大器。

放大器是与传感器连接的一个部件,其作用是将由传感器探头送来的微弱信号进行放大,将放大后的电流信号送至数显表,放大器的输入信号为微安级信号,放大后的输出信号为4~20mA。

(4)数字显示表。

数字显示表的作用是将输入的电流信号转换成数字信号,并由数码管进行数字动态显示(LED显示)。将输入信号放大后转换成开关信号以控制表内的继电器,继电器的二次触点用来控制表外的电控器件,并由电控器件控制水泵。上、下限的设定采用多圈精密电位器无级调节。

主要技术指标如下:

①上、下限双点报警。
②输入信号:0~10mA,4~20mA,显示0~199.9mV。
③精度等级:0.5级。
④分辨率:0.2mV。
⑤报警范围:上限为10~100%,(20~199.9mV),下限为10%~90%,(1~180.8mV)。
⑥工作环境:0~45℃,相对温度<85%。
⑦输出接点容量:3A。
⑧供电电源:交流220V±10%。
⑨功率:<5VA。
⑩外形尺寸:160mm×80mm×160mm。

11.3 安全监控系统

11.3.1 火灾报警系统

公路隧道火灾自动报警控制系统包括火灾自动报警主机、分布式光纤(或双波长、三波长)测温主机、手动报警按钮、声光报警器、火灾应急广播、火灾应急电话、缆式(或者点式)测温光缆(光栅)、信号控制/反馈模块等。

(1)火灾报警控制系统的基本功能。

隧道内一旦发生火灾,由火灾监测系统检测火情,自动监测系统发出声、光报警信号,报警后人工手动启动相应的灭火设施或由人工确认计算机启动紧急处理控制程序。

通常公路隧道中监控点的数量根据隧道的长度而定,一般间隔50~100m。每一处监控点,系统配置消防报警按钮、紧急声光报警器等辅助设备,一台消防主控制器控制整个隧道并构成一个完整的系统网络。系统将对整个高速公路隧道内的火灾进行实时检测并在火灾报警时启动火灾紧急处理程序。系统采用数字传输方式实现探测点、监控点与主机之间的通信。

(2)系统特点。

①系统具有降级报警保护功能,能在中央控制单元处理器故障时保证系统最基本的报警

功能。

②报警系统具有自动偏移补偿功能,由于环境因素及设备老化,系统软件和探测器内置 CPU 大约每 24h 会自动调整每个探测器的探测灵敏度。

③当探测器超出了检测补偿的数值时,控制主机将根据探测器运算结果显示探测器为污秽探测器,表明该探测器应进行清洗或维修。

④报警系统内置防雷击抗高压保护设施。能承受 6 000V 高压的冲击,它在瞬间高电压、电流或无线电波的冲击干扰下,仍能正常工作,尤其适应山区的工作环境。

⑤报警系统具有独立编程能力,所有联动程序及灵敏度、探测器编址的设定和调试均可现场由计算机软件来完成。系统主控机设有密码保护,非操作人员不输入密码,无法启动机器调试、编程、变更内部程序,使系统更安全、更可靠。

⑥报警系统对探测器具有自检功能,每 12s 对每个探测器作一次动态模拟试验。并提供双模式步行测试程式,单独一人就可测试报警系统,并由打印机记录,以备查证。

⑦报警系统主机采用插卡式单元功能板结构,使得容量扩充简单,不用更换或增加主机,只需增加单元功能板即可扩充主机容量,为以后项目或其他消防扩容工程节约大量开支。

⑧每一探测区设有独立的报警地址,采用独立地址 CPU 智能手动报警按钮及分布式光纤测温系统。

⑨报警系统具有火灾报警、档案记录及打印功能,主机可以记录 2 000 项报警和故障档案记录。系统具有远程在线通信支持功能,适合保护面积较大、情况使用复杂领域,可确保系统正常运行。

(3)模块使用。

每个模块都带有独立的 CPU 地址码,能直接接入探测回路或控制回路中,监视模块用于监视感温电缆测温光纤、声光报警器控制信号、手动报警按钮等报警信号,隔离模块可隔离故障回路且其余不影响。

(4)测温系统(以光纤为例)。

针对高速公路隧道的特点采用 DTS 光缆分布式温度监测系统,因为系统有以下特性,非常适合于公路隧道火情的监测。

①温度的实时监控,可做到早期预警,误报率极低。

a. 分布式:DTS 系统为分布式测温,可连续监测信号,任意温度点报警。即时显示最长可达 30km 范围内每隔 1m 各点的温度变化。

b. 先进性:DTS 光缆分布式温度测量系统是在线监测的最有效手段,在国外已经取代传统的线性感温材料,技术上已非常成熟完善,通过采用不同的外护套材料,DTS 监测系统可以适应各种环境。DTS 控制单元通过 PC 机在 WINDOWS 环境下由工程师调试编程来完成,设定区域长度及报警点,校定均可采用 Windows95TM 以上版本软件来完成。

c. 准确性:DTS 温度分辨率达到 ±0.1℃,温度精度 ±1℃,终端机内的激光发射装置每秒钟会发射上万次的光脉冲,并将取样温度的平均值输出到显示系统,可基本消除误差。

d. 灵活性:DTS 监测系统是一个连续监测信号,可设置多个定温点报警,如 30℃ 初报警,40℃ 预报警,50℃ 采取措施等,并且可以根据环境不同进行修正;为避免误报发生,在读取温度数据的同时,可以就温升速率进行测量相应开关量信号输出。报警控制区可编程,并可按照用户的要求进行设计,可针对环境变化设置500个不同报警控制区域。

e.扩展性:适用多路光缆,可以增设光路切换开关,进行光路自动选择与测量,最大为6路。

f.兼容性:系统可以通过RS232标准接口以及继电器输出与其他控制设备进行互连,在消防应用中可与任何消防报警控制主机连接,提供信号进行声光报警,信号输出准确、完整;光缆分布式温度监测系统可根据不同报警区分段、分级输出信号,以适应不同控制盘的需要。

g.安全性:光缆分布式温度监测系统具备安全记录功能,可储存1年以内的历史数据,并可进行有效审核。

②系统结构。

DTS控制单元沿整条光缆提供连续线型温度监测。在本项目当中,DTS控制单元通过两通道光路切换开关连接相应的光缆组成一个智能的探测器,对报警区域长度及报警点进行整体编程。根据不同的实际应用,既可以为固定的温度报警点,也可以为温度增长率或两种方式的综合。报警点及区域长度可调整到实际状况。

③区域编程、PC显示及信息互换功能。

DTS控制单元通过PC机在WINDOWS环境下由工程师调试编程来完成。设定区域长度及多级报警点,系统校定均采用Windows 95TM软件来完成。如果需要区域设定及报警点,可以在以后通过此装置来改变。一台PC机可以连接在DTS控制单元用于显示。在PC上可实时显示光缆的温度轨迹,报警信号会突出显示,包括光缆受损点实际位置的确定。

④探测光缆。

用来连接DTS控制单元的光纤为(芯线/包层/丙烯酸酯涂层)渐变折射感温多模光纤,衰减<0.6db/km@1 300nm及<2.4db/km@850nm,带宽为600MHz/km。

光纤为外涂丙烯酸酯的光导纤维,装在标准外护套中。产品符合欧洲EMC标准EN5008-2及EN50081-1。提供的光缆探测器是专为快速响应温度微小变化而设计的。光缆坚固,质量轻,柔韧,便于安装。

11.3.2 闭路电视系统

公路隧道监控系统闭路电视子系统采用对隧道全路段进行完全的可视性监视。在正常运行期间用以采集交通信息,掌握交通状况,便于为交通控制提供必要的依据。在发生交通事故或火灾等意外情况时用以确认,并发出相应的报警信息,采取相应的救援及事故处理等一系列活动,充分发挥隧道管理处监控的功能。

(1)系统组成。

隧道内摄像机与监视器采取多对一配置,在监控室采用切换的方式轮流监视。隧道管理处向管理分中心上传8路视频信号。公路隧道闭路电视系统设备组成如下:

①洞外彩色摄像机。
②洞内黑白摄像机。
③彩色电视监视器。
④视频矩阵切换控制器。

⑤视频分配放大器。
⑥硬盘录像。
⑦光端机。
⑧传输线路等。

（2）系统功能。

公路隧道闭路电视系统对隧道出、入口及隧道内的交通流量、车流密度及道路使用状况进行监视，可及时、直观的得到关于交通阻塞等现场情况和原因的画面，辨认事故、火灾类型、原因及其严重程度；并能采集必要的交通数据资料，必要时还能够对视频图像进行录像、打印，以便分析和取证。其主要功能概括如下：

①通过闭路电视系统能够对隧道控制信号（如洞口交通信号灯、车道控制标志、车行横洞诱导信号灯、小型可变情报板等）进行直观确认，作为监控计算机自动检测设备运行状况反馈信号之外又一确认手段，增加对外场设备的检测手段。

②闭路电视系统可以配合能见度检测器对隧道内空气质量进行宏观监视。

③在隧道中闭路电视系统最突出的作用就是用于监视隧道内各种防灾设备，尤其是对隧道内火灾报警予以确认。该系统能够从监控计算机接受来自隧道各种反馈通报设备发出的报警信息，进行摄像的选择控制，自动显示报警区段及相邻区段的图像，并自动录像，自动将时间、摄像机号码（对应相应的隧道区段）记录在硬盘录像上。为值班人提供处理事故的直接依据。如果几种通报设备同时报警，则以火灾报警区定为优先显示。

④闭路电视系统作为一个相对独立的系统。隧道内设固定焦距摄像机，采用视频复用光端机及光分路器，4路视频图像合用一对光端机和一根光纤，分别上传至隧道监控室和隧道管理处，并在监控室设电视墙显示。

⑤每条隧道洞口外各设一台室外全天候、具有光圈自动调节、变焦镜头的彩色智能球形摄像机，以监视入口为主。用于监视隧道口的交通运行状况，以便确认是否在隧道口进行交通信号控制或限速控制。紧急状态下可监视车辆疏散情况。

（3）系统设备（以雁门关公路隧道为例）。

彩色摄像机选用AB电子有限公司室外一体化高速智能球AB188-MH23-BX；黑白摄像机选用日本池野IKENO产品，其型号为IK-204；矩阵视频切换控制器采用模块化设计，可灵活配置，便于系统扩展和更改，选用加拿大AB的产品，型号为AB80-80VR64-16N（64×16）；硬盘录像机采用北京黄金眼公司生产的硬盘录像机；AB-M/F/L系列光端机为FM调频式光端机。ABFM光端机的优点是抗干扰能力强，保真度高，在线性良好的传输介质中传输，对非线性失真的要求不高，只需考虑载噪比就可以。调频光端机比调幅光端机的灵敏度高大约16dB，这意味着增加了至少40km的传输能力（单模）。为节省光纤的成本，AB系列光端机所有型号均用单纤传输。

11.3.3 紧急电话及广播系统

紧急电话及广播系统有利于迅速、准确判断交通事件发生地点、时间、严重程度和求援内容。当隧道出现交通事故时，驾驶员可以通过紧急电话向隧道监控中心报警，也可以在监控中心通过闭路监控发现事故点后,用隧道广播呼叫,疏导交通。同时还可以将紧急电话系统与闭路监控系统联网,当发生紧急电话呼叫时,摄像机自动对准事故发生地点,及时掌握事故现场信息。将紧急电话与隧道广播有机地结合在一起,实现紧急电话报警和隧道广播功能有效合一。

1) 系统组成

公路隧道紧急电话广播系统主要包括隧道监控中心控制台设备、隧道分机设备和强指向喇叭,还有通信电缆和电源电缆等。

(1) 控制台设备:主要包括系统控制主机、计算机、电话机和防雷电源箱等。

(2) 隧道分机设备:主要有隧道分机(含广播功放控制模块)和强指向喇叭。

(3) 传输电缆:紧急电话和广播的通信电缆采用 HYAT3×4×0.9 的音频电缆。

2) 系统主要功能

(1) 控制台主要功能。

①控制台能够及时接受隧道分机发出的呼叫,实行双工通话。

②及时显示隧道分机的呼叫信息,包括呼叫发生时间、分机地址(公里标)、左右隧道方向等。

③控制台任意指定广播呼叫,分组呼叫,全体呼叫。

④发生报警呼叫或广播呼叫时能及时发出摄像机联动信息,控制摄像机对准事故发生地点,直接监控事故现场。

⑤值班员接到报警后能及时进行报警记录,包括事故类型、车辆类型、车辆牌号、事故严重程度以及处理报警的时间、派遣的排障车、救护车等;记录完成后自动进入数据库存档备查。

⑥控制台能够同时处理两个紧急电话分机的同时呼叫。

⑦当多个隧道分机发生呼叫时,能够自动排队,并显示呼叫排队分机的地址公里标。

⑧排队呼叫时按先到先处理原则进行,也可以与其中任意两个分机同时处理。

⑨值班员可以随时呼叫任意1台隧道分机和隧道广播,也可以同时呼1组隧道广播,隧道广播可以任意分组。

⑩当操作管理计算机出现故障时,系统能够维持基本通话功能,并存储此间发生的呼叫信息。

⑪值班员能够对隧道分机进行各种性能检测,包括单个分机检测,部分分机检测,全部分机巡回检测。检测可以随时进行,也可以定时进行。

⑫检测结果可以按时间、地址公里标、设备故障类型等要素进行智能化统计查询,并分类显示、打印输出。

⑬操作管理计算机可以设置电子地图,将所辖高速公路的地图经过扫描、存盘,直接显示在操作管理计算机的显示器上。

⑭操作管理计算机可以根据分机的实际分布位置,在电子地图上设置分机图标,包括名称、桩号、颜色、图样等。

⑮操作管理计算机可以对各种交通事故报警记录进行统计查询,可以按时间、地点、事故类型、车辆类型、事故严重程度等要素进行综合统计查询;统计查询结果可以用不同的形式

（表格、柱状图、圆饼图）显示、打印输出。

⑯操作管理计算机设置了二级口令管理,操作员级和维护员级;能够有效地防止误操作而破坏数据库数据。

⑰操作管理计算机中配有数字录音系统,能够及时对事故报警通话进行录音,并可以按各种条件进行查找、回放等。

⑱能够提供各种通信接口与监控系统计算机相连,开放通信协议,及时将紧急电话系统的工作状态信息传送到监控系统计算机。

⑲控制台能及时接受隧道分机发出的呼叫,实行双工通话。

（2）隧道分机主要功能。

①报警后分机能自动向监控室控制台主机发出呼叫,并传送本机的地址桩号、左右隧道方向、占用信号通道等信息。

②控制台值班员应答后能够及时建立全双工通话。

③通话时语音清晰,声音洪亮,无回声效应。

④能接受控制台主机发出的检测命令,及时检查分机并把检测结果发送到控制台主机。

⑤当分机遭到破坏（例如门被非法开启）或电池欠压,线路故障等,分机能够自动向控制台主机发出报警信息。

⑥能接受控制台主机的各种呼叫,并在主机挂机后自动释放电路。

⑦配置广播模块后,隧道分机可以兼有广播功能。

⑧能自动进入通话和待机工作状态,减少功耗。

⑨分机在迎车和送车方向均应设有高强级反光膜发光标志,标志图案和颜色应符合国家标准,并应设有中英文简易操作说明。

3）系统主要特点

（1）紧急电话与广播系统合二为一。

公路隧道紧急电话广播系统是把隧道紧急电话系统与隧道广播系统有机地结合在一起,用同一个控制台,同一种信息系统,同一根通信电缆实现两个系统的统一控制。这样不仅系统精简,投资节约,而且有效地提高了隧道管理所监控室的工作效率。

（2）系统相对独立又统一。

公路隧道紧急电话广播系统主机有两套完全相同的控制接线电路,当广播系统不工作时,紧急电话系统是一种热备用系统,系统故障时能够自动切换。当广播系统工作时,紧急电话系统也能够同时工作,这时它们各自使用系统主机内不同的控制接线电路,同一条电缆中不同的线对两套系统是完全独立的,而在人机控制上两套系统是完全统一的。因此公路型隧道紧急电话广播系统既合二为一,又相对独立,是良好的有机结合体系统。

（3）抗噪声效果好。

公路隧道紧急电话广播系统在隧道分机上与普通路侧紧急电话分机不同,它采用了本底噪声控制电路,这是一种利用"白噪声相位相减"原理做成的集成电路,能有效消除一定范围内的白噪声。同时隧道分机还采用了动圈式拾音器,对隧道音频范围内的各种噪声均有一定的抑制作用。

（4）广播系统可以程控定点、定片、全线呼叫。

由于广播系统采用了紧急电话的信号结构,在控制台的计算机上可以对隧道内任意一个隧道喇叭(定点)控制呼叫,也可以对几个(每组 16 个)隧道喇叭(定片)控制呼叫,也可以对隧道内全部隧道喇叭(全线)控制呼叫。分组呼叫时可以随机选择喇叭控制点。这种控制方式能够最有效地达到控制目的。同时控制台还可以对每一个喇叭控制点进行检测,出现故障时自动报警。

(5)与隧道监控摄像机联动控制。

本系统控制台能够与隧道闭路监控系统计算机联网,及时提供紧急电话的呼叫信息。当隧道紧急电话报警或控制台广播呼叫时,本系统计算机能及时输出有关地址码信息,通过摄像机位置预存储方式,实时将摄像机镜头对准事故发生地点,可以有效地观察和广播疏导交通。

(6)其他特点。

系统热备用,分机不分主副机,设备故障自动报警,控制台分机检测,可靠有效的防雷电保护,智能化统计查询,功能强大的人机界面等。

11.3.4 可变情报板系统

LED 可变信息标志是高速公路监控系统的重要信息发布设备,它能根据交通、天气及指挥调度部门的指令及时显示各种通告和信息,从而有效地对交通流进行诱导,提高路网的交通运输能力,为驾驶人员安全、快速行车提供优质服务。LED 可变情报板主要有 3 种类型。

1)龙门架式可变情报板

龙门架式可变信息标志具有较好的可视性且便于维修,所以各高速公路大型可变信息标志均采用板梁式龙门架的结构方式。龙门架式大型可变信息标志的龙门架为钢结构,由两个立柱和一个横梁组成,如图 11-3 所示。

(1)技术特点。

①龙门架路侧方向有供维修人员攀登的带环形保护梯。

②龙门架及屏体所有的支撑构件、框架、连接件以及焊接处作热浸锌处理,以保证龙门架和立柱不腐蚀、锈蚀。

③屏体大结构四周采用 4mm 钢板经压型、焊接而成,屏体中间有支撑加强筋与箱体焊接,具有很好的强度和抗风性能;屏体采用双层结构方式,具有较好的密封性和防尘性,同时在屏体内部具有良好的散热性能。可变信息标志构件完整、装配牢靠、结构稳定,边角过渡圆滑,无飞边、无毛刺体。

④屏体每个内单元箱对应一个后背门,维修时可开启后背门方便拆换显示模块;在屏体的最左边有单独的腔体用来放置控制器,当控制器出现故障时,也可开启最左边的后背门对控制器进行检查和维修。

图 11-3　龙门架式可变情报板

⑤屏体外壳的颜色为亚光黑色,当太阳或夜间行驶的车灯等强光照在箱体上时,无明显的反光,确保了汽车驾驶员在行驶时的安全;屏体外壳(包括控制器箱体)及连接件的防护层色泽均匀、无划伤、无裂痕、无基体裸露等缺陷,其理化性能指标符合相关国家与行业标准的要求。

⑥屏体内部由电源线和通信线连接到每个基本单元箱上,屏体里层有抗风载的加强筋,横梁上有出线管与屏体相连;屏体内部的电源线和通信线有明确的回路编号,可方便地接线和维护;电源线和通信线走线横平竖直,并通过走线槽固定在屏体的内部上方,符合箱体的工艺和视觉美学要求。

⑦屏体后背门开启灵活轻便,采用"外翻边"的密封结构形式,并有锁紧装置。在门的周边缘有密封(防水)条,当门关闭时压紧密封条,能使箱门密封良好;后背门门锁采取防水、防锈措施,能防止锁孔的锈蚀而影响后背门的开启。屏体防护等级达国际标准 IP65。

(2)龙门架式可变情报板技术指标(见表 11-1)。

公路隧道龙门架式可变情报板技术指标　　　　　　　　　表 11-1

序　号	项　目	参　数　指　标
1	像素单元	□26 像素管
2	红管	波长 625~630nm　亮度≥3 000cd/m²
3	绿管	波长 525~530nm　亮度≥5 000cd/m²
4	蓝管	波长 467~470nm　亮度≥1 500cd/m²
5	图形部分	4 红 2 绿 1 蓝
6	文字部分	4 红 2 绿
7	像素管中心距	31.25mm
8	像素驱动方式	恒流静态锁存
9	半功率角	≥30°
10	单个二极管工作电流	≤20mA
11	像素管寿命	≥100 000h
12	像元失效率(死点率)	≤千分之一,无常亮
13	每平方米光点数	1 024
14	全屏盲点数	无盲点
15	屏体接地电阻	<4Ω
16	无故障工作时间	≥10 000h
17	发光强度	>11 000cd
18	整屏最大亮度差	≤100cd/m²
19	恒流精度	±2%
20	功耗(正常工作)	0.25kW/m²,峰值:0.5kW/m²
21	箱体尺寸	1 000mm×1 000mm
22	像素管密度	1 024 点/m²
23	屏体质量	70kg/m²

2) ϕ5mm 超高亮琥珀可变信息标志

ϕ5mm 超高亮琥珀可变信息标志用吊装框架式结构,内部框架、加强筋采用优质铝型材,外框架采用优质不锈钢。屏体具有较好的密封性、防尘性和散热性能。该信息标志构件完整、装配牢靠、结构稳定。所有的支撑构件、框架、连接件以及焊接处作热浸锌处理,以保证不被腐蚀、锈蚀。数据传输方式采用 GSM 无线通信方式,方便、可靠,易于管理,如图 11-4 所示。该信息屏具有较好的可视性,结构牢固可靠,适合半户外安装,如隧道内。

图 11-4　ϕ5mm 超高亮琥珀可变信息标志

(1)技术特点。

①信息标志支持监控室计算机发出的命令,调用控制器内储存的任一条信息在屏体上显示,亦支持计算机进行全屏编辑新的信息,存入或修改原来的信息库。

②屏体可显示文字。显示闪烁的亮、灭时间可调。可显示 16×16、24×24 或 32×32 等各种不同大小的汉字,并可显示 16×8、24×12 或 32×16 等大小的英文字母与数字。字体、笔画的粗细、字间距、距屏两侧距离均可调。显示字符清楚、容易识别、符合国家标准。

③可变信息标志控制器可按设置在控制器中的时间表进行各种内容的显示;可接受监控室选发的信息,按节目单形式轮流显示,显示时间可设定。

④可变信息标志可接受监控室计算机发出的显示指令并给出回应信号,确认发出的信息是否如实显示成功;当监控室计算机轮询时,可回传可变信息标志的工作状态信息,通过图示法来显示故障情况。

⑤控制器留有两个 R232 接口,一个用于现场便携式计算机进行测试及维修工作,另一个用于接调制解调器。传输速率为 $19.2 \sim 1\ 200 kb/s$。

⑥具有手动 32 级调光功能。

⑦整机平均无故障时间 ≥10 000h。

⑧可变信息标志的安装可保证大型卡车驾驶员及小汽车驾驶员均能容易辨认,同时可保证可变限速标志的安全,不易损坏。

(2)技术指标(表 11-2)。

隧道 ϕ5mm 超高亮琥珀可变信息标志技术指标　　　　表 11-2

序　号	项　目	参 数 指 标
1	像素管组成	ϕ5mm 琥珀色
2	LED 琥珀色	波长 592nm,亮度≥2 300mcd
3	半功率角	≥23°
4	分辨率	96×640
5	像素管中心距	7.62mm
6	像素驱动方式	扫描

续上表

序 号	项 目	参 数 指 标
7	单个 LED 工作电流	≤20mA
8	LED 恒流精度	±2%
9	像素管寿命	≥10 万 h
10	全屏盲点数	无盲点
11	屏体接地电阻	<4Ω
12	无故障工作时间	≥10 000h
13	最大发光强度	>2 000cd/m²
14	供电电源	AC220V,50Hz
15	最大功耗	180W/m²
16	适用条件	半户外,相对湿度:≤98%, 环境温度:-30℃ ~ +60℃
17	有效显示尺寸(mm)	732 × 4 880
18	屏体质量	30kg/m²

3)小型可变信息标志

LED 小型可变信息标志系统由显示屏、控制器及内置控制软件、机箱、框架、防雷装置、基础、安装连接件等组成,如图 11-5 所示。

(1)技术特点。

①LED 小型可变信息标志安装在隧道出入口的路侧,采用单立柱的安装形式。

②立柱基础设计风速为 $v=40\mathrm{m/s}$。

③立柱的支撑构件、框架、紧固件以及焊接处作热浸锌处理,镀锌量不小于 $600\mathrm{g/m^2}$,保证立柱不腐蚀、锈蚀。

图 11-5 小型可变信息标志

④LED 小型可变信息标志屏体包括显示屏箱体、控制器箱体和基本单元箱体;箱体应设计为全天候防风雨箱体。

⑤箱体应采用全封闭方式,具有较好的密封性和防尘性,箱体内部应有良好的散热性能。可变信息标志构件应完整、装配牢靠、结构稳定,边角过度圆滑,无飞边、无毛刺。

⑥屏体背后对应每个单元箱处应设置一个后背门,以方便维修时拆换单元箱里的 PCB 板和其他控制元件。

⑦显示屏内外箱体应采用非自燃或助燃材料。内外箱体可采用不同厚度的冷轧板折弯焊接而成。

⑧小型可变信息标志显示屏箱体安装在立柱上,其板面下沿距路面高度大于 2 500mm,板面外侧边缘与路基边缘线的水平净距离大于 250mm。显示屏控制器安装在屏体的后背门。固定螺栓应紧固、牢靠、位置正确,出线管和箱体连接良好,箱体之间的连线宜采用暗线连接。

⑨小型可变信息标志显示屏体应采用双层箱体结构,内外箱体应安装可靠,并采用"外翻边"的密封结构形式。在后门的四周边缘应设密封(防水)条,当门关闭时压紧密封条,能使后门密封良好。后门门锁采用防水防锈措施,防止锁孔的锈蚀而影响后背门的开启。屏体的防护等级应达到国际标准 IP65。

⑩箱体显示模块内各像素排列均匀、平整,各像素点间距误差不超过 ±1.0mm,不平整度不超过 ±2.0mm/m²。

⑪小型可变信息标志具体技术指标及施工参见《道路交通标志和标线》(GB 5768—2009)及安全标志施工安全规范。

⑫小型可变信息标志应显示字符清楚、容易识别,并符合国家标准。

⑬标志内容昼夜清楚可见。观察者(正常人,矫正视力 1.0 以上)在环境照度大于 5 000lx 的晴天、太阳光正射标志面的条件下,在规定的视角内能正确认读标志内容的最大距离(静态视认距离),应大于等于 300m。

⑭正常情况下,车辆以 120km/h 速度行驶时,观察者(正常人,矫正视力 1.0 以上)在环境照度大于 5 000lx 的晴天、太阳光正射标志面的条件下,在规定的视角内能正确认读标志内容的最大距离(动态视认距离),应大于等于 250m。

⑮小型可变信息标志的安装应保证大型卡车驾驶员及小汽车驾驶员均能容易辨认,同时保证可变限速标志的安全,不易损坏。可变信息标志在 36m/s 的风速下应可正常工作,并可抵御 40m/s 的风速。

(2)技术指标。

以我国某高速公路隧道为例,小型可变信息标志的技术指标见表 11-3。

×××高速公路隧道小型可变信息标志技术指标　　　　表 11-3

序　号	项　目	参　数　指　标
1	显示方式	采用红绿双基色 LED 像素管显示
2	显示屏体尺寸	有效显示面积 1.6m×1.6m
3	屏体分辨率	48×48 = 2 304 点
4	红管	波长 625~630nm,亮度≥3 000mcd
5	绿管	波长 525~530nm,亮度≥5 000mcd
6	像素管组成	4 个红管,2 个绿管
7	像素管中心距	33.33mm
8	像素驱动方式	恒流静态锁存
9	半功率角	≥30°
10	单个二极管工作电流	≤20mA
11	像素管寿命	不小于 10 万 h
12	像元失效率(死点率)	≤5/10 000
13	光点数	48×48 = 2 304 点
14	全屏盲点数	无盲点
15	屏体接地电阻	<4Ω

续上表

序　号	项　　目	参　数　指　标
16	无故障工作时间 MTBF	≥10 000h
17	发光强度	>10 000cd/m²
18	整屏最大亮度差	≤100mcd
19	恒流精度	±2%
20	功耗	正常工作:0.22kW/m²,峰值:0.43kW/m²
21	屏体质量	70kg/m²

11.3.5 隧道监控室

1)隧道管理处监控室组成

监控系统对隧道进行实时控制和检测,可进行交通参数检测、隧道内环境参数检测、火灾报警、亮度检测、异常情况处理、闭路电视监视、交通信息发布以及系统日常运行操作,对交通数据及其他各种参数进行汇总、统计、打印;并向上级管理分中心传输必要的数据和图像信号等。

隧道监控室主要设备包括计算机系统、闭路电视设备、模拟屏、控制操作台、不间断电源、紧急电话控制台等。

隧道监控室计算机系统构成局域网,通过路由器与管理分中心相连,形成广域网。监控室可向管理分中心上传数据,并接受管理分中心下达的控制指令命令。隧道监控室上传的数据包括:车辆检测器、CO/VI 检测器、亮度检测器等设备检测的信息,小型可变情报板、车道控制标志、车行横洞诱导信号灯、洞口交通信号灯设备发布的显示内容,以及火灾报警记录、照明等级、通风机运行状况、紧急电话记录、事故记录等信息。

对于图像信号,隧道监控室在视频切换控制矩阵处预留8路视频信号接口(BNC 接口)和一路反向控制信号接口(RS-422)。

(1)计算机系统硬件及外设。

①服务器(1台)采用部门级服务器,型号为 IBMx235-8671-4SC。

②工作站(7台)采用商用品牌机,型号为 IBM6216-42C。

③以太网交换机1台,型号为 WS-2954-24。

④硬盘录像机(1台)采用北京黄金眼公司提供的硬盘录像机,型号为 GESCl6P。

⑤打印机1台。

⑥UPS2台。

⑦模拟屏采用上海新光显示仪二厂的 GX-G 微机控制模拟屏系统。

(2)计算机系统配置。

①服务器。服务器负责网络运行、数据库管理、终端服务管理和文件服务管理等职能。

②交通监控管理机。

a.存储本部全部和局部细节图形信息,可放大显示隧道细节,并定时刷新数据信息。

b.处理外场设备数据,生成控制方案。

c. 根据火灾报警情况、CO、VI、亮度检测情况制订相应控制方案。
d. 接收紧急电话信息并显示。
e. 根据隧道内事故点位置选择控制方案。
③WINCC 操作员站。对隧道设备人工控制、采集数据等。
④消防报警工作站。能接收火灾报警控制器的输出，报警信号出现时，系统能自动记录、存储、打印报警记录，并可进行查询。在显示器上显示报警区域，自动检测火灾自动探测器的故障等，并和交通监控服务器联网，交换数据。
⑤紧急电话管理机。负责提供隧道内紧急电话的摘机和挂机信号；显示隧道内紧急电话编号及所在位置。
⑥大屏幕投影系统管理机。实现大屏幕投影系统的管理。
⑦硬盘录像工作站。对视频信号录像。
⑧模拟屏管理机。负责对模拟屏信息及可变情报板的显示和控制。

2）监控室系统功能

（1）服务器内置操作系统、网管、数据库等公共平台软件。
（2）各操作工作站可根据系统日常运行要求，运行相应子系统。
（3）可接收紧急电话报警信息。
（4）向模拟屏传输实时检测的数据，并可进行模拟屏检测。
（5）按规定时间间隔向外场设备轮询数据和系统自检。
（6）可进行事故输入、报表打印。

3）大屏幕投影系统

以我国某高速公路隧道为例，其大屏幕投影显示系统采用了世界级专业性投影系统公司 BARCO 的一体化产品，其主要设备见表 11-4。

×××公路隧道监控室大屏幕投影系统主要设备　　　　表 11-4

1	BARCOATLASC467（XGA） 67 英寸一体化背投箱	4 套
2	BARCOEOS 多屏拼接系统	1 套
3	其他配套设备，接口，电缆等	全套

（1）BARCO 一体化产品的主要特点。
①采用 BARCO 公司专利的显示技术使得图像清晰度高，画质优良。
②利用 BARCO 公司专利的散热技术、电源及降噪设计，易于长时间工作。
③采用 BARCO 公司专利的彩色处理还原技术，达到 24BIT 色彩精确再现。减小了光谱的偏差，再现色彩不会失真。保证了图像色彩鲜艳，逼真。
④采用专业的接口，信号稳定性好，不抖动。
⑤采用优质背投硬质屏幕。该屏幕采用了特殊高折射率材料，利用菲涅尔透镜和棱镜的光学原理，具有增益高、亮度均匀、分辨率高、视角宽、图像还原好、清晰度高的特点，是目前最好的背投硬质屏幕之一，适于高分辨率的数字、图形及视频信号，能够适用于观察角度变化较大的使用环境。
⑥屏幕之间的拼接缝隙小于 0.5mm。

⑦BARCO 公司的产品不论从新技术含量和可靠性上,均为行业中的佼佼者。其多晶硅芯片显像系统均为厂家按照 BARCO 公司的要求特制的。

(2)显示墙可显示如下信号。

目前的配置允许 1 个网络、1 个 RGB 信号、12 个视频信号同时在显示墙上显示。这些信号可在整个屏幕墙上任意开窗显示,如果需要增加信号输入,只需增加插卡即可。

4)UPS 的供电系统

(1)UPS 工作原理。

UPS 电源一般是由常用电源和备用电源通过转换开关组合而成,它们之间由逻辑电路进行控制,以保证在电网正常或停电状态下,整个系统都能可靠地工作。当市电正常时,UPS 相当于一台交流稳压电源,它将市电稳压后再供给计算机,与此同时,它还向 UPS 内蓄电池充电。当市电突然中断时,UPS 立刻转为逆变工作状态,小容量的 UPS 一般能持续供电 5~20min,所以能保证计算机系统的正常退出,使软硬件不受损失。图 11-6 为 UPS 电源原理图。

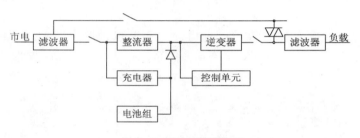

图 11-6 UPS 电源原理图

(2)UPS 的负载问题。

UPS 输出波形有方波和正弦波两种类型。方波输出的 UPS 负载能力相对较差,负载量一般为额定负载的 40%~60%,而且不允许带感性负载,负载太大有时可能损坏负载电路中的电源滤波电容;正弦波输出的 UPS 带负载能力相对较强,并能带微电感性负载。UPS 外壳上标有输出功率,有功功率用 P 表示,视在功率用 S 表示,则有:$P = S \times \cos\varphi$ 中,其中 $\cos\varphi$ 为功率因数。所有负载的额定功率之和不能超过 UPS 的有功功率,若满足这样的条件,就称 UPS 输出功率与负载耗电功率匹配。

11.4 监控系统的运行

本节以我国某高速公路隧道为例对公路隧道监控系统的运行进行介绍。

1)大屏幕显示图

公路隧道监控室内的监控系统主要包括大屏幕和控制台,如图 11-7 所示。

2)供电系统

(1)照明系统状态图。

按照公路隧道照明灯具布置分段控制线路,以四种指示灯来表示,紫色表示过渡灯,浅蓝表示基本灯,黄色表示基本诱导灯,白色表示荧光灯或路灯。洞口内外分别有两套光亮度检测器,以7段数码管来表示亮度数据。指示灯表示两种工作状态,绿色表示正常,红色表示故障。

图 11-7　大屏幕显示图

(2)高压及低压供电系统。

根据地理位置分北口管理房、南口管理房、1 号斜井风机房、1 号竖井风机房、2 号斜井风机房、2 号竖井风机房、箱变1、箱变3、箱变4 等9 部分。供电线路颜色按部标,开关红绿双色,红合绿分。发电机灯以红绿黄三色表示。供电系统监控如图 11-8 所示。

图 11-8　供电系统状态界面

3)北口管理房低压部分监测内容

设备间照明、设备间事故照明、水泵房照明、东水泉 1 号 YM1、东水泉 1 号 YM2、东水泉 2 号 YM1、东水泉 2 号 YM2、×××YM1、×××YM2、×××YM3、×××YM4,×××YM5、×××ZM15,ZM16、水泵房动力、风机 YF1-1、风机 YF1-2、风机 ZF7-1、风机 ZF7-2、监控楼事故照明、变电所照明、两路隧道照明、水泵房动力。高、低位水池监控界面如图 11-9 所示。

4)南口管理房低压部分监测内容

×××YM16、×××YM17、×××ZM1、×××ZM2、×××ZM3、×××ZM4、×××ZM5、风机 YF6-1、风机 YF6-2、风机 ZF1-1、风机 ZF1-2、泵房照明、两路水泵房动力、变电所照明、两路隧道照明。

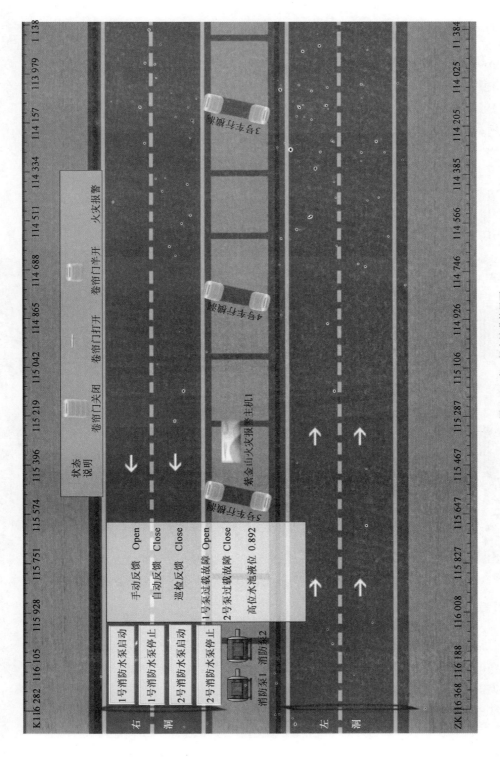

图11-9 高、低水池监控界面

5)风机监控的主要内容

(1)1号斜井风机房低压部分监测内容为2台风机、风机房照明、配电室照明。

(2)1号竖井风机房低压部分监测内容为3台风机、风机房照明、配电室照明。

(3)2号斜井风机房低压部分监测内容为2台风机、风机房照明、配电室照明。

(4)2号竖井风机房低压部分监测内容为3台风机、风机房照明、配电室照明。

(5)通风系统运行监控内容如下:

①射流风机和轴流风机。

②风叶顺时针表示风机正转,逆时针表示风机反转。

6)交通系统运行监控

交通系统运行图包括:横洞诱导灯、交通信号灯、黑白摄像机、云台摄像机、光端机、车辆检测器、车流模拟、紧急停车带、中心线、人行检修通道、情报板、挡车器。交通系统监控界面如图11-10所示。

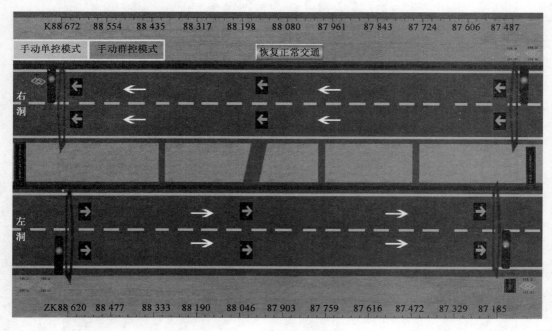

图11-10 交通系统状态图

(1)静态显示内容:包括车行横洞,人行横洞,紧急停车带,隧道两端道路及外场设备图标等。

(2)动态显示内容:包括洞口交通灯,车道通行标志,车行横洞诱导信号灯,云台摄像机,视频信号光端机,摄像机,可变限速标志,大型可变情报板,车辆检测器,挡车器,安全运行天数七段数码管,日期七段数码管,时间七段数码管。其中设备工作状态指示灯用三色表示:绿色表示正常,黄色表示报警,红色表示通信故障。

(3)交通参数显示:以七段数码管来显示交通量,车道占有率,平均速度,并分上下行分别显示。

(4)以红(×)和绿(↓)表示洞口交通灯和车道通行标志的显示内容,以绿(←)和绿(→)表示横洞诱导信号的内容。

(5)大型可变情报板可显示1个图形和最多9个汉字,可变限速标志可显示1个图形或最多4个汉字。

(6)车流显示由8mm双色光带模拟,流动方向显示车流方向,用不同的流动速度模拟车流的畅通和拥挤程度。

(7)隧道监控室值班记录表参见本手册附录A2,随时记录当次隧道监控系统运行状况,如有异常,随时记录并向上级反映;小的异常情况,应提醒下一值班人员注意,以免出现故障。

11.5 监控与通信设施的检查与维修

11.5.1 公路隧道监控与通信设施的检修

监控与通信设施经常检修、定期检修主要项目及其检修频率可按表11-5确定。

监控与通信设施经常检修、定期检修主要项目及其检修频率　　　　表11-5

设施名称	检查项目	主要检查内容	经常检修 1次/1~3月	定期检修 1次/年
亮度检测器	总体	(1)有无误差	√	
		(2)安装是否松动等	√	
		(3)仪器检测精度标定		√
能见度检测器	感光单元	(1)外观有无污染、损伤	√	
		(2)聚焦镜防护罩全面检查	√	
	监控单元	(1)外观是否有污染、损伤	√	
		(2)调整工作状态、透过率指标	√	
		(3)计量仪、显示器、故障显示灯是否正常		√
		(4)操作开关、继电器、电磁开关、配线断路器是否正常		√
		(5)配线有无异常、污染、损伤、过热、松动、断线等		√
	仪器标定	仪器整体检测精度		√
CO检测器	分析仪及自动校正装置	(1)确认分析仪的指示值是否正确	√	
		(2)空气过滤器是否有污染	√	
		(3)确认除湿装置的功能		√
		(4)确认自动校正装置的功能		√
		(5)检查通风装置的功能		√
	吸气装置	(1)吸气泵的运转有无异响、过热、振动	√	
		(2)外观有无污染、损伤	√	
		(3)检查检测仪读数有无异常	√	

续上表

设施名称	检查项目	主要检查内容	经常检修 1次/1~3月	定期检修 1次/年
CO检测器	采气口	隧道采气口过滤器的更换		√
	监控单元	按"能见度检测器"中"监控单元"执行		√
	仪器标定	仪器整体检测精度		√
风速风向检测器	分析仪及自动校正装置	(1)确认分析仪的指示值是否正确	√	
		(2)确认自动校正装置的功能	√	
	监控单元	按"能见度检测器"中"监控单元"执行		√
	仪器标定	仪器整体检测精度		√
车辆检测器*	检测单元	(1)外观有无污染、损伤		√
		(2)检查动作及调整灵敏度		√
		(3)安装状态		√
	监控单元	(1)外观有无污染、损伤	√	
		(2)运行状态	√	
		(3)各种测量数据可靠度	√	
		(4)测量仪、显示器、故障显示灯有无异常		√
		(5)测定传输电流		√
		(6)电子线路板、继电器的安装状态		√
		(7)柜内配线有无损伤、过热、松动、断线		√
		(8)检测线圈绝缘电阻及电感量		√
闭路电视监控系统*	摄像机	(1)外观有无污染、损伤	√	
		(2)动作确认	√	
		(3)电流电压测量		√
		(4)调整聚焦及焦距		√
	安装部位	是否松动、锈蚀		√
	控制装置	(1)外观有无污染、损伤	√	
		(2)操作是否灵敏、正常	√	
		(3)与紧急电话等的联动试验	√	
		(4)与防灾控制的联动试验	√(1次/15d)	
		(5)电压、电流测量	√	
		(6)机内保养		√
	编解码器	编解码是否正常	√	
	视频矩阵	视频切换、控制是否正常	√	
	操作台	(1)外观有无污染、损伤	√	
		(2)功能是否正常	√	
	监视器	(1)外观有无污染、损伤	√	
		(2)面像是否清晰、稳定	√	

续上表

设施名称	检查项目	主要检查内容	经常检修 1次/1~3月	定期检修 1次/年
闭路电视监控系统*	硬盘录像机	(1)检查BNC接头	√	
		(2)测试硬盘录像机的指标	√(1次/周)	
视频交通事件检测器*	总体	(1)外观有无污染、损伤	√	
		(2)各种测量数据可靠度	√	
大屏幕投影系统	总体	(1)亮度一致性	√	
		(2)色彩、分辨率	√	
		(3)经图像拼接控制器的视频图像	√	
		(4)经RGB矩阵的PC信号质量	√	
		(5)经网络的PC信号质量	√	
		(6)对视频矩阵的调用、切换	√	
		(7)开关视频、PC信号窗口	√	
		(8)电源测试		√
		(9)窗口缩放、移动、多视窗显示等	√	
		(10)图像参数调整	√	
地图板	总体	(1)日期、气象显示是否正确	√	
		(2)其他显示功能是否正常	√	
		(3)道路动态光带显示	√	
		(4)亮度、色彩均衡和图像清晰度	√	
		(5)电源测试		√
		(6)紧急电话摘、挂机信息显示	√	
紧急电话及广播*	中波播音装置	(1)行车接听试验	√	
		(2)外观有无污染、损伤	√	
		(3)电压及输出功率测定		√
		(4)调制输入确认		√
		(5)设备清洁		√
	扩音装置	(1)外观有无污染、损伤	√	
		(2)电压、电流测量		√
		(3)确认输出功率		√
	操作平台	(1)外观有无污染、损伤	√	
		(2)紧急播音试验		√
		(3)监控试验		√
		(4)电流、电压测量		√
	话筒	(1)外观检查	√	
		(2)紧急播音试验		√

续上表

设施名称	检查项目	主要检查内容	经常检修 1次/1~3月	定期检修 1次/年
紧急电话及广播*	扩音器	(1)安装状态检测		√
		(2)接听试验		√
	紧急电话	(1)外观有无污染、损伤	√	
		(2)通话效果试验	√	
		(3)内部检查		√
		(4)测定输入、输出电流		√
		(5)强制切断试验		√
		(6)测定接地阻抗		√
本地控制器*	总体	(1)浪涌保护器检查	√	
		(2)加热器或散热器检查	√	
		(3)电源测试		√
		(4)数据采集周期	√	
		(5)发送控制命令时延	√	
		(6)独立运行功能测试	√	
		(7)通信功能	√	
		(8)传输性能	√	
		(9)自检功能检查	√	
横通道门*	总体	(1)是否损坏	√	
		(2)开关是否自如	√	
横通道控制箱*	总体	(1)可编控制程序是否正确	√	
		(2)自动及手动操作是否正确	√(1次/周)	
交通控制和诱导设施	可变信息标志	(1)外观检查	√	
		(2)查找不良像素管	√	
		(3)清洁像素管、电路板		√
		(4)运行检测程序检测整体性能		√
		(5)各接线端子是否松动		√
		(6)更换像素管		√
		(7)紧固连接螺栓		√
	可变限速标志	(1)外观检查	√	
		(2)查找不良像素管	√	
		(3)清洁像素管、电路板		√
		(4)运行检测程序检测整体性能		√
		(5)各接线端子是否松动		√
		(6)更换像素管		√

续上表

设施名称	检查项目	主要检查内容	经常检修 1次/1~3月	定期检修 1次/年
交通控制和诱导设施	车道指示器	(1)外观检查	√	
		(2)查找不良像素管		√
		(3)清洁像素管、电路板		√
		(4)各接线端子是否松动		√
		(5)更换像素管		√
		(6)紧固连接螺栓		√
	交通信号灯	(1)外观检查	√	
		(2)查找不良像素管		√
		(3)清洁像素管、电路板		√
		(4)各接线端子是否松动		√
		(5)更换像素管		√
通信设施*	光缆、电缆	(1)光缆、电缆线路巡视检查	√	
		(2)尾纤(缆)、终端盒、配线架外观检查	√	
		(3)入孔内检查	√	
		(4)光纤通道后向散射信号曲线测试检查		√
		(5)电缆绝缘电阻测试		√
		(6)光缆、电缆防雷和接地装置检查		√
	光端机	(1)发送光功率	√	
		(2)光接收灵敏度	√	
		(3)传输误码率	√	
	路由器、交换机	(1)设备运行情况和网络运行数据检查	√	
		(2)告警显示检查	√	
		(3)路由器的路由表和端口流量检查	√	
		(4)交换机的LAN表和端口流量检查	√	
		(5)散热风扇检查	√	
监控室设备及系统*	总体	(1)各部位清洁检查	√	
		(2)各部位的电压、电流检查		√
		(3)发热检查		√
		(4)病毒的防治	√	
		(5)系统启动的动作确认		√
		(6)控制软件维护与系统联动		√
		(7)打印设备状况检查		√
		(8)系统时钟检查	√	
		(9)硬件设备运行状况检查	√	

续上表

设施名称	检查项目	主要检查内容	经常检修 1次/1~3月	定期检修 1次/年
监控室设备及系统*	总体	(10)设备功能与工作状态检查	√	
		(11)数据保存、备份设备检查	√	
监控室	总体	(1)温湿度及清洁检查	√(1次/周)	
		(2)地板抗静电检查		√

注：加"*"的设备为关键设备。

11.5.2 可变情报板常见故障

1）常见硬件故障分析

可变情报板常见故障分析流程如图11-11~图11-14所示。

(1)有不亮点或常亮点。

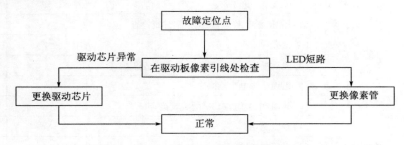

图11-11 硬件故障分析(有不亮点或常亮点)

(2)出现一条水平亮线。

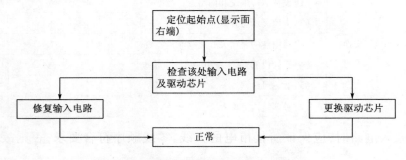

图11-12 硬件故障分析(出现一条水平亮线)

(3)由右至左出现矩形块不亮或常亮。
(4)散热风扇不转。

2）常见软件故障

(1)本地显示正常,但监控中心无法发布信息。
(2)通信故障：通过发送通信状态检测指令进一步确认。

(3) 显示屏没有任何显示。
(4) 软件原因:打开模拟显示功能,如果模拟显示正常,则属于硬件故障。

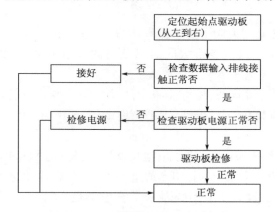

图 11-13　硬件故障分析(矩形块不亮或常亮)

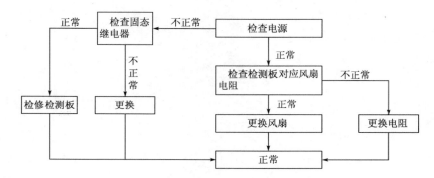

图 11-14　硬件故障分析(散热风扇不转)

11.5.3　UPS 电源的使用与维护

实践证明交流型 UPS 有 60% 左右灼烧故障是使用或管理不当造成的。所以正确使用与维护 UPS 可以大大延长其使用寿命,在使用与维护中应该注意以下几个方面:

(1) 新购的 UPS 电源使用前一定要对后备蓄电池组进行均衡充电,以延长蓄电池的使用寿命。

(2) UPS 接入电路时,应保证所接市电的火线、零线顺序符合要求,否则故障率会大大增加。

(3) UPS 电源负载要求为纯电阻负载或较小感性负载,即使正弦波输出的 UPS 也只能带微电感性负载。

(4) UPS 不宜由柴油发电机供电,这种发电机的频率变化大,会影响 UPS 的正常运行。

(5) UPS 不宜带可控硅负载、桥式整流及半波整流负载。

(6) 计算机的有些外设(打印机、音箱等)并不怕突然停电,而且打印机启动功率又很高,所以这类外设一般不要接入 UPS 的输出,可以直接接在市电中,对网络系统,可以只把服务器及有关部分接入 UPS,这样可以节省投资。

(7)不要超负荷使用 UPS,应按本手册中前述的负载问题进行连接,这样可以保护逆变三极管。

(8)开关机应按 UPS 使用说明书要求操作,先开 UPS,2min 后再开通负载的电源开关。而且要一个一个地开,这样可以避免负载同时启动时的大电流冲击,而关机却要按相反顺序进行。

(9)UPS 应长期处于开机状态,尽可能减少开关机的次数。一般要求关闭 UPS 后至少要等 6s 才能再开启,而且应禁止"冷"启动,即把市电断开使用 UPS 电源启动,此时启动电流很大会损坏 UPS。

(10)若 UPS 所在地经常不断电,则蓄电池长期处于只充电不放电状态,这会使电池老化,所以应按 3 个月左右人为中断市电,让 UPS 放电一段时间,这对蓄电池有好处。若 UPS 使用所在地电压低或频繁停电,这会使 UPS 电池长期充电不足,所以应充分利用供电相对正常时间(例如午夜)对电池充电。另外,尽可能不要让蓄电池深度放电。

第 12 章　其他工程设施

12.1　其他工程设施概述

隧道的其他工程设施主要包括通风斜竖井、逃生通道、联络通道、风机房、环保设施、房屋设施等。设置的目的是为了更好地发挥隧道的作用,更好地服务于过往的车辆。

其他工程设施养护应包括日常巡查、清洁维护、检查评定、保养维修等内容。

(1)日常巡查是对其他工程设施使用情况进行的日常巡视检查,巡查中应对其他工程设施有无明显结构变形破坏,电缆沟、设备洞室是否存在明显涌水,洞外联络通道路面有无落物,洞口绿化区有无树木倾倒在行车限界范围内,污水处理设施有无明显淤积;洞外联络通道隔离设施是否完好,通道是否处于封闭状态;并对发现的异常情况及处理措施进行记录。

(2)清洁维护应包括电缆沟与设备洞室的清理、洞口联络通道内垃圾清扫、洞口限高门架与洞口环保景观设施脏污清除、附属房屋设施的清洁维护。

(3)检查评定应包括发现其他工程设施的异常,掌握并判定其技术状况,确定相应的养护对策或措施,具体见本书第 3 章 3.6.5 节的内容。

(4)保养维修应包括其他工程设施的结构破损修复、环保景观设施的恢复及附属房屋的保养。

12.2　其他土建设施的清洁维护

其他工程设施的清洁维护频率不应低于表 12-1 的规定值,其内容主要有:

(1)定期清除电缆沟、设备洞室内的杂物积尘,清理排水设施,保持电缆沟内整洁、设备洞室内无积水。

(2)定期清扫洞外联络通道内路面、清除隔离设施脏污、清理排水设施,确保紧急情况下车辆、人员正常通行。

(3)定期清除洞口限高门架脏污,保持限高标志清晰醒目,清除、修复门架撞击痕迹,矫正门架变形,保证满足限高要求。

(4)洞口绿化与植被应与周围环境协调,清洁维护工作应满足下列要求:

①应定期修剪隧道进出口两侧 30～50m 范围内的乔木,避免侵入行车限界或影响行车视距。

②适时修剪抚育树木,保持树木透光适度、通风良好,减少病虫害的发生。

③适时修剪草皮,保持美观。

(5)洞口雕塑、隧道铭牌宜定期清洗,保持整洁、美观。
(6)定期清洗消声设施污秽,修复或更换损坏部位、部件。
(7)定期扫除遮光棚顶垃圾、清除脏污,保持减光设施正常减光效果及外观的干净、整洁。
(8)定期清除污水处理池和净化池沉积的泥沙、杂物,污水处理池和净化池容积不应受挤占。
(9)定期进行附属房屋设施清洁维护,保持房屋及周围环境的整洁、美观,周围场地应排水畅通,并应符合下列规定:
①应清除地基基础周围堆物、杂草,疏通排水系统,保证勒脚完好无损,防止地基浸水、冻害等。
②应清除楼地面脏污、积尘,保持楼地面清洁。风机房、变电所、监控房等主要生产房屋地面应无积尘和油污;应疏通用水房间排水管道,楼地面应有效防水,避免室内受潮与虫害。
③应清除墙台面及吊顶脏污、积尘,清洁墙台面及吊顶。
④应清除门窗脏污、积尘,修复或更换破损部位(件),门窗应处于正常使用状态。
⑤应清除屋面积雪、积尘,屋面应不渗漏。

其他工程设施清洁维护频率   表12-1

分项设施	清洁维护频率
电缆沟、设备洞室	1次/季度
洞外联络通道	1次/月
洞口限高门架	1次/年
洞口绿化	1次/年
消声设施	1次/季度
减光设施	1次/年
污水处理设施	1次/年
洞口雕塑、隧道铭牌	1次/3年
房屋设施	楼地面、墙台面1次/周,吊顶、门窗1次/月,地基基础、屋面1次/年。风机房、变电所、监控房按机电设施的相关规定确定清洁维护频率

12.3 其他土建设施的养护维修

1)通风斜竖井及联络通道

隧道通风斜、竖井以及联络通道养护维修的原则是保证其功能和安全。具体实施可以基本遵照隧道主体的养护维修执行。

2)电缆沟与设备洞室

电缆沟、设备洞室应进行保养,对破损的沟壁、洞室壁应维修恢复,设备洞室的渗漏水应查明原因并进行处治,保持电缆沟、设备洞室的完好和正常使用。电缆沟、设备洞室的结构破损及渗漏水的保养维修可与土建结构的保养维修或病害整治同时进行。

3) 洞外附属设施

洞口限高门架与减光设施的结构应进行保养,门架结构破损或变形应进行维修恢复,保证门架满足限高功能要求;减光设施的结构破损、遮光顶棚缺失应进行维修恢复,保持减光效果正常。

对损坏的洞口雕塑、隧道铭牌应进行维修或拆换;污水处理池和净化池的渗漏应查明原因并处治,保持池壁、池底无渗漏。

4) 附属房屋设施

(1) 房屋屋面及墙体如发生渗漏应及时维修,并符合以下要求:

①屋面渗漏维修工程应根据房屋防水等级、使用要求、渗漏现象及部位,查清渗漏原因,找准漏点,制订相应的维修方案。

②选用材料应与原防水层相容,与基层应结合牢固。

③屋面防水层维修完成后应平整,不得积水、渗漏。

④墙体渗漏维修前,应对渗漏墙体的墙面、外部粉刷分格缝、门窗框周围、窗台、穿墙管道根部、阳台和雨棚与墙体的连接处、变形缝等渗漏部位进行现场查勘。确定渗漏部位,查明渗漏原因,制订相应的维修方案。

⑤墙体维修后不得出现渗漏水现象,应在完工 3d 后进行检验,墙面冲水或雨淋 2h 无渗漏水。

(2) 屋面墙体粉刷后,起壳、剥落、疏松等损坏部位应凿除并清理干净后重新粉刷。

(3) 房屋的木门窗可两年油漆一次,损坏的门窗应及时修理或更换。

(4) 房屋的钢构件应定期维护,清除锈蚀,并按规定涂刷防锈漆和油漆。

(5) 防雷接地装置如有损坏、锈蚀应及时养护维修,并符合以下要求:

①修换防雷接地装置前,应对接地体进行接地电阻测试,接地线和接地体焊接开焊、断裂的应修换,完好的应除锈刷防锈漆。

②接地体锈蚀严重无法修复时,按查勘设计换装新接地体。

③修换防雷装置前,对避雷网(带)、引下线等发生开焊、变形的应修复,对防锈漆脱落的应除锈刷漆。

④修换接地装置及固件均宜采用镀锌制品,各部件连接点应牢固可靠。

(6) 防冻保温设施的维修保养应不少于 1 次/年。

5) 风机房

(1) 地面风机房的养护维修,按照一般房屋的养护维修执行。

(2) 地下风机房养护维修的原则是,保证其功能和安全。具体实施可以基本遵照隧道主体的养护维修执行。

6) 环保设施

(1) 洞口范围内的绿化

①隧道洞口中央分隔带及各景点草坪的养护维修,应根据各地的实际情况制订自己的方案。

②刈草。通常边坡每年在 4~9 月份每月刈草一次,刈草留茬高度为 3~4cm,草坪每年 5

月、9月各进行一次,刈草留茬高度为6~7cm。

③施肥。草坪施肥以化肥为主,每年春季(3~4月份)施一次。秋季(8~9月份)施一次;春季以施氮肥(尿素、硝酸铵等)为主。秋季以施磷、钾肥(磷酸二铵、氯化钾)为主。尿素施用量幼坪为15g/m^2,老坪35g/m^2,氯化钾施用量为20g/m^2。施肥方法为将肥料腐熟、过筛,并在草坪完全干燥时撒放,施完应拖平浇水。边坡草皮由于浇水困难,施肥最好在下雨前进行,以增强肥效。

④浇水。中央分隔带草坪浇水结合防眩树浇水同时进行,浇水次数根据降水情况每年进行3~6次;景点浇水要利用喷灌或地面浇水随时进行。边坡浇水要采用不致引起坡冲刷的喷灌方式,用汽车拉水喷灌反复进行直至浇透。

⑤除杂草。草坪常因杂草的入侵而影响美观,同时杂草与草坪争光、争水、争肥和争夺生长空间,影响草坪草的正常生长发育,降低草坪的品质。因此,草坪中的杂草必须及时清除。杂草的清除方法有人工拔草、化学药物除草、物理机械除草及以草制草。

⑥病虫害防治。在草坪的养护管理中,要随时注意病虫害的发生,做到早期发现,及时防治。草坪植物病虫害发生后的药物防治固然必不可少,但加强生长期的肥水管理仍是十分重要的,如适时浇水、施肥、打药,使草坪植物旺盛生长,增强自身抵抗能力,可有效抑制草坪病虫害的发生。

(2)消声设施的养护与维修

①隧道内应每月清洗、擦拭消声设施上的污秽,如有损坏应及时修复或更换。

②主要是污染的擦拭,如有损坏应及时用原材料修补。

(3)污水处理设施

①路面径流水污染控制。必须考虑路面径流对水环境的污染,必要时可在路边设置沉淀池进行沉淀处理后排放。

②服务区污水处理。公路交通沿线的附属设施,如服务区、收费站、管理处及车站等,均排放废水。这些废水都具有生活污水水质特征,所以常采用生活污水处理方法进行处理。

第 13 章 安 全 管 理

13.1 安全管理概述

(1)公路隧道设置安全管理的目的:维护道路隧道交通秩序,预防和减少交通事故,保护人身安全,保护公民、法人和其他组织的财产安全及其他合法权益,提高通行效率。

(2)公路隧道交通安全工作应当遵循依法管理、方便群众的原则,保障道路交通有序、安全、畅通。

(3)任何单位和个人不得擅自设置、移动、占用、损毁交通信号灯、交通标志、交通标线。隧道沿线两侧及隔离带上种植的树木或者其他植物,设置的广告牌、管线等,应当与交通设施保持必要的距离,不得遮挡路灯、交通信号灯、交通标志,不得妨碍安全视距,不得影响通行。

(4)公路隧道内道路、紧急停车带、转车场和隧道配套设施的规划、设计、建设,应当符合隧道交通安全、畅通的要求,并根据交通需求及时调整。

(5)公路隧道管理处发现隧道存在交通事故频发路段,或者紧急停车带、转车场、隧道配套设施存在交通安全严重隐患的,应当及时向当地人民政府报告,并提出防范交通事故、消除隐患的建议,应督促当地人民政府及时做出处理决定。

(6)因工程建设需要占用、下穿隧道,或者增设管线设施,应当事先征得公路隧道主管部门的同意;影响交通安全的,还应当征得公安机关交通管理部门的同意。

在施工过程中,施工作业单位应当在经批准的路段和时间内施工作业,并在距离施工作业地点来车方向安全距离处设置明显的安全警示标志,采取防护措施;施工作业完毕,应当迅速清除隧道内的障碍物,消除安全隐患,经隧道主管部门和公安机关交通管理部门验收合格,符合通行要求后,方可恢复通行。对未中断交通的施工作业道路,公安机关交通管理部门应当加强交通安全监督检查,维护隧道内的交通秩序。

(7)遇有自然灾害、恶劣气象条件或者重大交通事故等严重影响交通安全的情形,采取其他措施难以保证交通安全时,公安机关交通管理部门可以实行交通管制。

(8)机动车在道路隧道行驶,不得超过限速标志标明的最高时速。在没有限速标志的路段,应当保持安全车速。

(9)同车道行驶的机动车,后车应当与前车保持足以采取紧急制动措施的安全距离。在公路隧道内行驶不得超车。

(10)机动车载物通过隧道时,应当符合核定的载重量,严禁超载;载物的长、宽、高不得违反装载要求,不得遗洒、飘散载运物。

机动车运载超限的不可解体的物品通过隧道时,如果影响交通安全,应当按照公安机关交通管理部门指定的时间、路线、速度行驶,悬挂明显标志。

机动车载运爆炸物品、易燃易爆化学物品以及剧毒、放射性等危险物品,应当经公安机关批准后,按指定的时间、路线、速度行驶,悬挂警示标志并采取必要的安全措施。

(11)机动车在隧道内发生故障,需要停车排除故障时,驾驶人应当立即开启危险报警闪光灯,将机动车移至紧急停车带或者不妨碍交通的地方停放;难以移动的,应当持续开启危险报警闪光灯,并在来车方向设置警告标志等措施扩大示警距离,必要时迅速报警。

(12)警车、消防车、救护车、工程救险车执行紧急任务时,可以使用警报器、标志灯具;在确保安全的前提下,不受行驶路线、行驶方向、行驶速度和信号灯的限制,其他车辆和行人应当让行。

警车、消防车、救护车、工程救险车非执行紧急任务时,不得使用警报器、标志灯具,不享有前款规定的隧道优先通行权。

(13)正常行驶情况下,机动车在隧道内不得掉头。紧急情况下除外。

(14)在隧道上方和洞口外100m范围内,不得挖砂、采石、取土、倾倒废弃物,不得进行爆破作业及其他危及公路隧道安全的活动。

(15)从事道路危险货物运输经营和使用自备车辆为本单位服务的非经营性道路危险货物运输需要通过隧道的,应当遵守本规则。军事危险货物运输除外。

(16)在危险货物运输过程中发生燃烧、爆炸、污染、中毒,或者被盗、丢失、流散、泄漏等事故,驾驶人员、押运人员应当立即向当地公安部门和本运输企业、单位报告,说明事故情况、危险货物品名、危害和应急措施,并在现场采取一切可能的警示措施,并积极配合有关部门进行处置。运输企业或者单位应当立即启动应急预案。

13.2 交通管制

公路隧道交通管制是指采用人工、交通信号、电子技术等方法与手段对隧道内的车流和人流,按有关规则和要求,合理地引导、限制车辆通行和进行交通组织。通过交通管制使隧道内的交通流迅速安全地通过隧道。隧道交通管制必须由有关管理部门联合操作来实现。

1)交通管制权限的划分

(1)为了隧道内维修等需要,要对隧道封洞实施交通管制的,必须由公司路产安全部报交警主管部门批准后,由隧道的交警执法中队负责组织,隧道守护队协助实施完成。

(2)实施隧道封道交通管制的,需经隧道管理处(公司)同意并办理工作票后,由隧道守护队组织实施。

(3)在紧急情况下对隧道进行交通管制的,须由值班处长(总经理)根据现场情况决定交通管制方式,并报交警部门同意,组织守护队实施,但对隧道封洞交通管制必须立即在半小时内向公司监控中心值班室或上级领导报告。

2)交通管制内容及要求

(1)隧道内发生交通事故时的交通管制。

①隧道监控室在隧道内发生交通事故时的交通管制内容。

a. 立即调动录像机,监视事故现场动向。
b. 通知值班处长(总经理)、隧道守护队分别到达监控室和事故现场,做好事故处理的前期准备工作。
c. 通知交警执法中队、救援队立即到达事故现场处理交通事故,若遇重大交通事故应报告上级领导和公司监控中心值班室。
d. 根据值班处长(总经理)的命令,采取封道或封洞措施。
a) 改变隧道外交通信号灯为绿灯+黄闪,改变隧道入口处交通信号灯为绿灯+黄闪(封道时)或绿"←"+红灯(封洞变道时)。
b) 改变隧道内交通信号灯为红"×",关闭车道或关闭隧道。
c) 设定隧道入口处限速标志及隧道内隔离标志。
e. 通过有线、无线广播向隧道内进行广播,指挥交通,以及时疏散人员和车辆。
f. 根据隧道内现场环境情况,合理开启风机进行通风。
② 隧道守护队在隧道内发生交通事故时的交通管制内容。
a. 迅速在隧道入口处设立警示、指向标志牌。
b. 联系隧道交警,并立即赶往事故现场,查明情况。
a) 救助伤员,并立即设法将伤员送往附近的医院进行治疗或抢救。
b) 疏导交通,在车道被完全阻断的情况下,根据现场情况及值班处长(总经理)的命令,开启紧急车行通道,让堵塞车辆从紧急车行通道进入另一条隧道并驶出;在事故车辆只阻断一条车道的情况下,指挥车辆减速通过,并封闭事故车道。
c. 与监控室保持联系,根据交通事故的实际情况,通知救援队前来施救并清障。
(2) 隧道内发生车辆故障时的交通管制。
监控室在发现隧道内有故障车辆时,应及时通知隧道守护队进入现场查询并了解情况,同时,改变故障车后方 500~1 000m 内的交通信号灯为红"×",并通过 CCTV 监视故障区域内的一切情况。隧道管理处应配备一定吨位的拖车,以保证故障车能在相对短的时间恢复交通。如拖车吨位有限,应当立即更换。
① 隧道内故障车辆若停放在紧急停车带内,主车道及超车道应照常开启,隧道守护队须告知故障车在半小时内修复车辆并驶离隧道,半小时后故障车未能修复则应通知救援队将故障车拖离隧道(故障车可自修或通知急修服务车进行修理)。
② 隧道内故障车辆若停放在主车道或超车道上,隧道守护队应立即通知监控室关闭故障车所占车道,将故障车后方两个交通信号灯变换为红"×",在故障车至故障车后方 500m 区段摆放锥形标志,并在锥形标志前端摆放"禁止超车"和变道指向标志,随后立即与中控室联系,通知救援队立即前来清障。
③ 若故障车必须经修理后才能拖移的,应立即通知急救车进行急修处理,以便把故障车及时拖离隧道。
④ 在紧急情况下,对采用正向顺拖方式有困难的故障车辆,不排除使用逆行拖移的方法将故障车尽快拖离隧道,但必须在保证安全的前提下进行。
(3) 隧道内发生火灾报警时的交通管制。
① 监控室在发现或接到火警后应立即通知值班处长(总经理)和守护队,并报告隧道交

警,采取相应措施控制交通。

a. 立即关闭隧道,控制并尽量减少进入隧道的车辆,避免事故造成的影响进一步扩大。

a)开启录像机,监视事故现场。

b)改变隧道外交通信号灯为绿灯+黄闪、隧道入口处信号灯为红灯,控制车辆进入隧道,将车辆拦截在隧道外等候。

c)改变隧道内交通信号灯为红"×"。

d)通过有线、无线广播向隧道内进行广播,疏散人员,指挥交通。

e)根据隧道内现场情况,合理开启射流风机和轴流风机。

f)若火灾情况比较严重,短时间内无法处置完毕,值班处长(总经理)则应下令将滞留在隧道内外的车辆改道通行,另一条正常运行的隧道实行一洞双通,同时将隧道入口处的交通信号灯变为红灯+绿"←"。

b. 请求救援队、执法中队立即前来救援和进行事故处理。

c. 向上级报告火灾情况。

②隧道守护队在接到火警后,应立即采取封洞措施

a. 在隧道入口摆放事故标牌和锥形标志,禁止后续车辆进入隧道内,现场疏通车道。

b. 立即驱车赶往事故现场,查明情况后向中控室报告,并通过监控室立即通知交警和救援队前来救援。

c. 组织火灾事故车驾乘人员利用隧道内的消防设施进行火灾自救,控制火势,等待救援。

d. 组织疏散无关人员和车辆,远离火灾区域,按中控室的指令等待或改道通行。

(4)隧道封洞施工检修时的交通管制。

①隧道封洞施工必须经管理处(公司)路产安全部批准后,由所辖交警执法中队、隧道管理处组织,隧道守护队协助实施。

a. 改变隧道外交通信号灯为绿灯+黄闪,改变隧道入口处交通信号灯为红灯+绿"←"。

b. 改变隧道内交通信号灯为红"×"。

c. 改变未施工隧道超车道交通信号灯为红"×",实施单洞双向通行。

②守护队和交警执法中队在施工隧道入口前交叉道处设施工标牌,摆放锥形标志和指向标志,封闭施工隧道,在未施工隧道入口交叉道前摆放施工标牌、锥形标志封闭超车道,在未施工隧道内等距离设立锥形标,以分隔隧道内左、右车道,并在执法车辆引导下实行单洞双通。

(5)隧道封洞施工检修时的交通管制。

隧道封洞施工检修,施工检修部门需填报工作票,经隧道管理处同意后,报交警部门同意后由隧道守护队组织实施。

①监控室应改变隧道内施工车道的交通信号灯为红"×",改变隧道入口处的三显示、四显示交通信号灯为"绿"灯加"黄"闪烁,在可变速度牌上设定限速标志。

②守护队在隧道入口施工车道侧摆放隧道施工检修标牌、指向标志和锥形标志桩。

a. 在隧道内若是固定点式施工,距工作地点后方500m内应摆放锥形标志。

b. 在隧道内若是移动线式施工,施工车道必须实行全线封闭。

13.3 超限运输管理

超大、超高、超重运输统称为超限运输。为了加强对超限运输车辆通过隧道的管理,维护隧道设施的完好,保障隧道安全畅通,在《中华人民共和国公路法》及有关法规的基础上,制定了超大、超高、超重运输管理办法。超限运输车辆行驶公路的管理工作实行"统一管理、分级负责、方便运输、保障畅通"的原则。国务院交通主管部门主管全国超限运输车辆行驶公路的管理工作。县级以上地方人民政府交通主管部门主管本行政区域内超限运输车辆行驶公路的管理工作。超限运输车辆行驶公路的具体行政管理工作,由县级以上地方人民政府交通主管部门设置的公路管理机构负责。

13.3.1 超限运输的界定

超限运输车辆是指在公路上行驶的、有下列情形之一的运输车辆:
(1)车货总高度从地面算起4m以上(集装箱车货总高度从地面算起4.2m以上),不得超过5m。
(2)车货总长18m以上。
(3)车货总宽度2.5m以上。
(4)单车、半挂列车、全挂列车车货总质量40 000kg以上;集装箱半挂列车车货总质量46 000kg以上。
(5)车辆轴载质量在下列规定值以上:
①单轴(每侧单轮胎)载质量6 000kg。
②单轴(每侧双轮胎)载质量10 000kg。
③双联轴(每侧单轮胎)载质量10 000kg。
④双联轴(每侧各一单轮胎、双轮胎)载质量14 000kg。
⑤双联轴(每侧双轮胎)载质量18 000kg。
⑥三联轴(每侧单轮胎)载质量12 000kg。
⑦三联轴(每侧双轮胎)载质量22 000kg。

13.3.2 超限运输车辆

超限车辆主要是指车货总重或轴载质量超过规定限值的机动车辆。按形状和作用分,超限运输车辆可分为载货汽车、集装箱运输车、平板车和汽车列车4种。

1)载货汽车

载货汽车主要是运输一般的货物,结构设计采用发动机前置、后轮驱动。总质量大的载货汽车由于轴载质量的限制,有三轴或四轴的形式,它多采用4×2及6×4型,也有6×2、8×4(以上两个数字表示:车轮总数×驱动轮数)等形式。目前许多国家规定单轴载质量为10~13t,双轴载质量为13~16t,前轴单轴载质量为6t。我国规定单轴载质量为10t,双轴载质量为18t。

载货汽车驾驶室有长头式、短头式和平头式几种形式,平头式应用日益广泛。

根据我国公路运输的车辆构成状况,超限的载货汽车主要有黄河(JN150,JN162,JN360)、北京 BJ370、上海 SH380 交通(SH361、SH161-4)、齐齐哈尔 QQ560、罗曼 BO-MAN9215DF、日野 ZM140、扶桑 FV102N、沃洛沃 N86-48、斯堪尼亚 L-110 等。

2) 集装箱运输车

集装箱运输方式始于第二次世界大战,进入20世纪70年代后,较广泛地应用于国际贸易运输,80年代更是迅猛发展的新时期,由于集装箱运输在转运时无需倒运货物,减少装卸作业时间,加快了运送速度及车辆周转,而且节省了包装费用,减少了货损货差,提高了运输服务质量,降低了运输总成本。据统计,采用集装箱运输与普通运输相比较,全过程的运费可降低40%~60%。由于集装箱运输的上述优越性和显著的经济效益。所以,在许多国家中得到迅速发展,并在今后继续保持这种发展趋势。集装箱运输车的种类有:

(1) 集装箱单车。

其底盘形式与载货汽车相同。所不同的是它用来装运集装箱。

(2) 集装箱半挂车。

其挂车和载货质量的一部分是由牵引车直接支承,因而牵引车的牵引力能得到有效的发挥,这种集装箱拖挂方式,由于车身较短,便于倒车和转向,安全可靠。挂车前端底部,一般均装有支腿,便于甩挂运输。集装箱半挂车主要有平板式和骨架式两种。

(3) 平板式半挂车

在挂车底部上全部铺有钢板,在装运一般货物时,整个平台均承受载荷。平板式半挂车主要用于装运长大件货物,装运集装箱的平板式半挂车,需在四角按集装箱的尺寸要求,装设集装箱固定装置,即下部固定锁件。

(4) 骨架式半挂车

专门用于装运集装箱,又称为底盘车,骨架式半挂车结构简单,仅由底盘骨架构成,而且集装箱本身也作为强度构件,加入到挂车的结构中,底盘车架的前后四角装有集装箱固定锁件装置。骨架式半挂车自重轻,结构简单,维修方便,在集装箱运输中用得最多。

在我国,进行公路运输的集装箱半挂车主要有三菱 FV415、沃尔沃 VOLVOF10、扶桑 FP15EBL-A、斯堪尼亚 P112H、五十铃 EXR19、尼桑、斯泰尔、太脱拉、红岩、汉阳等。

3) 平板半挂车

这种车辆带有平板货台,主要用来装运锅炉、变压器、电缆等大件货物。平板半挂车主要有交通 SH161(40t、30t、20t)、日野 40t 平板车等。

4) 汽车列车

汽车列车是指一辆汽车与一辆或一辆以上挂车构成的组合车辆。汽车列车分为全挂汽车列车和双挂汽车列车,由于汽车列车的单位运输成本比普通载重汽车要低得多。例如载重5t汽车与载重30t的汽车列车相比,后者的百吨公里油耗约为前者的1/4,单位运输成本约为前者的1/3。

汽车列车主要有威力姆 TC300t、汉阳 HY480(200t、150t)、汉阳 HX472(100t)、上海 SH991

(300t、200t)、交通 SH161(100t、40t)等。

13.3.3 超限运输的审批程序

适当发展大吨位重型汽车,对于提高公路运输经济效益是无可非议的,应该予以支持。但如果超越我国公路基础设施的实际技术状况,盲目提高轴载质量,片面追求汽车运输的经济效益,势必会导致社会经济效益失衡。因此,对大吨位重型汽车行驶的管理,就显得十分必要。超限运输车辆行驶公路的审批,可按下列程序办理。

(1)提出申请。

超限运输车辆行驶公路前,必须由超限运输单位先向有权颁发"超限运输车辆通行证"的机关提出申请。国家规定承运单位必须向省级路政管理机构提出申请,也有的省(自治区、直辖市)是由市(地)路政管理机构负责审核。超限运输承运单位在向有权机构提出申请时,必须提供以下资料和证件:

①货物的品名、质量、外形尺寸及必要的总体轮廓图(军用品除外)。
②运输车辆的厂牌型号、自重、轴重、轴距、轮数、轮胎单位压力、载货时总的外形尺寸等有关资料。
③货物运输的起讫点,所经过的线和运输时间。
④车辆行驶证。
⑤养路费、车辆购置附加费等公路规费缴讫证件。
⑥车辆侧面全景照片。
⑦车辆的单位运价或总运费的证明文件。

承运单位提出申请时,必须填写超限运输车辆行驶公路申请单,格式见表13-1。

公路隧道超限运输车辆行驶公路申请单 表13-1

申请单位			单位地址	
经办人			电话	
申请运输时间			申请运输路线	
到达终点地址			总共车数	
车辆状况	车辆类型		车辆牌号	
	车辆自重		车辆载重	
	轴数		轮胎数	
	轴距	前中后		
	轴载质量	前中后		
货物状况	货件名称	货件总量		
	货件尺寸	可否拆卸		
车货总重			超限状况	
审核机关			备注	

（2）审查申请。

路政管理机构接到承运单位的申请后应予审查。审查的内容包括以下 3 个方面：

①掌握超限运输车辆的基本情况。

主要是指超限运输车辆的厂牌、型号、自重、载重、车货总重、外形尺寸、轮数、轮距、轴距、轴载质量的分配情况、车头和挂车的组成情况，以及速度、制动、调节等有关技术性能。

②掌握运输货物的基本情况。

例如货物的名称、体积等。如装载的是锅炉等设备，则应进一步了解该设备的技术参数等情况，这方面的资料由承运单位和运输设备的厂矿提供。

③隧道管理处事前论证的主要项目。

a. 对超限车辆要经过隧道的净空进行检查，着重检查限高、限宽。

b. 对超限车辆要经过隧道的路面进行承载力检查。

c. 对超限车辆经过隧道所需的时间、车速进行论证，尽可能选择交通量较低的时候通过隧道。

d. 提出护送方案。

（3）答复。

隧道管理处在接到承运人的书面申请后，应在 15 日内进行审查并提出书面答复意见。在书面答复中，应包括以下项目：

①对超过隧道限高的，应该给出建议令其分解运行或予以否决。

②对超过隧道路面承载力的，对于能加固的，则加固；对于不能加固的，应明确给予否决。

③确定的超限车辆通过的时间。

④护送方案。

（4）签约。

在承运人回函后，并决定通过隧道时，隧道管理处应与承运人签订合同，并最终约定时间和最终方案。

13.3.4　公路隧道超限运输的现场管理

超限运输车辆行驶公路隧道现场管理，是路政管理工作的重要内容之一，也是路政管理机构及其路政管理人员的工作职责。加强对超限运输车辆行驶公路隧道的现场管理，加强检查督促，是有效管理超限运输车辆行驶公路的根本保证。现场管理的目的在于防止和纠正承运单位及其驾驶员的违法行为，保障路政管理法的顺利执行，规范管理相对人在法规、规章允许的范围内活动。

超限运输车辆行驶公路隧道现场管理的重要内容，包括以下几个方面：

（1）判别是否为超限运输车辆。

隧道路政管理员在公路上巡查时，对于迎面驶来的车辆，如何判断它是超限车辆。实际工作中，可以从以下几方面考虑：

①从车型判断。有可能成为超限车辆的国产车种类有：黄河、汉阳、上海、交通、北京、红岩、齐齐哈尔等；进口车种类有斯堪尼亚、三菱、日野、奔驰、五十铃、斯太尔、太脱拉、尼桑、扶

桑、罗曼、沃尔沃等。

②从车辆外形判断。超限运输车辆的结构形式有集装箱箱车、平板半挂车、自卸车、吊车、汽车列车等。

③从轴数判断。有可能成为超限运输的轴数一般为3轴以上。

(2)简易判断轴载超限总值。

对于在现场管理时,如无法知道超限运输车辆轴载质量分布,可以用经验加以判断。

(3)检查两证一单。

"两证一单"是指行驶证、超限运输通行证和货物运单。检查内容有:检查有没有超限运输通行证,如果有通行证,再检查通行证是否按规定格式填写,有否空格;检查通行证中规定的行驶路线是否与实际行驶路线相符;检查通行证中填写的时间有否超过规定期限;检查通行证中承运单位是否与行驶证中的单位相同;检查通行证是否涂改;检查通行证中的货重是否与运单中的货重相符;检查通行证中填写的号牌是否与实际相符;检查超限运输车辆有否违反路政管理法及有关规定。

(4)监测轴重和总重。

近几年来,国际上进行了大量的车辆实际称重,其目的是为了检查车辆的轴重和总重是否超过国家规定的容许限值。在实施过程中,也出现了一些问题,如有的驾驶员将不合法的超限车绕道行驶以避开监测站;有的是在深夜偷偷通过,面对这个问题,有些国家全天24h称重监测车辆的轴重和总重。采用的量测手段,世界各国进行了广泛的研究和试验,有用路面平台或桥梁作为称重的机械装置,有用电子仪器量测动态下的车辆轴重和总重,多数方法是切实可行的。

我国公路管理机构对超限车辆的管理和研究刚刚起步,在量测手段方面一直处于缺乏和空白状态。随着《超限运输车辆行驶公路管理规定》的实施,以及现场巡查管理的需要,我们应该花一点本钱进行试验研究,必要时也可从国外引进一些先进量测仪器,以适应对超限运输车辆进行管理的需要。

(5)违反规定的处罚。

为保证超限运输车辆行驶公路管理规定的实施,我国采取对违反者予以经济制裁的措施。《公路管理条例》及其《公路管理条例细则》和《公路路政管理规定(试行)》对违反超限运输规定的行为,都制定了必要的法则。主要有:

①责令停驶;

②补办手续;

③吊销通行证;

④赔偿损失;

⑤罚款。

(6)做好现场登记工作。

路政管理员、交通警察在对超限运输车辆进行现场管理时,应把检查车辆、纠正违章、作出处理等情况进行记录,便于统计工作量,及时掌握超限运输车辆行驶公路管理动态,为采取管理措施和上级机关制定法规、规章和政策提供依据。现场登记的内容包括时间、路段、车辆号牌、车辆类型、自重、载重、货重、车货外形尺寸、超限状况、违法内容、处理情况等。

（7）通行和加固措施。

隧道管理处进行的勘测、方案论证、加固、改造、护送等措施及修复损坏部分所需的费用，由承运人承担。

（8）现场安全管理。高速公路以及一级公路隧道的超大、超高、超重运输的现场安全管理，必须在进入隧道前的收费站以及高速公路服务区进行，二级以下公路隧道的超大、超高、超重运输现场安全管理，在相应的检查站或者隧道前的检查区进行。严禁在高速公路以及一般道路的正常行驶途中拦车检查。

13.3.5 事后评价

在超限车辆通过隧道后，隧道管理处应该对隧道进行有针对性的检查。检查的主要内容包括衬砌检查和路面检查。检查内容见表13-2。

公路隧道衬砌检查和路面检查内容　　　　　　表13-2

项目名称	检查内容	判定	
		一般异常	严重异常
衬砌	衬砌有无划伤、有无顶破	衬砌有少许划伤，但划伤部位长度比较短、也并不很深，应加以观测	衬砌有多处划伤且划伤部位长度较长、并且有一定深度，应予以修复
	衬砌裂缝、剥落	在拱顶或拱腰部位，存在裂缝且数量较多，尚不妨碍交通	衬砌开裂严重，混凝土被分割形成块状，存在掉落的可能，对交通构成威胁
	衬砌表层有无起层、剥落	存在起层，并有压碎现象，尚不妨碍交通	衬砌严重起层、剥落，对交通构成威胁
	墙身施工缝有无开裂、错位	存在这类异常现象，尚不妨碍交通	接缝开口、错位、错台等引起止水板或施工缝砂浆掉落，发展下去可能妨碍交通
路面	路面上有无塌（散）落物、油污、滞水等；路面有无拱起、沉陷、错台、开裂、溜滑	存在此类异常情况，尚不妨碍交通	路面出现严重的拱起、沉陷、错台、裂缝、溜滑，已妨碍交通

13.4　危险品运输管理

1）危险品的分类

根据《化学品分类和危险性公示通则》（GB 13690—2009）将危险化学品分为理化危险（16）、健康危险（10）、环境危险（2）3大类共28小类。

理化危险品包括：爆炸物、易燃气体、易燃气溶胶、氧化性气体、压力下气体、易燃液体、易燃固体、自反应物质或混合物、自燃液体、自然物质和混合物、遇水放出易燃气体的物质或混合物、氧化性液体、氧化性固体、有机过氧化物、金属腐蚀剂。

健康危险品包括:急性毒性物质、皮肤腐蚀/刺激物质、严重眼损伤/眼刺激、呼吸或皮肤过敏物质、生殖细胞突变性、致癌性、生殖毒性(对性功能和生育能力的有害影响、对后代发育的有害影响)、特异性靶器官系统毒性(一次接触)、特异性靶器官系统毒性(反复接触)、吸入危险。

环境危险包括:危害水生环境(急性/短期水生危害、长期水生危害)、危害臭氧层物质。

2)危险品运输

对于5km以上的长大公路隧道,考虑到隧道比较长,危险品发生灾害的严重性和在封闭环境中的易发性,禁止运输危险品的车辆通行,在上、下行最近的出口前应设置警示标志,如图13-1所示。

图13-1　警示标志牌

13.5　公路隧道非常规运输管理

对于5km以上的长大公路隧道,表13-3给出了公路隧道非常规运输(超大、超高、超重、危险品运输)管理的汇总表。

公路隧道运输危险物品时的交通控制表　　　　表13-3

车速	车距	超高	超宽	超长	易燃液体	易燃气体	有毒物品	爆炸品
设计速度~20km/h	400~500m	禁止通过	禁止通过	护送通过	交警单车护送通过	交警单车护送通过	交警单车护送通过	交警单车护送通过

第 14 章　紧急事故处理

公路隧道的紧急事故主要包括交通事故、火灾事故、危险品泄漏事故和地震灾害四类。对于公路隧道紧急事故的处理，必须建立在防灾救灾预案的基础上。而防灾救灾预案的制定，必须结合隧道的实际情况，做到科学合理，可操作性强。公路隧道的救灾预案，包括土建、机电、消防、照明、通风、交通、监控、外协等。救灾预案应该在已有隧道设施的基础上，针对不同的灾害类型和规模，制订详细的救灾流程。

公路隧道的防灾救灾预案的制定，应遵循"设施是基础，管理是关键，监控是核心，手册是指南，预案是保障"的指导思想。防灾预案制定，遵循预防为主，防救结合的指导思想，具体落实按照一次设计，分步实施，软硬配套，统一协调的原则。救灾预案的制定，应遵循救人为主、救物为辅、自救与助救相结合的原则。

在隧道发生紧急事故时，隧道的管理部门应该针对事故的类型和规模，紧急启动救灾预案，隧道救灾的各个梯队必须按照预案的流程，做好自己的工作。通常，公路隧道的救灾梯队分为三个层次，第一个层次（梯队）为隧道内的驾乘人员和巡查人员，第二个层次（梯队）为隧道自己的管理人员，第三个层次（梯队）为外协人员。图 14-1 为我国某高速公路隧道的救援梯队构成。

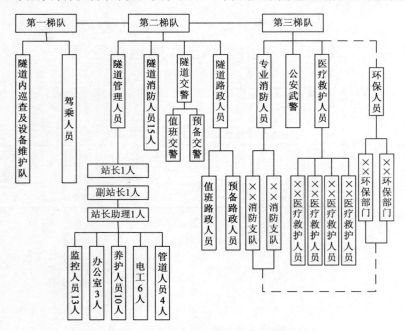

图 14-1　×××公路隧道的救援梯队构成图

14.1 交通事故处理

14.1.1 现场处理

1)现场人员对交通事故的处理

(1)驾驶员。

在隧道里发生交通事故,车辆驾驶人应当立即停车,保护现场;造成人身伤亡的,车辆驾驶人应当立即抢救受伤人员,并迅速报告执勤的交通警察或者公安机关交通管理部门。如果发生人员伤亡,因抢救受伤人员变动现场的,应当标明位置。

(2)驾驶员以外的其他人员。

隧道内的管理人员、乘车人、过往车辆驾驶人应当给予发生交通事故的车辆帮助。

(3)交通事故预案的启用。

图 14-2 给出了隧道发生交通事故后的救灾流程图。

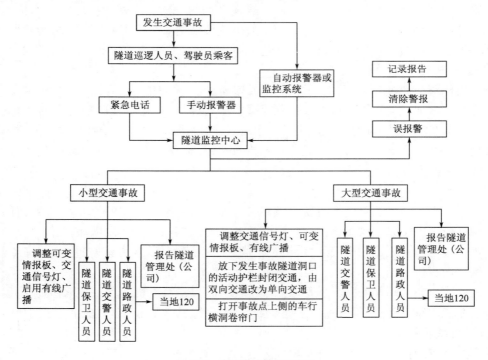

图 14-2 交通事故救灾流程图

(4)公安机关交通管理部门。

①公安机关交通管理部门接到交通事故报警后,应当立即派交通警察赶赴现场,先组织抢救受伤人员,并采取措施,尽快恢复交通。

②交通警察应当对交通事故现场进行勘验、检查、收集证据;因收集证据的需要,可以扣留

事故车辆,但是应当妥善保管,以备核查。

③对当事人的生理、精神状况等专业性较强的检验,公安机关交通管理部门应当委托专门机构进行鉴定。鉴定结论应当由鉴定人签名。

2)有关人员、管理部门对交通事故的处理

(1)交通事故当事人。

①在隧道内发生交通事故,未造成人身伤亡,当事人对事实及成因无争议的,可以即行撤离现场,恢复交通,自行协商处理损害赔偿事宜;不即行撤离现场的,应当迅速报告执勤的交通警察或者公安机关交通管理部门。

②在隧道内发生交通事故,仅造成轻微财产损失,并且基本事实清楚的,当事人应当先撤离现场再进行协商处理。

③对交通事故损害赔偿的争议,当事人可以请求公安机关交通管理部门调解,也可以直接向人民法院提起民事诉讼。在发生损害赔偿的争议时,隧道管理处应当提供给法院或公安机关真实可靠的录像资料。经公安机关交通管理部门调解,当事人未达成协议或者调解书生效后不履行的,当事人可以向人民法院提起民事诉讼。

(2)公安机关交通管理部门

公安机关交通管理部门应当根据交通事故现场勘验、检查、调查情况和有关的检验、鉴定结论,及时制作交通事故认定书,作为处理交通事故的证据。交通事故认定书应当载明交通事故的基本事实、成因和当事人的责任,并送达当事人。

(3)医疗机构

医疗机构对交通事故中的受伤人员应当及时抢救,不得因抢救费用未及时支付而拖延救治。肇事车辆参加机动车第三者责任强制保险的,由保险公司在责任限额范围内支付抢救费用;抢救费用超过责任限额或未参加机动车第三者责任强制保险或者肇事后逃逸的,由道路交通事故社会救助基金先行垫付部分或者全部抢救费用,道路交通事故社会救助基金管理机构有权向交通事故责任人追偿。

(4)保险公司

机动车发生交通事故造成人身伤亡、财产损失的,由保险公司在机动车第三者责任强制保险责任限额范围内予以赔偿。超过责任限额的部分,按照下列方式承担赔偿责任:

①机动车之间发生交通事故的,由有过错的一方承担责任;双方都有过错的,按照各自过错的比例分担责任。

②机动车与非机动车驾驶人、行人之间发生交通事故的,由机动车一方承担责任;但是,有证据证明非机动车驾驶人、行人违反道路交通安全法律、法规,机动车驾驶人已经采取必要处置措施的,可减轻机动车一方的责任。

③交通事故的损失是由非机动车驾驶人、行人故意造成的,机动车一方不承担责任。

14.1.2 隧道设施检查与维修

隧道发生交通事故后,路政管理人员把记录的交通事故发生后的现场实况递交给隧道管理处,隧道管理处进行备份之后,再把这些资料交给设备维护队。设备维护队再根据这些资料,并结合隧道监控室的录像资料进行分析,得出可靠的隧道设施检查项目。一般隧道发生交通事故时的检查项目见表 14-1,实施时可结合现场的实际情况做出必要的取舍。

交通事故发生后隧道设施的检查项目 表 14-1

项 目 名 称	检 查 内 容
路面	路面上油污、撒落物;路面有无拱起、沉陷、错台、开裂
检修道	道路有无毁坏、盖板有无缺损
衬砌	(1)衬砌有无裂缝、剥落; (2)衬砌表层有无起层、剥落; (3)墙身施工缝有无开裂、错位
手动报警按钮	报警信号及传输测试
消火栓及灭火器	(1)有无漏水、腐蚀、软管损伤; (2)室外消防栓的放水试验及水压试验; (3)灭火器腐蚀情况,有无失效; (4)泡沫灭火器的使用与防渣检验; (5)消火栓的放水试验
自动阀	(1)外观检查、有无漏水、腐蚀; (2)操作试验是否正常; (3)导通试验
配水管	(1)有无漏水,闸阀操作是否灵活; (2)管支架是否腐蚀、松动; (3)管过滤器清洗
横通道门	是否开关自如
紧急电话	(1)外观有无污染; (2)通话效果试验; (3)内部检查; (4)测定输入输出电流; (5)强制切断试验
引导设施	有无污染、损伤

当交通事故发生在洞口附近时(大约洞口往里 50m 的范围内),还应对隧道的洞门作相应的检查,检查内容可按本手册附录 A5 中隧道土建设施定期检查记录表执行。

14.1.3 交通事故评估

各级物价部门是价值评估的主管部门,其设立的价格事务所接受委托对公路隧道交通事故车损进行估价。各级价格事务所出具的评估结论经公安交警部门认可后,作为处理交通事故的主要依据,亦可作为当事人(车主)向保险公司索赔的参考依据。各地价格事务所从事道路隧道交通事故车损价值评估的工作职责如下:

(1)按规定的程序和办法对事故车辆进行估价定损,并出具交通事故车损评估鉴定书。
(2)按规定标准收取估价鉴定费。
(3)建立业务工作档案,按要求定期上报各类统计报表。
(4)按规定比例足额上交准备金。

14.2 火灾事故处理

14.2.1 公路隧道火灾的救灾流程

根据公路隧道的火灾特点,图 14-3 给出了公路隧道火灾事故的救灾流程。

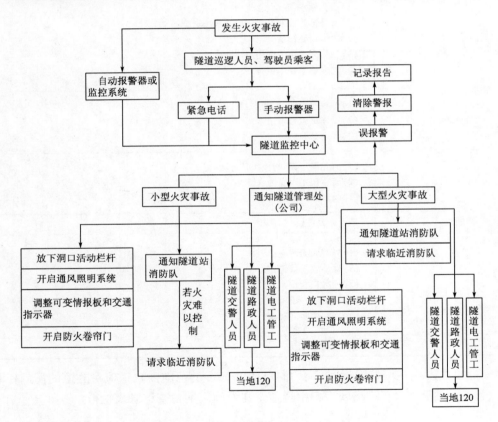

图 14-3 ×××隧道火灾事故救灾流程图

14.2.2 现场监控处理

为了对公路隧道火灾救治有所帮助,总结世界各国对火灾事故发生时现场的分析成果,现在归纳如下:

(1)首先要在进洞口前的情报板及时显示出火灾警示信息,防止后续车辆继续进入洞内,避免更大的灾难。

(2)对向交通条件下火灾时的洞内风速应该小于等于1.5m/s,以避免产生混流,影响火灾排烟与救援。单向行车火灾时的洞内风速可以稍高一点。

(3)如果设置避难洞,避难洞室的间距应控制在300m,断面面积应有30m^{2}以上,并且可以保证人在洞内生存2天。尽量把避难通道与下部送风道连通,以保证火灾时人能进入新鲜空气风道逃难,并保证每隔600m的排风量为150m^3/s,满足40MW的热释放率。

(4)长大公路隧道应设置专门的值班救护所,救护所的数量和位置应能保证在隧道内任意位置发生火灾时,救援人员均能在5min内到达事故现场。

(5)如果设有自动喷淋系统,应启动隧道自动喷淋系统,以便尽快对火灾进行扑救。

(6)采用先进的线性火灾检测装置。

(7)使用先进的设施,可自动进行交通管制,当发生事故时应迅速阻止车辆进洞,以减小损失。

(8)火灾时启动火灾排烟口。

(9)启动火灾事故应急预案。

14.2.3　隧道设施检查与维修

(1)隧道发生火灾事故后,路政管理人员把记录火灾事故的现场实况递交给隧道管理处,隧道管理处进行备份之后,把这些资料交给设备维护队。

(2)设备维护队再根据这些资料,并结合隧道监控室的录像资料进行分析,得出需要的检查的隧道设施项目,通常包括土建设施、通风、照明、救援、供电、交通等。

14.2.4　火灾事故评估

针对本次火灾事故进行评价,评价的内容包括:
(1)火灾的损失。
(2)灾后修复情况。
(3)火灾后的教训。
(4)对火灾事故预案的修改等。

14.3　危险品泄漏事故处理

在公路隧道运输危险货物的过程中,如果发生燃烧、爆炸、污染、中毒等事故,驾乘人员必须首先根据承运危险货物的性质,按规定要求采取相应的救急措施,防止事态扩大;并应及时向当地公安和道路运政管理机关报告,以利共同采取措施,消除危害。

当隧道内发生重大危险货物运输事故时,道路运政管理机关应在当地政府的统一安排下,积极协助有关部门组织抢救,并做好现场记录,按有关规定进行处理。

凡发生人身伤亡或重大经济损失的危险货物运输事故,当地道路运政管理机关应在3天内将事故情况报告上级机关,并在30天内提出处理意见,报告上级交通主管部门,通知车籍所在地道路运政管理机关。

图14-4给出了我国某高速公路隧道危险品泄漏的救灾流程。

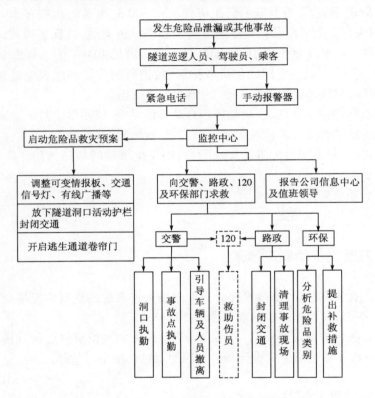

图14-4　×××隧道危险品泄漏救灾流程

14.3.1 现场监控处理

1)危险化学品火灾事故及处置措施

(1)遵循先控制,后消灭的原则。针对危险化学品火灾的火势发展蔓延快和燃烧面积大的特点,积极采取统一指挥、以快制快;堵截火势、防止蔓延;重点突破、排除险情;分割包围、速战速决的灭火战术。

(2)救灾人员必须具有危险品泄漏救灾的专业知识,正确选择最适合的灭火剂和灭火方法。

(3)进行火情侦察、火灾扑救、火场疏散人员应有针对性地采取自我防护措施。如佩戴防护面具,穿戴专用防护服,扑救人员应占领上风或侧风阵地等。

(4)应迅速查明燃烧范围、燃烧物品及其周围物品的品名和主要危险特性、火势蔓延的主要途径,燃烧的危险化学品及燃烧产物是否有毒。

(5)火势较大时,应先堵截火势蔓延,控制燃烧范围,然后逐步扑灭火势。

(6)对有可能发生爆炸、爆裂、喷溅等特别危险需紧急撤退的情况,应按照统一的撤退信号和撤退方法及时撤退,切勿强行继续作业。撤退时,发出的撤退信号应格外醒目,能使现场所有人员都看到或听到,保证所有人员及时撤出现场。

(7)火灾扑灭后,仍然要派人检查并监护现场,消灭余火。隧道管理单位应当保护现场,接受事故调查,协助公安消防监督部门和上级安全管理部门调查火灾原因,核定火灾损失,查明火灾责任。未经公安监督部门和上级安全监督管理部门的同意,不得擅自清理火灾现场。

2)压缩气体和液化气体火灾事故及处置措施

(1)救灾人员必须具有危险品泄漏救灾的专业知识,正确选择最适合的灭火剂和灭火方法。对于气体火灾,切忌盲目灭火,即使在扑救周围火势以及冷却过程中不小心把泄漏处的火焰扑灭了,在没有采取堵漏措施的情况下,也必须立即用长点火棒将火点燃,使其恢复稳定燃烧,保证现场空气混合物的平衡。否则,大量可燃气体泄漏出来与空气混合,遇着火源就会发生爆炸,后果将不堪设想。

(2)在具体灭火作业中,首先应扑灭外围被火源引燃的可燃物火势,切断火势蔓延途径,控制燃烧范围,并积极抢救受伤和被困人员。

(3)如果火势中有压力容器或有受到火焰辐射热威胁的压力容器,能疏散的应尽量在水枪的掩护下疏散到安全地带,不能疏散的应部署足够的水枪进行冷却保护。为防止容器爆裂伤人,进行冷却的人员应尽量采用低姿射水或利用现场坚实的掩蔽体防护。对卧式储罐,冷却人员应选择储罐四侧角作为射水阵地。

(4)如果是运输气体泄漏着火,应首先设法找到气源阀门。阀门完好时,只要关闭气体阀门,火势就会自动熄灭。

(5)运输的储罐关阀无效时,应根据火势大小判断气体压力和泄漏口的大小及其形状,准备好相应的堵漏材料(如软木塞、橡皮塞、气囊塞、黏合剂、弯管工具等)。

(6)堵漏工作准备就绪后,即可用水扑救火势,也可用干粉、二氧化碳灭火,但仍需用水冷却烧烫的罐或管壁。火扑灭后,应立即用堵漏材料堵漏,同时用雾状水稀释和驱散泄漏出来的气体。

(7)一般情况下完成了堵漏也就完成了灭火工作,但有时一次堵漏不一定能成功,如果一次堵漏失败,再次堵漏需一定时间,应立即用长点火棒将泄漏处点燃,使其恢复稳定燃烧,以防止较长时间泄漏出来的大量可燃气体与空气混合后形成爆炸性混合物,从而存在发生爆炸的危险,并准备再次灭火堵漏。

(8)如果确认泄漏口很大,根本无法堵漏,只需冷却着火容器及其周围容器和可燃物品,控制着火范围,一直到燃气燃尽,火势自动熄灭。

(9)现场指挥应密切注意各种危险征兆,遇有火势熄灭后较长时间未能恢复稳定燃烧或受热辐射的容器安全阀火焰变亮耀眼、尖叫、晃动等爆裂征兆时,指挥员必须适时做出准确判断,及时下达撤退命令。现场人员看到或听到事先规定的撤退信号后,应迅速撤退至安全地带。

(10)气体储罐泄漏着火时,在特殊情况下,只要判断阀门还有效,也可违反常规,先扑灭火势,再关闭阀门。一旦发现关闭已无效,一时又无法堵漏时,应迅即点燃,恢复稳定燃烧。

3）易燃液体火灾事故及处置措施

与气体不同的是，液体容器有的密闭，有的敞开，一般都是常压。隧道内运输的液体不管是否着火，如果发生泄漏或溢出，都将顺着地面流淌或水面漂散，而且，易燃液体还有比重和水溶性等，涉及能否用水和普通泡沫扑救的问题，以及危险性很大的沸溢和喷溅问题。

（1）首先应切断火势蔓延的途径，冷却和疏散受火势威胁的密闭容器和可燃物，控制燃烧范围，并积极抢救受伤和被困人员。如有液体流淌时，应铺设沙埂拦截漂散流淌的易燃液体或挖沟导流。

（2）及时了解和掌握着火液体的品名、比重、水溶性以及有无毒害、腐蚀、沸溢、喷溅等危险性，以便采取相应的灭火和防护措施。

（3）对较大的储罐或流淌火灾，应准确判断着火面积。大面积（>50m^2）液体火灾则必须根据其相对密度（比重）、水溶性和燃烧面积大小，选择正确的灭火剂扑救。

比水轻又不溶于水的液体（如汽油、苯等），用直流水、雾状水灭火往往无效。可用普通蛋白泡沫或轻水泡沫扑灭。用干粉扑救时，灭火效果要视燃烧面积大小和燃烧条件而定，最好用水冷却罐壁。

比水重又不溶于水的液体（如二硫化碳）起火时可用水扑救，水能覆盖在液面上灭火。用泡沫也有效。用干粉扑救，灭火效果要视燃烧面积大小和燃烧条件而定。最好用水冷却罐壁，降低燃烧强度。

具有水溶性的液体（如醇类、酮类等），虽然从理论上讲能用水稀释扑救，但用此法要使液体闪点消失，水必须在溶液中占很大的比例，这不仅需要大量的水，也容易使液体溢出流淌；而普通泡沫又会受到水溶性液体的破坏（如果普通泡沫强度加大，可以减弱火势）。因此，最好用抗溶性泡沫扑救，用干粉扑救时，灭火效果要视燃烧面积大小和燃烧条件而定，也需用水冷却罐壁，降低燃烧强度。

（4）扑救毒害性、腐蚀性或燃烧产物毒害性较强的易燃液体火灾，扑救人员必须佩戴防护面具，采取防护措施。对特殊物品的火灾，应使用专用防护服。考虑到过滤式防毒面具防毒范围的局限性，在扑救毒害品火灾时应尽量使用隔绝式空气面具。为了在火场上能正确使用和适应，平时应进行严格的适应性训练。

（5）扑救原油和重油等具有沸溢和喷溅危险的液体火灾，必须注意计算可能发生沸溢、喷溅的时间和观察是否有沸溢、喷溅的征兆。一旦现场指挥发现危险征兆时，应迅速做出准确判断，及时下达撤退命令，避免造成人员伤亡和装备损失。扑救人员看到或听到统一撤退信号后，应立即撤至安全地带。

（6）遇易燃液体储罐泄漏着火，在切断蔓延方向并把火势限制在一定范围内的同时，应设法找到并关闭进、出阀门，如果管道阀门已损坏或是储罐泄漏，应迅速准备好堵漏材料，然后先用泡沫、干粉、二氧化碳或雾状水等扑灭地上的流淌火焰；为堵漏扫清障碍，其次再扑灭泄漏口的火焰，并迅速采取堵漏措施。与气体堵漏不同的是，液体一次堵漏失败，可连续堵几次，只要用泡沫覆盖地面，并堵住液体流淌和控制好周围着火源，不必点燃泄漏口的液体。

14.3.2 隧道设施检查与维修

在隧道中发生危险品泄漏事故后,隧道管理部门应协同当地环境保护部门进行灾后隧道内设施的修复工作。因地制宜地采取修复措施。

14.3.3 危险品泄漏事故评估

针对本次危险品泄漏事故进行评价,评价的内容包括:
(1)灾害的损失。
(2)灾后修复情况。
(3)灾后的教训。
(4)对危险品事故预案的修改等。

14.4 地震灾害处理

14.4.1 地震基本概念

国际间通用的地震烈度分为12度,其主要标志见表14-2。

国际通用地震烈度表　　　　　　　　　表14-2

地 震 烈 度	主 要 标 志
Ⅰ 无感	只有用仪器才能测出
Ⅱ 很弱	在完全静止中才能感觉到
Ⅲ 弱	类似马车驰过时的振动
Ⅳ 中度	地板、窗户、器皿发出响声,类似载重卡车疾驰而过的振动
Ⅴ 相当强	室内振动较强,个别窗玻璃破裂
Ⅵ 强	书籍、器皿翻倒坠落,灰泥裂缝,轻的家具受震移动
Ⅶ 很强	旧房屋显著破坏,井中水位变化,土石有时崩落
Ⅷ 破坏	人很难站起来,房屋多有破坏,人、畜有伤亡
Ⅸ 毁坏	大多数房屋倾倒破坏
Ⅹ 毁灭	坚固房屋遭受破坏,土地变形,管道破裂,土石大量崩滑位移
Ⅺ 灾难	地层发生大断裂,景观变易
Ⅻ 大灾难	地形强烈变化,所有建筑物严重毁坏,动植物毁灭

14.4.2 现场监控处理

1)一般破坏性地震应急反应

一般破坏性地震发生后,隧道管理处应及时启动地震应急预案,抗震救灾指挥部及各抗震救灾组,立即进入紧急工作状态。根据灾情,确定应急工作规范,向上级政府和有关部门报告,并立即开展人员抢救和工程抢险工作,灾区所在的县市政府地震部门应立即组织人员进行地震趋势跟踪,并会同有关部门开展地震灾害损失评估,及时向地震灾区所在的县市政府汇报震情、灾情。

2) 严重破坏性地震应急反应

严重破坏性地震发生后,隧道管理处应立即启动破坏性地震应急预案。根据受灾范围、程度确定应急规范,及时向上级抗震救灾指挥部和省政府报告震情、灾情,根据实际情况,决定对灾区实行特别管制措施。同时还应采取如下应急对策:

(1) 地震发生后立即同上级地震局联系,了解地震三要素,及时报告指挥部。

(2) 灾情调查评估工作队在接到市指挥部的指示后,立即奔赴隧道现场进行灾情调查,并尽快对灾情做出评估,为抗震救灾决策提供依据。

(3) 派出结构震害调查和抗震性能鉴定组赴灾区,现场对隧道结构的破坏情况进行调查,为日后隧道结构的抗震加固和重建提供经验。

(4) 对公路交通进行管制。

①经上级指挥部批准,实施震后应急期的交通管理办法。

②在隧道进出口增设指挥岗,并派出流动警车和交通警进行交通指挥与巡检。

③在公路交叉口设立临时交通管理处,限制非抢险救灾机动车辆,向外援车辆发放临时通行证。设置引路员,引导外援车辆到达指定地点。

④在群众协助下,迅速清除公路上的障碍物。按照"先易后难,先通车后修复"的原则,突击抢修被破坏的路段和隧道,首先要修复干线公路。短时间难以修复的路段、隧道,可启用绕行路线,以保障救灾物资的运输和伤病员的转送。

⑤修车队各分队迅速到达指定地点,高速、高效地修理出现故障的救灾车辆。同时派出流动车辆进行巡检、抢修。

⑥做好交通指挥、引路和装卸工作,避免车辆拥挤、堵塞。

(5) 指示各救护分队、卫生防疫分队、担架分队和伤病员转运分队分赴隧道内开展医疗救护、卫生防疫、运送伤病员的工作。

(6) 做好卫生防疫工作,具体包括:对隧道区进行大面积的消毒、灭菌。

(7) 压埋人员抢救队各分队立即分赴各工作区,在担架分队配合下,抢救压埋人员和国家重要财产,并将抢救出来的伤病员迅速送往附近的医疗站或医院;财产则交给所属单位,无主财产交财物收存站暂管,并进行登记。

(8) 气象部门要做好气象监测预报,如发现有可能影响抗震救灾工作的降水、气温大幅度异常,应立即报告市指挥部,以便做好预防工作。

14.4.3 结构设备检查

公路隧道结构设施的检查与维修可参照本书第6章6.2节中的应急检查部分。

第15章 技 术 管 理

隧道养护技术管理的内容主要包括交通情况调查、路况调查及技术档案管理、隧道养护质量考核与评价等。

15.1 交通状况调查

1) 交通量观测

交通量亦称为交通流量,是指在单位时间内通过高速公路某断面所有车辆的数量。因时间单位不同,交通量分为小时交通量、日交通量、月交通量、年交通量等,因断面范围不同,交通量又可分为上行或下行单向交通量等。交通量所反映的车辆数由交通调查和交通预测确定。

高速公路交通量观测一般有两种方式,即主线交通量观测和收费站交通量观测。公路隧道的交通量属于主线交通量。

(1) 观测方法

主线交通量观测,应采用连续式观测,全年按小时连续不断地对交通量进行统计观测。收费站交通量观测,则采用间隙式观测,按预先确定的观测日期,在24h内对进出交通量进行定期统计观测。可以由收费站收费员代做。每小时统计汇总一次,按车型分类分别填入统计表内。公路隧道交通量的检测仪器,常用的有预埋式环形线圈和洞口视频检测器。

(2) 观测时间

公路隧道交通量连续式观测从建点开始连续不断地长期进行。收费站点间隙式观测一般每月观测2~3次,每个观测日连续观测24h,一般为早6时起至次日早6时止。为减少观测资料的偶然性,观测日与国家法定节假日重合时应顺延1d观测。如遇大雪、暴风雨等特殊气候也应顺延观测,顺延时间不可超过3d,对无法补测者可停止观测,但应在附注栏内将上述情况予以说明。

(3) 资料整理

交通量观测的原始资料应及时整理、汇总、分析,并按月上报公司,公司再呈报上级主管部门。

交通量调查车型分类一般分为小型客车、中型客车、大客车、小货车、中货车、大货车、拖挂车、集装箱等7种车型。观测时以1h为一个计时单位,按车型分类汇总后填入高速公路交通量汇总表,并注明观测点编号和行车方向。公路隧道的平均日交通量,可根据主线各点交通量观测资料,用加权平均法,按式(15-1)计算:

$$N_{平均} = \frac{\sum_{i=1}^{n} N_i L_i}{\sum_{i=1}^{n} L_i} \tag{15-1}$$

式中:N_i——各观测站(点)的交通量(辆/d);

L_i——各观测点所对应的调查区间长度(km);

n——观测站(点)的个数。

2)车速调查(以预埋环形线圈检测器为例)

行车速度调查方法有多种,考虑到车辆通过隧道时行车因素和安全影响,隧道行车速度调查,采用预埋环形线圈检测器测速法。即根据行驶车辆通过两组线圈时间的测定,经计算机自动处理后,即可得到驶过车辆在相应车道上的行车速度。该车速检测可与交通量观测同时进行。

在交通自动观测系统中,速度的检测是按某一路段上、下行每一车道以1min为单位进行的,检测的车辆速度是相应车道1min内的平均速度。某一车道某1min的平均速度可按式(15-2)计算:

$$\bar{v}_{车道} = \frac{1}{n_i} \sum_{i=1}^{n_i} v_{车道 i} \tag{15-2}$$

式中:$\bar{v}_{车道}$——该车道在某1min内的平均速度(km/h);

n_i——该车道在1min内通过该断面的车辆数(辆);

$v_{车道 i}$——该车道第 i 辆车通过该点的瞬时速度(km/h)。

上行或下行单向交通量某1min内的平均速度,是上行或下行各车道平均速度按各车道1min交通量的加权平均值,以某隧道为例,即:

$$\bar{v}_{单向} = \frac{1}{n_1 + n_2}(n_1 \bar{v}_1 + n_2 \bar{v}_2) \tag{15-3}$$

式中:$n_1 \bar{v}_1$——第一车道1min内的车辆数及车辆平均速度之积(km/h);

$n_2 \bar{v}_2$——第二车道1min内的车辆数及车辆平均速度之积(km/h)。

小时平均速度是上述60个分钟平均速度的平均值,即:

$$\bar{v}_{小时} = \frac{1}{60} \sum_{i=1}^{60} \bar{v}_i \tag{15-4}$$

日平均速度即为24h各自平均速度的平均值,即:

$$\bar{v}_{日} = \frac{1}{24} \sum_{j=1}^{24} \bar{v}_j \tag{15-5}$$

车速调查应长期进行,条件不允许时,每月也应至少观测3次,其观测资料要长期保存。

3)隧道调查

隧道管理养护管理部门应定期对隧道进行调查,以全面了解隧道的洞门、衬砌、路面、排水系统、通风设施、照明设施、通信设施、报警设施、机电设施、情报设施、交通标志等各种安全设施的状况,对发现的各种病害进行登记,制订养护处治方案,为编制季、月、旬养护计划提供依据。

15.2 技术档案管理

加强隧道的技术档案管理,可充分利用档案资源,发挥档案资料在养护管理和改建、扩建中的作用,为养护部门决策及时提供依据,它是隧道养护部门生产技术管理的重要环节,隧道管理部门必须按照统一管理的原则,建立健全技术档案。

1)隧道档案内容

隧道技术档案一般包括两部分,即建设期项目档案资料和养护管理期档案资料。

(1)建设期项目档案资料是指在隧道建设期形成的应当归档保存的各种资料,一般包括:隧道立项批准文件、可行性研究报告、评估文件、勘测资料、设计文件、变更设计、征地拆迁协议、施工计划、施工记录、监理记录、招投标文件、来往文件、竣工文件等,隧道建设项目从酝酿、决策到建成使用全过程中形成的有保存价值的文字、材料、图纸、图表、计算材料、声像材料等。

(2)养护管理期档案资料是指隧道交付使用后形成的档案资料,一般包括:日常养护维修的各种养护生产报表和台账,每季度、年度养护计划,各类设施的维修检查记录、养护日志、专项工程开竣工报告、设计文件、施工组织设计、施工总结、竣工验收、养护机械台账、路面四项指标测试记录、交通事故及交通流量记录等。

2)档案分类

隧道技术档案根据建设和养管期不同特点,为便于管理和方便查询,应按其来源、内容、性质分别建档。

建设期的档案,大的可以分为立项文件、工可文件、初步设计文件、技术设计文件、施工图设计文件、招投标文件、施工文件、监理文件、变更文件、竣工文件等。

管理期文件可以分为管理文件、检测文件、养护文件、年审文件、特别文件等。

3)档案管理

为加强养护档案管理,隧道养护部门应建立养护技术档案并配专人管理,对所有档案资料要按专业系统的档案分类大纲进行分类、编目、登记、统计和加工整理。编制检索工具和参考资料,对重要的科研档案应当复制副本分别保存,以保证在非常条件下技术档案的安全和使用。也可利用计算机图库管理系统对所有重要资料档案进行扫描,存入光盘进行永久保留。对于破损或变质的档案要及时修补和复制。建立技术档案借阅制度,对重要技术档案要加强保密工作,以防止重要资料外流和泄密。

4)档案资料整理

(1)建设期档案资料整理,在工程竣工后,设计单位、施工单位、监理单位应根据各自的职责范围,按工程档案的编制要求,做好各种档案文件资料的整理工作,竣工验收时一并交建设单位。建设单位将工程前期文件和工程验收文件整理汇总后,与其他工程档案资料一并向养护管理单位移交,同时根据要求分别向省市有关档案部门移交。养护管理部门档案室管理人员即可根据档案分类进行登记存放并编制检索工具。

(2)养护管理期档案整理,一般在年初进行,养护生产部门应将一年中所有的有保存价值的养护资料整理后移交养护档案部门,由档案管理人员统一将上一年度的所有养护技术档案资料进行分类、统计、汇总、登记和编号,并存入档案室保管。

5)档案使用过程中的维护与保护制度

技术档案使用过程中的维护与保护制度,一般应包括以下几个方面:

(1)档案使用的登记与交接制度。

(2)档案无论因何原因使用时,都必须实行严格的登记与交接手续。

(3)档案使用行为的管理与限制制度。

(4)不允许在档案上勾画、涂抹,更不允许有撕损、剪切等破坏性行为,以保证技术档案完好无损,未经允许不准使用者擅自拍照、抄录、复印,对重要档案应实施重点保护,并尽可能提供复印件。

15.3 运营成本管理

1)隧道运营成本管理概念

运营成本管理是指隧道运营管理处(公司)为了达到以尽可能少的劳动消耗和能源消耗取得尽可能多的经济效果,在隧道平时的运营过程中,对所有费用的产生和成本的形成进行的预测、计划、控制、核算和分析等管理活动。

2)隧道运营成本包含的内容

(1)日常管理费。

日常管理费包括员工工资及其附加费用、办公费用、车辆使用费、业务招待费、年审费及其他费用。

(2)生产性电费。

维护正常生产需要,用于收费站场的照明、通风、空调等电费开支及用于隧道的通风照明等电费开支均为生产性电费。

(3)日常养护费。

①专项隧道维修工程费用。指隧道大、中修所需的开支费用,比照一般工程项目确定所需费用。

②配套设施维修费。配套设施包括如下部分:安全设施、通信设施、水电设施、房建设施、收费系统、监控系统、隧道维护。

③灾害防修支出。发生交通事故和自然灾害时的抢修费用

④隧道绿化支出。包括已有绿化工程的养护和新增的绿化工程。

⑤票证印刷费。包括入口和出口票据的印制费用。

⑥交通监理费。包括用于交通监理的所有管理、人工及设备费用。

⑦固定资产购建费用。包括两部分:一是固定资产购置费用,二是固定资产建设费用。

⑧预留费用。用于应付不可预见事件发生的费用。

3)隧道运营成本费用的特点

(1)成本费用呈现相对的固定性。隧道运营企业的成本费用呈相对固定性,意味着隧道运营企业只有做好成本控制工作,才能实现收入的不断增长,而成本费用基本不增加或较少增

加为理想状态。

(2)隧道资产折旧或摊销成本是对隧道运营企业运营管理成本有重要影响的成本项目。采取不同的折旧或摊销方法,对当期收益的影响较为明显。

(3)在隧道运营企业管理成本中,人员经费支出占较大的比重。

(4)在隧道建成收费初期,贷款利息在全部费用中占有较大比重;以后随着贷款的逐步偿还,利息费用逐年减少。

4)隧道运营成本的管理和控制方法

(1)运营成本的管理。

①加强成本费用管理的目的,就是要防止在利润管理过程中,违反财务制度,通过成本费用而随意调整企业利润的倾向,以保证财务成本的真实性。

②隧道运营企业应当按照特许经营协议中的有关规定养护好隧道,并且在经营期末将技术状况良好的隧道交还给国家。这就要求运营企业不能片面追求成本费用的降低而忽略了隧道的正常保养和维护。

③隧道运营企业当在保证隧道正常使用的前提下努力降低隧道维护费用,有效减少收费业务费用,科学控制行政管理费用,促使利润最大化和经营效益最大化。

(2)隧道运营企业成本费用控制的一般方法。

①定额控制法。

隧道运营企业对隧道小修保养成本和收费业务成本应当采用定额控制法实行成本控制。定额控制涉及两个方面工作。

a.制定成本定额。

隧道运营企业隧道小修保养成本和收费业务成本定额包括材料用量定额、材料价格定额、人员定额和工资水平定额。定额又可称为"标准",制订各项成本定额的过程实际上也是确定各项成本标准的过程。

b.差异分析。

隧道运营企业应当及时将实际成本与定额标准进行比较,实际可能出现差异,并分析差异产生的原因,为考核责任人的业绩和今后进一步加强管理、控制成本提供决策依据。

②费用预算控制法。

隧道运营企业应当针对公司行政管理费用特定的费用项目通过编制费用预算来实施预算控制。费用预算控制法的两个重要环节如下:

a.预算编制发放要科学。

在编制预算时,一定要遵循科学、合理、可操作的原则。

b.预算控制要坚决。

在执行的过程中,要严格按照预算的内容执行,决不能随意超预算。

15.4 养护成本管理

(1)隧道养护成本概念。

隧道养护成本管理,是隧道养护单位在养护生产过程中为降低养护成本而进行的各项管理工作的总称。隧道养护单位是隧道养护生产的执行单位,它既是生产者,也是消耗者。在整个隧道养护生产中,消耗的物资、器材和技术、劳动成本构成了隧道养护工程成本。它是以正常的养护经营活动为前提,根据隧道养护生产过程中实际消耗量和实际价格计算出来的。

(2)隧道养护成本计划管理。

隧道养护成本计划,是养护成本管理的一个重要环节,是实现降低养护成本任务的指导性文件。编制隧道养护成本计划的过程,实际上就是挖掘降低成本潜力的过程,也是检验养护单位养护技术质量管理、工期管理、材料消耗和劳动力消耗管理的过程。编制养护成本计划,应从本单位的实际情况以及管养隧道的特点出发,采用先进的技术经济定额,充分挖掘单位内部潜力,使降低成本指标既积极可靠,又切实可行。正确选择养护施工方案,合理组织施工过程,提高劳动生产率,改善材料供应,降低材料消耗,提高机械利用率,并注重节约管理费用,杜绝偷工减料,忽视质量等现象发生。

(3)隧道养护成本控制管理。

隧道养护成本控制应贯穿养护生产的全过程,从施工准备阶段、施工期间,到竣工验收阶段结束,均要进行成本控制。其中每一个阶段的每一项经济业务都要纳入成本控制的轨道,也就是成本控制工作要随着养护项目生产进展的各个阶段连续进行,既不能疏漏,又不能时紧时松,使养护项目成本自始至终置于有效控制之下。隧道养护成本控制方法一般有施工预算控制法、资源消耗控制法及用款计划控制法等。

在施工项目成本控制中,按施工图预算,实行"以收定支,量入为出",它是成本控制最有效的方法之一,即对养护生产项目进行分解,根据分部、分项工程的工程量,按照公路定额或小修养护定额,分别测定分部、分项工程的人工工日、材料用量和机械台班数量,作为指导和管理施工的依据。施工预算对分部、分项工程的划分,原则上应与施工工序相同,以便于生产班组的任务安排和施工任务单取得一致。对生产班组的任务安排,必须签发施工任务单和限额领料单,任务完成后,根据回收的施工任务单和限额领料单进行结算。通过对分部、分项成本的严格控制,实现对养护工程项目的成本控制。

15.5 事故档案管理

1)隧道事故档案的重要性

公路隧道是一种特殊构筑物,其相对封闭性、行车复杂性和黑洞效应等空间特性,决定了公路隧道事故具有不同于一般开放性公路事故的应急救援特点,且隧道事故的疏散救灾更加困难。公路隧道事故的主要特点有:

(1)事故随机。

公路隧道的事故是一个低概率事件,且具有时间随机、地点随机、类型随机和规模随机的特点。

(2)状况不明。

虽然事故初期可以通过侦测设备获得初步信息,但随时间发展,部分侦测设备可能遭受损坏或造成功能丧失,致使外界救援人员无法完整掌握现场灾情发展。

(3)环境狭窄。

公路隧道开口有限,且隧道空间狭小,无法同时间容纳大量人员及器材设备进入内部救灾,限制了救灾设备及时到达操作空间。

(4)救援急迫。

公路长隧道发生重大事故除造成交通阻塞外,还会导致隧道内部废气量激增及温度升高等情况,进而引发二次灾害,所以隧道事故救援具有急迫性。

(5)影响严重。

公路隧道发生灾害后,不仅会造成交通中断,而且还会影响到相连的路网交通,引起社会的关注,甚至于恐慌。

公路隧道事故应急救援的困难性,使其事故处理无法完全遵循一般开放性路段的处理模式。且不同类型隧道事故的严重程度和影响范围也不相同,所需派遣的救灾单位及规模也有所差异。所以,对长大公路隧道,为了救灾行动的高效开展,需要建立专门的救灾队伍,并制订专门的救灾预案。对隧道每一次事故的处理,要对救灾出现的所有问题进行分析总结,并建立专项特别档案,为以后提供经验。

2)事故档案的内容

(1)事故经过。

事故发生的时间地点、事故类型、事故原因、处理方式、隧道管理中心反应。

(2)处置效果。

按照事先确定的评价标准,分为优秀、良好、较好、一般、较差。

(3)损失评估。

分别就人员损失、结构损失、机电损失、环境损失四个方面进行评价,并统一折算为货币损失。

(4)事故启示。

通过事故原因,处置效果评价,并结合损失经济评估,得出事故启示。

3)事故档案保存

按照隧道技术档案管理的办法进行。

15.6 内 业 管 理

1)养护管理制度

养护管理制度的内业管理一般包括公路隧道日常养护管理办法、定期检查管理办法、计划统计管理办法、预算管理办法、专项工程管理办法、机械设备管理办法、公路隧道养护管理规定及公路隧道养护标准等,也可根据管理需要,制定一些其他管理制度。

公路隧道的养护内业管理制度的制定要做到以下三点:

(1)针对性。

针对性是指针对养护工作现状,制定有关管理办法和制度,以改善和规范公路隧道养护管理。如针对公路隧道维修保养、专项工程和大修工程,分别制定公路隧道大修管理办法、专项工程管理办法和维修保养管理办法等。

在公路隧道日常维护中,养护部门则要相应制定有关清扫车上路清扫作业规定,在规定中明确规定清扫车每日上路清扫时间和清扫频率,同时应按要求做好记录。

(2)实用性。

公路隧道养护管理制度实用性要强,不仅要覆盖公路上养护的所有方面,而且要具有一定的可操作性。

(3)简洁性。

公路隧道养护管理制度要尽可能地简洁明了。

2)计划管理

养护计划管理,是指隧道养护管理部门根据养护设施量、现有养护资金和养护工作的实际情况,用计划来组织、协调养护生产的一种综合性管理工作。

编制好养护计划,合理地安排人力、物力和财力,不仅可以大幅度地提高劳动生产率,还可最大限度地降低养护投资。合理安排养护生产计划,就是要利用养护最佳时机,采用合理的养护技术和方法,用最小的资金投入换取最大的经济效益。

公路隧道养护计划一般包括两种,即单项工程计划和小修养护计划。小修养护计划一般包括年计划、季计划、月计划和旬作业计划。

3)统计台账

统计台账是公路隧道养护内业的重要组成部分,它是采用数字的形式来记录、整理、汇总、分析养护生产单位的生产、经济等各方面的活动,并用以检查监督养护计划的实施,核实养护投资效果强化养护管理,并为编制生产计划提供依据。统计台账要能全面反映养护单位养护管理水平和生产完成情况,为领导决策提供服务。同时也可全面系统地积累养护生产历史资料。

第 16 章　隧道安全等级评价

16.1　目标和对象

（1）隧道安全等级评价主要针对隧道运营期间安全等级的评定。
（2）隧道安全等级评价目的在于评定运营隧道的安全等级，提出影响隧道运营安全所存在的问题，针对存在的问题提出对策建议。

16.2　技　术　标　准

隧道安全等级评价主要参考的技术标准包括：
(1)《公路隧道照明设计细则》(JTG/T D70/2-01—2014)；
(2)《公路隧道通风设计细则》(JTG/T D70/2-02—2014)；
(3)《公路隧道养护技术规范》(JTG H12—2015)；
(4)《公路工程质量检验评定标准　第二册　机电工程》(JTG F80/2—2004)；
(5)《公路工程技术标准》(JTG B01—2014)；
(6)《公路隧道交通工程设计规范》(JTG/T D71—2004)；
(7)《公路隧道设计规范》(JTG D70—2004)。

16.3　评　价　内　容

16.3.1　隧道重要度

隧道重要度是反映隧道在区域或国家交通网中的重要程度，可以从用途（民用隧道、军民两用隧道）、功能（洲际、国家、省级主干道、二级及其以下公路隧道）和地理位置（山岭隧道、水底隧道、城市隧道）三个方面来考察。隧道重要度在宏观上决定了隧道的安全等级。

16.3.2　隧道结构

隧道结构包括了隧道线形、隧道长度及孔数、车道数以及车道宽度、路面状况、横通道以及紧急停车带、结构健康状况、洞门、防排水系统等其他因素。

1）隧道线形

（1）平面线形。

隧道曲线半径太小会影响到驾驶员的视距，并且在隧道内产生较大的路面超高横坡。此外，曲线半径过小还会增加隧道通风阻抗，不利于自然通风、排水等。但另一方面，科学的利用曲线，可以避开不良地质，增加驾驶员的行车安全警惕性，弱化洞口的明洞效应，降低洞口的基础亮度。

（2）纵断面线形。

车辆在较长的坡道上行驶时，水箱易沸腾、气阻，以致车辆行驶缓慢无力，甚至车辆发动机突然熄火，机件磨损增大，驾驶条件恶化，或由于轮胎与路面摩擦力不够而引起车轮打滑，极易导致事故的发生；在连续下坡时，驾驶员由于需要减速而采取制动，也往往发生由于连续制动而刹车过热失效或烧坏情况，从而引起交通事故。因此坡长越大，越容易发生交通事故，对行车安全越不利。此外，对于长大隧道，隧道的通风量一般与隧道坡度的平方成正比，所以，隧道坡度越大，越不利于洞内交通安全和卫生条件。

（3）平纵组合线形。

隧道洞口是行车环境转换过渡的特殊路段。大量事故表明隧道洞口段存在许多事故隐患，驾驶员在进出隧道时，由于光线及行车环境出现的突变，生理上、心理上变化很大，极易引起交通事故的发生。因此，隧道洞口段的平纵组合线形设计很重要，一般应避免出现以下两种情况：一是在进洞前设置较长、坡度较大的下坡，且洞口引道设置小半径曲线；二是隧道出口前洞内存在较大纵坡，且以小半径曲线出洞。

（4）视距。

为了行车安全，驾驶员需要能随时看到前方一定距离的路段，一旦前方有障碍或有紧急情况，能够及时采取措施，避免事故发生，这种情况下最小的距离称为行车视距。行车视距与隧道的平面线形和纵断面线形有密切关系。在平曲线和竖曲线上超车时发生的道路交通事故，经常是由于视距不足。交通事故率不仅与存在视距不足的路段相关，而且与这种路段所占的比例有关。

2）隧道长度及孔数

（1）隧道长度。

随着隧道长度的增加，隧道交通事故发生频率降低，但是当隧道长度增加到一定程度后，事故发生的频率又急剧增大，且容易引发二次事故，造成更大的灾害。

（2）隧道孔数。

隧道孔数决定了隧道内行车的交通形式，例如，单孔隧道的交通形态常为双向交通；双孔隧道为单向交通。双洞分离式行车，避免了两个方向上车流的相互干扰，但是在同一方向上，车辆经常违规变换车道超车，可能会发生追尾事故，且可能性很大，但严重性较低。因此，单孔隧道发生交通事故的概率可能要比双孔隧道低，但事故严重性可能较高。

3）车道数以及车道宽度

（1）车道数。

一般来说，随车道数的增加行车安全性提高。一般用"车道数安全影响系数"来衡量车道数对车辆行驶安全的影响。车道数安全影响系数是指路段上不同车道数对事故率的影响程度,它也是衡量交通安全的一个重要指标。车道数安全影响系数越高,说明其对道路交通安全的影响越大。取双车道影响系数为1,公路各种车道数对交通事故的影响系数见表16-1。

公路不同车道数的安全影响系数　　　　　　　　　　表16-1

车道数类型	车道数安全影响系数
双车道	1.00
三车道	1.50
没有中央分隔带的四车道	0.80
有中央分隔带,但尚有平面交叉口的四车道	0.65
有中央分隔带,全部立体交叉的四车道	0.30
八车道	0.30

隧道作为公路的特殊路段,车道数对行车安全的影响与普通公路段会有所差异。当隧道中行车采用单孔双向时,应和一般公路的车道数安全影响系数一样;但是当采用双孔或多孔时,因为此时将交通分离,有隔离的安全影响系数会比一般公路低,由于边墙效应又会有所提高,因此,可以认为双洞内的安全影响系数比普通公路段稍有提高。

(2)车道宽度。

一般来说,车道越宽越有利于安全行车。图16-1为双车道公路事故率与路面宽度的影响关系图。可以看出,事故率与车道宽度基本呈线性关系,车道越宽,事故率越小。

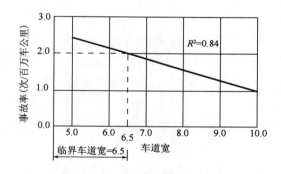

图16-1　双车道事故率与车道宽度的关系图(单位:m)

4)路面状况

水泥混凝土路面属于刚性路面,整体强度较高,但是其抗滑性能降低的较快,尤其是在雨雪天气,车辆将水带入隧道内,造成路面摩擦系数明显降低。沥青路面属于柔性路面,其抗滑性能较好,且在干燥和潮湿的情况下其摩擦系数变化不大。因为这个原因,为了改善隧道的运营环境,有时在原水泥混凝土路面上加铺一层沥青混凝土罩面以提高其抗滑性能。但是沥青路面具有较强的吸收光线的特点,降低了隧道的照度;同时,由于沥青具有可燃性,增加了隧道内发生火灾或使灾害更严重的可能性。不过,近年来各种新型沥青混合材料的研究与应用,如多孔沥青混合料、抗滑阻燃降噪多功能隧道沥青(AFNA)等,极大地改善了沥青材料的防火、抗滑及排水等性能。

路面抗滑性能是影响安全行车的重要因素之一。公路隧道为半封闭的管状构造物,隧道内部的湿度较外面高,再加上汽车尾气排放、积聚等现象,这些废气、废油、粉尘等易附着在路面上,且得不到降雨的冲洗,使的路面的抗滑性能降低,制约着车辆的行车状态,影响了行车安全。

抗滑性能用摩擦系数表示,可以分为纵向摩擦系数和横向摩擦系数(横向力系数),纵向摩擦系数决定车辆在制动时的刹车距离,横向摩擦系数影响车辆的方向控制能力。美国宾州收费道路调查路面状况与事故的关系为:潮湿的路面的事故率是干燥路面的2倍,降雪时是干燥路面的5倍,结冰时是干燥路面的8倍。

平整度是路面表面相对于真正平面的竖向偏差。路面不平整,会加大车辆的磨损、增大车辆油耗、造成行车不舒适、降低行车速度、危及行车安全。不平整的路面还可能造成路面积水、聚集脏污等,而且驾驶员在不平整的路面上驾驶车辆,来回地颠簸,会使驾驶员心里紧张,驾驶疲劳,易引发事故。

5) 横通道及经济停车带

(1) 横通道。

隧道横通道包括车行横通道和人行横通道。横通道对隧道运营安全的影响主要体现在发生灾害时的人员、车辆逃生与疏散以及救援人员的及时救援上。同样的长度,隧道内横通道的数量越多,设置间距越短,紧急情况下车辆和人员疏散到安全区域的可能性越大,隧道的安全等级就越高,但土建费用也就相应的增高。因此,横通道的合理布设对公路隧道的安全施工、运营有重要作用。

(2) 紧急停车带。

隧道内设置紧急停车带,是考虑到车辆在隧道内发生事故时,有一个应急的抢险、疏导车流的余地,便于尽快地消除阻塞,减少事故损失。在高等级公路中,隧道内发生事故时,紧急停车带的布设可以避免事故的影响扩大化,为事故车辆及救援人员提供回旋余地。在低等级公路的对向交通的单洞隧道内,一旦发生事故,救援力量难以介入,人员难以及时疏散,此时紧急停车带还有防灾救援的功能。因此,合理的紧急停车带间距对隧道运营安全具有较大影响。

6) 结构健康状况

公路隧道结构的健康状况反映了公路隧道结构的损伤或破损状况,公路隧道结构破损的主要形式包括衬砌裂缝、渗漏水、衬砌材质劣化、衬砌背后空洞、衬砌变形、移动、沉降、衬砌起层、剥落以及衬砌的表观病害(蜂窝、麻面、析出等),结构的破损影响行人、行车安全。

7) 其他

隧道洞门具有支挡洞口边仰坡、防止仰坡上滚石、塌落等对路面危害、汇集和排除地面水、改善洞口环境、美化洞口的作用,即安全功能和景观功能。洞门设置的是否合理直接或间接影响隧道的运营安全。例如,洞口的设置未能对自然光(尤其是夏天)起到遮蔽作用,驾驶员在进入隧道前会产生眩晕,当车辆出洞前,会有"白洞"现象,看不清前方车辆,极易引发交通事故。

修建在山区的隧道,不可避免的有时会有桥隧相接的情况,这时在经过桥头陡坎时,车辆会发生颠簸、跳动现象,有损桥隧结构和车辆的机件、轮胎,当车速过快时,容易发生交通事故。

公路隧道防排水系统是隧道正常使用、后期运营安全过程中的重要环节,特别是对于寒冷地区和地下水储存丰富的地区尤为重要,直接影响隧道的结构安全和运营安全。若隧道的防排水系统存在问题,就可能存在地下水渗出甚至隧道成为"水帘洞",造成洞内路面湿滑、积水等,路面抗滑性能降低,容易发生交通事故。

16.3.3 机电系统

公路隧道根据等级不同,配置有不同规模的机电系统。一般来说,完整的机电系统由13个子系统构成:通风与通风控制系统、照明与照明控制系统、通信系统、紧急电话系统、闭路电视监视系统、交通与环境信息检测系统、交通控制与诱导系统、广播系统、火灾检测与报警系统、消防及其控制系统、供配电系统、中央控制管理系统、防雷接地系统。隧道机电系统各子系统的基本构成及功能见表16-2。

公路隧道机电系统各子系统的构成和功能 表16-2

序号	机电系统子系统名称	基本构成	功能
1	通风与通风控制系统	风机、通风控制器	正常运营时的通风,事故状态下的通风
2	照明与照明控制系统	各种灯具及其控制设备	正常运营时的照明及事故情况下的紧急照明
3	通信系统	光传输系统、程控数字交换系统、光纤综合业务接入网、通信电源系统及电缆、光缆等	隧道信息检测设施、控制设施、信息提供设施等之间的通信
4	紧急电话系统	紧急电话主机及其外围设备(打印机、电话机等)、传输线路和紧急电话分机	提供异常交通、火灾等语音信息
5	闭路电视监视系统	摄像机、镜头、防护罩、云台、解码器、监视器、视频分配器、录像机等	监视隧道的运营状态,确认是否有阻塞、事故和火灾等异常情况发生
6	交通与环境信息检测系统	一氧化碳(CO)浓度检测器、能见度(VI)检测器、风速仪、亮度仪等	为交通控制、通风控制、照明控制提供依据
7	交通控制与诱导系统	车道指示器、交通信号灯、可变限速标志、可变情报板、区域控制器等	实现交通流疏导与阻塞排除以及发生重大事故的警示、禁行等诱导
8	广播系统	有线广播:音响主机、扩音机、扬声器、录音机、话筒等;无线广播:固定电台、发射天线、中继器和便携台	发布交通信息,事故或火灾的现场管理
9	火灾检测与报警系统	火灾探测器、手动报警按钮、火灾报警控制器、自动火灾报警器等	火灾检测,及时报警以便及时救援
10	消防及其控制系统	灭火器、自动喷淋灭火设备、消火栓、消防给水及管道、消防泵、消防控制柜及消防水池等	火灾时人为或自动灭火

续上表

序 号	机电系统子系统名称	基 本 构 成	功 能
11	供配电系统	常规电源、发电机、配电箱、变电所、紧急供电装置等	为整个机电系统提供电力,发生事故时保证重要设备不断电
12	中央控制管理系统	综合控制台、大屏幕投影仪、监视器柜、计算机、信息显示设备及网络设备等	控制人员、计算机、设备的工作状态和方式
13	防雷接地系统	防雷接地设施	为整个机电系统在雷电过压情况下仍可以正常运行

由以上对隧道机电系统的系统组成、各子系统的构成及功能的分析说明可知,隧道机电系统是保障隧道安全运营的基础设施条件,任何子系统或者设备发生故障,都会影响公路隧道的运营安全。

16.3.4 交通条件

交通条件对公路隧道运营安全的影响因素主要包括:交通量、车速(平均车速、平均车速差)、交通组成以及交通形式,这些因素与隧道交通事故的发生息息相关。

(1)交通量。

隧道交通量的大小主要影响交通事故发生的频率,即交通量越大,事故率越高,交通量的影响起着主导作用。交通量的大小,直接会影响驾驶员的心里紧张程度。

(2)交通形式。

隧道内的交通形式分为单向交通和双向交通,单向交通可能比双向交通发生事故的概率要大,这主要是因为单向交通会经常存在变换车道以超车的违规事件,车辆发生追尾事故的概率要大,但其后果严重程度要低。如果发生火灾或重大交通事故,单向交通的隧道在交通控制、通风排烟、人员和车辆的疏散等救援疏散措施,可能要比双向交通的隧道容易,这就决定了其事故后果的严重性要比双向交通的隧道要低。可见,交通形式既会影响交通事故的发生频率,又影响交通事故的后果。

(3)车速。

车速是引发隧道交通事故的重要因素。绝对车速以及平均车速差(车速离散性)是导致事故发生的主要原因。很显然,车速越高,发生事故的可能性就越大;平均车速差越大,即车速的离散性越大,就越容易发生事故。

(4)交通组成。

混合车流是我国公路运营的基本特征,大型车比例较高亦是我国公路运营的特点之一。公路隧道交通事故的发生频率和后果均与交通组成密切相关。混合车流中各车的尺寸和动力性能的差异使得大型车占用了更多的道路空间,且大型车运行性能比小型车差。因此,车流就成了非连续、离散的非稳定流,即许多车辆间存在较大的空隙,增加了超车的机会和次数,车速分布较离散,速度方差大;同时,大型车遮挡了小型车驾驶员的视线,导致驾驶员视距不足;再加上我国大型货车超载很严重,这样不仅造成车辆操作困难,也降低了车辆的制动性能,故极易发生交通事故。

16.3.5 交通安全设施

交通安全设施是确保公路隧道安全运营的重要组成部分,它对提高隧道的服务性能,保障行车安全和交通畅通具有重要的意义。交通安全设施主要包括各种交通标志(如隧道标志、限高标志、紧急电话指示标志、疏散逃生标志、消防设备标志、人行和车行横洞标志、紧急停车带标志等)、标线、遮阳棚、隔离设施、防撞护栏、交通诱导设施、减速带、锥形路标、警示灯具以及安全作业服等。这些设施对防止交通事故的发生、提高驾乘人员的自救、提供视线诱导等具有非常重要的作用。合理科学的交通安全设施配置是改善车辆行驶条件、提高隧道通行能力、减少交通事故的发生、提升人员自救能力的重要手段。

16.3.6 运营管理

运营管理主要指运营体制和安全管理两部分。运营体制主要包括管理机构、岗位设置、队伍建设、规章制度、防灾救援体系等。管理机构设置的是否合理、防灾救援体系是否健全直接关系到在发生事故时能否快速、有序地进行救援。隧道的运营在很大程度上取决于监测和控制系统以及操作人员的素质。合理的规章制度制定对完成日常检查及突发事件处理起着至关重要的作用。隧道安全宣传教育是隧道运营管理工作的一个重要组成部分,只有广泛深入地开展安全宣传教育,才能提高广大群众对隧道的运行管理的了解,自觉遵守隧道交通秩序,避免事故发生。安全管理主要包括交通管制、超限运输管理以及危险品运输管理等。其中危险品运输管理是隧道安全管理的重中之重,运输危险品的车辆一旦在隧道中发生事故,造成的后果往往是灾难性的。

16.3.7 环境及意外因素

(1)隧道环境。

隧道环境中影响公路隧道运营安全的因素主要包括:CO 浓度、可吸入颗粒物 PM10 浓度、照度、能见度 VI、等效声级等。这些因素会对驾驶员的视觉特性、生理及心理等产生重要影响,从而危及行车安全。

(2)自然环境。

在雨、雪、风、雪、大雾等天气条件下,虽然隧道内部不会受到天气的影响,但是在隧道进出口处,车辆将雨雪等带入隧道一直到数几十米的路面,导致路面湿滑,摩擦系数降低,或进出隧道前视距不好,而隧道里面却很正常,驾驶员常常会忽略这种差异,导致驶入或驶出隧道均存在较大的危险性。由此可以看出,这些不利的天气条件主要通过降低路面的摩擦系数和驾驶员的视觉性能影响行车安全。

表 16-3 为美国宾夕法尼亚州通过调查不同天气条件下路面状况和交通事故率的关系。

由表中可以看出,路面湿润、降雨或雪、结冰时的交通事故率约为路面干燥时的 2、5、8 倍。

路面状况与交通事故率的关系　　　　表 16-3

路 面 状 况	每百万车公里的交通事故率
干燥	1.6
湿润	3.2
降雨或雪	8.0
结冰	12.8

(3)意外因素。

意外的因素主要包括自然灾害、地震、恐怖袭击、突发战争等。这些因素的出现频率很低,但是其后果是灾难性的。如连续性的大雨可能会导致隧道内灌水、设施破坏等灾害。地震会使隧道结构破坏,严重影响隧道安全性能。恐怖袭击和突发战争在一些长大隧道、特长隧道、城市或水底隧道、军用等具有重要意义的隧道中应予以考虑。

16.4 评价方法

16.4.1 评价方法

权重表示在评价过程中,是被评价对象的不同侧面重要程度的定量分配,对各评价因子在总体评价中的作用应区别对待。权重系数反映了各个指标在整个体统中的重要性。在进行隧道运营安全评价时,评价目标各个因子权重系数的确定,对整个评价结果的可靠性起着至关重要的作用。确定权重系数的方法主要有:熵值法、专家估测法、德尔菲法、层次分析法、G_1 法、变异系数法等。公路隧道安全等级评价指标体系是一个层次体系,本评价采用常用的且较为有效的层次分析法(AHP 法)来确定指标的权重。

16.4.2 指标权重的确定

由于各指标层的指标很多,在采用 AHP 法确定权重时形成的判断矩阵阶数非常大,因此计算判断矩阵的最大特征值 λ_{max} 及其对应的特征向量 w 时采用了 MATLAB 软件。

1)AHP 法确定指标权重

层次分析法采用数字标度的形式,将定性与定量的方法相结合,把人的主观判断用数量的形式进行表达和处理,提高了决策的有效性、可靠性和可行性。这一方法的特点是在对复杂决策问题的本质、影响因素及其内在关系等进行深入分析之后,构建一个层次结构模型,然后利用较少的定量信息,把决策的思维过程数学化,从而为求解多目标、多准则或无结构特性的复杂决策问题,提供了一种简便的决策方法。尤其适合于对决策结果难于直接准确计量的场合。

采用 AHP 法确定公路隧道安全等级评价指标权重的步骤如下:

(1)建立递阶层次结构。

AHP法的第一步就是通过对系统的深刻认识,确定评价的总目标,弄清各因素相对总目标的相对关系,按目标不同及其作用的不同建立一个多层次的递阶结构。层次结构的最高层只有一个元素,也就是评价所要达到的最终目标,中间层包括多个元素,是准则层、子准则层,表示是否能达到总目标的准则;最底层是各种因素,表示其对总目标及准则层、子准则层的影响。评价层次结构的建立包括四层结构:目标层、准则层、子准则层及指标层,其中的各层表示如下:

①目标层。

公路隧道安全等级 U;

②准则层。

$U=\{$隧道重要度 U_1,隧道结构 U_2,机电系统 U_3,交通条件 U_4,环境因素 U_5,运营管理 U_6,交通安全设施 $U_7\}$。

子准则层:隧道重要度 $U_1=\{$用途 U_{11},功能 U_{12},地理位置 $U_{13}\}$。

子准则层:隧道结构 $U_2=\{$最小平曲线半径 U_{21},隧道长度 U_{22},车道宽度 U_{23},隧道最大纵坡 U_{24},路面摩擦系数 U_{25},横通道间距 U_{26},紧急停车带间距 U_{27},结构健康状况 U_{28},其他(路面平整、干燥、清洁、隧道外交通集散场地)$U_{29}\}$。

机电系统 $U_3=\{$通风及通风控制系统 U_{31},照明及照明控制系统 U_{32},通信系统 U_{33},紧急电话系统 U_{34},闭路电视监视系统 U_{35},交通与环境信息检测系统 U_{36},交通控制与诱导系统 U_{37},广播系统 U_{38},火灾检测与报警系统 U_{39},消防系统 U_{310},供配电系统 U_{311},中央控制管理系统 U_{312},防雷接地系统 $U_{313}\}$。

运营管理 $U_6=\{$机构组成及人员组成 U_{61},岗位设置 U_{62},规章制度 U_{63},防灾救援预案 U_{64},宣传教育 U_{65},人员培训 U_{66},防灾救灾演习 U_{67},超限运输管理 U_{68},危险品运输管理 $U_{69}\}$。

交通安全设施 $U_7=\{$交通标志 U_{71},交通标线 U_{72},洞口减速带 U_{73},其他 $U_{74}\}$。

③指标层。

隧道重要度 $U_1=\{$民用隧道 U_{111},军民两用隧道 U_{112};二级及以下隧道 U_{121},洲际、国家、省级主干道隧道 U_{122};山岭隧道 U_{131},水底或城市隧道 $U_{132}\}$。

隧道结构 $U_2=\{$衬砌裂缝 U_{281},渗漏水 U_{282},衬砌材质劣化 U_{283},衬砌背后空洞 U_{284},衬砌变形、沉降、移动 U_{285},衬砌起层、剥落 $U_{286}\}$。

由于篇幅关系,机电系统、交通条件、环境因素、运营管理及交通安全设施等指标并未一一列出,其表示方法以此类推。

(2)构造判断矩阵。

在建立递阶层次结构以后,上下层之间的隶属关系就确定了。人们对于各层的因素与上一层准则的相对重要性进行两两比较,就可形成判断矩阵。判断矩阵是层次分析法的基础。各因素之间相对准则的比较判断是通过一定的数字标度来实现的,这就将定性的判断转化为定量的结果,判断矩阵中元素的值直接反映了人们对各因素之间相对重要性的认识。例如有 n 个因素 $U_{k1},U_{k2},\cdots,U_{nl}$ 在准则 U_k 下存在一定关系,每次取任意两个因素 U_{ki} 和 U_{kj},用 α_{ij} 表示 U_{ki} 和 U_{kj} 关于准则 U_k 的相对重要程度之比,则构造的判断矩阵见表16-4,形成判断矩阵 A 如式。

判 断 矩 阵 表　　　　　　　　表 16-4

U_k	U_{k1}	U_{k2}	…	U_{kn}
U_{k1}	α_{11}	α_{12}	…	α_{1n}
U_{k2}	α_{21}	α_{22}	…	α_{2n}
…	…	…	⋱	…
U_{kn}	α_{n1}	α_{n2}	…	α_{nn}

$$A = \begin{bmatrix} a_{11} & a_{12} & \cdots & a_{1n} \\ a_{21} & a_{22} & \cdots & a_{2n} \\ \vdots & \vdots & \ddots & \vdots \\ a_{n1} & a_{n1} & \cdots & a_{n1} \end{bmatrix} = A(a_{ij})_{n \times n} \tag{16-1}$$

由式可以看出，判断矩阵 $A(a_{ij})_{n \times n}$ 具有如下性质：

$$0 < a_{ij}, a_{ij} = \frac{1}{a_{ji}}, a_{ii} = 1, (i,j = 1,2,\cdots,n) \tag{16-2}$$

判断矩阵中的元素 a_{ij} 表示在准则 U_k 下因素 U_{ki} 对 U_{kj} 的相对重要性，对于重要程度量值的确定，需要引入数字标度来衡量；可见，标度选择的是否合理直接影响评价的最终结果。

评价在确定各指标权重时采用指数标度，其通式为：

$$u = a^b \quad (b = 0,1,2,\cdots) \tag{16-3}$$

式中：b——重要程度划分等级；

a——待定参数。

对于参数 a 和 b 的确定，一般认为重要程度分为 9 个等级为宜，即 $b=8$，则改进后的指数标度公式为：

$$u = 1.316^b \quad (b = 0,1,2,\cdots,8) \tag{16-4}$$

所有标度的标度值见表 16-5。

指 数 标 度　　　　　　　　表 16-5

b	0	2	4	6	8
评语	同等重要	稍微重要	明显重要	强烈重要	极端重要
标度值	1.000	1.732	3.000	5.194	9.000
中间的差值	当 b 为 1,3,5,7 时，按照公式进行计算标度值			

注：若因素 i 与因素 j 的重要性之比为 a_{ij}，那么因素 j 与因素 i 的重要性之比为 $a_{ji} = 1/a_{ij}$。

(3) 相对权重的计算。

通过以上方法建立在准则 U_k 下因素 U_{ki} 对 U_{kj} 相对重要性的判断矩阵 A 后，则计算矩阵特征值及其对应的特征向量为：

$$AW = nW \tag{16-5}$$

(4) 判断矩阵一致性检验。

由于客观事物的复杂性、人们认识的模糊性、多样性及局限性，为了保证应用层次分析法分析得到的结论合理、正确,还需要对所构成的判断矩阵进行一致性检验。

$$CI = \frac{\lambda_{\max} - n}{n - 1} \quad (16\text{-}6)$$

$$CR = \frac{CI}{RI} \quad (16\text{-}7)$$

计算一致性比率指标,进行矩阵一致性检验,其中 CI 为一致性指标,RI 为随机一致性指标,n 为判断矩阵阶数。当 $CR < 0.10$ 时,即满足一致性要求,RI 取值见表16-6。

随机一致性指数 RI 取值表　　　　　　　　表16-6

n	1	2	3	4	5	6	7	8	9	10	11	12	13
RI	0	0	0.36	0.58	0.72	0.82	0.88	0.93	0.97	0.99	1.01	1.03	1.04

通过上述计算并通过一致性检验,得到的 $\omega = (\omega_1, \omega_2, \cdots, \omega_n)^T$ 就为准则 U_k 下各因素的权重向量。

2)公路隧道安全等级评价指标权重

对于公路隧道安全等级 U 这个总目标,其下准则层共有7个子类,在准则层下的指标层共有130个因素。根据上节的权重确定方法,建立判断矩阵,最终得到各层的权重。

(1)准则层权重。

通过参考 Euro TAP 计划、国内相关文献关于指标标度的定性评语以及作者的思考,对各指标相对重要性进行评价、打分,得到准则层判断矩阵见表16-7。

准则层的判断矩阵　　　　　　　　表16-7

U	U_1	U_2	U_3	U_4	U_5	U_6	U_7
U_1	1	$1.316^{1/2}$	1.316	1.316^2	1.316^2	1.316^3	$1.316^{7/2}$
U_2	$1/1.316^{1/2}$	1	$1.316^{1/2}$	1.316^2	$1.316^{5/2}$	$1.316^{7/2}$	1.316^4
U_3	$1/1.316$	$1/1.316^{1/2}$	1	1.316	1.316	$1.316^{5/2}$	1.316^4
U_4	$1/1.316^2$	$1/1.316^2$	$1/1.316$	1	$1.316^{1/2}$	$1.316^{3/2}$	1.316^3
U_5	$1/1.316^2$	$1/1.316^{5/2}$	$1/1.316$	$1/1.316^{1/2}$	1	$1.316^{3/2}$	$1.316^{5/2}$
U_6	$1/1.316^3$	$1/1.316^{7/2}$	$1/1.316^{5/2}$	$1/1.316^{3/2}$	$1/1.316^{3/2}$	1	1.316^3
U_7	$1/1.316^{7/2}$	$1/1.316^4$	$1/1.316^4$	$1/1.316^3$	$1/1.316^{5/2}$	$1/1.316^3$	1

①通过 MATLAB 软件计算得到表16-7中矩阵的最大特征值为 $\lambda_{\max} = 7.1386$,其特征值对应的特征向量为:

$$W = (W_1, W_2, \cdots, W_7) = (0.5344, 0.5162, 0.4230, 0.3213, 0.2977, 0.2298, 0.1564)。$$

②将 $\lambda_{\max} = 7.1386$ 带入式中计算得出

$$CI = 0.0231$$

③通过查表16-6得出 $n = 7$ 时,$RI = 0.88$,带入式中计算得出

$$CR = 0.026 < 0.1$$

满足一致性要求。

④此时,将 $W = (W_1, W_2, \cdots, W_7) = (0.5344, 0.5162, 0.4230, 0.3213, 0.2977, 0.2298, 0.1564)$ 归一化处理,得出准则层 $U = (U_1, U_2, \cdots, U_7)$ 对应的指标权重为:$\omega = (\omega_1, \omega_2, \cdots, \omega_7) = \{0.22, 0.21, 0.17, 0.13, 0.12, 0.09, 0.06\}$,此处保留 2 为小数是为方便后面的评分。准则层权重见表 16-8。

公路隧道安全等级评价准则层指标权重 表 16-8

准则层指标	隧道重要度	隧道结构	机电系统	交通条件	环境因素	运营管理	交通安全设施
权重	0.22	0.21	0.17	0.13	0.12	0.09	0.06

(2)子准则层及指标层权重

通过以上方法,分别计算隧道重要度 U_1、隧道结构 U_2、机电系统 U_3、交通条件 U_4、环境因素 U_5、运营管理 U_6、交通安全设施 U_7 七个准则各自对应的各个指标在各准则下的权重系数,得到的结果见表 16-9。

准则层下子准则层或指标层中各项的权重 表 16-9

准则层	子准则层或指标层	权重 ω
隧道重要度 U_1	用途 U_{11}	0.43
	功能 U_{12}	0.33
	地理位置 U_{13}	0.24
隧道结构 U_2	最小平曲线半径 U_{21}	0.05
	隧道长度 U_{22}	0.10
	车道宽度 U_{23}	0.09
	隧道最大纵坡 U_{24}	0.15
	路面摩擦系数 U_{25}	0.18
	横通道间距 U_{26}	0.14
	紧急停车带间距 U_{27}	0.13
	结构健康状况 U_{28}	0.12
	其他(路面平整、干燥、清洁、隧道外交通集散场地)U_{29}	0.04
机电系统 U_3	通风及通风控制系统 U_{31}	0.07
	照明及照明控制系统 U_{32}	0.08
	通信系统 U_{33}	0.05
	紧急电话系统 U_{34}	0.09
	闭路电视监视系统 U_{35}	0.08
	交通与环境信息检测系统 U_{36}	0.05
	交通控制与诱导系统 U_{37}	0.07
	广播系统 U_{38}	0.06
	火灾检测与报警系统 U_{39}	0.08

续上表

准则层	子准则层或指标层	权重 ω
机电系统 U_3	消防系统 U_{310}	0.09
	供配电系统 U_{311}	0.11
	中央控制管理系统 U_{312}	0.12
	防雷接地系统 U_{313}	0.05
交通条件 U_4	交通量 U_{41}	0.25
	交通形式 U_{42}	0.20
	平均车速 U_{43}	0.15
交通条件 U_4	平均车速差 U_{44}	0.16
	大型车比例 U_{45}	0.24
环境因素 U_5	亮度 U_{51}	0.27
	CO 浓度 U_{52}	0.18
	烟雾浓度 U_{53}	0.20
	噪声 U_{54}	0.15
	气象条件 U_{55}	0.20
运营管理 U_6	机构设置及人员组成 U_{61}	0.05
	岗位设置 U_{62}	0.05
	规章制度 U_{63}	0.07
	防灾救援预案 U_{64}	0.21
	宣传教育 U_{65}	0.06
	人员培训 U_{66}	0.06
	防灾救灾演习 U_{67}	0.16
	超限运输管理 U_{68}	0.14
	危险品运输管理 U_{69}	0.20
交通安全设施 U_7	交通标志 U_{71}	0.40
	交通标线 U_{72}	0.12
	其他 U_{73}	0.48

16.5 评价指标

通过前文中对影响公路隧道运营安全的因素的分析,参考 Euro TAP 的安全评估方法及指标体系,考虑到近年来公路隧道建设的发展以及对隧道运营安全的思考,通过归纳、整理和筛选,构建我国公路隧道运营安全等级评价指标体系如图 16-2～图 16-11 所示。

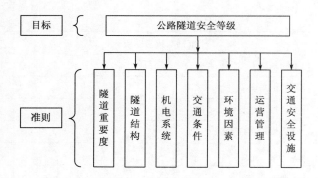

图 16-2　公路隧道安全等级评价指标体系

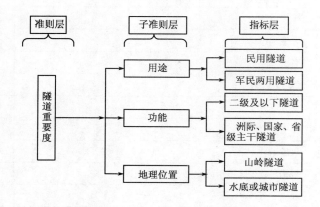

图 16-3　公路隧道安全等级评价指标体系（隧道重要度）

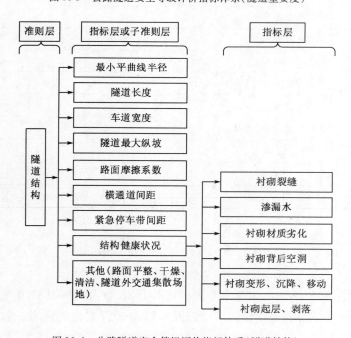

图 16-4　公路隧道安全等级评价指标体系（隧道结构）

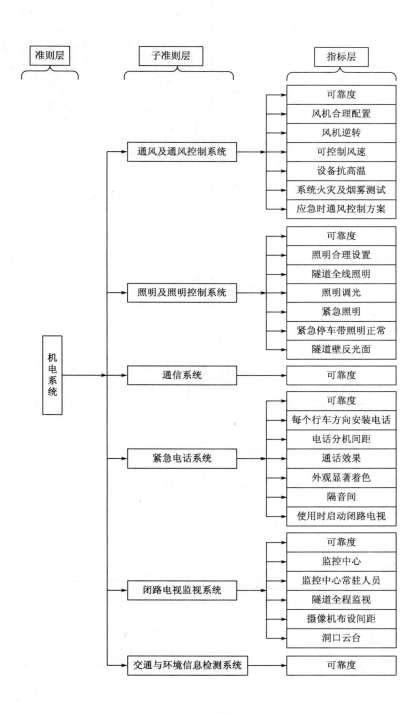

图 16-5　公路隧道安全等级评价指标体系[机电系统(一)]

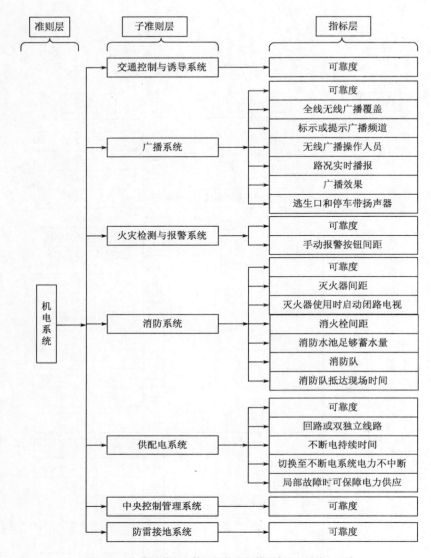

图 16-6　公路隧道安全等级评价指标体系[机电系统(二)]

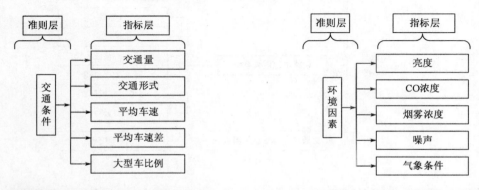

图 16-7　公路隧道安全等级评价指标体系(交通条件)　　图 16-8　公路隧道安全等级评价指标体系(环境因素)

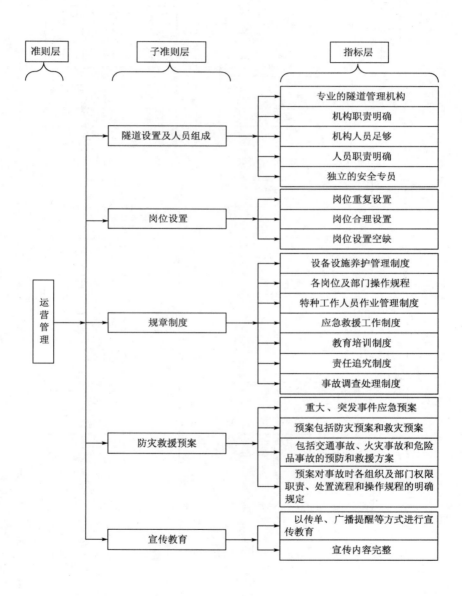

图 16-9 公路隧道安全等级评价指标体系[运营管理(一)]

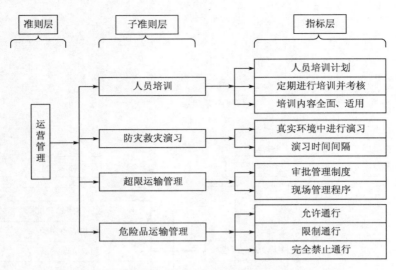

图 16-10　公路隧道安全等级评价指标体系[运营管理(二)]

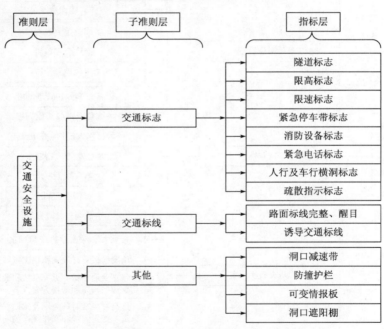

图 16-11　公路隧道安全等级评价指标体系(交通安全设施)

16.6　评 价 系 统

16.6.1　评价系统

公路隧道安全等级总目标下准则层共有 7 个子类,共有 130 个指标,由于影响因素很多,而且对于各因素的评价方法不尽相同,通过计算或者选择是(有)、否(无)进行评价,过程比较烦琐,容易遗漏或出错,不易操作。因此,本评价采用面向对象的软件开发工具 VB,开发了公路隧道安全等级评价系统 SGASHT(the Safety Grade Assessment System of Highway Tunnel),使得评价过程易操作。

16.6.2 系统界面

基于 VB6.0 开发了公路隧道安全等级评价系统 SGASHT,系统的整体构架以公路隧道安全等级评价指标体系为基础,设计了各子类的评价界面。

(1)系统首页及登录界面(图 16-12)。

a)系统首页

b)系统登录界面

图 16-12 系统首页及登录界面

(2)评价说明界面(图 16-13)。

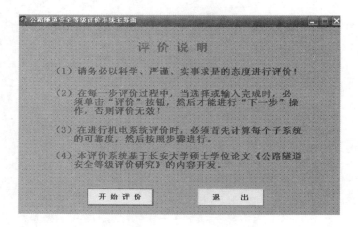

图 16-13 评价说明界面

(3)隧道基本信息界面(图 16-14)。
(4)七大子类评价界面(图 16-15)。

图 16-14 隧道基本信息界面

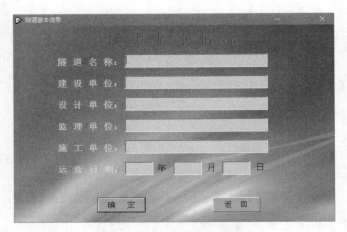

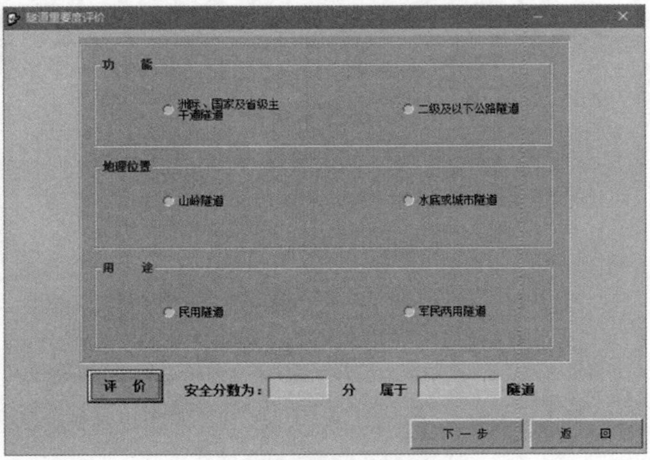

a) 隧道重要度评价界面

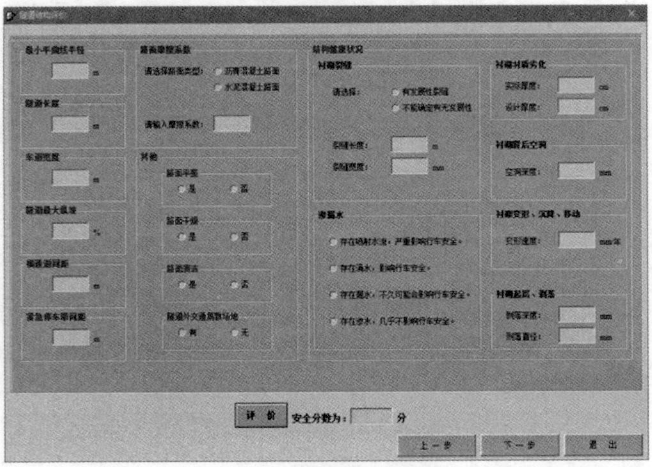

b) 隧道结构评价界面

图 16-15

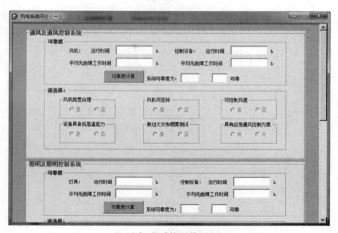

c) 机电系统评价界面 1

d) 机电系统评价界面 2

e) 机电系统评价界面 3

图 16-15

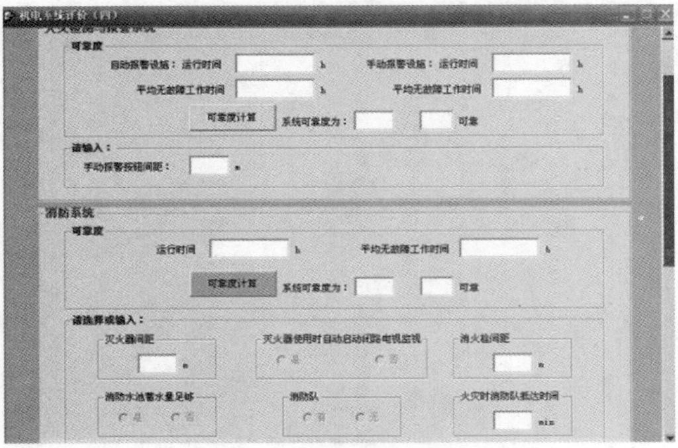

f) 机电系统评价界面 4

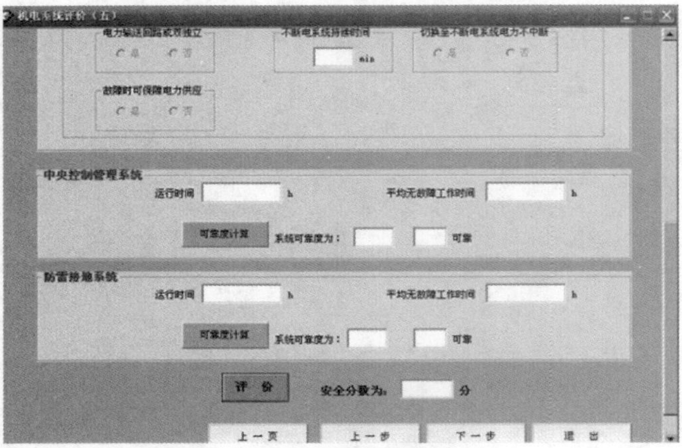

g) 机电系统评价界面 5

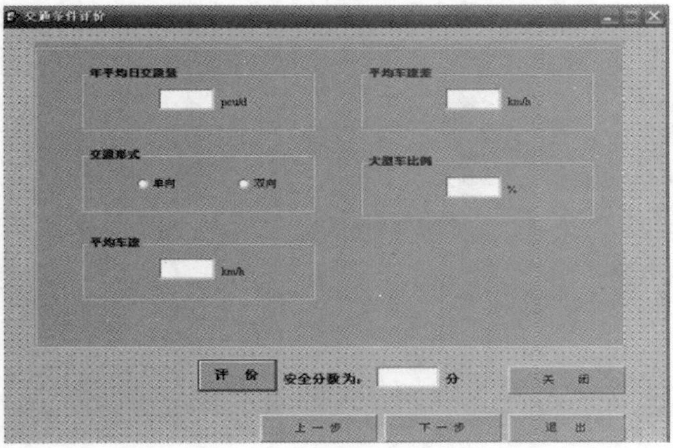

h) 交通条件评价界面

图 16-15

第 16 章 隧道安全等级评价

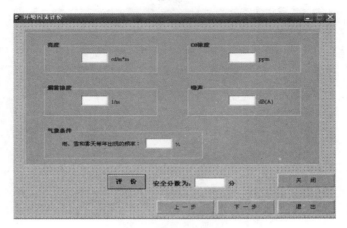

i) 环境因素评价界面

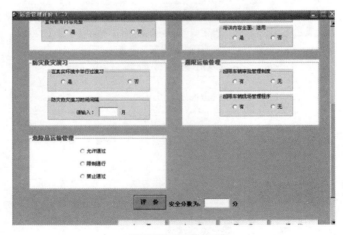

j) 运营管理评价界面 1

k) 运营管理评价界面 2

图 16-15

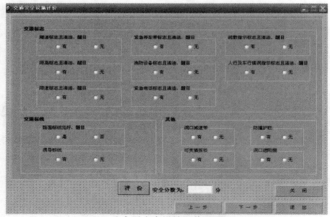

1)交通安全设施评价界面

图 16-15　七大子类评价界面

(5)评价结果界面(图 16-16)。

a)综合评价结果界面

b)隧道结构评价结果界面

图　16-16

第 16 章 隧道安全等级评价

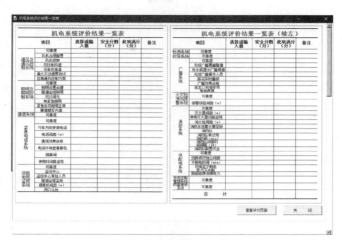

c)机电系统评价结果界面

d)交通条件评价结果界面

e)环境因素评价结果界面

图 16-16

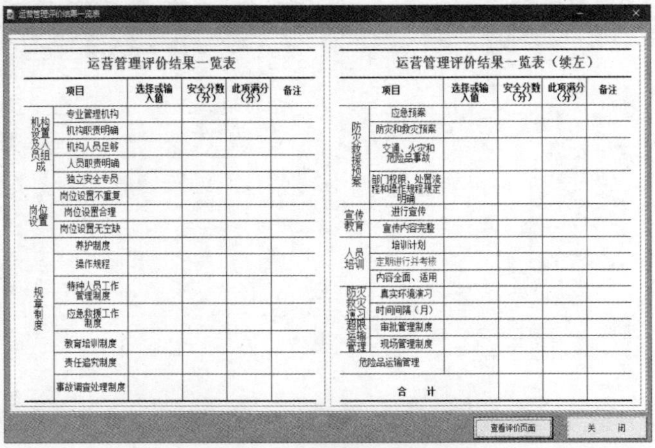

运营管理评价结果一览表

项目		选择或输入值	安全分数（分）	此项满分（分）	备注
机构设置及人员组成	专业管理机构				
	机构职责明确				
	机构人员足够				
	人员职责明确				
	独立安全专员				
岗位设置	岗位设置不重复				
	岗位设置合理				
	岗位设置无空缺				
规章制度	养护制度				
	操作规程				
	特种人员工作管理制度				
	应急救援工作制度				
	教育培训制度				
	责任追究制度				
	事故调查处理制度				

运营管理评价结果一览表（续左）

项目		选择或输入值	安全分数（分）	此项满分（分）	备注
防灾救援预案	应急预案				
	防灾和救灾预案				
	交通、火灾和危险品事故				
	部门权限、处置流程和操作规程规定明确				
宣传教育	进行宣传				
	宣传内容完整				
人员培训	培训计划				
	定期进行并考核				
	内容全面、适用				
防灾救援演习	真实环境演习				
	时间间隔（月）				
超限运输管理	审批管理制度				
	现场管理制度				
危险品运输管理					
合　计					

f）运营管理评价结果界面

交通安全设施评价结果一览表

项目		选择值	安全分数（分）	此项满分（分）	备注
交通标志	隧道标志				
	限高标志				
	限速标志				
	紧急停车带标志				
	消防设备标志				
	紧急电话标志				
	横洞标志				
	疏散指示标志				
交通标线	路面标线				
	诱导标线				
其他	洞口减速带				
	防撞护栏				
	可变情报板				
	洞口遮阳棚				
合　计					

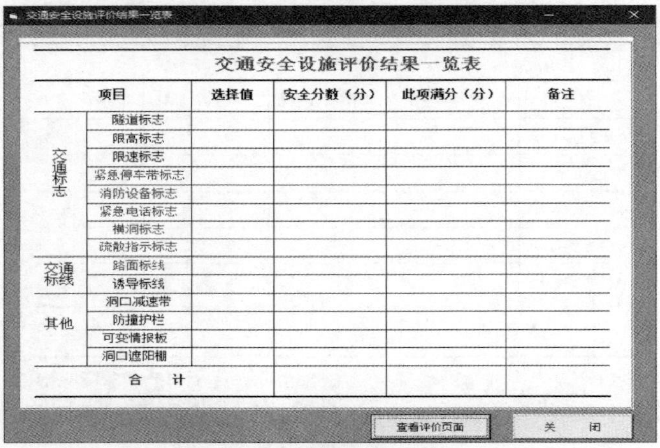

g）交通安全设施评价结果界面

图 16-16　评价结果界面

16.6.3　软件说明

公路隧道安全等级评价系统是在前几章研究的基础上开发的，该软件著作权已在国家版权局登记，版权归长安大学所有（图 16-17）。在进行评价时，各子类界面上的评价指标的输入或选择必须全部完成，否则就无法完成评价。每进行完一个子类的单项评价时，必须点击“评价”按钮，否则评价无效；然后可点击“下一步”继续进行下一项，也可点击“上一步”进行评价参数的修改，修改完成后点击“评价”按钮。在对机电系统评价时，首先必须计算每个子系统的可靠度，然后再按步骤进行评价。七大子类全部完成时点击查看结果按钮查看最终结果。在每个单项评价结果后面均有“详情”按钮，可以查看最终的结果及评价页面，如果某一小项指标显示为红色，则表明该项目存在问题。

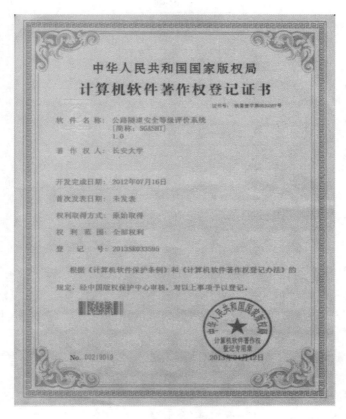

图 16-17 软件著作权登记

16.7 评价过程

综合对公路隧道安全等级评价指标体系、评价方法、等级划分标准等的研究,在进行公路隧道安全等级评价时,按照以下步骤进行(图 16-18)。

(1)收集、归类整理隧道相关资料。

参照公路隧道安全等级评价指标体系,有层次、分步骤的通过对隧道设计相关文件资料的查阅、现场实测与计算、问答及座谈等形式,收集整理所需要的资料,按照指标体系对资料进行整理。

(2)对七大子类进行单项评价。

在评价软件中本着实事求是地输入或选择相应的项目进行评价。值得注意的是在对机电系统的评价过程中,如果某一子系统的可靠度不满足要求,则此子系统的安全得分为零分。

(3)综合评价。

七大子类的单项评价完成后,在评价软件中就可以直接得出各子类的单项评价结果 η_i 以及对应的评价等级,最后得出公路隧道安全等级指数 M 以及相应的评价等级。

(4)评价结果分析。

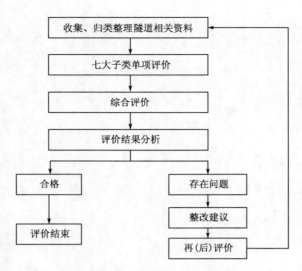

图 16-18 公路隧道安全等级评价流程

依照得出的各子类单项的安全等级及公路隧道整体的安全等级,可以清楚地看到哪个子类评价等级较差、分数较低,然后查找具体得分较低的指标,进行综合分析,指出存在问题。

(5)整改建议。

在上述评价分析的基础上提出改善或改进措施及建议,以改善隧道安全程度并降低风险,提高隧道运营安全。

(6)再(后)评价。

对按照建议改善后的隧道,进行重新评价,并给出其安全等级。

16.8 整改措施

以我国某高速公路隧道为例,该隧道运营了几年后,随着交通量的增大,各种设备、设施出现老化甚至失效,隧道内环境变差,服务水平下降等现象,这一切都是导致交通事故率增大的直接或间接原因。本次评价前对一些指标假设一个值,假设的原则是隧道运营了几年,各设备、设施及运营环境等均变差。

16.8.1 安全等级评价

采用前述的公路隧道安全等级评价软件对隧道进行评价。具体各子类的参数输入、选取情况及评价结果参见本手册附录 B3。

16.8.2 评价结果分析及整改建议

(1)由上节可知,该公路隧道安全分数为 79.9 分,安全等级为Ⅲ级,属于"中"偏"良",隧道安全情况存在一定问题。

(2) 各子类的单项评价结果为：隧道属于非常重要的隧道；运营管理安全等级为Ⅰ级，属于"优"；机电系统和交通条件的安全等级为Ⅱ级，属于"良"；隧道结构和交通安全设施的安全等级均为Ⅳ级，属于"差"；环境因素的安全等级为Ⅴ级，属于"极差"。可见，要提高隧道的综合安全等级，需着重改善隧道结构、交通条件及环境因素的现状。

(3) 通过对各评价指标分析可以得出：隧道结构中的路面摩擦系数较低，路面比较潮湿且不清洁；机电系统中的闭路电视监视系统不可靠，紧急电话间距较大；交通条件中平均车速较大；环境因素中的亮度较低，CO浓度、烟雾浓度、噪声均较大，隧道内行车环境条件差；运营管理中没有对人员进行定期培训和考核；由于隧道运营时间长，养护管理不到位，交通安全设施中的紧急停车带标志、消防设备标志、紧急电话标志、横洞指示标志、疏散指示标志及路面标线等标志标线存在不清洁、不醒目或者标线缺失的情况。因此，隧道存在较大的运营风险，隧道管理部门如不及时对存在的问题进行改进或改善，可能会导致事故的发生。隧道管理部门应尽快对存在问题及时处理，以提高隧道的安全等级，改善隧道安全性能，降低隧道运营风险。

16.8.3　安全等级再评估

隧道管理部门对上节指出的问题，按照整改建议进行改善后，重新对隧道安全等级进行了评价，得出改善后的隧道安全等级，流程如图16-18所示。

附录 A 公路隧道运营相关表格

附录 A1 公路隧道机电设备考核用表

公路隧道机电设备季度考核内容及评分标准

表 A1-1

序号	考核指标	所占分值	考核点	考核依据	考核实施细则
1	机电设备完好率	15	完好率	隧道工作目标	对照工作目标,每低一个百分点扣1分,扣完为止
2	机电设备检修	15	执行与落实	机电设备管理办法	按规定完成机电设备检修,发现一次未检修扣1分,扣完为止
3	机电设备维护保养	20	执行与落实	机电设备管理办法	各部门未按规定进行机电设备维护保养,发现一次扣1分,若因未及时维护保养造成设备损坏的,发现一次扣2分,扣完为止
4	机电设备维修	20	机电设备维修的及时性、有效性	隧道工作目标	故障恢复时间为:一般性故障24h,特殊事故72h(不包括进口设备及大型设备),每延迟12h,扣1分,扣完为止
5	机电设备维修月报表	10	设备维修报表的上报及时性、准确性	机电设备管理办法	机电设备报表上报不及时,内容准确规范,漏报一次扣1分,迟报一次扣0.5分,扣完为止
6	机电设备档案	5	机电设备记录及时、准确、真实,归档规范	机电设备管理办法	发现机电设备记录内容不真实,记录不及时,不规范,未及时归档,发现一次扣1分,扣完为止
7	机电业务培训	15	积极参加公司及站内机电培训	机电设备管理办法	每发现一人次未参加机电例会及机电培训会议的扣0.5分,参加会议迟到早退的,一人次扣0.2分,扣完为止

公路隧道机电设备日常考核内容及评分标准

表 A1-2

部门	考核指标	所占分值	考核点	考核依据	考核实施细则
隧道监控室	监控设备（100分）	25	图像上传	机电设备管理办法	非维修状态时，正常上传105路图像，每少一路扣1分，扣完为止（不包括突发事件）
		20	设备运行状态监视	机电设备管理办法	非维修状态时，正常监视设备运行状态，每发现一项监视错误，扣1分，扣完为止（不包括突发事件）
		25	设备远程控制	机电设备管理办法	非维修状态时，正常控制所有可远程控制设备，每发现一个设备无法控制，扣1分，扣完为止（不包括突发事件）
		20	设备故障维修	机电设备管理办法	当发现设备故障时，立即填写《设备故障通知单》通知相关维修部门，修复后填报《设备故障维修单》，每少一项扣1分，扣完为止
		10	监控设备卫生情况	机电设备管理办法	监控设备做到干净整洁，每发现一次不符合，扣1分，扣完为止
隧道设备维护队	供配电设备（35分）	10	变压器	机电设备管理办法	(1)外观整洁无污染，有1处不合格扣0.2分； (2)运行状况良好（无漏油；无杂音；噪声、温度均正常），有1处不合格，扣0.5分
		10	高压配电柜	机电设备管理办法	(1)外观整洁无污染，有1处不合格，扣0.1分； (2)运行状况良好（无焦臭味；无杂音；无火花、无发热），有1处不合格，扣0.5分
		10	低压配电柜	机电设备管理办法	(1)外观整洁无污染，有1处不合格，扣0.1分； (2)运行状况良好（无焦臭味；无杂音；无火花、无发热），有1处不合格，扣0.5分
		3	节电器	机电设备管理办法	(1)外观整洁无污染，有1处不合格，扣0.1分； (2)运行状况良好（无焦臭味；无杂音；无发热），有1处不合格，扣0.3分
		2	电缆	机电设备管理办法	(1)外表无损伤，有1处不合格，扣0.3分； (2)工作温度正常，有1处不合格，扣0.2分

续上表

部门	考核指标	所占分值	考核点	考核依据	考核实施细则
隧道设备维护队	通风设备（14分）	10	射流风机控制柜	机电设备管理办法	（1）外观整洁无污染,有1处不合格,扣0.1分； （2）柜内各部件运行正常,有1处不合格,扣0.3分； （3）变频器状态良好,有1处不合格,扣0.5分； （4）现场控制启动良好,有1处不合格,扣0.4分
		4	射流风机	机电设备管理办法	（1）外观完整,有1处不合格,扣0.2分； （2）运行状况良好（无杂音、无振动）,有1处不合格,扣0.3分
	照明设备（13分）	10	照明控制箱	机电设备管理办法	（1）外观整洁无污染,有1处不合格,扣0.1分； （2）箱内各部件运行正常,有1处不合格,扣0.3分； （3）现场控制启动良好,有1处不合格,扣0.4分
		3	灯具	机电设备管理办法	（1）亮度正常,无闪烁,有1处不合格,扣0.3分； （2）灯具损坏数量达标,不合格,扣1分
	管道设备（33分）	10	管道阀门	机电设备管理办法	（1）外观无破损,无锈蚀,有1处不合格,扣0.2分； （2）开关灵活,无卡塞,有1处不合格,扣0.5分
		8	消防泵	机电设备管理办法	（1）外观完整,有1处不合格,扣0.2分； （2）运行无异响、振动及过热,有1处不合格,扣0.5分
		10	消防箱给水	机电设备管理办法	（1）外观无破损滴漏,有1处不合格,扣0.2分； （2）水管开关灵活,有1处不合格,扣0.4分
		5	水池及卷帘门	机电设备管理办法	（1）外观无破损,有1处不合格,扣0.1分； （2）运行正常,无卡塞,有1处不合格,扣0.5分
	设备干净整洁（5分）	5	所管理设备	机电设备管理办法	设备保持干净整洁,每发现一次不符合,扣0.5分,扣完为止

附录 A2　公路隧道监控室值班记录表

公路隧道监控室值班记录表　　　　　　　　　　　　　　表 A2-1

班次：　　　　　　　　　　　　　　　　　　　填表日期：　　年　　月　　日

	内容	原因	开启时间	开启操作内容	关闭时间	关闭操作内容	签字
设备操作	照明						
	通风						
	卷帘门						
	信号灯						
	消防水泵						
	自动栏杆						
	紧急电话有线广播						
	可变情报板						

附录 A3　公路隧道土建结构预防保养记录表

公路隧道土建结构预防保养记录表　　　　　　　　　　　表 A3-1

运行班次：设备维护分队　　年　月　日　时　分——　年　月　日　时　分

部　　位	异常现象描述	预防措施	效　果　评　价
洞口			
洞身衬砌			
路面			
人行和车行横洞			
竖(斜)井			
排水设施			
顶板和内装			
检修道			
交通标志			

注：在异常现象路段，必须注明桩号，并在现场做出鲜明标记。

附录 A4 公路隧道土建结构日常检查记录表

公路隧道土建结构日常检查记录表（一）　　　　　　　　　　　　　　　表 A4-1

运行班次：设备维护分队　　　　　　　队长：　　　　　　　　天气：
检查部位：洞口　　　　　年　月　日　时　分——　年　月　日　时　分

检查项目		现场情况描述	是否妨碍交通
边坡	危石		
	浮石		
积水			
积雪			
挂冰			
边沟	淤塞		
	破损		
构造物	开裂		
	倾斜		
	沉陷		
综合评价			
判定等级			

公路隧道土建结构日常检查记录表（二）　　　　　　　　　　　　　　　表 A4-2

运行班次：设备维护分队　　　　　　　队长：　　　　　　　　天气：
检查部位：隧道洞门　　　　年　月　日　时　分——　年　月　日　时　分

检查项目		现场情况描述	是否妨碍交通
洞门结构	开裂		
	倾斜		
	沉陷		
	错台		
	起层		
	剥落		
渗水			
漏水			
综合评价			
判定等级			

公路隧道土建结构日常检查记录表（三）　　　　　　　　表 A4-3

运行班次：设备维护分队　　　　　　　　　队长：　　　　　　　　天气：
检查部位：衬砌　　里程：　　年　月　日　时　分——　年　月　日　时　分

检 查 项 目		现场情况描述	是否妨碍交通
衬砌结构	裂缝		
	错台		
	起层		
	剥落		
渗水			
漏水			
挂冰			
综合评价			
判定等级			

公路隧道土建结构日常检查记录表（四）　　　　　　　　表 A4-4

运行班次：设备维护分队　　　　　　　　　队长：　　　　　　　　天气：
检查部位：路面　　里程：　　年　月　日　时　分——　年　月　日　时　分

检 查 项 目		现场情况描述	是否妨碍交通
路面结构	拱起		
	坑洞		
	开裂		
	错台		
落物			
油污			
滞水或结冰			
综合评价			
判定等级			

公路隧道土建结构日常检查记录表（五）　　　　　　　　表 A4-5

运行班次：设备维护分队　　　　　　　　　队长：　　　　　　　　天气：
检查部位：检修道　　里程：　　年　月　日　时　分——　年　月　日　时　分

检 查 项 目	现场情况描述	是否妨碍交通
路面结构		
盖板		
综合评价		
判定等级		

公路隧道土建结构日常检查记录表（六） 表 A4-6

运行班次:设备维护分队　　　　　　　　　　　队长:　　　　　　　　天气:

检查部位:排水设施　　里程:　　年　月　日　时　分——　年　月　日　时　分

检查项目	现场情况描述	是否妨碍交通
破损		
堵塞		
积水		
结冰		
综合评价		
判定等级		

公路隧道土建结构日常检查记录表（七） 表 A4-7

运行班次:设备维护分队　　　　　　　　　　　队长:　　　　　　　　天气:

检查部位:吊顶　　里程:　　年　月　日　时　分——　年　月　日　时　分

检查项目	现场情况描述	是否妨碍交通
破损		
变形		
漏水		
结冰		
综合评价		
判定等级		

公路隧道土建结构日常检查记录表（八） 表 A4-8

运行班次:设备维护分队　　　　　　　　　　　队长:　　　　　　　　天气:

检查部位:内装　　里程:　　年　月　日　时　分——　年　月　日　时　分

检查项目	现场情况描述	是否妨碍交通
破损		
变形		
脏污		
综合评价		
判定等级		

附录 A5 公路隧道土建结构定期检查记录表

公路隧道土建结构定期检查记录表(一)　　　　　　　　　　　　　表 A5-1

运行班次:设备维护分队　　　　　　　　队长:　　　　　　　　天气:

检查部位:洞口　　里程:　　年　月　日　时　分——　年　月　日　时　分

检查项目		现场情况描述	是否妨碍交通
防护结构	边坡		
	碎落石		
	护坡道		
	护坡		
	挡墙		
山体	滑坡		
	岩石		
排水设施	排水沟		
	绿地		
综合评价			
判定等级			

公路隧道土建结构定期检查记录表(二)　　　　　　　　　　　　　表 A5-2

运行班次:设备维护分队　　　　　　　　队长:　　　　　　　　天气:

检查部位:洞门　　里程:　　年　月　日　时　分——　年　月　日　时　分

检查项目		现场情况描述	是否妨碍交通
墙身	边坡		
衬砌	起层		
	剥落		
洞门结构	倾斜		
	沉陷		
	断裂		
混凝土			
钢筋			
综合评价			
判定等级			

公路隧道土建结构定期检查记录表(三)　　　　　　　　　表 A5-3

运行班次:设备维护分队　　　　　　　　　队长:　　　　　　　　天气:
检查部位:衬砌　　里程:　　　年　月　日　时　分——　年　月　日　时　分

检　查　项　目		现场情况描述	是否妨碍交通
衬砌表层	起层		
	剥落		
衬砌裂缝			
施工缝	开裂		
	错位		
衬砌漏水	渗水		
	漏水		
	挂冰		
综合评价			
判定等级			

公路隧道土建结构定期检查记录表(四)　　　　　　　　　表 A5-4

运行班次:设备维护分队　　　　　　　　　队长:　　　　　　　　天气:
检查部位:排水系统　　里程:　　　年　月　日　时　分——　年　月　日　时　分

检　查　项　目	现场情况描述	是否妨碍交通
结构		
中央井盖		
边沟盖板		
沟管		
排水管		
积水井		
综合评价		
判定等级		

公路隧道土建结构定期检查记录表(五)　　　　　　　　　表 A5-5

运行班次:设备维护分队　　　　　　　　　队长:　　　　　　　　天气:
检查部位:检修道　　里程:　　　年　月　日　时　分——　年　月　日　时　分

检　查　项　目	现场情况描述	是否妨碍交通
路面结构		
盖板		
检修道变形		
综合评价		
判定等级		

公路隧道土建结构定期检查记录表(六)　　　　　　　　　　表 A5-6

运行班次:设备维护分队　　　　　　队长:　　　　　　天气:
检查部位:内装　　里程:　　年　月　日　时　分——　年　月　日　时　分

检 查 项 目	现场情况描述	是否妨碍交通
变形		
脏污		
缺损		
综合评价		
判定等级		

公路隧道土建结构定期检查记录表(七)　　　　　　　　　　表 A5-7

运行班次:设备维护分队　　　　　　队长:　　　　　　天气:
检查部位:吊顶　　里程:　　年　月　日　时　分——　年　月　日　时　分

检 查 项 目		现场情况描述	是否妨碍交通
吊顶板	变形		
	受损		
吊杆			
渗漏水			
综合评价			
判定等级			

附录 A6　风机技术性能参数对照表

射流风机技术参数对照表　　　　　　　　　　　　　　表 A6-1

风机位置:

序号	项　　目	标书技术指标	射流风机参数	技术参数偏差	备注	结论
1	风机型号					
2	品牌/产地					
3	轴向推力(N)					
4	出口流量(m^3/s)					
5	出口流速(m/s)					
6	风机噪声[dB(A)]					
7	电机转速(r/m)					
8	电机防护等级					
9	电机绝缘等级					

续上表

序号	项　　目		标书技术指标	射流风机参数	技术参数偏差	备注	结论
10	电机数据	功率(kW)					
		电压					
		功率因数					
11	电机启动方式						
12	传动方式						
13	风机运行方向						
14	叶轮直径(mm)						
15	工作条件	电源条件					
		环境温度(℃)					
		排烟温度要求					
		最大相对湿度					
		海拔高度					
16	尺寸(长×宽×高)(mm)						
17	质量(kg)						

轴流风机技术参数对照表　　表 A6-2

风机位置：

序号	项　　目	标书技术指标	轴流风机参数	技术参数偏差	结论
1	风量(m^3/s)				
2	总压(Pa)				
3	风机型号				
4	品牌/产地				
5	叶轮直径(mm)				
6	转速(r/m)				
7	风机效率(%)				
8	电机功率(kW)				
9	电机绝缘等级				
10	电机防护等级				
11	总声功率(dBW)				
12	声压级(dBA)				
13	备注				
14	数量				
15	电机启动方式				
16	传动方式				
17	电源条件				

续上表

序号	项　目	标书技术指标	轴流风机参数	技术参数偏差	结论
18	环境温度(℃)				
19	最大相对湿度				
20	海拔高度				
21	尺寸(长×宽×高)(mm)				
22	质量(kg)				

附录 B 公路隧道评估报告示例

附录 B1 ×××隧道定期检测报告

1 工程概况

×××隧道是一座建于软土地基上的沉管隧道,距出海口约 2km。工程于 1987 年 6 月动工兴建,于 1995 年 9 月建成通车。隧道路线总长 2 550m,其中隧道总长度 1 019.97m,南北公路接线长度 1 530.03m。隧道段包含:北岸引道 360.44m,主要为地下连续墙结构,北岸竖井 15m,江中沉管段 420m(含 E1～E5 共 5 个管段,长度 85m+80m+3×85m),南岸引道 224.53m,主要为扶壁式挡土墙结构。

隧道设计为单洞两车道双向交通(路面宽 7.5m,净高 4.5m),设计荷载为汽—20 级,挂车—100,设计车速为 60km/h,设计日均交通量为 5 500 辆,最大纵坡为 3.8%。

沉管横断面为矩形,外周尺寸为 11.90m×7.65m,内周尺寸为 10.20m×5.60m,管底采用 6mm 保护钢板,以加强防水效果。顶板、侧板厚均为 85cm,底板厚度 105cm,为钢筋混凝土结构,管内路床、路面厚度共 70cm(其中路床 48cm,路面 22cm)。隧道管段之间、管段与竖井、管段与南引道的接头均采用柔性连接。

隧道设有照明系统、通风系统、火灾报警系统、电话广播系统、中央监控系统、排水系统等附属设施。

2 检测目的

×××隧道建成至今已运营 20 余年,为进一步掌握隧道的服役状况,而进行此次定期检测。此次定期检测以土建工程检测为主,兼顾机电部分。对隧道结构的病害检查要针对构件类型、病害特征、病害程度以及工程量进行相应的定量描述,以实现如下目的:

(1)通过定期检查,发现隧道存在的病害,对隧道当前的技术状况进行评定。

(2)通过对隧道沉降进行测量,评定沉管隧道段沉降变化趋势,为隧道管养提供依据。

(3)进行全面的检测评估,确定目前隧道是否能安全运营,提出科学、合理、经济的维修设计建议方案和后期隧道养护管理措施,供管理者决策。

3 检测内容及方法

此次检测的范围包括北岸引道挡墙段、江中沉管段、南岸引道挡墙段土建结构、路面及隧道内环境检测以及沉管隧道水底地形测量、隧道机电设施、交通标志等内容。具体检测范围

如下:
(1)沉管段和竖井段,结构长度435m(里程桩号 K12+395~K12+830)。
(2)沉管段和竖井两侧墙体,结构长度435m。
(3)隧道两侧检修道,单侧长度435m。
(4)南引道挡土墙,结构长度201m(里程桩号 K12+830~K13+031)。
(5)北引道地下连续墙,结构长度360m(里程桩号 K12+035~K12+395)。
(6)路面长度1 320m(里程桩号 K11+960~K12+280)。

3.1 前期调查

1)调查内容

通过资料收集,现场观测以及与隧道管理站技术人员交流,初步了解隧道运营的基本技术状况,从表观上了解其整体性能,做出定性分析评估;通过现场踏勘,掌握了隧道高程测量测点布置方式和布置位置以及机电设备运转情况。前期调查内容主要包括:

(1)隧道资料收集。
(2)隧道运营及周边环境调查。
(3)隧道高程测点踏勘。

2)调查方法

(1)隧道土建相关资料前期调查。

与隧道管理站相关技术人员交流,对隧道的构造和维护经历进行详细的了解,收集隧道设计文件、竣工资料、变更情况、工程事故、维修资料、养护资料、健康观测资料等相关内容。对隧道测量的基准点,以及隧道引道、隧道路面、沉管管段的测点进行逐一勘察和点位记录。同时结合图纸资料,复核隧道沉管段外观与图纸的一致性,考察沉管接头内侧构造的打开条件和接头宽度测量实施的可行性,预测交通封闭措施的可能影响和处理方案。

(2)隧道机电相关资料前期调查。

与隧道监控室工作人员座谈,对隧道机电设备的运转情况进行详细了解,并对隧道车流量监控资料进行收集。在隧道的出、入口进行交通量统计,了解各时间段内通过隧道的车型、数量等数据,为后续结合监控资料对隧道通行时间和隧道内车流量评估奠定基础。结合图纸资料,对隧道机电设备安装位置、数量是否与设计图纸一致进行核对,对隧道集水井、照明系统、通风系统以及自动控制系统的运转工作进行详细现场勘察。

3.2 外观普查

1)调查内容

现场观测隧道南北引道挡墙、横撑、沉管侧墙、顶板、沉管接头、路面、标线、内装、排水系统、沉降等病害。观察混凝土表面缺陷情况,如蜂窝状、混凝土剥落、钢筋锈蚀、渗漏水、混凝土开裂等。

2)实施方法

结构外观损伤检测:表面损伤检测采用外观检测方法,对隧道引道挡墙、沉管结构顶面与侧面、检修道、接头盖板进行详细检测,具体内容包括:结构尺寸、结构表面开裂、损伤、防水层老化、脱空、渗水、漏水状况,重点在于裂缝、结构缺陷(破损、露筋、混凝土侵蚀、渗水、漏水、检修道破损等)。

现场租用检测车辆及检测支架,采用沉管段半幅封闭、引道局部隔离方法,对隧道沉管和引道连续墙、挡墙进行外观检测。采用现场观测、现场标记、照片记录的方式,记录损伤和病害。鉴于沉管侧面贴有瓷片,裂缝分布主要通过瓷砖表面是否开裂来反应裂缝状况,遇到可疑情况,现场打开瓷片,检查内部裂缝状况。顶面除检查裂缝、水蚀等结构缺陷,同时采用敲击振捣方式对防护层是否老化、密实进行检测。

3.3 隧道环境检测

1)检测内容

隧道内环境检测包括照度、CO 浓度和风速检测。

测量记录应包括以下事项:日期、时间、地点及测定人员,测定时间内的气象条件(风向、风速、雨雪等天气状况),测量项目及测定结果等。

2)实施方法

(1)照度检测:根据照明区段的不同,隧道照度检测可分为洞口段照度检测和中间段照度检测。用照度计进行路面照度检测,与设计值进行比较,判定目前照明水平是否符合要求。

(2)CO 浓度检测:CO 浓度检测根据前期交通普查情况,在高峰时刻对隧道内的 CO 浓度进行检测。

(3)风速检测:用数显风速仪测试隧道在不同通风工况下的风速大小。

3.4 结构检测

1)检测内容

结构强度、裂缝深度、保护层厚度、钢筋锈蚀程度及位置等是结构性能测试的重要内容,通过全面检测,结合结构设计、竣工资料,才能对结构当前受力状态、材料性能劣化程度、施工质量、材料均匀性、结构耐久性等指标给出定量评定结果。本部分检测主要通过相应的专业仪器完成,检测内容包括混凝土裂缝检测、混凝土强度检测、钢筋保护层厚度检测、钢筋锈蚀检测。

2)实施方法

(1)裂缝检测:裂缝检测结果采用表格和病害展开图方式记录。对所有裂缝进行定位和长度、宽度测量。

裂缝状态检测采用外观检测和无损测试相结合的方法。根据裂缝观测记录确定裂缝位置,打开裂缝处墙面瓷片,外观检查裂缝的长度、宽度和分布,检查有无明显侵蚀痕迹。

(2)混凝土强度检测:本次混凝土强度检测采用超声-回弹综合法进行检测。共布置测点 100 个,每个沉管布置测点 20 个(顶面 4 个、侧面各 8 个)。测点布置示意如图 B1-1 所示。

(3)钢筋保护层厚度检测:本次检测采用 Profometer 钢筋保护层厚度测定仪对测区钢筋保护层厚度进行检测,根据某一测点混凝土保护层厚度多次测量的实测值求其平均值(精确至 0.1mm)作为最终的检测结果。

(4)钢筋锈蚀度检测:本次钢筋锈蚀度采用电化学法进行检测。根据《建筑结构检测技术标准》(GB/T 50344—2004),其判断依据见表 B1-1。

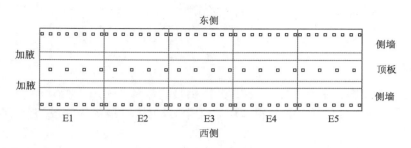

图 B1-1　强度测点布置示意

半电池法评价钢筋锈蚀性状判据　　　　　表 B1-1

电位水平（mV）	钢筋锈蚀性状
> -200mV	不发生锈蚀的概率 > 90%
-200 ~ -350	锈蚀性状不确定
< -350	发生锈蚀的概率 > 90%

本次检测根据外观普查及钢筋保护层检测情况，选择泛锈部位或钢筋保护层较薄处进行钢筋锈蚀检测。

3.5　尺寸检测

1）检测内容

尺寸检测能够直接反映隧道沉管结构的变形、沉降及管段接头的受力状态和工作性能。本部分检测主要通过相关仪器完成，其检测内容包括：断面尺寸测量、管段接头张开量测量、江中沉管段高程测量。

2）实施方法

（1）断面尺寸测量：采用激光断面仪对隧道断面进行检测，根据现场实际，共测量 22 个断面。

（2）管段接头张开量测量：接头状况检测主要采用以下两种方法进行检测：

①伸缩量测定：测量接头处 OMEGA 钢板和两侧角钢的构造宽度，结合设计图纸，推算 GINA 止水带伸缩量，同时可以与伸缩量分析结果进行对比和验证，从而实现对水密性的评价。

②伸缩量分析：通过对历年来隧道沉降数据的分析，结合隧道竣工资料，计算分析沉管的变形和接头的张开量（或压缩量），根据张开量（或压缩量）的变化，结合 GINA 止水带应力应变曲线，判定止水带工作状态，并依据止水带设计最大压缩量、最小压缩量，判定其是否满足水密性要求，从而可以实现接头防水状态和安全性评估。本次检测包括全部 6 个接头的张开量检测。

（3）江中沉管段高程测量：通过轴线历次观测结果与设计轴线的对比分析，了解隧道平面位移和沉降状况。隧道轴线偏位以及沉管平面位移采用全站仪测量，沉管沉降采用精密水准仪测量。

×××隧道管理站委托专业队伍对管段的沉降进行了多年的连续测量；本次检测首先对

隧道内的测绘基准网进行了复测。采用的仪器主要有水准仪和全站仪。

3.6 地质雷达检测

1）检测内容

地质雷达检测的内容主要为沉管段检测、南引道检测和北引道检测。

（1）沉管段检测内容包括沉管段覆盖层厚度检测、沉管段顶板检测、沉管段侧墙检测和沉管段路面检测。

①沉管段覆盖层厚度检测：通过在隧道内部顶面布设天线，通过天线发射器向上发送一定频率的电磁波，经过不同界面（结构体、覆盖层、水）反射后，被雷达天线接收。通过对雷达信号的处理和图像解释，以达到测量覆盖层厚度的目的。

②沉管段顶板检测：采用精密探地雷达沿隧道顶板轴线进行探查，检测沉管顶板结构厚度、密实性、是否存在空洞及渗水等结构缺陷。

③沉管段侧墙检测：采用精密探地雷达沿隧道侧墙进行探查，检测沉管侧墙结构厚度、密实性、是否存在空洞及渗水等结构缺陷。

④沉管段路面检测：采用精密探地雷达沿隧道轴线进行探查，检测路面基础及沉管底板材料分层、密实性、是否存在空洞等结构缺陷。

（2）南引道检测内容包括南岸引道坞式挡土墙检测、南岸引道路面检测。

①南岸引道坞式挡土墙检测同沉管段侧墙检测。

②南岸引道路面检测同沉管段路面检测。

（3）北引道检测内容包括北岸引道地下连续墙检测和北岸引道路面检测。

①北岸引道地下连续墙检测同沉管段侧墙检测。

②北岸引道路面检测同沉管段路面检测。

2）测线布置

（1）沉管段雷达测线布置如图 B1-2 所示。该段共设有 8 条测线，测线 1~8 均采用 400MHz 和 900MHz 两种频率的天线各进行一次测试。

（2）引道段测线布置如图 B1-3 所示。该段分别采用 6 条测线，所采用天线的频率为 400MHz。

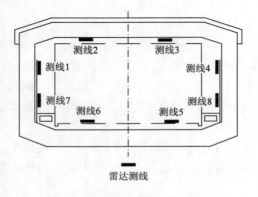

图 B1-2　沉管段雷达测线布设示意图

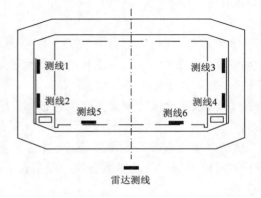

图 B1-3　南、北引道隧道雷达测线布设示意图

3.7 隧道水底地形测量

1）测量内容

本项检测采用中海达 V30 双频 GPS 接收机进行定位，数字化测深仪 HD-310 测深（图 B1-4）。

a)　　　　　　　　　　　　　　　　　b)

图 B1-4　中海达 V30GPS 接收机

2）测量方法

利用中海达海洋测量软件进行导航定位。水下地形测量具体步骤如下：

(1) 七参数求定，施测时分别采用 4 个已知控制点进行点校正求解七参数，点校正残差分量应小于 5cm，求定转换参数后把七参数输入数字化测深仪 HD-310 中。

(2) 测深仪的检验与校正。由于使用机动船测深，所以测深之前要测定测深仪换能器吃水改正数。

(3) 水深测量。本次测量的水深较浅，为准确反应水底地形情况，测量船按每 10～20m 航线往复行驶，每隔 5m 左右采集数据。外业数据检查的检测线，在测区江面总体交叉布设两条 S 形测量线路。在落潮时采用徕卡 TS02 免棱镜全站仪对船只无法靠近的浅滩进行测量。

(4) 资料后处理，水下地形测量采集的定位和水深数据经过水位改正、采集水深取样和批量水深改正以后，生成可被 Haida 5.0 海洋成图软件录入的数据文件格式，然后利用软件进行展点和绘制水深地形图。

(5) 内业成图，本次测量成果采用 AUTOCAD 绘制成图。

3.8　机电设施、交通标志检测

1）检测内容

隧道机电设施及交通标志检测的内容有：

(1) 检查相关设施是否损坏、老化、失效，是否需要更换。

(2) 检查供电线路有无老化，是否漏电，构件有无缺失、变形。

(3) 检查交通信号标志设施是否完好。

2）实施方法

(1) 机电设施：隧道机电设备比较繁杂，检测中应对其进行分类检测。根据检查内容采用现场实测、现场演示、实地调查及查验资料相结合的方法。主要检测项目见表 B1-2。使用的仪器主要有 500V 电压表、500V 兆欧表等。

机电设备主要检测项目一览表　　　　表 B1-2

单位系统	分部系统	检查内容
机电设备	变配电系统	变压器、高压柜、低压柜、母线装置、接地系统、电源报警及切换装置等
	照明系统	照明灯具、照明供电系统、照明线路、照明效果等
	通风系统	射流风机、通风供电系统、控制线路、通风效果等
	消防系统	消防供水管、消防箱、消防控制系统等
	给排水系统	水泵、水道、排水供电系统
	监控系统	通信系统、交通信号控制系统、交通流量检测、电视监控系统、火灾自动报警、照度检测、能见度 CO 检测与风机自动控制
	中控计算机系统	远程工作单元 RTU、LC 和通信计算机、中控计算机等

（2）交通标志与标线检查：对交通标志、标线的检测，主要是对破损和缺失的交通标志、标线进行拍照、记录。

4 检测结果

4.1 前期调查

1）资料调查与初步分析

进驻检测现场后，与隧道管理单位进行交流，收集相关数据资料，了解隧道沉降测点布置概况、沉降测量方式并商谈定水底地形测量方案，具体的内容有：

（1）以检测实施大纲为依据，对隧道设计文件、竣工资料、变更情况、工程事故、维修资料、养护资料、健康观测资料等进行详细的查阅和记录。

（2）准确掌握隧道的构造和维护经历。

（3）根据沉管段沉降观测资料，对各沉管接头 GINA 止水带的变形进行初步分析。

（4）了解沉管段沉降测点布置情况，掌握以往沉管段沉降测量方法。

（5）对隧道外观进行初步检测，详细踏勘 90 个沉降测量基准点及测点。

2）徒步行查

徒步行查的具体任务如下：

（1）结合图纸资料，检查隧道沉管段外观是否与图纸一致，有无局部构造变化，沉管接头内侧构造是否具备打开条件。

（2）检查隧道机电设备安装位置、数量是否与设计一致。

（3）详细了解隧道机电设备的运转情况，并收集隧道车流量监控资料。

（4）检查隧道集水井、照明系统、通风系统以及自动控制系统等的运转状况。

（5）在隧道的出、入口统计交通量，了解各时间段内通过隧道的车型、数量等数据。

（6）考察检测方案实施条件是否具备、交通封闭措施是否可行、人员安全能否得到保证。

3）交通流量调查

工作日和非工作日各选取一天调取交通流量监控录像,进行交通量观测。

(1)结论。

1 工作日:车流量高峰期主要集中在 7:00am～9:00am 以及 5:00pm～7:00pm。车流量在 8:00am 和 6:00pm 达到当日车流量最大值。两个方向的车流量分布近似对称。上行方向的日交通量为 14 440 辆(12 121.4PCU),下行方向达到 14 976 辆(12 777.8PCU),严重超出了当初设计的 5 500 辆。电动车、摩托车占到总流量的近 30%。

2 非工作日:交通流量在 0:00am 到 6:00am 较低,7:00am 流量开始增加,在 8:30am 左右达到高峰,之后变化平稳,在 6:00pm 时达到另一个高峰后缓慢减少。日交通量上行方向的达到 14 760 辆(12 729.6PCU),下行方向达到 15 328 辆(13 283.2PCU),严重超出了当初设计的 5 500 辆。电动车、摩托车占到总流量的 27% 左右。

3 将该隧道在工作日与非工作日的车流量进行比较可以发现:工作日车流量有明显的早晚高峰,且高峰时刻附近的车流量变化较为剧烈;而非工作日早晚高峰之间的时间段内,车流量依旧很大。

(2)建议。

①隧道内的实际交通量已远远超过设计流量,建议采取交通管制措施对车流量进行一定的限制,或者考虑在附近增加新通道以达到交通分流的作用。

②隧道内电动车、摩托车比例过高,对隧道内行车造成非常大的影响,存在严重安全隐患,建议加强对电动车、摩托车的管制。

4.2 外观普查(以沉管段为例)

1）检查范围

江中沉管段主要检查沉管混凝土表面有无裂缝、沉降、混凝土有无渗水、有无混凝土剥落、钢筋外露锈蚀、钢筋保护层偏薄等病害;沉管接头有无渗水、接头处构件是否正常。

2）检查数据

(1)沉管段和竖井顶板

表 B1-3 为隧道沉管段顶板外观观测记录表,病害照片如图 B1-5 所示,具体病害展开图如图 B1-6 所示。

×××隧道顶板外观观测记录表　　　　表 B1-3

编号	项目 桩号	顶板外观病害描述	范围(cm)
1	K12+406	中心处渗漏痕迹、东侧处防火层脱落	渗痕面积 20×40,脱落面积 40×60
2	K12+412	防火层有一贯穿顶板的沟槽	宽度 5
⋮	⋮	⋮	⋮

在沉管段东侧墙 K12+568 处有一处渗漏水,凿除表面瓷砖,发现瓷砖背后有轻微渗漏,经测量裂缝宽度为 0.3mm,凿除前后照片如图 B1-5 所示。图中可见位于检修道上方 1m 处位置存在混凝土结构和钢结构接缝,在此接缝处存在轻微渗漏,且此处钢结构与混凝土接触的地

方腐蚀严重,敲击钢结构有空洞回声,建议对此进行专门治理。

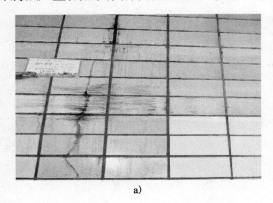
a)

b)

图 B1-5 凿开瓷砖前后渗水部位细节图

（2）隧道检修道及排水沟

检修道盖板整体结构完整,无边角破碎等情况,但在 K12+446 处检修道盖板破碎严重,建议及时更换。两侧排水沟内有沉积泥沙等杂物,部分区段堵塞严重,造成排水不畅,如图 B1-7 所示,建议及时清理排水沟内泥沙等杂物,保证隧道路面正常排水。

（3）检测评定

①沉管段顶板病害统计分析见表 B1-4。

沉管段顶板病害统计表（处）　　　　表 B1-4

项目	防火涂层脱落	渗水痕迹	沟槽或划痕	涂层内部钢丝网锈蚀
数量	22	12	2	6

②沉管段裂缝统计分析见表 B1-5、表 B1-6。

沉管段墙体裂缝长度统计表（条）　　　　表 B1-5

分类 墙体	裂缝总长度（m）	每延米裂缝长度（m）	0~3m	3~5m	>5m
沉管段东墙	30.77	0.073	20	1	1
沉管段西墙	48.02	0.114	27	2	2

沉管段墙体裂缝宽度统计表（条）　　　　表 B1-6

分类 墙体	$\delta \leq 0.1mm$	$0.1mm < \delta \leq 0.2mm$	$\delta > 0.2mm$
沉管段东侧墙	18	1	2
沉管段西侧墙	20	5	0

③结论。

沉管段顶板防火涂层脱落病害较多,部分位置有旧渗漏痕迹,顶板位置存在部分划痕,分析认为是大型车辆高度超出限高造成。建议修补脱落防火涂层,防止内部钢丝网腐蚀而继续扩大脱落范围。

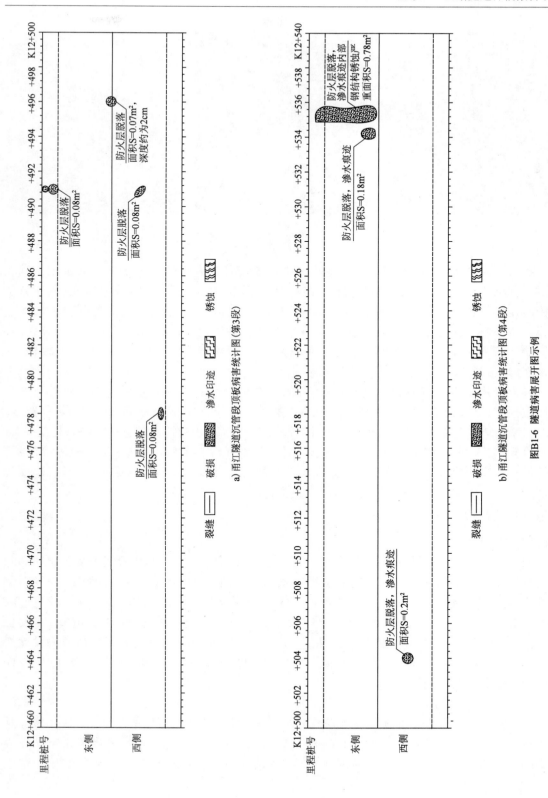

图B1-6 隧道病害展开图示例

a)   b)   c)

图 B1-7   排水沟堵塞淤积图

经对防火涂层脱落处和旧渗漏痕迹处的调查,局部位置有轻微开裂现象,但目前均未发现渗漏或潮湿迹象。接头附近的横向裂缝可能是由沉管段和接头处的刚度差异引起的,由于管节间传递温度变化、振动、管节间的相对位移量等原因会引起变形及内力,接头处预埋了水平、垂直剪切键,并设有 OMEGA 钢板,整体刚度很大,此部分不会出现裂缝,但离开此区域后,管节钢筋配筋率骤减,纵向受力钢筋应力突然增大,导致裂缝产生。鉴于目前开裂程度较轻,且未发现渗漏迹象,建议对裂缝进行化学压浆封闭。

隧道竖井、沉管段侧墙除上述几处病害,其他位置未发现开裂痕迹,病害多为瓷砖裂缝或瓷砖破损,对沉管段结构影响不大,建议加强对裂缝发展的观察,及时修补或更换损坏的瓷砖。针对 K12+568 处裂缝出现渗水现象,已对沉管结构产生影响,建议对其进行专项修复工作。

检修道盖板大多结构完整,无边角破碎等情况,但在 K12+446 处检修道盖板破碎严重,建议及时更换。两侧排水沟内沉积大量泥沙等杂物,部分段堵塞严重,造成排水不畅,建议及时清理排水沟内泥沙等杂物,保证隧道路面正常排水。

4.3   隧道环境检测

(1) 照度检测

通过对×××隧道的照明测试以及相应的计算,在白天时段,入口段 1 亮度右侧 82.6cd/m^2、左侧 45.9cd/m^2,亮度总均匀度 0.59,亮度纵向均匀度右侧 0.25、左侧 0.51;入口段 2 亮度右侧 47.5cd/m^2、左侧 24.1cd/m^2,亮度总均匀度 0.24,亮度纵向均匀度右侧 0.65、左侧 0.22;过渡段亮度右侧 16cd/m^2、左侧 15.7cd/m^2;基本段亮度右侧 15.9 cd/m^2、左侧 11.3cd/m^2,亮度总均匀度 0.35,亮度纵向均匀度右侧 0.2、左侧 0.24。隧道整体亮度满足《公路隧道照明设计细则》(JTG/T D70/2-01—2014)的要求;但隧道内的亮度分布不均匀,具有较大差异,在一定程度上会影响驾驶的舒适感。

(2) CO 浓度检测

CO 浓度检测时,根据前期交通普查情况在交通高峰期检测隧道内浓度。用 CO 气体检测仪进行 CO 浓度检测:风机开启时,CO 浓度平均为 2.7ppm,最大为 4ppm;风机关闭时,CO 浓度平均为 5.7ppm,最大为 15ppm,两种工况下 CO 浓度均远小于允许值,满足规范要求。

(3) 风速检测

用数显风速仪测试隧道正常运营通风时的风速大小。风机开启时,风速平均为2.5m/s,最大为6.8m/s;风机关闭时,风速平均为1.6m/s,最大为2.4m/s,两种工况下风速满足规范要求。

4.4 结构检测

1)混凝土强度

混凝土强度测试采用超声回弹综合法进行测定,其强度换算计算结果见表B1-7。

东侧侧墙混凝土强度换算值计算表   表B1-7

管段号	测区桩号	回弹平均值 (MPa)	回弹修正值 (MPa)	测区声速 (km/s)	强度换算值 (MPa)
E1	DK12+415	39.6	39.6	4.69	37.5
E1	DK12+424	44.6	44.6	4.59	42.8
E1	⋮	⋮	⋮	⋮	⋮
E2	DK12+501	52.7	52.7	4.52	52.7
E2	DK12+511	51.5	51.5	4.54	51.4
E2	⋮	⋮	⋮	⋮	⋮
⋮	⋮	⋮	⋮	⋮	⋮

各测区混凝土抗压强度换算值的平均值和标准差计算结果见表B1-8,混凝土强度分布如图B1-8所示。

混凝土换算强度结果表(超声回弹综合法)   表B1-8

混凝土强度换算值	东面侧墙	西面侧墙	顶板
平均值(MPa)	46.1	50.9	49.2
标准差(MPa)	4.96	4.7	3.85

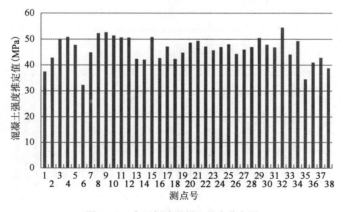

图B1-8 东面侧墙混凝土强度分布图

由超声回弹综合法强度检测结果可见,东面侧墙混凝土强度值在32.3~54.5MPa之间,平均值为46.1MPa;西面侧墙混凝土强度值在38.7~57.6MPa之间,平均值为50.9MPa;顶板混凝土强度值在42.7~54.6MPa之间,平均值为49.2MPa。原沉管结构混凝土设计强度等级采用C30,可见,实测数据高于设计强度指标。

2）混凝土碳化深度

（1）混凝土碳化深度测点布置

碳化深度检测共布置测点30个,其中每节沉管6个,其测点布置示意如图B1-9所示。

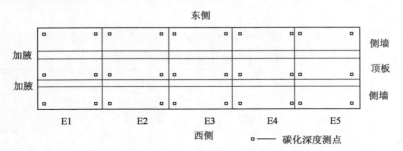

图B1-9　碳化深度检测测区测点布置示意图

（2）混凝土碳化深度测量

碳化测点选择检修道内侧外露的沉管侧墙与沉管顶板,结果见表B1-9。

碳化深度测量表　　　　　　　　表B1-9

项目			碳化深度值（mm）			
管段号	桩号		第1次	第2次	第3次	平均值
E5	k12+800	东侧墙	12	11	11	11.3
		西侧墙	8	8.5	8	8.2
		顶板东	9	9	9	9
	k12+750	东侧墙	8	7.5	9	8.2
		西侧墙	7.5	8	7.5	7.7
		顶板东	8.5	8	9	8.5
⋮	⋮	⋮	⋮	⋮	⋮	⋮

隧道混凝土碳化深度分布如图B1-10所示。

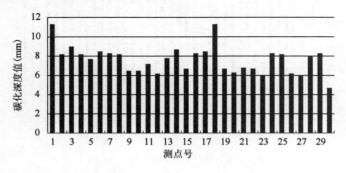

图B1-10　混凝土碳化深度分布图

（3）混凝土碳化深度评定

由碳化深度检测结果表明,侧墙瓷砖下混凝土碳化深度较小,检修道下外露侧墙、隧道顶板碳化深度较大,数值分布在 4.7～11.3mm 之间,平均值为 7.6mm,这与隧道的运营环境有关系,隧道所处位置四季环境湿度较大,温度偏高,且双向交通造成通风不畅,二氧化碳等有害气体浓度大,造成结构碳化较严重。但当前碳化深度仍远小于隧道结构保护层厚度,不足以造成钢筋的快速锈蚀。

3)钢筋保护层厚度

此次检测采用无损检测方法,利用钢筋定位仪对沉管结构进行检测。

(1)钢筋位置和保护层厚度检测测点布置

钢筋位置和保护层厚度检测采用抽检方法,每节沉管抽检 6 处(其中侧面 4 处,顶面 2 处),检测面积约 $6m^2$,检测总面积约 $30m^2$。

(2)钢筋位置和保护层厚度检测测定与分析

钢筋保护层厚度计算见表 B1-10。

钢筋保护层厚度计算表 表 B1-10

项 目			保护层厚度值(mm)			
管段号	桩号		第1次	第2次	第3次	平均值
E5	K12+800	东侧墙	52	49	44	48
		西侧墙	55	48	43	49
		顶板东	52	55	49	52
	K12+750	东侧墙	42	43	39	41
		西侧墙	44	43	40	42
		顶板东	47	47	46	47
⋮	⋮	⋮	⋮	⋮	⋮	⋮

(3)钢筋位置和保护层厚度检测结果评定

由钢筋保护层厚度检测结果可见,保护层厚度值在 41～53mm 之间,平均值为 48mm,各沉管测点保护层厚度分布均匀,如图 B1-11 所示,说明混凝土施工工艺较好,钢筋保护层厚度指标满足设计要求。

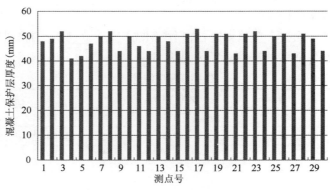

图 B1-11 钢筋保护层厚度分布图

4）钢筋锈蚀程度

本项目现场检测采用电化学方法，根据外观普查及钢筋保护层检测情况，选择泛锈部位和钢筋保护层较薄部位共 3 处进行钢筋锈蚀检测。测区测点分布如图 B1-12 所示。

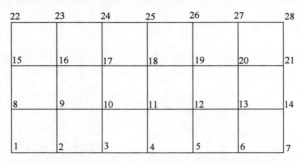

图 B1-12　钢筋锈蚀度检测测区测点布置示意图

各钢筋锈蚀测点的结果见表 B1-11，由表可知，所有测点的电压值均大于 −200mV，即各测点不发生锈蚀的概率均大于 90%，表明钢筋未发生明显锈蚀情况。观察测试时凿除保护层后外露的钢筋，其表面亦未发现明显锈蚀现象，说明沉管内层钢筋未发生明显的锈蚀。

钢筋锈蚀度检测电压值（单位：mV）　　　　表 B1-11

桩号	K12+708	K12+810	K12+435	桩号	K12+708	K12+810	K12+435
测点 1	−132	−182	−101	测点 15	−152	−197	−95
测点 2	−132	−192	−111	测点 16	−112	−186	−126
⋮	⋮	⋮	⋮	⋮	⋮	⋮	⋮

5）耐久性评价

（1）一般评价

混凝土表面碳化深度检测结果表明，隧道不同部位碳化程度不同，但当前仍不足以引起钢筋的锈蚀。沉管结构钢筋锈蚀程度检测结果显示，所有测点中，均未发现锈蚀概率 >90% 的情况，测点不发生锈蚀的概率在 90% 以上，表明沉管内层钢筋未发生明显锈蚀的情况。化学侵蚀在隧道中主要发生在局部的渗漏痕迹处，主要出现在隧道顶板，特别是接头附近，但未发现明显的渗漏现象；且病害分布范围很小，对沉管结构耐久性影响不大。

（2）基于碳化可靠指标 β_c 的耐久性评价

①混凝土保护层厚度检测。

本次保护层厚度检测按 5 个单元进行，利用钢筋定位仪对沉管结构进行检测。每节沉管抽检 6 处（侧面 4 处，顶面 2 处），测量结果见表 B1-12。

保护层厚度统计表　　　　表 B1-12

单元	平均值（mm）	标准差（mm）	变异系数	概率分布
E1 管段	48	3.58	0.07	正态分布
E2 管段	48.7	4.03	0.08	正态分布
E3 管段	48.3	3.72	0.08	正态分布
E4 管段	47.7	3.44	0.07	正态分布
E5 管段	46.5	4.23	0.09	正态分布

②碳化残量的计算（表 B1-13）

碳化残量计算表　　　　　　　　　　　　　　　　　表 B1-13

单　元	平均值（mm）	标准差（mm）	变异系数	概率分布
E1 管段	34.54	2.11	0.06	正态分布
E2 管段	35.26	2.17	0.06	正态分布
E3 管段	36.18	1.79	0.05	正态分布
E4 管段	34.14	2.07	0.06	正态分布
E5 管段	35.33	1.91	0.05	正态分布

③混凝土碳化系数计算。

对 E1～E5 各沉管单元进行混凝土耐久年限评定时，必须建立其在后续使用期的碳化速度发展模型。这里分别采用了基于理论的随机预测模型和根据当前实测碳化深度的统计预测模型。两种预测方法结果见表 B1-14。

碳化系数计算（随机预测模型/基于实测数据预测模型）　　　表 B1-14

单　元	平均值（mm）	标准差（mm）	变异系数	概率分布
E1 管段	2.52/1.54	1.04/0.33	0.41/0.21	正态分布
E2 管段	2.52/1.52	1.2/0.18	0.48/0.12	正态分布
E3 管段	2.52/1.91	1.04/0.34	0.41/0.18	正态分布
E4 管段	2.52/1.60	1.03/0.20	0.41/0.13	正态分布
E5 管段	2.52/1.97	1.2/0.29	0.48/0.15	正态分布

④混凝土碳化寿命分析。

碳化目标可靠指标的取值见表 B1-15，根据该工程实际状况，取 $\beta_c = 0.5$。依据前述碳化寿命分析方法，计算结果见表 B1-16。

混凝土碳化可靠指标及失效概率　　　　　　　　　　表 B1-15

分　类	预应力混凝土构件	普通混凝土构件	
目标可靠指标 β_c	1.25	0.5	0
失效概率	0.105 65	0.308 54	0.5

E1～E5 沉管各单元的碳化寿命及剩余碳化寿命　　　　表 B1-16

单　元	E1 管段	E2 管段	E3 管段	E4 管段	E5 管段
保护层厚度平均值（mm）	48	48.7	48.3	47.7	46.5
保护层厚度标准差（mm）	3.58	4.03	3.72	3.44	4.23
碳化残量平均值（mm）	34.54	35.26	36.18	34.14	35.33
碳化残量标准差（mm）	2.11	2.17	1.79	2.07	1.91
碳化系数平均值（mm）	1.54	1.52	1.91	1.6	1.97
碳化系数标准差（mm）	0.33	0.18	0.34	0.2	0.29
目标可靠指标 β_c	0.5	0.5	0.5	0.5	0.5

续上表

单 元		E1 管段	E2 管段	E3 管段	E4 管段	E5 管段
基于理论计算的碳化寿命	碳化寿命(a)	92	91	96	87	85
	剩余碳化寿命(a)	72	71	76	67	65
基于实测数据的碳化寿命	碳化寿命(a)	257	268	222	207	160
	剩余碳化寿命(a)	237	248	202	187	140

根据表 B1-25 的结果，E1～E5 沉管碳化寿命综合评定结果取其最小值为 $T_c = T_{c,min} = 85a$，沉管段的剩余碳化寿命综合评定结果为：$T_{cs} = T_{cs,min.} = 65a$。其中控制段碳化可靠度随时间变化曲线如图 B1-13 所示。

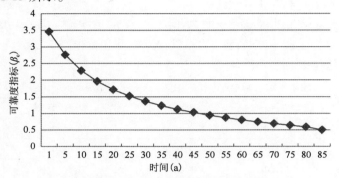

图 B1-13　E5 管段碳化可靠指标随时间变化曲线

4.5　尺寸检测（以隧道断面尺寸检测为例）

采用激光断面仪对隧道断面进行检测，断面仪测出的高度为铅垂高度，并不能精确的反映真实路面各点的垂直高度，需进一步由中线各点的高程，换算出隧道路面的实际坡度，再由断面仪测出的数据，换算成实际垂直于路面的高度（图 B1-14）。

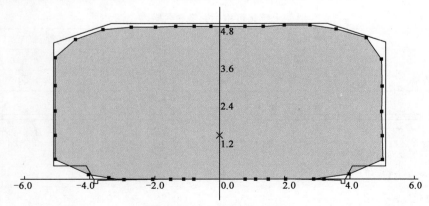

图 B1-14　测量结果示意图（单位：m）

注：外侧为设计标准轮廓断面，内侧点连线为实际测量净空断面。

（1）检测内容

本次隧道断面检测中，根据场地实际情况，共测量 22 个断面。激光断面仪测量精度为 1mm，通过数据提取可以精确测量出隧道断面的净空。

（2）检测结果

断面测量结果见表 B1-17。隧道实际坡度修正后的结果见表 B1-18。

断面测量结果   表 B1-17

桩号	宽度(m)	高度(m)	桩号	宽度(m)	高度(m)
K12+410	10.052	4.807	K12+630	10.139	4.954
K12+430	10.11	4.809	K12+650	10.114	4.934
K12+450	10.098	4.864	K12+670	10.114	4.923
⋮	⋮	⋮	⋮	⋮	⋮

注：高为行车道中线路面至顶板高度，宽度为两侧墙水平距离。

断面测量结果修正值   表 B1-18

桩号	宽度(m)	高度(m)	桩号	宽度(m)	高度(m)
K12+410	10.052	4.804	K12+630	10.139	4.951
K12+430	10.11	4.806	K12+650	10.114	4.931
K12+450	10.098	4.861	K12+670	10.114	4.920
⋮	⋮	⋮	⋮	⋮	⋮

注：由于隧道最大坡度仅为3.4%，修正后的高度与修正前差距很小，近似可用修正前的数据代替。

（3）结论

由检测结果可知在 K12+565 处，净空断面实际高度为 4.627m。隧道建筑限界高度为 4.5m，现场外观检测时发现该处顶板附近有几处较大的剐蹭痕迹，导致顶板防火涂料大面积剥落。大货车等高度较高的特种车辆通行时，可能造成事故，应严格限制进出隧道车辆的高度。

4.6 地质雷达检测（以沉管段为例）

1）沉管段覆盖层检测结果

根据地质雷达检测剖面，隧道顶部覆盖层厚度呈不均匀分布状态；总体厚度介于 2.05~4.95m 之间，分布呈中央薄两岸厚，中间管段覆盖层基本厚度在 2.1~3.6m 之间。雷达检测覆盖层平均厚度分布如图 B1-15 所示，原始数据见表 B1-19。

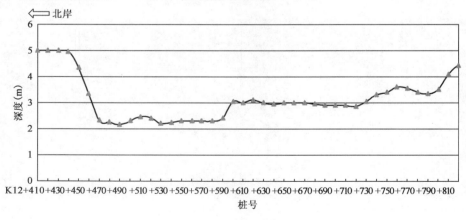

图 B1-15 覆盖层厚度示意图(400MHz 雷达天线测量)

覆盖层厚度原始数据　　　　　　　　　表 B1-19

桩号(K12)	+410	+420	+430	+440	+450	+460	+470	+480	+490	…
测线2(m)	>5	>5	>5	5	4.4	3.4	2.3	2.3	2.1	…
测线3(m)	>5	>5	>5	4.9	4.3	3.3	2.3	2.2	2	…
平均值(m)	>5	>5	>5	4.95	4.35	3.35	2.3	2.25	2.05	…

隧道水底地形测量,测得覆盖层厚度见图 B1-16,覆盖层厚度介于 1.99~10.16m 之间,呈中央薄两岸厚的趋势,中间管段覆盖层基本厚度在 1.99~3.67m 之间。两种方法测得的隧道覆盖层厚度结果基本一致。

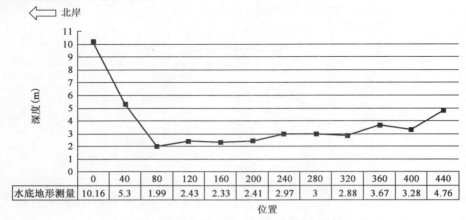

图 B1-16　覆盖层厚度示意图(水底地形测量)

2)沉管段顶板检测结果

从测线 2 及测线 3 的雷达波形影像资料可见:沉管结构厚度与设计值吻合;未发现顶板有不密实、空洞缺陷;发现顶板多处渗水缺陷,具体如下:西侧顶板部分区域出现渗水迹象,所在桩号为 K12+642、K12+650、K12+659、K12+674、K12+684、K12+687~K12+691、K12+702(图 B1-17、图 B1-18);东侧顶板部分地区出现渗水迹象,所在桩号为 K12+534、K12+535。

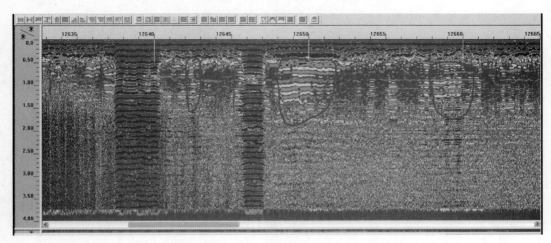

图 B1-17　K12+642、K12+650、K12+659 渗水雷达图像

图 B1-18　K12+650 渗水痕迹

3）沉管段侧墙检测结果

从测线 1、4 及测线 7、8 的雷达波形影像资料（图 B1-19、图 B1-20）可见，雷达波形均一、无明显异常。沉管结构厚度与设计值吻合；未发现侧墙及背后有不密实、空洞缺陷；发现多处渗水缺陷。

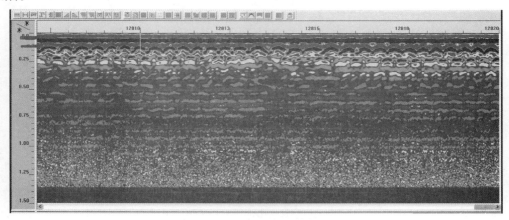

图 B1-19　钢筋保护层厚度雷达检测图

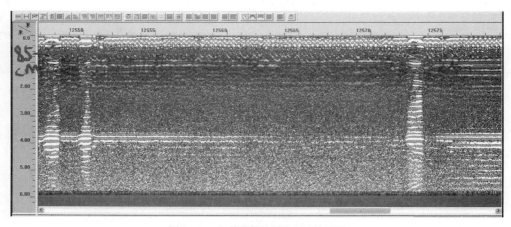

图 B1-20　沉管段侧墙厚度雷达检测图

4）沉管段路面检测结果

从测线 5 及测线 6 的雷达波形影像资料（图 B1-21、图 B1-22）可见，沉管段路面结构厚度与设计值吻合；发现 C15 混凝土基层空洞 1 处，未发现有路面、底板及背后不密实、渗水缺陷。

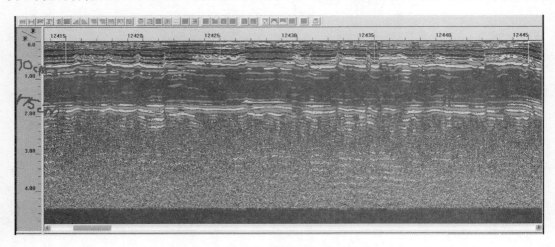

图 B1-21　沉管段路面厚度雷达检测图

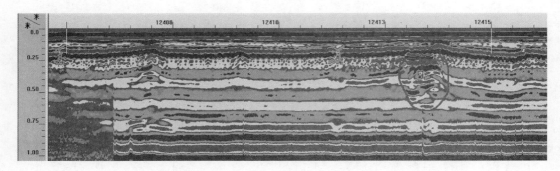

图 B1-22　沉管段路面（K12+413.4～K12+414）空洞雷达检测图

5）综合评价

（1）结合雷达检测及水底地形检测的数据可知，沉管段顶板覆盖层厚度呈中央薄两岸厚的趋势，且覆盖层厚度均大于 2m。根据设计文件，覆盖层厚度已不满足设计要求，需要进行及时清淤。

（2）雷达检测显示沉管结构厚度与设计值吻合，未发现严重的结构内部缺陷。发现沉管段东、西顶板和东、西侧墙存在多处渗漏水迹象，隧道大范围渗漏水不仅对隧道结构的安全不利，而且会影响行车安全，需要对对应位置进行堵漏治理；发现沉管段东侧路面 C15 混凝土基层空洞 1 处，所在桩号为 K12+413.4～K12+414，深度为 0.25～0.6m。

4.7　隧道水底地形测量

1）测量说明

水下地形测量采用中海达 V30 双频 GPS 接收机定位、数字化测深仪 HD-310。数字化测深仪 HD-310 标称精度为 ±0.1%H±10mm,各仪器的精度均能满足本次测量的技术要求。利用中海达海洋测量软件进行导航定位。

2）测量评定

（1）区域水底地形如图 B1-23、图 B1-24 所示。

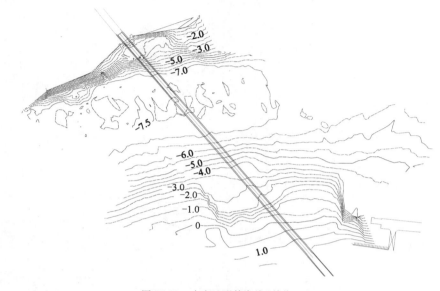

图 B1-23　水底地形等高线（单位：m）

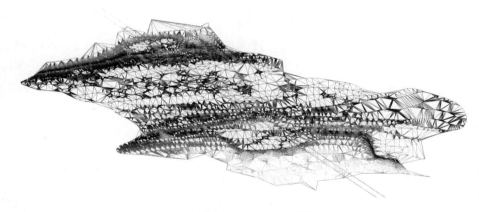

图 B1-24　水底地形三维示意图

由等高线图可知,探测区域地形高程在 -7m 到 1m 之间,靠近江中高程较低,靠近两岸高程较高,北岸高程低于南岸高程,北岸地势陡于南岸地势。由三维地形图可以看出,隧道东侧覆盖层略高于西侧,并且江中地势平坦,隧道中间各管段覆盖层厚度相当。

（2）隧道横断面水底地形如图 B1-25 所示。

为了对隧道水底地形进行详细分析,截取垂直隧道纵向由北向南间隔 50m 的 8 个横断面,由隧道中心线向两侧各延伸 80m,分析该范围内的隧道上覆情况,并绘制水底地形图（图 B1-26）。

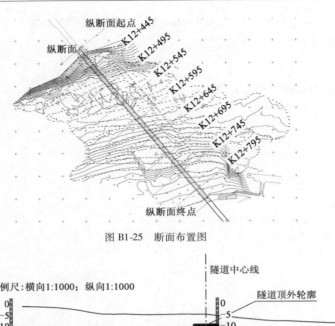

图 B1-25　断面布置图

比例尺：横向1:1000；纵向1:1000

地面高程	0.55	0.44	0.26	-0.03	-0.51	-1.23	-2.19	-2.92	-2.93	-2.92	-3.11	-3.23	-3.17	-3.11	-2.99	-3.10	-3.72	-4.18	-4.81	-5.30	-5.81	-6.17	-6.42	-6.70	-6.92	-7.14	-7.25	-7.35	-7.46	-7.43	-7.39
里程	-0+080.0	-0+075.0	-0+070.0	-0+065.0	-0+060.0	-0+055.0	-0+050.0	-0+045.0	-0+040.0	-0+035.0	-0+030.0	-0+025.0	-0+020.0	-0+015.0	-0+010.0	-0+005.0	0+000.0	0+005.0	0+010.0	0+015.0	0+020.0	0+025.0	0+030.0	0+035.0	0+040.0	0+045.0	0+050.0	0+055.0	0+060.0	0+065.0	0+070.0	0+075.0	0+080.0

K12+445

图 B1-26　K12+445 处垂直隧道轴线水底地形

由图可知,沿着隧道东西两侧江底地形较为平缓,隧道 K12+395～K12+495 段东侧地形高于西侧地形,隧道 K12+495～K12+595 段两侧地形高程相当,隧道 K12+595～K12+795 段水底西侧地形高于东侧地形。隧道北端和南段垂直隧道轴线上地形起伏较大,覆盖层厚度可达 5m 以上,隧道中间段的地形较平坦,埋深基本保持在 2m 左右。

（3）隧道轴线上覆盖层厚度如图 B1-27 所示。

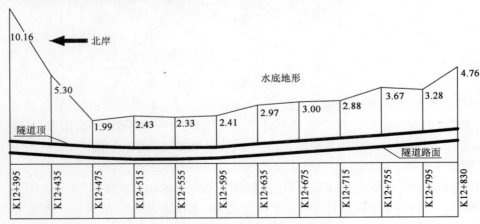

图 B1-27　覆盖层厚度探测图（单位：m）

由图 B1-54 可见,覆盖层厚度介于 1.99~10.16m 之间。呈中央薄两岸厚的趋势。北侧 E1 管段和南侧 E5 管段的覆盖层较厚,中间管段覆盖层基本厚度在 1.99~3.67m 之间,比较均匀。根据设计文件,原设计覆盖层厚度为 2.0m,可见,覆盖层厚度超出设计要求,需要进行及时清淤。

4.8 机电设施、交通标志检测

1)通风系统

(1)综合评估

现正在使用的 6 台风机均为隧道专用射流风机。其中,有 5 台是自隧道建成之初就一直使用,另外 1 台在是 2007 年隧道大修工程时更换的国产风机(已连续工作近 8 年),至今未进行任何维修保养。隧道内的通风模式较为单一,没有根据隧道内的环境参数制定较为合理的通风方案,也就无法达到对隧道正常运营过程中的节能省电要求。

(2)建议

①定期对风机进行检修。

②由于隧道内禁止大货车通行,虽然隧道内流量远远超出设计流量,但风机功效尚能满足日常的通风需求,但是噪声过大,建议加装消音设备。

2)照明系统

(1)综合评估

隧道照明灯具自大修工程以后,其管理已经外包给其他公司来经营。通过实际检测,隧道内的整体照明亮度均达到规范要求;发现个别灯具损坏,部分灯具亮度下降,大部分外观较脏,导致隧道照明整体均匀度下降;隧道照明模式单一,没有根据隧道内车流量和隧道外天气状况设置合理的照明模式。

(2)建议

①部分灯具损坏,隧道壁及灯具外观灰尘较多,导致隧道整体亮度均匀度较差,建议更换已损坏灯具,定期对隧道内壁及灯具外观进行清理。

②目前隧道全天只有一种照明模式,不利于能源节约,建议设置合理的照明多工况调光模式。

3)变配电系统

(1)综合评估

隧道供配电和设备控制系统的绝大部分设备自大修工程以来均已使用 8 年时间,设备尚能正常运行。受×××电力局管理维护,自 2011 年 5 月 7 日至 2015 年 5 月 16 日已经安全无故障运行 1 469d。目前,×××隧道的排水供电系统比较可靠。

(2)建议

考虑到供电系统的重要性,建议加强日常维护。

4)给排水系统

(1)综合评估

隧道内的废水泵、消防泵均运转正常。自动水位检测装置运转正常,但无备用设备。系统可以根据水位检测的数据来自动控制水泵,但如果水池存在杂物,将会导致水位监测器中的超声波水位测量失效。

(2)建议

①定期对泵房水池进行清理。

②定期仔细检查水泵泵体,排除堵塞物。

③增加水位检测传感器作为备用设备。

④定期疏通水道。

5)消防系统

(1)综合评估

隧道防灾报警系统是隧道火灾监控的关键设备,当隧道发生火灾时将由此系统探测和向中央计算机发出火源的具体位置及火警信息,中央计算机据此将隧道运行状态由正常模式调整为火灾模式,控制相关设备转入火灾运行程序,为隧道内人员逃生、火源控制和隧道交通控制提供必要的条件。经过检测,火灾自动报警系统功能完好。隧道内的手动报警器功能完好,但标识不明显。大部分消防箱外观完好,其中的灭火设备外观完好,干粉式灭火器的压力在正常范围内。

(2)建议

①定期维护、检修隧道内的火灾自动报警系统。

②强化火灾报警器标识。

③完善隧道消防设备使用管理制度,加强消防设备的管理和维护。

6)监控系统

(1)综合评估

隧道内的监控系统包括:广播、交通信号、电视监控、交通流检测、火灾自动报警、能见度CO检测与风机自动控制以及照度仪。广播系统可以运行,但是在隧道的高噪声环境下,话音效果不是很理想;交通信号设施功能完好,信号灯工作正常,标志标线鲜明辨识度高;隧道内的摄像机无法改变焦距,且图像不够清晰;隧道内的线圈检测器以及交通视频检测器的功能失效;火灾自动报警功能和手动报警功能完好;能见度CO检测的测量数据不准确,无法为风机的自动控制提供数据支持;同时风机的自动控制系统也无法工作;隧道内的照度仪检测数据不准确,同时数据也无法存储。另外系统设备中许多都陈旧老化,易出现故障,需要经常检修。

由于隧道监控系统在整个系统中起到十分重要的作用,就目前的检测情况来看,整个监控系统的部分功能缺失。

(2)建议

①更新广播设备,以保障隧道内高噪声环境下的通信畅通。

②更换或修理CO能见度检测器,确保检测数据的准确性。

③更换具有自动变焦功能且分辨率较高的隧道内摄像机。

④修复流量监测系统。

7)中控计算机系统

(1)综合评估

×××隧道中控计算机系统于2007年大修工程中进行了整体更换,至今已使用了近9年,但设备功能良好,对于×××隧道监控软件来说已经足够。但目前,火灾报警系统软件、照明系统软件以及通风系统软件均不能根据监测到的隧道内环境参数实现自动闭环控制。

(2)建议

①加强隧道内环境参数的使用,提高隧道运营效率。

②由于隧道中控计算机系统的重要性,建议定期检查整个系统的硬软件。

③增加备用计算机和相关设备,防止因无法排除故障而导致中控系统功能缺失的潜在隐患。

5 综合评价

5.1 交通流量调查

(1)工作日:车流量高峰期主要集中在7:00am～9:00am,以及5:00pm～7:00pm。车流量在8:00am和6:00pm达到当日车流量最大值。两个方向的车流量分布近似对称。上行方向的日交通量为14 440辆(12 121.4PCU),下行方向达到14 976辆(12 777.8PCU),严重超出了当初设计的5500辆。电动车、摩托车占到总流量的近30%。

(2)非工作日:交通流量在0:00am到6:00am较低,7:00am流量开始增加,在8:30am左右达到高峰,之后变化平稳,在6:00pm时达到另一个高峰后缓慢减少。日交通量上行方向的达到14 760辆(12 729.6PCU),下行方向达到15 328辆(13 283.2PCU),严重超出了当初设计的5 500辆。电动车、摩托车占到总流量的27%左右。

(3)将该隧道在工作日与非工作日的车流量进行比较,可以发现工作日车流量有明显的早晚高峰,且高峰时刻附近的车流量变化较为剧烈;而非工作日早晚高峰之间的时间段内,车流量依旧很大。

(4)建议如下:

①隧道内的实际交通量已远远超过设计流量,建议采取交通管制措施对车流量进行一定的限制,或者考虑在附近增加新通道以达到交通分流的作用。

②隧道内电动车、摩托车比例过高,对隧道内行车造成非常大的影响,存在严重安全隐患,建议加强对电动车、摩托车的管制。

5.2 外观检查

(1)沉管段顶板防火层脱落较多,部分位置有旧渗漏痕迹,顶板位置存在部分划痕,可能是由于大型车辆高度超出限高造成。建议修补脱落防火层,防止内部钢丝网腐蚀而继续扩大脱落范围。

(2)经对防火层脱落处和旧渗漏痕迹处的调查,局部位置有轻微开裂现象,但目前均未发现继续渗漏或潮湿迹象。接头附近的横向裂缝可能是由沉管段和接头处的刚度差异引起的,鉴于目前开裂程度较轻,且未发现继续渗漏迹象,建议对裂缝进行化学压浆封闭。

(3)沉管西侧墙K12+403处表面瓷砖裂缝宽度为0.2mm;沉管东侧墙K12+535处表面瓷砖裂缝宽度为0.5mm,K12+624处表面瓷砖裂缝为0.2mm;东侧墙K12+568处有1处明显渗漏,凿除表面瓷砖,发现瓷砖背后有轻微渗漏,裂缝宽度为0.3mm;建议进行化学压浆封闭。

(4) 检修道盖板大多结构完整,无边角破碎等情况,但在 K12+446 处检修道盖板破碎严重,建议及时更换。

(5) 两侧排水沟内沉积大量泥沙等杂物,部分段堵塞严重,造成排水不畅,建议及时清理排水沟内泥沙等杂物,保证隧道路面正常排水。

5.3 隧道环境检测

(1) 照度:在白天时段,入口段 1 亮度右侧 82.6cd/m²、左侧 45.9cd/m²,亮度总均匀度 0.59,亮度纵向均匀度右侧 0.25、左侧 0.51;入口段 2 亮度右侧 47.5cd/m²、左侧 24.1cd/m²,亮度总均匀度 0.24,亮度纵向均匀度右侧 0.65、左侧 0.22;过渡段亮度右侧 16cd/m²、左侧 15.7cd/m²;基本段亮度右侧 15.9cd/m²、左侧 11.3cd/m²,亮度总均匀度 0.35,亮度纵向均匀度右侧 0.2、左侧 0.24。隧道整体亮度满足规范要求;但隧道内的亮度分布不均匀,具有较大差异,在一定程度上会影响驾驶的舒适感。

(2) CO 浓度:风机开启时,CO 浓度平均为 2.7ppm,最大为 4ppm;风机关闭时,CO 浓度平均为 5.7ppm,最大为 15ppm,两种工况下 CO 浓度均远小于允许值,满足规范要求。

(3) 风速:风机开启时,风速平均为 2.5m/s,最大为 6.8m/s;风机关闭时,风速平均为 1.6m/s,最大为 2.4m/s,两种工况下风速满足规范要求。

5.4 结构检测

(1) 混凝土强度:由超声回弹综合法强度检测结果可见,东面侧墙混凝土强度值在 32.3~54.5MPa 之间,平均值为 46.1MPa;西面侧墙混凝土强度值在 38.7~57.6MPa 之间,平均值为 50.9MPa;顶板混凝土强度值在 42.7~54.6MPa 之间,平均值为 49.2MPa。均满足设计强度要求。

(2) 碳化深度:检测结果表明,侧墙瓷砖下混凝土碳化深度较小,检修道下外露侧墙、隧道顶板碳化深度较大,数值分布在 4.7~11.3mm 之间,平均值为 7.6mm。当前碳化深度仍远小于隧道结构保护层厚度,不足以造成钢筋的快速锈蚀。

(3) 钢筋保护层厚度:由检测结果可见,保护层厚度值在 41~53mm 之间,平均值为 48mm。各沉管测点保护层厚度分布均匀,说明混凝土施工工艺较好,钢筋保护层厚度指标满足设计要求。

(4) 结构钢筋锈蚀:检测结果显示,所有测点的电压值均大于 -200mV,即各测点不发生锈蚀的概率均大于 90%,表明钢筋未发生明显锈蚀情况;观察测试时凿除保护层后外露的钢筋,其表面亦未发现明显锈蚀现象。考虑到外层即使存在开裂造成的钢筋位置充水,但由于不具备足够的氧气环境,其电化学效应不会很强,锈蚀现象可能比内层钢筋更弱,对结构的影响也更弱。因此,认为当前的钢筋状态对结构耐久性影响很小。

(5) 基于碳化可靠指标 β_c 的耐久性评价:以混凝土碳化深度达到钢筋表面作为钢筋开始锈蚀的标志。根据碳化寿命准则,采用了两种碳化深度预测模型:一是理论预测模型(随机模型),另一种是根据当前实测的碳化深度建立的碳化深度模型,对隧道沉管段进行了耐久性评估和寿命预测。根据×××隧道实际状况,取碳化目标可靠指标为 $\beta_c = 0.5$,得到各管段碳化寿命和剩余碳化寿命分析结果。按照理论模型的分析,E1~E5 沉管碳化寿命综合评定结果为

$T_c = T_{c,min} = 85a$,剩余碳化寿命综合评定结果为：$T_{cs} = T_{cs,min} = 65a$。

5.5 尺寸检测

检测断面实际高度均大于隧道建筑限界高度 4.5m；由于隧道纵坡的影响，在沉管段 K12+565 处净空断面实际高度最小，为 4.627m，现场外观检测时发现该处顶板附近有几处较大的剐蹭痕迹，导致顶板防火涂料大面积剥落。大货车等高度较高的特种车辆通行时，可能造成事故，应严格限制进出隧道车辆的高度。

5.6 地质雷达检测

（1）结合雷达检测及水底地形检测的数据可知，沉管段顶板覆盖层厚度呈中央薄两岸厚的趋势，且覆盖层厚度均大于 2m，根据设计文件，覆盖层厚度已不满足设计要求，需要及时进行清淤。

（2）雷达检测显示沉管结构厚度与设计值吻合，未发现严重结构内部缺陷。发现沉管段东、西顶板和东、西侧墙存在多处渗漏水迹象，隧道大范围渗漏水不仅对隧道结构的安全不利，而且会影响行车安全，需要对对应位置进行堵漏治理；发现沉管段东侧路面 C15 混凝土基层空洞一处，所在桩号为 K12+413.4～K12+414，深度为 0.25～0.6m。

5.7 隧道水底地形检测

（1）隧道所在位置区域地形高程在 -7m 到 1m 之间；靠近江中高程较低，靠近两岸高程较高；北岸高程低于南岸高程，北岸地势陡于南岸地势。

（2）隧道顶板覆盖层厚度介于 1.99～10.16m 之间，呈中央薄两岸厚的趋势。北侧 E1 管段和南侧 E5 管段的覆盖层较厚，中间管段覆盖层厚度基本在 1.99～3.67m 之间，比较均匀。根据设计文件，原设计覆盖层厚度为 2.0m，可见，覆盖层厚度不满足设计要求，需要及时进行清淤。

5.8 机电设施、交通标志检测

(1) 通风系统

6 台风机均能正常运转，但至今未进行任何维修保养，建议定期对风机进行检修。隧道内的通风模式较为单一，没有根据隧道内的环境参数制定较为合理的通风方案，也就无法达到对隧道正常运营过程中的节能省电要求。虽然隧道内流量远远超出设计流量，但风机功效上尚能满足日常的通风需求，但是噪声过大，建议加装消声设备。

(2) 照明系统

隧道照明灯具个别损坏，部分灯具因使用时间长而亮度下降，大部分外观较脏。隧道照明模式单一，没有根据隧道内车流量和隧道外天气状况设置合理的照明模式。建议更换已损坏灯具，及时清理灯具外观。另外，隧道壁的反光率过低，也减弱了隧道的整体照明，尚建议定期对隧道内壁进行清理，设置合理的照明多工况调光模式。

(3) 变配电系统

隧道变配电和设备控制系统的绝大部分设备自大修工程以来均已使用 8 年时间，设备尚能正常运行。受×××电力局管理维护，自 2011 年 5 月 7 日至 2015 年 5 月 16 日已经安全无故障运行 1 469d。考虑到供电系统的重要性，建议加强日常维护。

(4) 给排水系统

隧道内的废水泵、消防泵均运转正常。自动水位检测装置运转正常，但是无备用设备。系统可以根据水位检测的数据来自动控制水泵,但如果水池存在杂物,将会导致水位监测器中的超声波水位测量失效。建议定期对泵房水池进行清理,仔细检查水泵泵体,排除堵塞物;增加水位检测传感器作为备用设备;定期疏通水道。

(5)消防系统

火灾自动报警系统功能完好。隧道内的手动报警器功能完好,但标识不明显。大部分消防箱外观完好,其中的灭火设备外观完好,干粉式灭火器的压力在正常范围内。建议定期维护、检修隧道内的火灾自动报警系统;强化火灾报警器标识;完善隧道消防设备使用管理制度,加强消防设备的管理和维护。

(6)监控系统

广播系统可以运行,但是在隧道的高噪声环境下,话音效果不是很理想;交通信号设施功能完好,信号灯工作正常,标志标线鲜明辨识度高;隧道内的摄像机无法改变焦距,且图像不够清晰;隧道内的线圈检测器以及交通视频检测器的功能失效;火灾自动报警功能和手动报警功能完好;能见度 CO 检测的测量数据不准确,无法为风机的自动控制提供数据支持;同时风机的自动控制系统也无法工作;隧道内的照度仪检测数据不准确,同时数据也无法存储;系统设备中许多都陈旧老化,易出现故障,需要经常检修。建议更新广播设备,以保障隧道内高噪声环境下的通信畅通;更换或修理 CO 能见度检测器,确保检测数据的准确性;更换具有自动变焦功能且分辨率较高的隧道内摄像机;修复流量监测系统的功能。

(7)中控计算机系统

中控计算机系统设备功能良好,对于×××隧道监控软件来说已经足够。但目前,火灾报警系统软件、照明系统软件以及通风系统软件均不能根据监测到的隧道内环境参数实现自动闭环控制。建议加强隧道内环境参数的使用,提高隧道运营效率;由于隧道中控计算机系统的重要性,建议定期检查整个系统的硬软件;增加备用计算机和相关设备,防止因无法排除故障而导致中控系统功能缺失的潜在隐患。

5.9 综合评价

《公路隧道养护技术规范》(JTG H12—2015)针对山岭隧道的定期检测,给出了具体检测内容和评定指标体系,但并未提及沉管隧道的量化评定指标,故本报告仅以《公路隧道养护技术规范》(JTG H12—2015)定期检测评定体系对×××隧道(不包括隧道结构强度、接头、变形和南北引道及横撑)进行综合评价。

(1)土建结构技术状况评定(表 B1-20)

土建结构技术状况评定表 表 B1-20

分项		分项权重 ω_i	状况值 $JGCI_i$	分项	分项权重 ω_i	状况值 $JGCI_i$
洞口		15	0	检修道	2	1
洞门		5	0	排水设施	6	1
衬砌	结构破损	40	1	吊顶及预埋件	10	0
	渗漏水			内装饰	2	0
路面		15	1	交通标志、标线	5	0

注:1. 洞口、洞门未发现有异常情况;
   2. 吊顶及预埋件未发现有异常情况。

土建结构技术状况评分：

$$JGCI = 100 \times \left[1 - \frac{1}{4}\sum_{i=1}^{n}\left(JGCI_i \times \frac{\omega_i}{\sum_{i=1}^{n}\omega_i}\right)\right] = 84.2$$

因此，×××隧道土建结构技术状况评定为2类。

（2）机电设施技术状况评定（表B1-21）

机电设施技术状况评定表　　　　　表 B1-21

分项	供配电设施	照明设施	通风设施	消防设施	监控与通信设施
分项权重 ω_i	23	18	19	21	19
设备完好率 E_i	100%	90.3%	100%	96%	90.7%

机电设施技术状况评分：

$$JDCI = 100 \times \frac{\sum_{i=1}^{n} E_i \times \omega_i}{\sum_{i=1}^{n} \omega_i} = 95.6$$

因此，×××隧道机电设施技术状况评定为2类。

（3）总体技术状况评定

×××隧道土建结构和机电设施技术状况均评定为2类，因此×××隧道总体技术状况评定为2类。

附录 B2　×××隧道衬砌结构专项检测报告

1　概述

1.1　工程概况

×××隧道是××高速公路上的一座分离式双洞隧道，设计为双向四车道，设计时速为80km/h，设计交通量为1 717veh/h，隧道左洞长2 014m，右洞长2 036m，左右线纵坡均为−2.68%，隧道净宽为10.25m。隧道洞口均采用削竹式洞门，隧道内设置5个横洞。隧道穿越的围岩以Ⅳ级、Ⅴ级为主。隧道衬砌结构设计采用新奥法原理，复合式衬砌。隧道边墙墙身采用浅色瓷砖装饰，拱部喷涂防火材料；路面铺装为水泥混凝土。隧道通风方式为全射流纵向通风。

隧道防水采用以防（堵）为主，堵排结合的防水措施，采用复合式橡胶防水板及弹簧盲沟导水管相结合，将防水板背后的围岩裂隙水通过纵环向弹簧盲沟导水管将水引至洞内排水侧沟排出洞外。

隧道于××××年建成通车，××××年隧道养护人员在隧道日常巡查中发现隧道左洞在靠近××端1 620~1 760m段右拱腰防火涂层出现规律性掉块，防火涂层脱落段集中且面积较大。

1.2 检测目的和内容

1）检查目的

×××隧道左洞在靠近××端1 620~1 760m段右拱腰防火涂层出现规律性掉块,为查明病害原因,防止衬砌结构受力过大造成隧道衬砌突发性坍塌;业主委托×××养护科技有限公司对×××隧道左洞进行专项检查。检测人员于×××年××月××日至××月××日对×××隧道左洞进行专项检测,检测以隧道左洞靠近××端1 620~1 760m段防火涂层大面积掉块为重点;深入了解隧道病害的详细情况,查明衬砌厚度和内部缺陷,判断病害分布规律及发展趋势,评定隧道结构稳定性和掌握隧道健康状况,并给出维修加固建议。

2）检查内容

本次专项检测内容主要包括衬砌厚度及内部缺陷检测、隧道净空断面检测、衬砌混凝土强度检测、衬砌变形监测、衬砌表观病害复核调查。具体检测内容如下:

(1)衬砌厚度及内部缺陷

利用地质雷达探测隧道衬砌厚度及内部空洞、脱空、不密实等缺陷。

(2)隧道净空断面检测

采用激光断面仪对断面进行测量,获取结构变形情况,判断隧道结构是否侵限及稳定性。

(3)隧道衬砌强度

采用超声波回弹仪和回弹仪进行综合测量,避免受混凝土表面碳化的影响,准确掌握隧道衬砌混凝土的实际强度。

(4)衬砌变形监测

在隧道防火涂料层大面积脱落段,选取衬砌表面5条纵向裂缝跨缝布置钢弦应变计,定期对裂缝的宽度变化进行监测,判断裂缝的发展趋势;在未现裂缝的区域选取5处布置钢弦应变计,定期对混凝土应变进行监测。

(5)隧道表观病害复核调查

对隧道的表观病害进行调查,包括衬砌结构、路面、检修道、洞顶地表观察等。

1.3 依据和方法

1）检查依据

本次隧道专项检查工作依据如下技术标准和规范实施:

(1)《公路隧道养护技术规范》(JTG H12—2015)。
(2)《公路隧道设计规范》(JTG D70—2004)。
(3)《公路养护技术规范》(JTG H10—2009)。
(4)《超声回弹综合法检测混凝土强度技术规程》(CECS 02:2005)。
(5)《公路工程质量检验评定标准 第一册 土建工程》(JTG F80/1—2004)。
(6)《公路养护安全作业规程》(JTG H30—2015)。
(7)×××隧道前期检测报告及设计、加固竣工图等。

2）检查方法

（1）检查采用步行及举升检测车辆,配备相应的专用检查工具或设备进行检查。检查时,尽量靠近结构,依次检查各个部位。对照设计、施工及检测资料,充分掌握相关技术信息,寻找隧道结构发展变化的原因,探索其规律,确保检查的准确性。

（2）采用地质雷达、回弹仪、超声波回弹仪、激光断面仪、裂缝观测仪、弦式应变计等,对衬砌结构进行检查监测,内容包含衬砌厚度及缺陷、混凝土强度、断面轮廓、混凝土变形及裂缝变化监测等(表 B2-1)。

仪器设备及检测内容　　　　　　　　　　　表 B2-1

仪器名称	检测内容	仪器名称	检测内容
地质雷达	衬砌缺陷及厚度	裂缝观测仪	衬砌裂缝开裂情况
回弹仪、超声回弹仪	衬砌强度	弦式应变计、读数仪	监测裂缝、应变发展
激光断面仪	衬砌轮廓	举升车辆	拱顶、拱腰作业使用
钢尺、相机	观察、量测病害		

（3）本次检测以××至××方向为正方向,并据此区分隧道左右洞;隧道检测桩号的编写按照隧道左洞的行车方向从小到大编写,并以洞口为 0 里程点,以行车方向为正方向来区分洞内左右部位,如图 B2-1 所示。

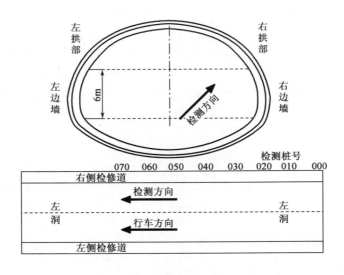

图 B2-1　隧道洞别及各部位命名规则图

2　检测结果

2.1　地质雷达衬砌检测

本次检测工作沿隧道纵向分别于左右边墙、左右拱腰及拱顶共布置 5 条地质雷达测线,现场测线累计长度 10 070m,其工作量统计见表 B2-2。

×××隧道地质雷达工作量统计　　　　　　　　表 B2-2

隧道名称	长度(m)	测 线 条 数	测线总长(m)
×××隧道左洞	2 014	左边墙、左拱腰、拱顶、右拱腰、右边墙共 5 条测线	10 070

(1)衬砌缺陷

×××隧道左洞本次共发现衬砌背后空洞、脱空、回填不密实等病害 74 处;其中左边墙部位衬砌缺陷总长 28.5m,占检测长度的 1.4%;左拱腰部位衬砌缺陷总长 75m,占检测长度的 3.7%;拱顶部位衬砌缺陷总长 151m,占检测长度的 7.5%;右拱腰部位衬砌缺陷总长 46m,占检测长度的 2.3%;右边墙部位衬砌缺陷总长 52.5m,占检测长度的 2.6%。详细情况见表 B2-3 (仅给出部分数据示例,雷达检测信号处理附图亦做省略)。

×××隧道左洞衬砌缺陷表　　　　　　　　表 B2-3

序号	部 位	距××端洞口距离(m)	地质雷达判释结果	备 注
1	左边墙	135～138	25cm 后有 3m 不密实区	附图 1
2		153～156	30cm 后有 3m 空洞	
3		333～335.5	35cm 后有 2.5m 不密实区	
⋮		⋮	⋮	⋮

(2)衬砌混凝土厚度

通过对×××隧道左洞衬砌厚度进行检测显示:隧道左边墙衬砌厚度合格率为 77.1%,最大欠厚值为 23cm;左拱腰二衬厚度合格率为 71.1%,最大欠厚值为 27cm;拱顶衬砌厚度合格率为 66.2%,最大欠厚值为 30cm;右拱腰二衬厚度合格率为 73.6%,最大欠厚值为 29cm;右边墙厚度合格率为 79.1%,最大欠厚值为 30cm。

本次隧道左洞衬砌混凝土厚度按点统计合格率见表 B2-4。

隧道左洞衬砌厚度合格率　　　　　　　　表 B2-4

位置	测点数	合格点数	合格率(%)	设计厚度(cm)	最大值	最小值
左边墙	201	155	77.1	30～45	54	22
左拱腰	201	143	71.1	30～45	50	18
拱顶	201	133	66.2	30～45	52	15
右拱腰	201	148	73.6	30～45	52	16
右边墙	201	159	79.1	30～45	50	15

经检测,距××端洞口 830～870m、1 030～1 060m、1 620～1 680m、1 710～1 760m、1 810～1 870m、1 910～1 930m 等段衬砌厚度不足情况较明显,详细情况见表 B2-5(仅给出部分数据示例)。

×××隧道左洞衬砌厚度检测结果　　　　表 B2-5

序号	距××端洞口距离（m）	围岩类别	部　位	设计厚度(cm)	衬砌厚度(cm)
1	0~10	Ⅴ类	左边墙	30	54
			左拱腰		50
			拱顶		52
			右拱腰		50
			右边墙		50
⋮	⋮	⋮	⋮	⋮	⋮

2.2　衬砌断面检测

根据×××隧道定期检测中所提的左洞防火涂层大面积规律性脱落情况,本次专项检查主要对防火涂层脱落严重段进行衬砌内轮廓检测,共测量 8 个断面,判定该段是否侵限,并为后期加固设计积累技术资料。通过实测内轮廓与隧道设计内轮廓及未发生脱落段内轮廓相对比,防火涂层脱落严重段内隧道断面尺寸基本正常,内轮廓未侵入建筑限界。断面检测结果如图 B2-2 所示(仅给出 K1+630 断面数据示例)。

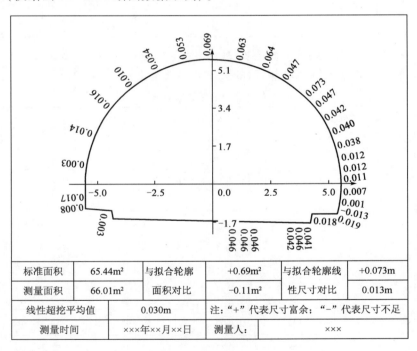

图 B2-2　×××隧道左洞 K1+630 断面轮廓图(尺寸单位:m)

2.3　衬砌混凝土强度检测

根据工作实施方案,对×××隧道左洞衬砌表面防火砂浆大面积脱落部位进行混凝土强度检测,共检测 6 个断面,测量结果表明检测段隧道右拱腰处衬砌强度较低,衬砌混凝土表面碳化现象明显。检测结果见表 B2-6。

衬砌强度检测结果　　　　　　　　　　　　　　　表 B2-6

桩　号	部　位	设计强度（MPa）	实测综合强度（MPa）
ZK1＋633	右拱腰	20	19.1
ZK1＋645	右拱腰	20	15.7
ZK1＋655	右拱腰	20	21.8
ZK1＋667	右拱腰	20	23.0
ZK1＋720	右拱腰	20	17.4
ZK1＋738	右拱腰	20	21.3

2.4 防火涂层检查

隧道防火涂层脱落段集中在隧道左洞××端 1 620～1 760m 段右拱腰处。在检查过程中，对防火涂层脱落段周边松散部位进行清理，防止防火涂层继续脱落造成行车安全隐患。

在隧道左拱部清理松散防火涂料层共 2 处，清理总面积约为 $0.14m^2$。具体清理情况见表 B2-7。

左拱部处理结果统计表　　　　　　　　　　　　表 B2-7

检测桩号	处理前面积	处理后面积	处理面积（m^2）	备　注
ZK0＋468	$S=0.2m×0.25m$	$S=0.4m×0.3m$	0.07	
ZK0＋563	$S=0.2m×0.15m$	$S=0.2m×0.5m$	0.07	

在隧道右拱部清理松散防火涂料层共 21 处，清理总面积约为 $41.55\ m^2$。具体清理情况见表 B2-8（仅给出部分数据示例，清理前后的对比照亦仅给出一处）。

右拱部处理结果统计表　　　　　　　　　　　　表 B2-8

检测桩号	处理前面积	处理后面积	处理面积（m^2）	备　注
ZK0＋350	$S=0.4m×0.8m$	$S=0.6m×1.4m$	0.52	图 B2-3
ZK0＋475	$S=0.2m×0.6m$	$S=1.5m×0.4\ m$	0.48	…
ZK0＋540	$S=0.2m×0.2m$	$S=0.3m×0.6m$	0.14	…
⋮	⋮	⋮	⋮	⋮

图 B2-3　K0＋350 清理前后对比照

2.5 隧道表观病害复查

(1) 衬砌病害

本次检查发现，×××隧道衬砌裂缝形态类型有环向裂缝、纵向裂缝和斜向裂缝，环向裂缝占绝大多数；裂缝主要为细微裂缝，裂缝宽度均不大于0.3mm，具体见表 B2-9；左洞出现 123 处衬砌渗水，主要以带状湿渍为主（图 B2-4）。因隧道衬砌表面存在厚度约为 2cm 防火涂层，对衬砌裂缝检测影响较大，实际衬砌裂缝情况应比已查明记录情况严重。

图 B2-4 衬砌开裂渗水

衬砌外观检查结果一览表　　　　　表 B2-9

序号	检测桩号	病害类型	病害描述
1	K0+009	环向裂缝	左边墙环向裂缝，长 2.5m，宽 0.12mm
2	K0+010	环向裂缝	左边墙环向裂缝，长 2.5m，宽 0.10mm
3	K0+016	渗水	左边墙渗水，面积约为 4m×0.5m
⋮	⋮	⋮	⋮

(2) 隧道路面

本次检查发现，隧道路面共存在 49 处路面板开裂、下沉、破损等病害，其中路面板开裂 46 处，下沉 2 处，破损 1 处，路面病害示例如图 B2-5 所示，具体见表 B2-10（仅给出部分数据示例）。

a) 　　　　　　　　　　　　　　b)

图 B2-5 路面板开裂破损

×××隧道左洞路面病害检查结果表　　　　　表B2-10

序号	病害位置(m) 距××端洞口	裂缝长度(m)	裂缝宽度(mm)	病害种类	裂 缝 描 述
1	574	2.95	10	斜向裂缝	L1右侧路面板斜向开裂
2	812	1	10	斜向裂缝	L2右侧路面板斜向开裂
3	818	1.5	10	斜向裂缝	L3右侧路面板斜向开裂
⋮	⋮	⋮	⋮	⋮	⋮

（3）检修道

本次检查发现，隧道检修道共存在19处盖板缺失、破损及移位等病害，22处侧壁破损病害，具体见表B2-11（仅给出部分数据示例，病害照片亦仅给出一处）。

×××隧道检修道病害检查结果表　　　　　表B2-11

序号	病害位置(m) 距××端洞口	病害状态描述	备 注
1	95	右侧检修道盖板缺失2块	图B2-6
2	213~233	右侧检修道侧壁破损20m	…
3	224	右侧检修道盖板移位1块	…
⋮	⋮	⋮	⋮

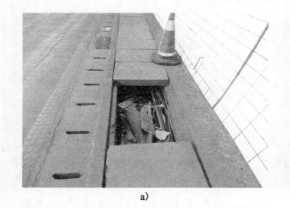

a)　　　　　　　　　　　　　　　　b)

图B2-6　检修道盖板缺失、侧壁破损

（4）排水系统

本次检查发现，隧道排水沟出水口、洞顶截水沟存在明显的淤积现象（图B2-7~图B2-10），降低了排水沟的排水能力。

（5）洞顶地表观察

本次检查发现，隧道洞顶地表植被茂密，未发现明显的山体开裂、沉陷、塌落、滑动现象，未发现明显的岩石失稳、崩落等危及隧道运营安全的现象，如图B2-11所示。

2.6　衬砌变形监测

在隧道防火涂料发生大面积脱落段未发现严重的衬砌结构受力开裂现象，只发现1条纵向裂缝和 1 条斜向裂缝,故选取了衬砌表面 1 条纵向裂缝、1 条斜向裂缝、1 条环向跨缝布置钢弦应变计(共计 5 个监测点),定期对裂缝的宽度进行监测,判断裂缝的发展趋势。在未现裂缝的区域选取 5 处环向布置钢弦应变计,定期对混凝土应变进行变形监测,查明衬砌变形趋势。

图 B2-7　隧道洞内路面排水边沟淤积

图 B2-8　隧道洞口处排水沟出口淤积

图 B2-9　隧道洞外排水边沟淤积

图 B2-10　隧道洞顶截水沟淤积

a)

b)

图 B2-11　隧道出口段洞顶地表

本次监测为第 1 次,所得数据为基准数,测量日期为 2015 年 1 月 30 日,待 6 个月监测期完成后,出具衬砌变形监测报告。具体测点布置信息见表 B2-12,测点布置示例如图 B2-12、图 B2-13 所示。

监测测点布置一览表　　　　　　　　　　　表 B2-12

仪器编号	桩号	应变值(με)	温度(℃)	位置	布置形态	监测形态
11088	K1+644	7 318	12.25	右拱部	横向	应变监测
00645	K1+655	16 568	12.25	右拱部	横向	应变监测
60274	K1+665	1 048	12.5	右拱部	横向	应变监测
22213	K1+665	6 383	12.5	右拱部	纵向	环向裂缝监测
46932	K1+685	3 408	12.5	右拱部	横向	应变监测
37862	K1+720	15 515	12.5	右拱部	横向	应变监测
46171	K1+735	2 623	12.5	右拱部	斜向	斜向裂缝监测
47160	K1+735	2 396	12.5	右拱部	斜向	斜向裂缝监测
42240	K1+750	2 663	12.75	右拱部	横向	纵向裂缝监测
48473	K1+750	4 166	12.75	右拱部	横向	纵向裂缝监测

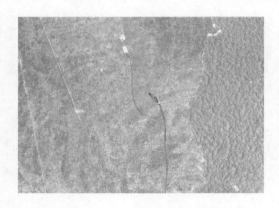

图 B2-12　K1+644(编号:11088)测点布置

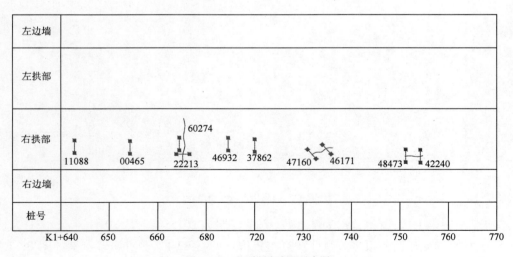

图 B2-13　监测测点布置示意图

3 结论及建议

3.1 对运营状况的影响

×××隧道衬砌局部段衬砌厚度明显不足,衬砌内存在空洞、脱空、不密实等缺陷,同时存在混凝土强度较低的情况,且衬砌渗漏水现象较严重,导致衬砌的稳定性和承载能力明显降低,对隧道结构安全影响较大,存在一定的安全隐患,危及正常运营安全,应及时采取处治措施。

3.2 专项检查结果综合判定

以《公路隧道养护技术规范》(JTG H12—2015)和《公路养护技术规范》(JTG H10—2009)为依据,根据目前隧道病害状况,按照表 B2-13、表 B2-14 进行专项检测结果判定,具体如下:

外荷载作用所致结构破损的判定基准　　　　　　表 B2-13

状况值	技术状况描述	
	外荷载作用所致	材料劣化所致
0	结构无裂损、变形和背后空洞	材料无劣化
1	出现变形、位移、沉降和裂缝,但无发展或已停止发展	存在材料劣化,钢筋表面局部腐蚀,衬砌无起层、剥落,对断面强度几乎无影响
2	出现变形、位移、沉降和裂缝,发展缓慢,边墙衬砌背后存在空隙,有扩大的可能	材料劣化明显,钢筋表面全部生锈、腐蚀,断面强度有所下降,结构物功能可能受到损害
3	出现变形、位移、沉降,裂缝密集,出现剪切性裂缝,发展速度较快;边墙处衬砌压裂,导致起层、剥落,边墙混凝土有可能掉下;拱部背面存在大的空洞,上部落石可能掉落至拱背;衬砌结构侵入内轮廓界限	材料劣化严重,钢筋断面因腐蚀而明显减小,断面强度有相当程度的下降,结构物功能受到损害,边墙混凝土起层、剥落,混凝土块可能掉落或已有掉落
4	衬砌结构发生明显的永久变形,裂缝密集,出现剪切性裂缝,裂缝深度贯穿衬砌混凝土,并且发展快速;由于拱顶裂缝密集,衬砌开裂,导致起层、剥落,混凝土块可能掉下;衬砌拱部背面存在大的空洞,且衬砌有效厚度很薄,空腔上部可能掉落至拱背;衬砌结构侵入建筑限界	材料劣化非常严重,断面强度明显下降,结构物功能损害明显;由于拱部材料劣化,导致混凝土起层、剥落,混凝土块可能掉落或已有掉落

渗漏水所致结构破损的判定基准　　　　　　表 B2-14

状况值	技术状况描述
0	无渗漏水
1	衬砌表面存在浸渗,对行车无影响
2	衬砌拱部有滴漏,侧墙有小股涌流,路面有浸渗但无积水,拱部、边墙因渗水少量挂冰,边墙脚积冰,不久可能会影响行车安全
3	拱部有涌流、侧墙有喷射水流,路面积水,沙土流出,拱部衬砌因渗水形成较大挂冰、胀裂,或涌水积冰至路面边缘,影响行车安全
4	拱部有喷射水流,侧墙存在严重影响行车安全的涌水,地下水从检查井涌出,路面积水严重,伴有严重的沙土流出和衬砌挂冰,严重影响行车安全

根据检测结果,衬砌背后存在空洞,且局部衬砌厚度较薄,由于地下水的作用,空隙会扩大,依据表B2-13,×××隧道左洞衬砌结构状况值判定为2。

根据检测结果,隧道左洞出现123处衬砌渗漏水,主要以带状湿渍为主,衬砌渗漏水情况较严重,可能会影响行车安全,依据表B2-14,×××隧道左洞衬砌结构状况值判定为2。

3.3 检查结论与原因分析

1)土建结构技术状况和功能状态评价

通过对×××隧道进行专项检查,结合相关设计、施工、检测资料,得出技术状况结论如下:

(1)检测发现隧道局部段衬砌厚度不足,尤其拱顶部位衬砌厚度合格率为66.2%,最薄处衬砌厚度仅为15cm。

(2)检测发现衬砌拱顶、左右拱腰处存在一定数量的空洞、脱空及不密实现象,缺陷最长处达24m。

(3)隧道出口段1 620~1 760m右拱腰处防火涂层大面积脱落,通过检测发现防火涂层脱落段衬砌断面轮廓基本正常,防火涂层脱落段未发现侵限。需待本段衬砌变形监测完成后,判定衬砌结构的稳定性。

(4)检测发现隧道衬砌混凝土强度较低,衬砌表面碳化现象明显。

(5)衬砌表面存在较严重的渗漏水现象。

综合上述情况,由于×××隧道左洞局部段衬砌混凝土厚度不足、内部缺陷及材料强度较低及衬砌渗漏水等原因导致了衬砌结构的稳定性和承载能力明显降低。故综合判定×××隧道左洞的专项检测技术状况评定为2类。

2)主要病害原因分析

×××隧道衬砌主要存在局部段防火涂层大面积脱落,衬砌厚度不足,衬砌空洞、脱空及不密实,衬砌表面渗漏水现象明显。结合检测情况和施工图资料分析如下:

(1)防火涂层大面积脱落

力学原因:防火涂层大面积脱落段衬砌结构因受外力作用,可能产生结构变形,导致衬砌表面防火涂层脱落;此外,该段隧道衬砌总体厚度较薄,重车通过隧道时,可能与衬砌结构发生共振现象,造成防火涂层松动、脱落。衬砌受外力作用变形可能是上述现象的主要原因,亦可能是二者共同作用的结果。

施工原因:施工质量控制不严,防火涂层黏结较差,或二次衬砌表面过于光滑,亦可能造成防火涂层喷涂黏结不牢而脱落。

防火涂层大面积脱落的具体原因还需待衬砌变形监测结束后,依据监测结果判定。

(2)衬砌内部缺陷

衬砌施工控制不规范,混凝土振捣不密实,均可能导致衬砌厚度及衬砌混凝土强度不足,并发生衬砌不密实现象;此外,隧道超挖段未回填或回填不密实,亦会导致衬砌背后存在空洞、脱空。

根据此次检测结果,应对×××隧道距离××端1 620~1 760m的衬砌厚度不足及衬砌背后脱空段进行注浆回填。

(3)衬砌渗漏水

施工过程中不慎破坏防水层或防水层接缝未按要求施作,使得地下水从施工缝或裂缝中渗出;由于设计或施工原因隧道衬砌开裂,为渗漏水提供通道;运营过程中,部分隐蔽的排水系统堵塞,均会导致隧道衬砌渗漏水情况发生恶化。后期运营过程中应注意隧道排水系统的日常维护,发现淤塞应及时清理,并采取措施对衬砌厚度不足的区段进行加固。

附录 B3　×××隧道运营安全评价

1　工程概况

某跨海隧道始建于 2005 年,于 2010 年建成通车。隧道长约 6.05km,其中海域段 4.2km。隧道采用三孔隧道方案,两侧为行车主洞,各设置 3 车道,中孔为服务隧道。隧道最深处位于海平面下约 70m。左、右线隧道各设通风竖井 1 座,隧道全线共设 12 处行人横通道和 5 处行车横通道。隧道一侧连接线设收费、服务、管理区。隧道内配备有较为完善的监控、照明、通风、消防等设施。隧道横断面如图 B3-1 所示。

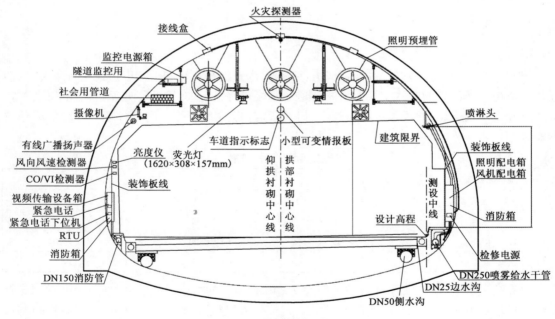

图 B3-1　隧道横断面图

该隧道主要技术标准如下:

主洞计算行车速度:80km/h。

主洞隧道建筑限界净宽:$0.5 + 0.25 + 0.5 + 3 \times 3.75 + 0.75 + 0.25 = 13.50(m)$。

主洞隧道建筑限界净高:5.0m。

服务隧道上方预留检修车辆兼逃生空间 3.0m(宽)×2.5m(高),下方设置供水自来管道预留空间 2.6m(宽)×2.15m(高)和 220kV 高压电缆预留空间 3.0m(宽)×2.15m(高)。

隧道卫生指标：CO 允许浓度 150ppm，交通阻塞时 300ppm，时长 20min；烟雾允许浓度 $0.0075m^{-1}$。

换气频率：白天不小于 3 次/h，夜晚不小于 2.5m/s。

火灾时保证不小于 3.0m/s 的排烟风速。

隧道照明指标：按照 80km/h 的行驶车速考虑。

2 隧道重要度

隧道属于国家、省级主干道、军民两用的城市水底公路隧道。

3 隧道结构

隧道为直线隧道，长度约为 6 050m，车道宽度为 3.75m，隧道最大纵坡接近 3%。隧道路面采用沥青路面，由于为新建隧道，因此认为其摩擦系数评价为"优"。隧道全线共设 12 处行人横通道和 5 处行车横通道，横通道间距约为 300m。此海底公路隧道为新建隧道，路面平整、干燥、清洁，隧道外设有交通集散场地。

4 机电系统

4.1 通风系统

1）隧道通风系统设计概况

该隧道采用分两段送排式纵向通风方案，左右线分别在北端和南端岸边设送排风竖井，两竖井各负担一条隧道的空气交换。由于隧道出洞段正好是上坡，因此竖井靠近出洞一端设置，将隧道分成两段，虽然两段长度相差较大，但两段需风量相差不大，比较合理。分段竖井位置见表 B3-1。

隧道通风分段一览表　　　　表 B3-1

隧道左右线	起 点 桩 号	竖 井 桩 号	终 点 桩 号
左线（进岛）	K6+540	K7+900	K12+585
左线分段长度(m)	1 360（送风段）		4 685（排风段）
右线（出岛）	K6+559	K11+300	K12+610
右线分段长度(m)	4 741（排风段）		1 310（送风段）

为提高风机通风效率，设计考虑采用大功率和大口径的射流风机，同时在每个断面上布置多台风机。隧道主洞设风机的断面上设 1 组 3 台射流风机，风机间距 250m，端部风机距洞口最小距离 200m。

通风系统由安装在通风竖井内的大型轴流风机和隧道内的射流风机组成。轴流风机设置将采取分期实施方案。建成通车至 2015 年之前，采取近期设置方案并预留远期风机安装位置及预埋件；到 2029 年期，将根据交通量增长的实际需要增加风机数量。分段送排式纵向通风需要在海上设置通风竖井。通风竖井采用围堰筑岛的形式。在竖井位置设风机房，风机房底层设轴流风机采用立式轴流风机。两岸竖井内设大功率轴流风机 4 台，主洞内共设置 39 台 30kW 的射流风机。服务通道选择较小口径的射流风机，同时在每个断面上布设 1 台风机，单独设置 20 台 15kW 的射流风机进行纵向通风。主洞射流风机设置详见表 B3-2。

隧道射流风机设置表（台） 表 B3-2

隧　　道	通 风 分 段	2015 年（近期）	2029 年（远期）
左线隧道	分段 1	15	36
	分段 2	3	6
右线隧道	分段 1	18	45
	分段 2	3	6

根据通风计算结果、风机分期方案、轴流风机的特性以及国内外隧道竖（斜）井轴流风机通风工程的建设经验，隧道竖井送（排）风轴流风机设计采用多台并联运行的方式。按照尽量降低风机单机功率、尽量减少风机规格的原则进行轴流风机配置，同时考虑近期风机的特性应能满足远期通风特性的要求。近期轴流风机配置见表 B3-3。

轴流风机近期设置表 表 B3-3

通风位置	设计年	风机参数（所有性能参数为单台风机的性能参数）					
		风量（m³/s）	风压（Pa）	叶轮直径（mm）	单机功率（kW）	转速（r/min）	台数
右线排风	2015	172.07	523.00	φ2 800	185kW-8p	740	2
右线送风	2015	188.10	1 258.00	φ2 500	450kW-6p	960	2
左线排风	2015	162.14	541.00	φ2 800	185kW-8p	740	2
左线送风	2015	157.18	989.00	φ2 240	280kW-6p	960	2

隧道正常营运时，左右线排风口风阀开启，左右线排烟风阀关闭，通风系统根据隧道内的 CO 浓度和能见度控制风机的开启。隧道竖井中的轴流风机和主洞内射流风机如图 B3-2 所示。

a)

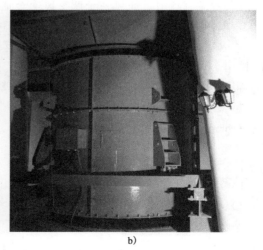
b)

图 B3-2　隧道的射流风机和轴流机

2)火灾时的通风设计

(1)隧道火灾通风排烟总方案

①运营通风系统与火灾通风系统采用同一套通风设备。

②根据运营通风的分段,采用分段排烟方式。

③一旦发生火灾,隧道将暂时关闭,左右线隧道都只能允许车辆和人员撤出隧道,严禁车辆进入隧道。通风系统进入排烟运行程序,并及时有效地将烟雾排出隧道。

(2)隧道火灾通风排烟分段

以通风竖井排风口的位置和排烟通道口为界,将隧道排烟分为3段。具体划分如下:

①左线:隧道北段洞口至左线排烟通道口为第 Z1 段、左线排烟通道口至左线竖井排风口为第 Z2 段、左线竖井排风口至隧道南端洞口为第 Z3 段。

②右线:右线隧道南端洞口至右线排烟通道口为第 Y1 段、右线排烟通道口至右线竖井排风口为第 Y2 段、右线竖井排风口至隧道北段洞口为第 Y3 段。分段详见表 B3-4 和表 B3-5。

左线火灾排烟分段表　　　　　　　　　　　　　　　表 B3-4

左线排烟分段	Z3 段	Z2 段	Z1 段
起讫桩号	K6+540　　　K7+900	K7+900　　　K11+273	K11+273　　　K12+585
分段长度(m)	1 360	3 373	1 312

右线火灾排烟分段表　　　　　　　　　　　　　　　表 B3-5

右线排烟分段	Y1 段	Y2 段	Y3 段
起讫桩号	K6+559　　　K7+926	K7+926　　　K11+300	K11+300　　　K12+610
分段长度(m)	1 367	3 374	1 310

(3)火灾通风气流组织

①在火灾初期,调整通风系统降低风速,避免烟雾扩散太快,以利于火点附近的人员疏散。

②火点前的车辆继续行驶,向前从隧道出口疏散。火点后的车辆停止前进,人员从最近的车行、人行横洞疏散。通风系统调整风速至临界风速,控制烟雾流向前方。

③车辆、人员疏散完后,消防队通过横洞进入火点实施灭火,通风系统保持临界风速。

④火灾扑灭后,通风系统按最大通风量运行,快速将烟雾从前方的排风口(竖井或隧道洞口)排出。

假设火灾发生在隧道右线 Y1 区段。正常工况、火灾初期、消防灭火期以及灭火后的排烟期的通风组织如图 B3-3 ~ B3-6 所示。

4.2 照明系统

1)隧道洞口减光建筑

该隧道在两端各设 40m 的遮光棚。遮光棚为照明建筑的一部分。

2)亮度布置及照明灯具

本隧道各段亮度分布为:

第 1 段(入口段):照明设计亮度为 $140cd/m^2$,长度为 84m。

第 2 段(过渡 1 段):照明设计亮度为 $42cd/m^2$,长度为 72m。

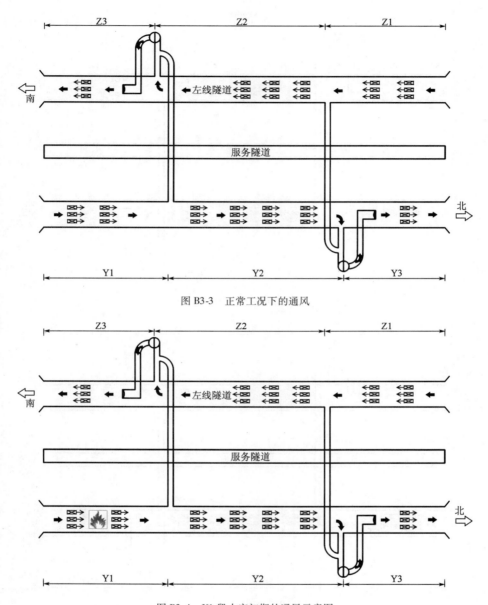

图 B3-3　正常工况下的通风

图 B3-4　Y1 段火灾初期的通风示意图

第 3 段(过渡 2 段):照明设计亮度为 $14cd/m^2$,长度为 96m。

第 4 段(基本段):照明设计亮度为 $4.5cd/m^2$。

第 5 段(出口段):照明设计亮度为 $22.5cd/m^2$,长度为 60m。

入口段亮度均匀度为 0.79,基本段亮度均匀度为 0.46。

以上亮度均为各照明段的最大亮度,隧道还在各照明回路设置了调光设备,可根据不同的洞外亮度对洞内各照明段亮度进行调节,可最大限度降低隧道照明运营费用。

隧道主洞照明基本段采用荧光灯带照明,洞口加强段适当增加一些高压钠灯作为加强照明[图 B3-7a)]。服务隧道照明方案定为荧光灯照明。隧道基本段照明如图 B3-7b)所示。

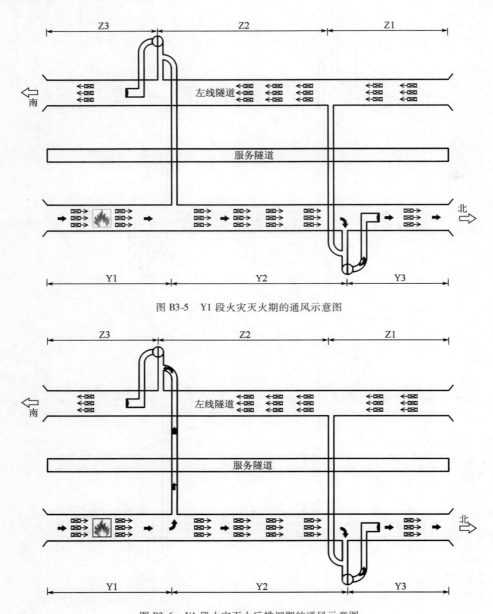

图 B3-5　Y1 段火灾灭火期的通风示意图

图 B3-6　Y1 段火灾灭火后排烟期的通风示意图

3）照明控制

隧道照明控制采用以下两种方式：

(1) 根据照明回路按晴天、阴天、晚上和夜间(24 点以后)4 级进行。晴天白天开启所有照明灯具；阴天白天和傍晚关闭入口段的晴天照明回路灯具；夜晚关闭入口段及出口段的所有加强照明灯具，仅保留基本照明灯具；后半夜再将基本照明减少一半。

(2) 隧道照明在配电柜内安装了调光模块，采用全分布式智能照明控制系统对隧道内部的灯光进行智能化控制。该系统可对隧道高压钠灯回路按晴天、阴天、晚上和夜间(24:00 以后)4级进行开关式控制;可对荧光灯可调光电子镇流器输出 0～10V 控制信号,从而连续无级地调节荧光灯亮度,对隧道的基本段照明按实时洞外照度补偿控制进行无级调光,使隧道内部的基本照明在任何时候都保持均匀舒适的照度;荧光灯在调光时不会产生滚动或频闪现象,从而消除了行车的安全隐患。本控制系统可通过双绞线(光纤)组网传送控制信号实现远程控制。

 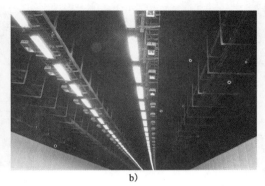

a) b)

图 B3-7 隧道照明图

4)应急照明

隧道主洞内基本照明的 1/4、人行车行横洞以及服务隧道照明的 1/2 设为应急照明荧光灯,由变电所内 UPS 供电,停电后应急照明灯继续点亮时间不少于 60min。对于停电时间超过 60min 的电源性质停电,则由管理部门利用 60min 的应急灯照明时间启动柴油发电机接入基本照明回路及应急照明回路,以保障隧道内的基本照明和应急照明用电。

4.3 救援与消防系统

1)消火栓系统

主隧道及服务隧道均设置了消火栓系统,自隧道两端消防泵房内的消火栓泵出水管上各引出两根 DN150 的消防总管,敷设在左右线隧道行车方向右侧消防管沟内及服务隧道右侧壁消防支架上,全线贯通,供给每条隧道消火栓系统用水。消火栓布设间距为 50m,在消火栓总管上每隔 5 组消火栓设一只蝶阀,在总管的最高点处设放气阀,最低点处设放水阀及排污阀。消火栓如图 B3-8 所示。

2)水喷雾-泡沫联用灭火系统

该隧道左右线中设置了水喷雾-泡沫联用灭火系统(图 B3-9)。该系统一端设喷雾泵 2 台、稳压泵 2 台、气压罐 1 只、泡沫泵 2 台、泡沫储罐 1 个、水泵接合器 6 只;隧道另一端设喷雾泵 2 台、稳压泵 2 台、气压罐 1 只、泡沫泵 2 台、泡沫储罐 1 个、水泵接合器 6 只。泡沫喷雾控制阀组左右隧道各 241 组,隧道内设置专用水成膜泡沫喷头 3 374 个,隧道每 25m 布置 1 组。

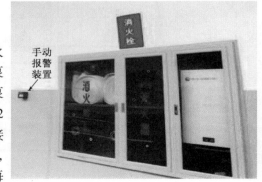

图 B3-8 隧道的消火栓、灭火器及手动报警装置

3）灭火系统

在每孔隧道的左右侧每隔50m设一只灭火器箱，每只箱内放置干粉灭火器及泡沫灭火器，变电所、竖井风机房、中控制室设置干粉灭火器。由于大多驾乘人员只会使用灭火器进行灭火，所以设置灭火器系统对扑灭初期火灾是十分必要的。

4）火灾报警系统

隧道火灾报警系统由自动火灾报警系统和手动火灾报警系统构成。其中，自动火灾报警系统由光纤光栅信号处理器、光纤光栅火灾探测器、传输光缆及必要的附件构成，光纤光栅火灾探测器接到光纤光栅信号处理器；手动火灾报警系统则由火灾报警控制器、若干个手动火灾报警按钮、变电所和设备的感烟探测器及连接电缆构成，手动报警按钮与点式感烟探测器采用总线式连接到火灾报警控制器上。

光纤光栅探测系统主机通过RS232、RS485等通信接口与火灾自动报警控制器进行有效通信，将光纤光栅探测系统主机的火警、故障等信息上传至火灾报警控制器上显示，并可对光纤光栅探测系统主机进行复位。

隧道主洞及服务隧道均设置光纤光栅火灾自动报警系统及手动报警系统；感光光纤光栅沿线敷设，手动报警按钮每隔50m设置在消防箱处。

图B3-9　隧道水喷雾-泡沫联用灭火系统

5）疏散方式

隧道采用的疏散形式为水平辅助疏散方式，主隧道每隔一定间距与水平辅助隧道相连，人员从安全门进入辅助隧道后，沿辅助隧道进行纵向疏散。隧道设置了12条人行横通道和5条车行横通道，如图B3-10所示。人行横洞净空为2.0m（宽）×2.2m（高），车行横洞净空为4.5m（宽）×5.0m（高），如图B3-11所示。

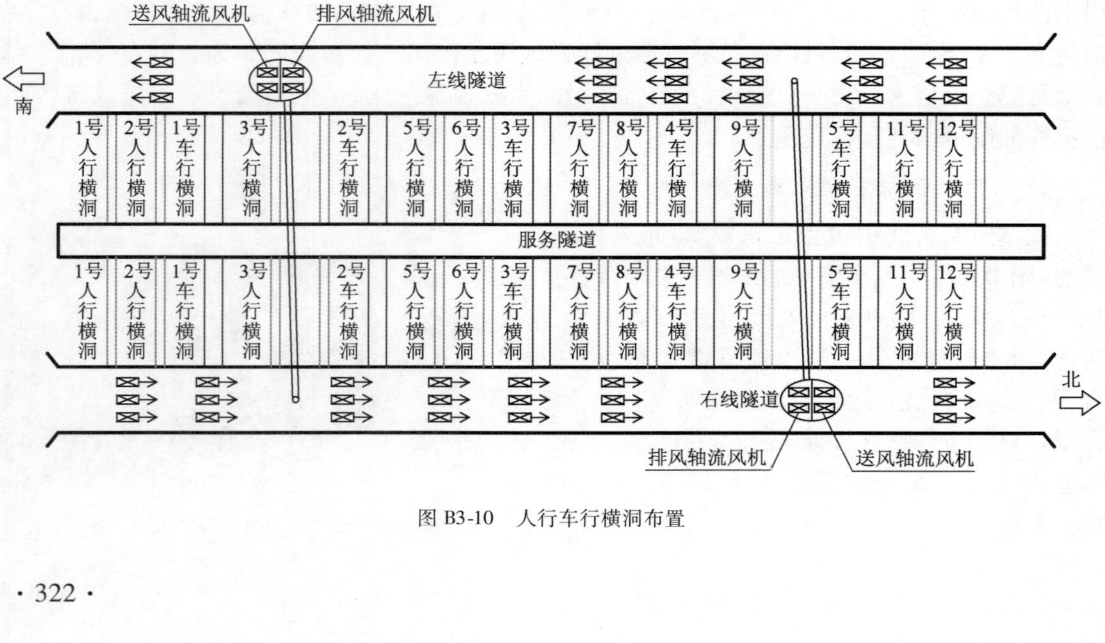

图B3-10　人行车行横洞布置

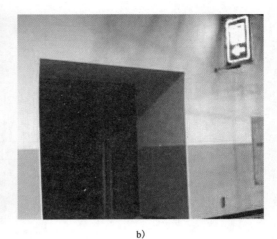

a)　　　　　　　　　　　　　　b)

图 B3-11　隧道人行横洞及车行横洞

6）其他消防设施

隧道消防给水系统采用双泵房双环网方案，水泵房设置于隧道两端洞口建筑地面二层。

7）火灾救援流程

隧道交通控制的功能用于正常运营时的交通控制和隧道紧急事故时的交通控制。正常交通控制比较简单，下面以火灾事故为例介绍紧急事故时的交通控制。

火灾事故时隧道的交通控制原则是：在隧道外，全隧道封闭；在隧道内，火灾上游的车辆通过车行横通道驶入非事故隧道，火灾下游的车辆按正常路径驶离隧道，当火灾发生在隧洞入口附近时，车辆还可利用隧道入口的集散场地疏散。具体的交通控制路线如图 B3-12～图 B3-14（以隧道左线为例）所示。

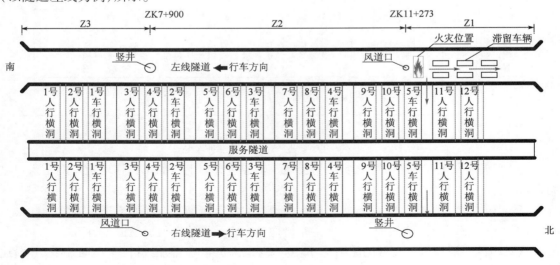

图 B3-12　隧道左线 Z1 段发生火灾时车辆疏散路线图

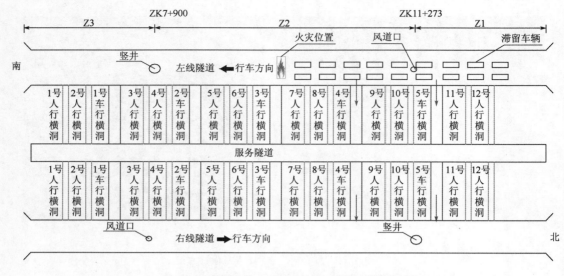

图 B3-13　隧道左线 Z2 段发生火灾时车辆疏散路线图

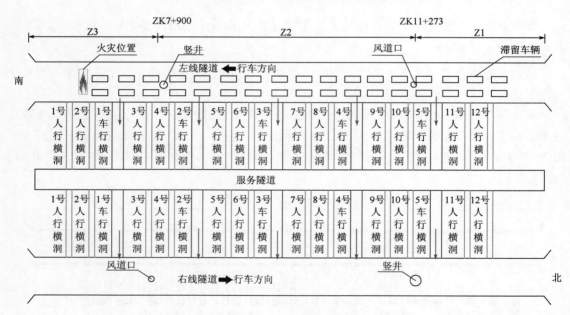

图 B3-14　隧道左线 Z3 段发生火灾时车辆疏散路线图

（1）当火灾发生在 Z1 段时，火灾上游滞留车辆通过火灾上游的车行横通道及隧道入口进行疏散。

（2）当火灾发生在 Z2 段时，火灾上游车辆通过火灾上游的车行横通道进行疏散。

（3）当火灾发生在 Z3 段时，火灾上游车辆通过火灾上游的车行横通道进行疏散。

火灾事故时隧道人员疏散的原则是：隧道内驾乘人员下车后，沿逆行车方向疏散，并沿途通过人行横通道及车行横通道进入服务隧道，再通过服务隧道疏散到室外；隧道入口附近人员还可利用隧道入口疏散到室外。具体的人员疏散路线如图 B3-15～图 B3-17（以隧道左线为例)所示。

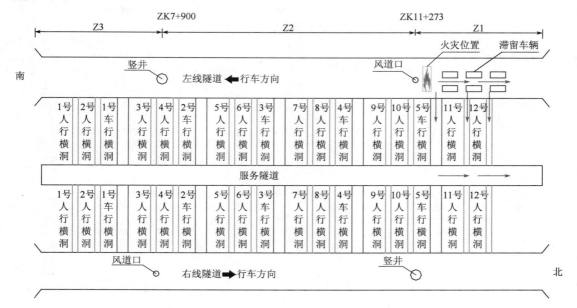

图 B3-15　隧道左线 Z1 段发生火灾时人员疏散路线图

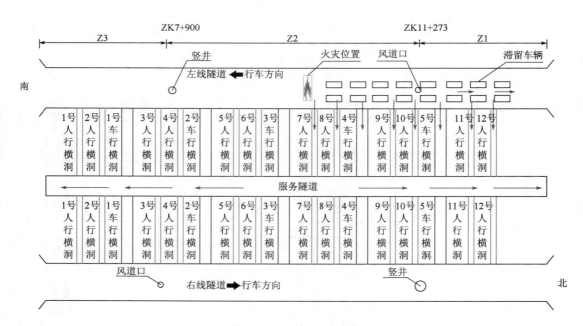

图 B3-16　隧道左线 Z2 段发生火灾时人员疏散路线图

交通控制的具体流程如图 B3-18 所示。

火灾事故时隧道消防灭火的原则是：第一时间，隧道内驾乘人员利用灭火器灭火，如不能扑灭火灾应及时疏散；第二时间，隧道工作人员赶到火灾现场，利用隧道内的消火栓等灭火系统灭火，同时中控室在确认泡沫喷雾系统作用区段人员疏散完毕后，开启泡沫喷雾系统灭火；

第三时间,消防队员通过救援路线赶到火灾现场,展开灭火。

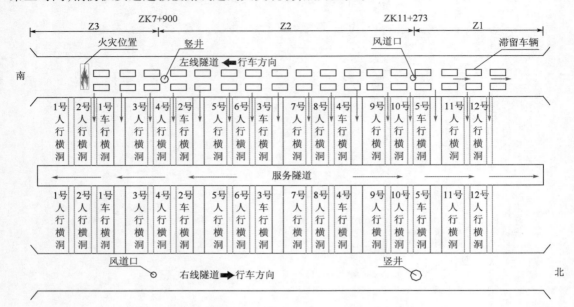

图 B3-17　隧道左线 Z3 段发生火灾时人员疏散路线图

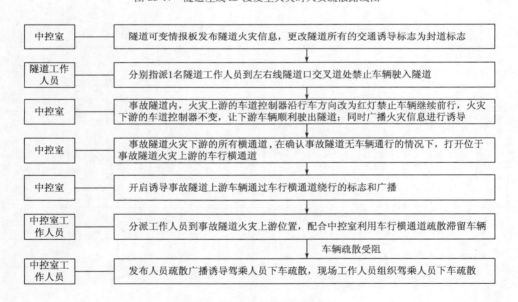

图 B3-18　隧道交通控制流程图

消防队员的进攻路线有:
①从火灾事故隧道入口进入到火灾现场。
②从非事故隧道的车行横通道绕行至事故隧道火灾上游位置。
具体的消防进攻路线如图 B3-19～图 B3-21(以隧道左线为例)所示。
具体的隧道火灾应急救援流程如图 B3-22 所示。

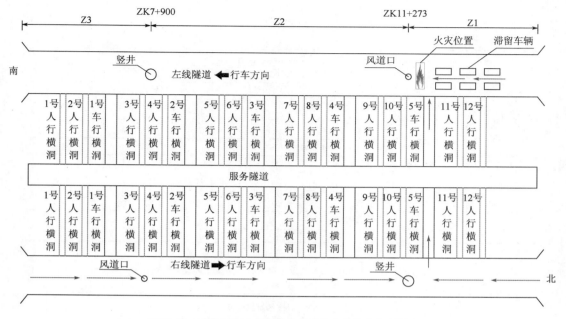

图 B3-19　隧道左线 Z1 段发生火灾时消防队员进攻路线图

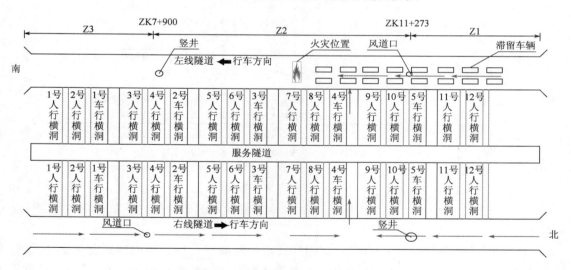

图 B3-20　隧道左线 Z2 段发生火灾时消防队员进攻路线图

4.4　监控与通信系统

该隧道的监控与通信系统主要包括中央控制系统、交通控制系统、闭路电视监视系统、紧急电话系统、火灾报警系统、通风控制系统、照明控制系统、电力监控系统、有线广播系统、供配电(监控用电)系统、防雷接地系统等。

1)系统的防灾救援设计

监控系统防灾设计主要包括网络安全、事故预防、火灾报警、应急控制、交通疏散五个部分设计。

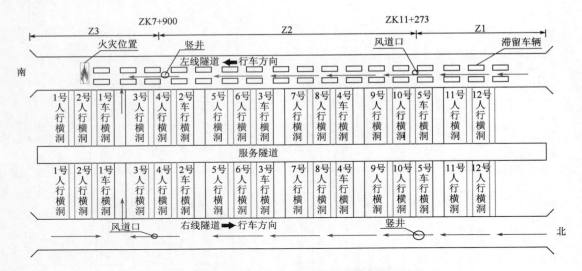

图 B3-21　隧道左线 Z3 段发生火灾时消防队员进攻路线图

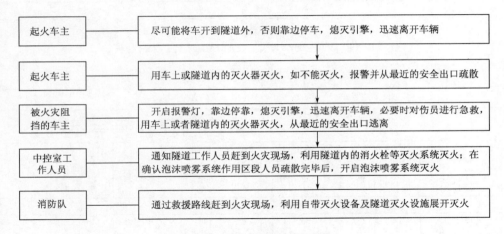

图 B3-22　隧道火灾应急救援流程

(1)网络安全:系统设计主要采用物理隔离、设置防火墙及设置管理人员权限三种方式保护系统网络安全。

(2)事故预防:根据实时交通信息,应用异常事件检测安全预警模型判别安全指数,进行行车诱导与提示。对易燃易爆物及其他危险品进入隧道的车辆进行引导与安全防护,经常检查隧道的防火安全工作并定时进行消防预演。

(3)火灾报警:火灾自动报警与手动报警联动,火灾探测时间≤60s。

(4)应急控制:监控中心接到火灾报警信号应立即通过闭路电视监视系统等手段进行确认;中断正常运行程序,利用监控设施发布信息,利用有线广播指引就近灭火及疏导隧道内外车辆驶离危险区域;通报警察、消防、救护、清障、监控中心等救援部门按指定救援路径赶赴事故现场,启用隧道内 RTU 中的相应控制方案,变换有关信号。

①关闭火灾隧道,并根据交通流及阻塞情况对另一隧道进行交通管制。

②事故下游车辆按正常方式驶离隧道,事故上游车行横洞防火门自动开启,同时指示灯闪

烁指示。

③火灾隧道调整风机功率,控制烟的扩散,争取逃生时间。

(5)交通疏散:交通异常分为洞外交通异常和洞内交通异常。洞外交通状态通常分为正常通行车辆、车辆超高、超重、危险品运输车;洞内交通状态通常分为正常交通、交通挤塞、货物洒落、车辆故障、交通事故、火灾、洪水淹没、停电、CO超标9种类型。

①洞外交通异常。

超高检测采用洞外设置机械限高装置,超高车辆通过洞外检测点时,机械限高装置下悬的撞击板将对超高车辆进行撞击提醒。被撞击车辆应及时减速,驶入旁边迂回通道,改道行驶,避免驶入隧道。

危险品运输车要通过隧道时,可首先向隧道管理中心申请,隧道管理中心安排巡逻车,引导其通行。

②洞内交通异常。

主要通过控制交通信号灯、可变情报板、隧道照明设施、隧道通风设施,进行交通诱导和管制,同时根据隧道内交通滞留情况,调整照明亮度和通风强度。

2)控制节能设计

隧道监控系统节能主要从隧道照明自适应调光控制和通风智能控制进行节能设计,实现隧道照明和隧道通风可根据隧道实际需求提供电力。

3)监控中心系统

该隧道在南端洞口设置隧道监控中心(图B3-23),实施对隧道全线的宏观管理和协调控制,对整个隧道全线的交通状况进行监控、交通信号设备、信息发布设备、照明设备、通风设备、消防设备等进行检测和控制。

图B3-23 隧道监控中心

监控中心系统由服务器、交换式集线器、路由器、视频监控工作站、图形处理工作站、打印机、紧急电话主机、闭路电视多功能切换器、数字硬盘录像机、视频解码器、监视器、大屏幕、控制台、不间断电源等组成。

监控中心系统是整个监控系统的核心,根据监控策略和监控系统功能要求,组成监控中心系统,它通过通信网等与外场设备组成一个网络。监控中心负责与下端各处外场监控设备进行通信联系,完成自动采集交通参数、隧道状况及其他的交通信息收集,实时、直观、准确地监视隧道的交通状况、各种信号状态、车流密度等情况,根据交通流模型自动判断检测断面上各种信号状态、车流密度等情况以及检测断面上的阻塞、拥挤等状态,为上级管理部门提供隧道运营状况的基本依据,以便及时、准确地向隧道使用者提供可靠的道路信息和交通信息。

监控中心计算机系统能够将检测出的隧道交通数据存入交通信息数据库中,可供查询及按日、周、月打印统计报表,监控中心计算机系统可根据隧道内的交通状况、事故等具体防护要求,自动或人工控制可变情报板的显示内容。报警发生时,能将报警情况切换到主监视器上。监视器能自动显示相应路段摄像机图像,在报警时,自动开启录像机,并能把时间、摄像机号码记录在数字硬盘录像机上。

监控中心计算机网络以 100/1 000M 自适应以太网为核心搭建,服务器采用容错服务器以确保隧道控制系统安全可靠,容错服务器为硬件冗余的工业机架式服务器,电源、CPU 及内存、I/O 及硬盘均为模块化冗余配置,模块能带电插拔(在线更换),冗余部件在同一时钟周期内按"Lock – Step"方式同步运行,当部件出现故障时,能实现微秒级切换,且无需编制切换脚本。

4)信息采集系统

该隧道信息采集系统由环境信息采集系统、交通信息采集系统和气象信息采集系统组成。

(1)环境信息采集系统

环境信息检测系统由 CO/VI 检测仪、风速风向仪、亮度仪组成。CO/VI 检测器可快速、准确、连续的自动测定给定点的 CO 浓度和 VI 值,同时将检测结果以数字形式显示出来,CO 量程取 0~300ppm,分辨率 1ppm 自动校正,VI 量程取 0~100%,分辨率 2%。二者检测信号为数字信号,并通过隧道内区域控制器传输到监控中心。本工程设计中综合考虑隧道竖井风道口位置灯因素,根据隧道特征进行布置,左右隧道各设置 5 套 CO/VI 检测仪和风速风向仪。

(2)交通信息采集

该隧道采用在洞口设置线圈式车辆检测器,隧道内采用视频事件检测器,共同构成交通信息采集系统。线圈式车辆检测器共设置 4 套,视频事件检测按每 250m 左右间距进行检测。

(3)气象信息检测系统

气象检测系统可检测风力、风向、大气温度、湿度及能见度。气象检测系统由气象站和通信控制单元组成。气象站由前端计算机、气象检测器和能见度检测器组成,其中气象检测器为自动气象检测器,是以计算机微处理器为基础的远控数据采集系统,它带有 2 个双向 RS – 232 接口,一个与监控中心通信,一个与能见度检测器通信,通过这些设备,可以实时采集路段平均温度、能见度、风向、风速及雨量等。气象站每隔 3min 将其所检测到的数据上传到监控中心,监控中心在接收到有关气象信息后,通过可变情报板发布各类交通控制信息,以提醒驾驶员注意行车安全。

隧道在 YK13 + 250 处安装一套综合气象检测系统,以检测全线气象和能见度情况,并将信息在隧道可变情报板上显示。

5)信息发布系统

隧道南端出岛方向洞口设置真彩色门架式情报板,以增强显示图像内容的丰富性和可视性。此外,在隧道北端进岛方向洞口和西侧立交附近设置双基色门架式情报板。隧道内每400m左右设置两块悬臂式情报板(并列安装),共24块悬臂式情报板。为了强化隧道内速度控制,每个隧道口还分别设置一块可变限速标志。

6)闭路电视监控系统

该隧道采用可变焦和定焦交替设置的方案,在隧道内每130m左右设置一台,闭路电视系统的摄像机同时为视频事件检测系统提供视频源。

7)控制系统

该隧道的控制系统由控制设备、信号设备控制、照明灯控制、通风机控制等组成。

(1)控制设备

隧道内每500m左右设置一套PLC控制设备,各隧道PLC控制设备可完成隧道内小区段的信息采集及控制功能。对外场设备的信息进行小区域集中,在监控中心计算机和外场设备之间起上传下达的作用。隧道PLC控制设备设计加强了本地手动控制功能,利于维护和检修。

控制单元为16位或32位微处理机或可编程逻辑控制器,具有多任务实时操作的功能,可保证各任务的并行处理。

控制设备具有各种功能模块,如:交通信号灯、车道控制标志的控制单元(含手动、自动控制面板)及接受CO、能见度、光强、车辆等检测信号的处理单元。

在隧道现场控制器键盘上可控制所带各控制器所属的设备。隧道现场控制器配有液晶显示屏,在对各设备进行操作时可监视其反馈信息及检查所辖各设备的状态。

(2)信号设备灯控制

信号设备灯由洞口交通信号灯、隧道内车道控制标志组成。

监控中心操作人员能在监控中心控制外场每一个交通信号灯、车道控制标志,向驾驶员显示车道或隧道的开/关状态,以满足正常情况下的正常运行及非常情况下或维护隧道时关闭某条车道或关闭一条隧道时的交通运行要求。

交通信号控制单元具有手动自检功能和手动控制功能,并能提供交通信号灯、车道控制标志的确认信号,以及设备工作状态正常与否的信号。交通信号灯采用红、黄、绿、左转四显示灯。每个隧道口分别设置一套交通信号灯。

车道指示标志采用双面式。隧道内每500m左右在每个车道上方设置一套双面式的车道控制标志。

交通信号灯和车道控制标志均采用LED显示。

(3)照明灯控制

该隧道照明灯控制由PLC照明回路控制和邦奇电子智能照明控制系统控制两种方式构成。正常情况时,由智能照明控制系统控制,特殊情况由PLC回路控制。

隧道照明控制共有6级,监控中心通过隧道现场的PLC控制器控制各照明回路,以实现监控中心对照明灯的控制。

(4)通风机控制

隧道的通风机控制采用实时控制策略,监控中心计算机以隧道内实时采集的CO值、VI值为依据分析、处理并提供实时控制方案,将控制信号最终发至射流(轴流)风机系统完成自动控制。火灾或事故状态时,隧道内 CO 检测器、能见度检测器检测值传到监控室后,监控中心计算机立即做出反应方案,待值班操作员综合火灾、事故等信息综合分析后,再下达控制指令。

8)通信系统

通信系统由业务电话通信系统、漏缆通信网络系统、紧急呼叫系统构成。

(1)业务电话通信系统

该隧道在监控中心安装了 1 套 300 门容量的程控数字交换系统,负责全网的电话通信和中继转接业务,并采用光传输方式。

(2)漏缆通信网络系统

提供语音信号的隧道全覆盖,运营维护人员在隧道中能与控制中心保持通信,移动的双向电台可以在漏泄电缆覆盖的隧道中进行话音通信。本系统设置两个语音通道,可分别供运营组和维护组同时使用。语音通道可与外部(公共网络)电话互联,隧道内部和隧道外的电话/移动网络能够相互通信。系统可以提供隧道运营维护车辆跟踪管理功能,此功能也可用于整个隧道工作人员的管理。

(3)紧急呼叫系统

紧急呼叫系统主要包括有线广播和紧急电话系统。本隧道采用隧道广播和紧急电话综合利用系统,即隧道广播系统和紧急电话系统共用一个控制主机,共用同一软件平台;综合利用同一根传输光缆作为传输媒质。紧急电话在隧道内按 200m 设置一部紧急电话机(图 B3-24),有线广播按 50m 设置一个扩音器。

图 B3-24 隧道紧急电话

9)防雷接地系统

该隧道在 10kV 进出线上均设置避雷器。供配电系统采用 TN-S 接地系统。在变电所、箱变附近设置接地网,其接地电阻应小于 4Ω,变压器中性点应可靠接地。在隧道内,应将隧道内钢筋网在横向、纵向上焊接在一起,形成可靠的接地网,并在隧道洞口进行重复接地,接地电阻应小于 4Ω,隧道内灯具、风机外壳均应进行可靠接地。

4.5 供配电系统

该隧道供配电系统的特点为全线用电负荷种类多,供电可靠性要求高,用电负荷大,布局分散。

两行车隧道间设有服务通道用于逃生、救援、检修等,通道内敷设有 220kV 超高压电力电缆和 $\phi 100cm$ 自来水供水管道以及本工程用的部分管线。

行车隧道上设置有两处大型通风竖井,装设有多台大型轴流风机,通风用电负荷巨大。

隧道内中间位置设有两处变电洞室和一处废水泵房变电洞室,防灾风机和废水泵需采用柴油发电机组升压供电。

隧道用电负荷近期与远期相差很大,供配电设施按近期负荷考虑,但需作好土建工程的预留预埋。

该隧道近期用电负荷为17 495kVA,远期用电为22 895kVA,共设8个10/0.4kV变电站和4个箱式变电站。

隧道应急电源设置:在南岸洞口变电所、北岸洞口变电所及北端管理区变电所内均设置一台柴油发电机组,保证在所有市电失电的情况下,承担特别重要的负荷以及为UPS充电的功能。为保证隧道应急照明和监控设备可靠供电,在两个洞口变电所及两个变电洞室内均设置UPS不间断电源。

5 交通条件

隧道单车道年平均日交通量为1 244辆/d。交通形式为单向双洞。隧道建成运营初期的服务水平为二级。经过计算,大型车比例约为14%。

6 环境因素

隧道中间段亮度设定为$4.5cd/m^2$。CO浓度设定为50ppm。烟雾浓度设定为$0.007\ 5m^{-1}$。噪声声级设定为80dB(A)。隧道位于南方沿海区域,根据隧道前期调查情况,计算出隧道雨、雾天平均每年天数占全年约为33.6%。

7 运营管理

隧道设置单独的隧道运营管理公司,主要负责隧道的日常管理、检查、维修与紧急事件的处理工作。

8 交通安全设施

该隧道设置了完善的交通安全设施,包括交通标志、标线、突起路标及标记、护栏、防撞筒、线形诱导设施等。隧道在两端各设40m的遮光棚。

9 隧道安全等级初期评价

隧道初期的资料以隧道刚建成为准,对无相关资料的指标假设一个值,假设的原则是隧道刚建成,各设备、设施及运营环境等均较好。

9.1 安全等级评价

通过以上调查分析,应用公路隧道安全等级评价软件对隧道进行评价。评价结果如图B3-25所示。

9.2 评价结果分析

(1)由上节可知,此海底公路隧道安全分数为88.8分,安全等级为Ⅱ级,属于"良"偏"优",安全等级较高,隧道安全情况整体较好。

(2)各子类的单项评价结果中,隧道属于非常重要的隧道;机电系统、运营管理及交通安全设施安全等级均为Ⅰ级,属于"优";交通条件安全等级为Ⅱ级,属于"良";隧道结构和环境因素安全等级均为Ⅲ级,属于"中"。由于此隧道处于运营初期,交通量较小,各系统及设施运行正常,故其安全等级较高。

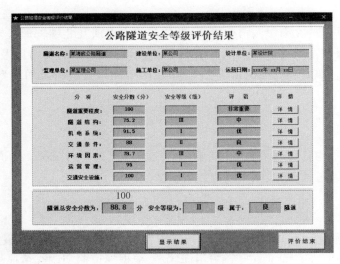

a)安全等级评价结果

b)隧道结构评价结果

图 B3-25

机电系统评价结果一览表

项目		选择或输入值	安全分数（分）	此项满分（分）	备注
通风及通风控制系统	可靠度	可靠	3.26	4	
	风机合理配置	是	.5	0.5	
	风机逆转	是	.5	0.5	
	可控制风速	是	.5	0.5	
	设备抗高温	是	.5	0.5	
	做火灾及烟雾测试	是	.5	0.5	
	应急通风控制方案	有	.5	0.5	
照明及照明控制系统	可靠度	可靠	2.46	3	
	照明设置合理	是	1	1	
	隧道全线照明	是	1	1	
	可以调光	是	.5	0.5	
	有紧急照明	有	1	1	
	紧急车带照明正常	是	1	1	
	隧道壁反光面	有	.5	0.5	
通信系统	可靠度	可靠	4.53	5	
紧急电话系统	可靠度	可靠	3.26	4	
	行车方向安装电话	是	.5	0.5	
	电话间距（m）	200	1.2	2	
	通话效果合格	是	1	1	
	电话外观显著着色	是	.5	0.5	
	隔音间	有	.5	0.5	
	使用时闭路监视	是	.5	0.5	
闭路电视监视系统	可靠度	可靠	1.82	3	
	监控中心	是	2	2	
	监控中心常驻人员	是	.5	0.5	
	隧道全程监视	是	.5	0.5	
	摄像机间距（m）	130	1.19	1.5	
	洞口云台	有	.5	0.5	

机电系统评价结果一览表（续左）

项目		选择或输入值	安全分数（分）	此项满分（分）	备注
检测系统	可靠度	可靠	5	5	
控导系统	可靠度	可靠	5.73	7	
广播系统	可靠度	可靠	2.97	3	
	无线广播覆盖隧道	是	.5	0.5	
	标示或提示广播频道	有	.5	0.5	
	无线广播操作人员	有	.5	0.5	
	路况实时播报	是	.5	0.5	
	广播效果合格	是	.5	0.5	
	逃生口和停车带有扬声器	有	.5	0.5	
火灾检测与报警系统	可靠度	可靠	5.95	6	
	报警按钮间距（m）	50	2	2	
消防系统	可靠度	可靠	2.72	3	
	灭火器间距（m）	50	1	1	
	使用灭火器闭路监视	是	.5	0.5	
	消火栓间距（m）	50	1	1	
	消防水池蓄水量足够	是	.5	0.5	
	消防队	有	1	1	
	消防队抵达现场时间（min）	10	1	1	
	消防队训练时间间隔（月）	12	.5	0.5	
	消防队配置齐全	是	.5	0.5	
供配电系统	可靠度	可靠	6.94	7	
	回路或双独立线路	是	1	1	
	不断电时间（min）	60	1	1	
	切换至不断电电力不中断	是	1	1	
	局部故障保障电力	是	1	1	
中央控制管理系统	可靠度	可靠	10.86	12	
防雷接地系统	可靠度	可靠	4.53	5	
合　计			91.96	100	优

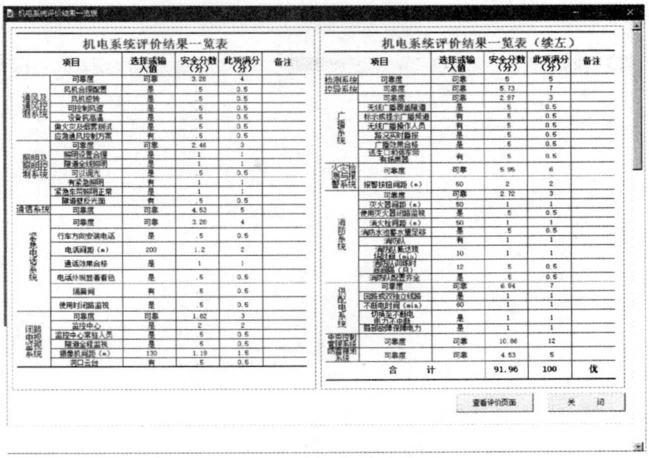

c）机电系统评价结果

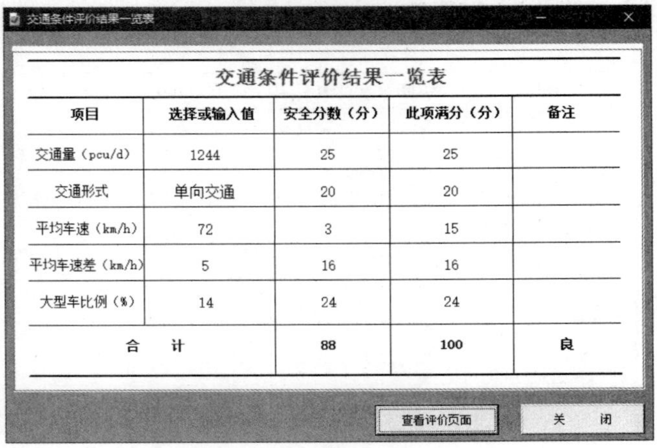

交通条件评价结果一览表

项目	选择或输入值	安全分数（分）	此项满分（分）	备注
交通量（pcu/d）	1244	25	25	
交通形式	单向交通	20	20	
平均车速（km/h）	72	3	15	
平均车速差（km/h）	5	16	16	
大型车比例（%）	14	24	24	
合　计		88	100	良

d）交通条件评价结果

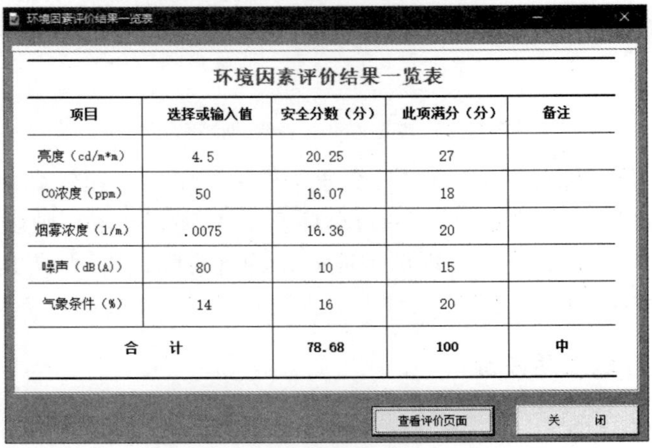

环境因素评价结果一览表

项目	选择或输入值	安全分数（分）	此项满分（分）	备注
亮度（cd/m*m）	4.5	20.25	27	
CO浓度（ppm）	50	16.07	18	
烟雾浓度（1/m）	.0075	16.36	20	
噪声（dB(A)）	80	10	15	
气象条件（%）	14	16	20	
合　计		78.68	100	中

e）环境因素评价结果

图　B3-25

运营管理评价结果一览表

项目		选择或输入值	安全分数（分）	此项满分（分）	备注
机构设置及人员组成	专业管理机构	有	1	1	
	机构职责明确	是	1	1	
	机构人员足够	是	1	1	
	人员职责明确	是	1	1	
	独立安全专员	有	1	1	
岗位设置	岗位设置不重复	是	1.5	1.5	
	岗位设置合理	是	2	2	
	岗位设置无空缺	是	1.5	1.5	
规章制度	养护制度	有	1	1	
	操作规程	有	1	1	
	特种人员工作管理制度	有	1	1	
	应急救援工作制度	有	1	1	
	教育培训制度	有	1	1	
	责任追究制度	有	1	1	
	事故调查处理制度	有	1	1	

运营管理评价结果一览表（续左）

项目		选择或输入值	安全分数（分）	此项满分（分）	备注
防灾救援预案	应急预案	有	6	6	
	防灾和救灾预案	是	6	6	
	交通、火灾和危险品事故	有	4.5	4.5	
	部门权限、处置流程和操作规程规定明确	有	4.5	4.5	
宣传教育	进行宣传	是	3	3	
	宣传内容完整	是	3	3	
人员培训	培训计划	有	2	2	
	定期进行并考核	是	2	2	
	内容全面、适用	是	2	2	
防灾救灾演习	真实环境演习	是	8	8	
	时间间隔（月）	12	8	8	
超限运输管理	审批管理制度	有	7	7	
	现场管理制度	有	7	7	
危险品运输管理		限制通行	15	20	
合　计			95	100	优

f）运营管理评价结果

交通安全设施评价结果一览表

项目		选择值	安全分数（分）	此项满分（分）	备注
交通标志	隧道标志	有	2	2	
	限高标志	有	2	2	
	限速标志	有	6	6	
	紧急停车带标志	有	6	6	
	消防设备标志	有	6	6	
	紧急电话标志	有	6	6	
	横洞标志	有	6	6	
	疏散指示标志	有	6	6	
交通标线	路面标线	是	6	6	
	诱导标线	有	6	6	
其他	洞口减速带	有	14	14	
	防撞护栏	有	11	11	
	可变情报板	有	10	10	
	洞口遮阳棚	有	13	13	
合　计			100	100	优

g）交通安全设施评价结果

图 B3-25　某隧道安全等级初期评价结果

（3）通过对各评价指标分析可以得出：交通条件中的平均车速较高，所得安全分数低，这是因为在隧道运营初期阶段，交通量较小，行车环境较好，所以车辆行驶速度较高，这样可能会导致交通事故的发生。因此，隧道管理部门应对车辆进行限速管理，防止发生交通事故。此外，由环境因素评价可以看出，隧道内的环境卫生还有待进一步提高。

10　隧道安全等级近期评价

10.1　安全等级评价

隧道在运营一段时间之后，部分指标会降低，可采用公路隧道安全等级评价软件对隧道进行再次评价（图 B3-26）。

附录 B 公路隧道评估报告示例

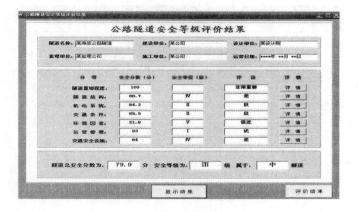

a) 安全等级评价结果

b) 隧道结构评价结果

c) 机电系统评价结果

图 B3-26

交通条件评价结果一览表

项目	选择或输入值	安全分数（分）	此项满分（分）	备注
交通量（pcu/d）	2025	20	25	
交通形式	单向交通	20	20	
平均车速（km/h）	65	7.5	15	
平均车速差（km/h）	15	14	16	
大型车比例（%）	20	24	24	
合计		85.5	100	良

d) 交通条件评价结果

环境因素评价结果一览表

项目	选择或输入值	安全分数（分）	此项满分（分）	备注
亮度（cd/m*m）	4	18	27	
CO浓度（ppm）	150	9.64	18	
烟雾浓度（1/m）	.01	7.27	20	
噪声（dB(A)）	90	5	15	
气象条件（%）	33.6	12	20	
合计		51.91	100	极差

e) 环境因素评价结果

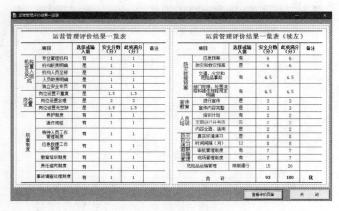

f) 运营管理评价结果

图 B3-26

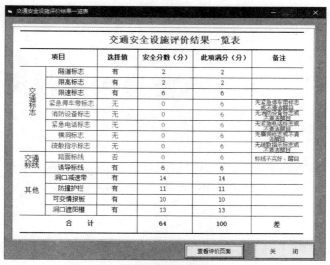

g) 交通安全设施评价结果

图 B3-26　某隧道安全等级近期评价结果

10.2　评价结果分析及整改建议

（1）由上节可知，此海底公路隧道安全分数为 79.9 分，安全等级为Ⅲ级，属于"中"偏"良"，隧道安全情况存在一定问题。

（2）各子类的单项评价结果：隧道属于非常重要的隧道；运营管理安全等级为Ⅰ级，属于"优"；机电系统和交通条件的安全等级为Ⅱ级，属于"良"；隧道结构和交通安全设施的安全等级均为Ⅳ级，属于"差"；环境因素的安全等级为Ⅴ级，属于"极差"。可见，要提高隧道的综合安全等级，需着重改善隧道结构、交通条件及环境因素的现状。

（3）通过对各评价指标分析可以得出：隧道结构中的路面摩擦系数较低，路面比较潮湿且不清洁；机电系统中的闭路电视监视系统不可靠，紧急电话间距较大；交通条件中平均车速较大；环境因素中的亮度较低，CO、烟雾浓度、噪声均较大，隧道内行车环境条件差；运营管理中没有对人员进行定期培训和考核；由于隧道运营时间长，养护管理不到位，交通安全设施中的紧急停车带标志、消防设备标志、紧急电话标志、横洞指示标志、疏散指示标志及路面标线等标志标线存在不清洁、不醒目或者标线缺失的情况。因此，隧道存在较大的运营风险，隧道管理部门如不及时对存在的问题进行改进或改善，可能会导致事故的发生。隧道管理部门应尽快对存在问题进行处理，以提高隧道的安全等级，改善隧道安全性能，降低隧道运营风险。

附录 C　×××隧道灭火救灾演习

根据制定的防灾救灾预案,2005 年 10 月 19 日,×××公路隧道举行了隧道灭火救灾演习。演习历时约 3 小时,总计进洞参加演习车辆 52 辆,演习人员 305 人。

1　演习过程

1.1　演习准备阶段

2005 年 10 月 19 日上午 9:00,所有参加演习的 50 辆各种类型的车辆和 60 名群众在大营服务区的东侧集合。同时,路政、交警分为四组分别在新广武收费站、代县收费站、服务区、隧道内待命;部分路政人员在新广武待命;忻州消防支队在代县收费站待命,朔州消防支队在新广武站待命;两辆 120 急救车在代县收费站待命;烟火师、安全员、测试人员、摄像人员到达隧道内相应位置。9:30,交警在新广武、代县两个和原平三个收费站前封闭交通。×××隧道及附近单位平面方位如图 C-1 所示。

1.2　火灾报警阶段

(1)10:45,演习现场指挥向总指挥报告演习准备情况,总指挥下达演习开始命令。

(2)10:46～10:51,火灾报警阶段。

①交警引导所有车辆进入隧道;10:50,烟火师点燃第 8 辆车上的第 1 个油盘,着火点位置如图 C-2 所示。

②火灾点前方车辆逃出隧道,火灾点后方车辆驾驶员见到烟火后按照顺序位置停车,保持 20m 间距,并亮起尾灯,警示后续车辆。

③9 号车驾乘人员用附近墙壁上的 9 号紧急电话报警,10 号车驾乘人员用手机拨打"119"报警。

④11 号车驾乘人员按下消防箱上的火灾报警器,并用附近消防箱内的灭火器、水成膜泡沫灭火器,通过自救于 10:52 扑灭第 1 个油盘。

1.3　自救阶段

(1)10:51,隧道监控中心值班人员通过 CCTV 系统观察到着火图像,同时收到报警信号。确定火灾位置及灾情规模后,立即采取以下行动:

①通知隧道管理站的消防队立即出警。

②报告隧道管理站值班领导,同时报告新原公司信息中心。

③新原公司信息中心报告山西省高管局信息中心。

④报告交警、路政部门和消防部门。

附录 C ×××隧道灭火救灾演习

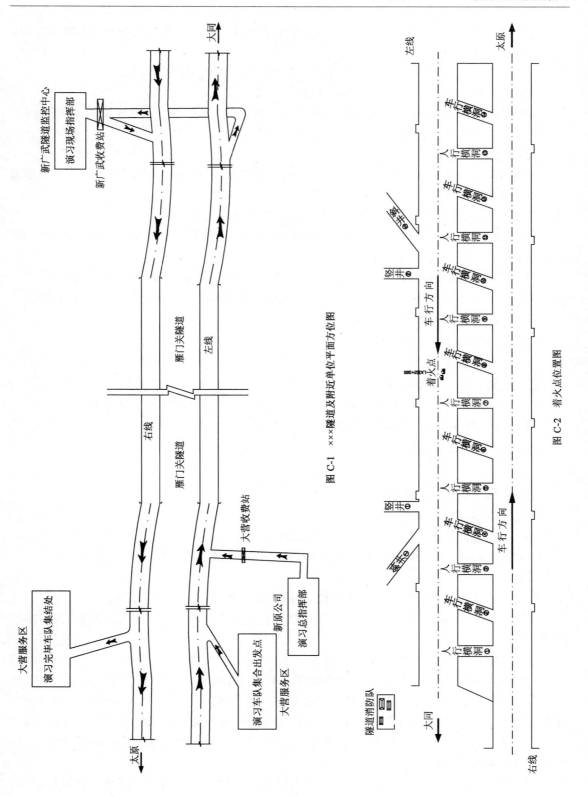

图 C-1 ×××隧道及附近单位平面方位图

图 C-2 着火点位置图

⑤通过广播系统、隧道内外可变情报板、交通信号灯等告知驾乘人员隧道内发生火灾,阻止着火点后方车辆行驶。

⑥通过监视确认洞口无车后,放下进洞口启动栏杆,封闭隧道交通。

⑦正向开启下行所有射流风机,迅速排烟。

⑧打开着火点前、后方横洞的防火卷帘门(6~14号)。

⑨值班人员请求其他监控人员增援。

(2)10:52。

①隧道站消防队接到火警后,立即出动。由队长带领打开北洞口活动护栏,进入上行隧道赶往火灾现场。

②交警、路政接到火警后,立即出动所有值班警力赶往火灾现场。

③新原公司信息中心向忻州消防部门和代县的120急救部门发出求救信号,并向公司值班领导汇报,同时上报省高管局信息中心。

④忻州、朔州消防队接到火灾报警后,立即出动救援车辆赶往×××隧道火灾现场。

⑤代县的120急救部门接到火灾报警后,立即出动两辆救援车辆赶往×××隧道,并通知代县有关医院做好急救准备。

1.4 隧道消防队救援阶段

(1)11:00。

①烟火师点燃第2个油盘。

②隧道消防队从6号车行横洞进入下行隧道,到达火灾点附近进行灭火救援。

(2)11:05,隧道管理站消防队将第2个油盘扑灭。

1.5 人员疏散阶段

(1)11:02。

①烟火师开始模拟大火,产生大量烟雾。

②隧道内烟雾由小到大,越来越大。

③监控中心开启北口竖井的排风轴流风机进行排烟。

④监控中心通过隧道广播系统、可变情报板、交通信号灯引导驾乘人员疏散、逃生。

(2)11:05。

①路政人员打开隧道南口的活动护栏,迎接代县120急救车和消防车辆。

②120急救车辆赶往隧道南口,从活动护栏逆行进入上行隧道,在8号通道附近掉头准备救援。

③交警听到广播后,指挥驾乘人员撤离。

④路政人员到达火灾现场,协助交警指挥驾乘人员撤离。

⑤着火点后方的驾乘人员听到紧急广播后,9~40号车辆弃车通过8~10号横洞逃到上行隧道待命;逃生人群中的小孩、孕妇、老年人、跛腿残疾人及病人由120救护人员、交警、路政协助疏散到右洞。41~50号车辆通过10号、12号横洞进入上行隧道并调头向南驶出隧道,赶往大营服务区西侧停留。

⑥救护人员将2名烧伤人员和2名撞伤人员通过8号横洞交由120急救车辆救护,驶向

大营服务区西侧停留。

1.6 外援救援阶段

（1）120 到达，抢救伤员；11:11，路政到达现场。
（2）11:18，忻州消防支队两辆消防车从南口活动护栏逆行进入上行隧道。
（3）11:19，朔州消防支队两辆消防车从北口进入上行隧道。
（4）11:19，烟火师点燃第 3 个油盘。
（5）忻州消防支队将消防水带接长通过 8 号横洞进行灭火。
（6）11:27，烟火师点燃第 4 个油盘。
（7）朔州消防支队将消防水带接长通过 7 号横洞进行灭火。
（8）消防人员共同灭火。
（9）11:33，火灾被扑灭；下行隧道内人员撤离完毕；通风机继续排烟。

1.7 清理现场阶段

（1）11:45。
①路政将废弃汽车拖到北口左侧的撤离场地。
②消防车辆撤离到大营服务区西侧停车场。
③停留在上行隧道中的驾乘人员返回下行隧道内乘车驶向北口，从活动护栏进入下行隧道，撤离到大营服务区西侧停车场。
④养护、维修、路政人员清理火灾现场，检查设施完备情况。
（2）11:52。
①交警、路政、隧道维护养护人员向隧道现场指挥报告火灾现场已清理完毕，可以恢复交通。
②各个演习专业组将现场检查情况报告给现场指挥，现场指挥上报总指挥。
③监控室报告公司信息中心，公司信息中心报告高管局信息中心，演习结束。
④总指挥、现场指挥发出恢复交通的指令。
⑤交警在新广武、代县两个收费站恢复交通。

2 各部门反应时间

为了准确掌握各阶段每个部门的反应时间，演习时指派专人记录，具体见表 C-1～表 C-5。

烟火师操作时间记录表　　　　表 C-1

序号	项　目	开 始 时 刻	结 束 时 刻	反应时长(s)	备　注
1	废弃车辆上的油盘燃烧时间	10 时 50 分 55 秒	10 时 52 分 45 秒	110	柴油 8kg，汽油 7kg，燃尽
2	模拟大火烟雾	10 时 53 分 10 秒	11 时 00 分 08 秒	418	黑烟 8 卷，白烟 12 片
3	第 2 个油盘燃烧时间	11 时 00 分 24 秒	11 时 05 分 35 秒	311	柴油 9kg，汽油 6kg，燃尽
4	模拟大火烟雾	11 时 06 分 05 秒	11 时 19 分 18 秒	793	黑烟 25 卷，白烟 40 片
5	第 3 个油盘燃烧时间	11 时 19 分 30 秒	11 时 24 分 42 秒	372	柴油 10kg，汽油 6kg，燃尽
6	模拟大火烟雾	11 时 24 分 42 秒	11 时 27 分 37 秒	175	黑烟 6 卷，白烟 14 片
7	第 4 个油盘燃烧时间	11 时 27 分 37 秒	11 时 33 分 09 秒	332	柴油 23kg，汽油 6kg，燃尽

火灾发生后驾乘人员反应时间记录表 表 C-2

序号	项 目	开 始 时 刻	结 束 时 刻	反应时长(s)
1	第9辆车发现前方车辆起火	10时50分55秒		
2	第9辆车停车、打开尾灯			车到后灯一直亮
3	驾乘人员用附近墙壁上的紧急电话报警	10时51分35秒	10时51分50秒	15
4	驾乘人员用手机拨打"119"报警	10时51分40秒		
5	驾乘人员按下消防箱上的火灾报警器	10时51分31秒		
6	驾乘人员用附近的灭火器、水成膜灭火	10时51分50秒	10时52分10秒	20
7	驾乘人员用车载灭火器灭火	10时51分45秒	10时52分10秒	25

新广武隧道监控中心火灾演习时反应时间记录表 表 C-3

序号	项 目	开 始 时 刻	结 束 时 刻	反应时长(s)
1	通过CCTV系统观察到着火图像	10时51分41秒	10时51分41秒	0
2	接到火灾报警器报警	10时51分41秒	10时51分41秒	0
3	接到报警电话报警	10时51分45秒	10时51分50秒	5
4	通知隧道管理站的消防队	10时52分01秒	10时52分17秒	16
5	报告隧道管理站值班领导	10时53分20秒	10时53分48秒	28
6	报告给新原公司信息中心	10时52分24秒	10时52分39秒	15
7	报告隧道交警部门	10时52分26秒	10时53分08秒	42
8	报告隧道路政部门	10时52分49秒	10时53分07秒	18
9	发出警报信号	10时51分40秒	10时51分40秒	0
10	隧道外电子显示牌发出信息	10时55分23秒	11时01分20秒	357
11	隧道内电子显示牌发出信息	10时52分25秒	10时55分23秒	238
12	交通信号灯发出指令	10时51分51秒	10时52分15秒	24
13	发出封闭两隧道交通的指令	10时52分15秒	10时52分25秒	10
14	开动下行隧道所有射流风机	10时58分05秒	10时58分33秒	28
15	开启上行隧道北洞口栏杆,让消防车队通过	10时55分38秒	10时55分42秒	4
16	开启6号通道闸门	10时49分12秒	10时50分52秒	100
17	开启北端竖井的排风轴流风机	11时03分00秒	11时41分58秒	30s出烟
18	开启8、9、10、11、12、13、14号通道闸门	10时49分12秒	10时50分52秒	100
19	通过广播系统让驾乘人员弃车逃生	11时02分20秒	11时05分30秒	250
20	通过内外电子显示牌让驾乘人员弃车逃生	11时04分10秒	11时04分52秒	42
21	通过交通信号灯让驾乘人员弃车逃生	11时03分15秒	11时03分32秒	17
22	交警报告火灾现场已清理完毕		11时50分50秒	
23	路政报告火灾现场已清理完毕		11时51分20秒	
24	隧道维护人员报告火灾现场已清理完毕		11时51分30秒	
25	报告演习指挥部		11时51分40秒	
26	接到指挥部恢复交通指令		11时52分01秒	
27	恢复交通		11时53分20秒	

火灾演习时隧道内人员逃生时间记录表　　　　表 C-4

序号	项　　目	开 始 时 刻	结 束 时 刻	反应时长(s)
1	听到紧急广播通知弃车逃生	11 时 03 分 10 秒		
2	看到电子显示牌命令弃车逃生	11 时 04 分 55 秒		
3	看到交通信号灯指示逃生	11 时 03 分 30 秒		
4	开始弃车逃生	11 时 04 分 30 秒		
5	正常成人逃到附近紧急通道入口处	11 时 05 分 20 秒	11 时 06 分 29 秒	69
6	小孩逃到附近紧急通道入口处	11 时 05 分 54 秒	11 时 07 分 08 秒	74
7	孕妇逃到附近紧急通道入口处	11 时 05 分 55 秒	11 时 07 分 12 秒	77
8	老年人逃到附近紧急通道入口处	11 时 05 分 57 秒	11 时 07 分 15 秒	78
9	跛腿残疾人逃到附近紧急通道入口处	11 时 05 分 22 秒	11 时 06 分 59 秒	97
10	病人逃到附近紧急通道入口处	11 时 05 分 39 秒	11 时 06 分 59 秒	80
11	受伤人员撤离到路边检修道	11 时 08 分 59 秒	11 时 10 分 05 秒	66

隧道管理站消防队接火灾报警后反应时间记录表　　　　表 C-5

序号	项　　目	开 始 时 刻	结 束 时 刻	反应时长(s)
1	接到火灾报告	10 时 52 分 01 秒	10 时 52 分 17 秒	16
2	紧急集合	10 时 52 分 20 秒	10 时 52 分 50 秒	30
3	出发	10 时 52 分 51 秒	10 时 53 分 37 秒	46
4	打开北洞口活动护栏	10 时 53 分 37 秒	10 时 53 分 57 秒	20
5	进入上行隧道	10 时 55 分 45 秒	10 时 58 分 55 秒	170
6	通过 6 号通道闸门	10 时 58 分 55 秒	10 时 59 分 48 秒	53
7	进入下行隧道	10 时 59 分 48 秒	11 时 00 分 20 秒	32
8	靠近火灾点停车	11 时 00 分 20 秒	11 时 01 分 40 秒	80
9	开始灭火作业	11 时 01 分 40 秒	11 时 05 分 25 秒	225
10	请求支援	11 时 05 分 25 秒		

分析以上各部门反应时间,可以得出:

(1)火灾发生后,附近车辆的驾乘人员能够及时发现火灾,迅速采取各种方式报警,并及时运用各种灭火器材进行自救。

(2)新广武隧道监控中心通过多个途径发现火灾后,能够迅速启动救灾预案。

(3)隧道内各类人员得到逃生通知后,基本上能够在 60s 内开始逃生,快速向附近横通道移动,用时在 100s 以内。

(4)隧道管理站消防队接火灾报警后,能够按照救灾预案路线迅速赶到火灾现场,用时为 9 分 23 秒。

3　演习现场环境检测

3.1　检测内容

(1)气象参数:气温。
(2)通风效果测试:风速、CO 浓度。

(3)隧道照明效果:照度。
(4)隧道内噪声:不同情况下的噪声值。

3.2 测点布置

测点分别布置在着火点后 100、50、30、20、10、5m 和着火点前 5、10、20、30、50、100m 处,共计 13 个测点。

3.3 检测过程

检测人员分为两个小组,在第 1 个油盘点燃前(10:30)开始测试,一直测试到最后所有的火被扑灭。按照预先设定的测试方案,在 13 个测点展开测试,每个测点均测试 4 次。

3.4 检测数据(表 C-6 ~ 表 C-8)

着火点后方环境检测数据表　　表 C-6

测试项目	测试时间	10:30~10:40	10:50~10:55	11:03~11:08	11:09~11:35
CO 浓度(ppm)	火点后 5m	5	6	7	1
	火点后 10m	4	6	5	0
	火点后 20m	4	6	4	0
	火点后 30m	3	6	4	0
	火点后 50m	3	6	3	0
	火点后 100m	7	9	6	0
风速(m/s)	火点后 5m	2	2	3	3
	火点后 10m	2	2	2	3
	火点后 20m	2	2	2	3
	火点后 30m	2	2	2	3
	火点后 50m	1	2	3	3
	火点后 100m	1	2	3	3
噪声 dB(A)	火点后 5m	86	90	94	97
	火点后 10m	85	89	92	96
	火点后 20m	88	92	93	97
	火点后 30m	83	87	90	92
	火点后 50m	86	90	89	95
	火点后 5m	86	90	94	97
照度(lx)	火点后 5m	22	23	18	21
	火点后 10m	24	25	21	23
	火点后 20m	45	46	39	44
	火点后 30m	13	12	18	16
	火点后 50m	40	40	40	40
	火点后 100m	7	8	6	6

续上表

测试项目 \ 测试时间		10:30~10:40	10:50~10:55	11:03~11:08	11:09~11:35
温度(℃)	火点后5m	13	15	14.5	13.5
	火点后10m	13	15	14	13.5
	火点后20m	12.5	14.5	14	13.5
	火点后30m	12.5	14.5	14	13.5
	火点后50m	12.5	14.5	14	13.5
	火点后100m	12.5	14.5	14	13

着火点处环境检测数据表　　　　　　　　　　　　　　　　　　表 C-7

测试项目 \ 测试时间	10:40	10:55	11:08	11:35
CO 浓度(ppm)	0	0	0	0
风速(m/s)	2	4	4	2
噪声 dB(A)	79	93	89	83
照度(lx)	28	24	22	21
温度(℃)	12	12.5	12	11.5

着火点前方环境检测数据表　　　　　　　　　　　　　　　　　表 C-8

测试项目 \ 测试时间		10:30~10:40	10:50~10:55	11:03~11:08	11:09~11:35
CO 浓度(ppm)	火点前5m	1	2	2	2
	火点前10m	1	2	2	2
	火点前20m	0	1	1	1
	火点前30m	0	1	1	1
	火点前50m	0	1	1	1
	火点前100m	0	1	1	1
风速(m/s)	火点前5m	1	2	3	4
	火点前10m	1	2	3	3
	火点前20m	2	3	3	3
	火点前30m	2	3	4	4
	火点前50m	2	3	4	4
	火点前100m	2	3	4	4
噪声 dB(A)	火点前5m	79	87	92	96
	火点前10m	78	86	97	94
	火点前20m	82	90	100	92
	火点前30m	85	93	106	92
	火点前50m	79	87	104	98
	火点前100m	76	84	102	102

续上表

测试项目 \ 测试时间		10:30~10:40	10:50~10:55	11:03~11:08	11:09~11:35
照度(lx)	火点前5m	26	19	9	15
	火点前10m	37	30	20	28
	火点前20m	35	28	22	32
	火点前30m	25	18	8	15
	火点前50m	28	21	15	16
	火点前100m	31	24	19	20
温度(℃)	火点前5m	12.5	13.5	13	12
	火点前10m	13	14	13	12
	火点前20m	13	14	13	12
	火点前30m	13	14	14	13
	火点前50m	12.5	13.5	14	13
	火点前100m	12	13	14	13

3.5 检测数据分析

(1)CO 浓度

①随着隧道火灾演习的进行,隧道内 CO 浓度有明显的升高。但在通风设施开启之后,CO 浓度又有比较明显的下降趋势,表明隧道通风效果良好。

②在着火点及前方,CO 浓度接近为零,这是因为此时隧道内没有车辆行驶,而油盘燃烧所产生的 CO 已经被风带走。

③在着火点后方,CO 浓度在 9ppm 以内,远小于卫生标准值,这说明滞留在隧道内的驾乘人员是安全的,有充足的时间和体力来逃生。

④在火灾被扑灭后、演习即将结束时,由于隧道内没有车辆行驶,CO 浓度值几乎为零。

(2)隧道风速

①随着风机的开启,隧道内的风速明显呈上升趋势。火点前的风速达到 4m/s,明显大于火点后的 3m/s,基本符合演习防止烟雾回流的要求。

②在演习过程中,着火点处的风速达到了 4m/s,这样的风速完全阻止了烟雾的逆流;但在一定程度上起到了助燃的作用。

③由于下行隧道排风轴流风机的开启,着火点前的风速较大,满足排烟的要求。

(3)照度

①由于隧道内风速的影响,着火点后方不受烟雾的影响,照度保持稳定。

②在着火点附近的照度测试数据仍然偏低(即使包括着火点燃烧发出的亮光),不利于人员的疏散。

③着火点前方随着油盘充分燃烧产生了大量烟雾,照度有明显的降低。而且过多的烟雾给消防部队从前方靠近着火点带来了很大困难。

(4)噪声

①随着隧道内火灾警报、广播、风机等设施的开启,隧道内的噪声明显大于正常运营时的噪声值。

②随着演习的进行,隧道内的噪声呈增大趋势,最大值达到106dB(A)。给救援指令的传达带来了困难,也容易造成人群疏散的混乱,增大被困人员的心理恐慌程度。

(5)温度

①由于火源燃烧功率较小,随着油盘的燃烧,着火点附近的温度有所提高,但不明显。

②在通风设施开启后,温度开始下降,在这期间温度最高仅为14℃。

4 演习成果

×××公路隧道是我国目前通车较长的公路隧道之一,此次演习是我国截至目前规模最大和最为接近实际的一次。整个演习实际用时70min,演习时隧道内各种车辆50多辆,驾乘人员300多人。演习涵盖了报警、监控、灭火、救援、逃生、宣传等方面内容,达到了演习的目的。主要取得的成果有:

(1)通过演习使得大家(特别是隧道管理部门的所有人员)对公路隧道的火灾有了一个切身地认识,对灭火救援程序有了全面的了解。

(2)检验了×××公路隧道现有的消防与监控设施的功能。

(3)锻炼了队伍,使得长大公路隧道管理站的各个部门对自己在火灾发生时的工作内容和程序更加明确。

(4)检验了隧道各个管理部门在紧急情况下的协调工作能力。

(5)检验了在火灾发生时,消防、交警、120急救等部门的应急和处置能力。

(6)获取了×××公路隧道现场灭火救灾的测试数据。

(7)向周围群众宣传了公路隧道防火救灾的知识。

(8)演习所取得的成果,检验了隧道的防灾救灾预案。

参 考 文 献

[1] 中华人民共和国行业标准.JTG B01—2014 公路工程技术标准[S].北京:人民交通出版社,2014.
[2] 中华人民共和国行业标准.JTG H12—2015 公路隧道养护技术规范[S].北京:人民交通出版社,2015.
[3] 中华人民共和国行业标准.JTG F80/2—2004 公路工程质量检验评定标准 第二册 机电工程[S].北京:人民交通出版社,2004.
[4] 中华人民共和国行业标准.JTG D70—2004 公路隧道设计规范[S].北京:人民交通出版社,2004.
[5] 中华人民共和国行业标准.JTG D70/2—2014 公路隧道设计规范 第二册 交通工程与附属设施[S].北京:人民交通出版社,2014.
[6] 中华人民共和国行业标准.JTG/T D70/2-01—2014 公路隧道照明设计细则[S].北京:人民交通出版社,2014.
[7] 中华人民共和国行业标准.JTG/T D70/2-02—2014 公路隧道通风设计细则[S].北京:人民交通出版社,2014.
[8] 夏永旭.雁门关公路隧道运营评价报告[R].2006.
[9] 胡学富,夏永旭,靖勃.雁门关公路隧道防火救灾通风控制研究[C]//国际隧道研讨会暨公路建设技术交流大会论文集,2008.
[10] 陈传德,高速公路养护管理[M].北京:人民交通出版社,2005.
[11] 沈艾中.隧道交通事故多发的成因及预防措施[J].道路交通管理,2002(09):40-41.
[12] 夏永旭,王永东,邓念兵,等.公路隧道安全等级研究[J].安全与环境学报,2006(03):44-46.
[13] 王永东.公路隧道运营安全技术研究[D].长安大学,2007.
[14] 宋晓春,孙国华,鲍国平.浙江省高速公路隧道交通安全情况调查及对策探讨[C]//国际隧道研讨会暨公路建设技术交流大会论文集,2002.
[15] 周余明,高速公路养护管理[M].北京:人民交通出版社,2001.
[16] 虞利强.城市公路隧道防火设计的探讨[J].消防技术与产品信息,2002(12):39-43.
[17] 胡维撷.道路隧道防火要求[J].地下工程与隧道,1989(01):10-14.
[18] 郜玉兰,王志义,夏永旭.长大公路隧道运营管理及防灾救灾研究[R].山西忻州高速公路有限责任公司,2007.
[19] 西南交通大学终南山隧道防灾课题组.秦岭终南山特长公路隧道运营防灾技术研究[R].2000.
[20] 陈立道,王锦,吴晓宇.道路隧道火灾预防与控制研究[J].地下空间,2003(01):72-74,78-109.

[21] 夏永旭,杨忠,黄骡屹.我国长大公路隧道建设的有关技术问题[J].现代隧道技术,2001(06):1-3,9.
[22] 刘艺,谢明才.长大公路隧道的火灾研究及消防措施[J].公路,2004(01):149-153.
[23] 吕康成.公路隧道运营设施[M].北京:人民交通出版社,1998.
[24] 关宝树.隧道工程维修管理要点集[M].北京:人民交通出版社,2004.
[25] 高速公路养护管理手册编委会.高速公路养护管理手册[M].北京:人民交通出版社,2002.
[26] 刘先明.高速公路机电管理与公路救援[M].重庆:重庆出版社,2004.
[27] 夏国建,潘焕梁.道路运输安全管理[M].北京:人民交通出版社,2003.
[28] 交通部公路司.道路危险货物运输安全监管手册[M].北京:人民交通出版社,2005.
[29] 刘敏文,等.危险货物运输管理教程[M].北京:人民交通出版社,2002.
[30] 胡思继.交通运输技术管理[M].成都:西南交通大学出版社,1993.
[31] 胡思继.交通运输学[M].北京:人民交通出版社,2001.
[32] 王亚军,江永贝.高速公路行车指南[M].北京:机械工业出版社,1995.
[33] 郗恩崇.高速公路管理学[M].北京:人民交通出版社,2001.
[34] 张殿业.道路交通安全管理评价体系[M].北京:人民交通出版社,2005.
[35] 赵建有.道路交通运输系统工程[M].北京:人民交通出版社,2004.
[36] 杨新安,黄宏伟.隧道病害与防治[M].上海:同济大学出版社,2003.
[37] 张庆贺.地下工程[M].上海:同济大学出版社,2003.
[38] 陈建勋,马建秦.隧道工程试验检测技术[M].北京:人民交通出版社,2005.
[39] 杨士敏,等.高等级公路养护机械[M].北京:机械工业出版社,2003.
[40] 张波.浅谈高速公路供配电维护[J].科技资讯,2008(32):40.
[41] 赵超志,胡平.秦岭终南山特长公路隧道运营管理技术[J].隧道建设,2010(03):344-347,350.
[42] 张毅.深圳梧桐山隧道运营管理[J].广东公路交通,1997(2):286-289.
[43] 赵湘茹,张廷元,王成军.高速公路隧道运营管理初探[J].山西交通科技,2003(2):86-88.
[44] 岳林博.公路隧道安全等级评价研究[D].西安:长安大学,2012.
[45] 杨震.公路隧道火灾人员安全逃生研究[D].西安:长安大学,2012.

南林野韵
校园陆生脊椎动物图鉴

主　编　张　永　毛岭峰
副主编　沈　伟　周　延　张浩腾

中国科学技术大学出版社

内 容 简 介

本书基于作者近8年的观察记录，共收录南京林业大学校园内陆生脊椎动物121种（两栖纲1目4科6种、爬行纲1目3科6种、鸟纲15目38科103种、哺乳纲3目4科6种）。其中，国家重点保护野生动物11种，均为国家二级重点保护鸟类；IUCN全球受胁物种1种（黑眉锦蛇，易危）。根据记录结果，逐一介绍每个物种的分类阶元、个体特征、习性、观察时间和校园分布，并配备野生动物照片和校内分布图。

本书旨在为城市野生动物爱好者和校园师生提供参考，也可以作为南京林业大学"动物学""动物与人类"等课程的校内实习教材和扩展书目。

图书在版编目（CIP）数据

南林野韵：校园陆生脊椎动物图鉴 / 张永，毛岭峰主编. -- 合肥：中国科学技术大学出版社，2025.5. -- ISBN 978-7-312-06218-6

Ⅰ. Q959.308-64

中国国家版本馆CIP数据核字第2025E0B189号

南林野韵：校园陆生脊椎动物图鉴

NANLIN YEYUN：XIAOYUAN LUSHENG JIZHUI DONGWU TUJIAN

出版	中国科学技术大学出版社
	安徽省合肥市金寨路96号，230026
	http://press.ustc.edu.cn
	https://zgkxjsdxcbs.tmall.com
印刷	合肥华苑印刷包装有限公司
发行	中国科学技术大学出版社
开本	880 mm×1230 mm　1/16
印张	10.25
字数	204千
版次	2025年5月第1版
印次	2025年5月第1次印刷
定价	90.00元

编 委 会

主 编
张 永　毛岭峰

副主编
沈 伟　周 延　张浩腾

编 委
陈 鼎　楼瑛强　陈巧尔　陈 圣　古林友
汪艳梅　胡华丽　谢启骅　于明慧　张佳凝

摄 影
Amaël Borzée　Kevin Messenger　陈 圣
陆 凯　辛 夷　沈 伟　王 琪
王臻祺　于明慧　袁 斌　袁 屏
张浩腾　胡华丽　王嘉陈　吕晨枫

序

  我在南京林业大学学习、工作已近50年，对校园内一树一木、一虫一鸟皆有深厚的情感。尤其是这片沃土上，有那么一群特殊但又常常被忽视的"居民"——野生动物。今欣闻《南林野韵：校园陆生脊椎动物图鉴》一书即将出版，且该书由多位我校在校本科生、研究生参与编写，喜悦之情溢于言表。

  据悉，该书是编委们多年来深入南京林业大学校园的每个角落，进行大量的实地观察，并用镜头记录这些野生动物的美丽瞬间，最终编写而成。该书首次系统地梳理了南京林业大学校园内121种陆生野生动物，详细介绍了它们的形态特征、生活习性、观察时间和分布区域，其中包括10余种国家重点保护野生动物，并配以精美的生态图片。该书旨在让更多的人了解、关注并保护身边的野生动物，可谓传播南京林业大学校园生态文化的力作。

  野生动物是大自然赋予人类的宝贵自然资源，保护野生动物是提升生态系统多样性、稳定性、持续性的重要路径，受到了全社会的广泛关注。南京林业大学是一所以服务国家生态文明建设为引领的国家"双一流"建设高校，从事生物多样性研究，开展相关主题科普教育活动，也是时代赋予我们的使命。

希望本书的付梓，能让广大师生在繁忙的工作、学习之余，发现身边的美好，享受大自然带来的无限乐趣。

曹福亮

中国工程院院士

前言

  野生动物是人类的朋友，是生态系统不可或缺的组成部分，对维持生态系统功能发挥着举足轻重的作用。当前，在"同一个世界，同一个健康"的理念指引下，经全世界的共同努力，全球生物多样性状况有所改善，但丧失趋势尚未得到有效遏制，生物多样性保护工作仍任重道远。我国野生动物资源丰富且分布广泛，特有种、珍稀濒危物种种类丰富、数量众多，是全球野生动物多样性保护的热点区域之一。保护野生动物是我国生态文明建设的重要内容，也是彰显国际责任的重要体现。

  大学校园自然环境优美，人文素养高，为野生动物提供了适宜的栖息地和安全的栖息环境，是城市野生动物的重要庇护所，对维持城市生物多样性发挥着重要作用。同时，广大青年学生思想活跃，充满激情和活力，接受新生事物快，参与意识强，面向广大学生尤其是非相关专业学生开展自然科普教育，对形成"人人参与"的良好局面有着事半功倍的效果。因此，利用出版物作为媒介，让广大青年学生了解自己身边的野生动物，培养他们关心自然、热爱自然的情操，有助于推动我国生态文明建设工作。

  南京林业大学坐落于紫金山麓、玄武湖畔，依山傍水，自然环境优美。校园内植被丰茂，宛若森林公园，内部建筑古朴、典雅，紫湖溪从校园内穿越而过。优美的自然环境为野生动物提供了多样化的栖息地和食物来源，吸引了众多野生动物在校园内栖息、繁衍。

本书基于作者近 8 年的观察记录，共收录南京林业大学校园内陆生脊椎动物 121 种（两栖纲 1 目 4 科 6 种、爬行纲 1 目 3 科 6 种、鸟纲 15 目 38 科 103 种、哺乳纲 3 目 4 科 6 种）。其中，国家重点保护野生动物 11 种，均为国家二级重点保护鸟类；IUCN 全球受胁物种 1 种（黑眉锦蛇，易危）。本书根据记录结果，逐一介绍每个物种的分类阶元、个体特征、习性、观察时间和校园分布，并配备野生动物照片和校内分布图。其中，根据鸟类的居留型，对其分布图配以不同的颜色，以示区别。

本书中各类群分类系统分别参照《中国动物志：两栖纲下卷（无尾目）》、《中国蛇类（上）》《中国动物志：爬行纲第三卷（有鳞目蜥蜴亚目）》、《中国鸟类分类与分布名录》（第 4 版）和《中国兽类图鉴》（第 3 版）。

本书旨在为城市野生动物爱好者和校园师生提供参考，也可以作为南京林业大学"动物学""动物与人类"等课程的校内实习教材和扩展书目。

本书的出版得到了南京林业大学党委宣传部、生命科学学院、生态与环境学院的大力支持，在此一并表示感谢。由于作者水平有限，书中难免出现不足和疏漏之处，恳请专家和同仁批评指正。

编　者
2025 年 3 月

目录

I / 序
III / 前言

01 两栖纲

002/ 中华蟾蜍　*Bufo gargarizans*
003/ 北方狭口蛙　*Kaloula borealis*
004/ 饰纹姬蛙　*Microhyla fissipes*
005/ 小弧斑姬蛙　*Microhyla heymonsi*
006/ 泽陆蛙　*Fejervarya multistriata*
007/ 黑斑侧褶蛙　*Pelophylax nigromaculatus*

02 爬行纲

010/ 多疣壁虎　*Gekko japonicus*
011/ 无蹼壁虎　*Gekko swinhonis*
012/ 宁波滑蜥　*Scincella modesta*
013/ 黑眉锦蛇　*Elaphe taeniura*
014/ 乌梢蛇　*Zaocys dhumnades*
015/ 赤链蛇　*Elaphe taeniura*

03 鸟纲

018/ 灰胸竹鸡　*Bambusicola thoracicus*

021/ 豆雁　*Anser fabalis*

023/ 小䴙䴘　*Tachybaptus ruficollis*

024/ 山斑鸠　*Streptopelia orientalis*

025/ 珠颈斑鸠　*Spilopelia chinensis*

026/ 噪鹃　*Eudynamys scolopaceus*

027/ 大鹰鹃　*Hierococcyx sparverioides*

028/ 四声杜鹃　*Cuculus micropterus*

029/ 大杜鹃　*Cuculus canorus*

030/ 夜鹭　*Nycticorax nycticorax*

031/ 池鹭　*Ardeola bacchus*

032/ 白鹭　*Egretta garzetta*

035/ 普通鸬鹚　*Phalacrocorax carbo*

036/ 丘鹬　*Scolopax rusticola*

037/ 白腰草鹬　*Tringa ochropus*

039/ 斑头鸺鹠　*Glaucidium cuculoides*

040/ 蛇雕　*Spilornis cheela*

041/ 凤头鹰　*Accipiter trivirgatus*

042/ 赤腹鹰　*Accipiter soloensis*

043/ 松雀鹰　*Accipiter virgatus*

045/ 雀鹰　*Accipiter nisus*

046/ 黑鸢　*Milvus migrans*

047/ 灰脸鵟鹰　*Butastur indicus*

049/ 戴胜　*Upupa epops*

050/ 三宝鸟　*Eurystomus orientalis*

051/ 普通翠鸟　*Alcedo atthis*

052/ 斑姬啄木鸟　*Picumnus innominatus*

053/ 灰头绿啄木鸟　*Picus canus*

054/ 星头啄木鸟　*Picoides canicapillus*

055/ 大斑啄木鸟　*Dendrocopos major*

056/ 红隼　*Falco tinnunculus*

057/ 游隼　*Falco peregrinus*

058/ 小灰山椒鸟　*Pericrocotus cantonensis*

059/ 暗灰鹃䴗　*Lalage melaschistos*

060/ 黑卷尾　*Dicrurus macrocercus*

061/ 灰卷尾　*Dicrurus leucophaeus*

062/ 发冠卷尾　*Dicrurus hottentottus*

063/ 寿带　*Terpsiphone incei*

064/ 红尾伯劳　*Lanius cristatus*

065/ 棕背伯劳　*Lanius schach*

066/ 松鸦　*Garrulus glandarius*

067/ 灰喜鹊　*Cyanopica cyanus*

068/ 红嘴蓝鹊　*Urocissa erythroryncha*

069/ 灰树鹊　*Dendrocitta formosae*

070/ 喜鹊　*Pica serica*

071/ 黄腹山雀　*Pardaliparus venustulus*

072/ 大山雀　*Parus minor*

073/ 家燕　*Hirundo rustica*

074/ 金腰燕　*Cecropis daurica*

075/ 领雀嘴鹎　*Spizixos semitorques*

076/ 白头鹎　*Pycnonotus sinensis*

077/ 黑短脚鹎　*Hypsipetes leucocephalus*

078/ 黄眉柳莺　*Phylloscopus inornatus*

079/ 黄腰柳莺　*Phylloscopus proregulus*

080/ 冕柳莺　*Phylloscopus coronatus*

081/ 极北柳莺　*Phylloscopus borealis*

082/ 棕脸鹟莺　*Abroscopus albogularis*

083/ 强脚树莺　*Horornis fortipes*

084/ 鳞头树莺　*Urosphena squameiceps*

085/ 银喉长尾山雀　*Aegithalos glaucogularis*

086/ 红头长尾山雀　*Aegithalos concinnus*

087/ 棕头鸦雀　*Sinosuthora webbiana*

088/ 暗绿绣眼鸟　*Zosterops simplex*

089/ 画眉　*Garrulax canorus*

091/ 小黑领噪鹛　*Garrulax monileger*

092/ 黑脸噪鹛　*Pterorhinus perspicillatus*

093/ 黑领噪鹛　*Pterorhinus pectoralis*

094/ 八哥　*Acridotheres cristatellus*

095/ 丝光椋鸟　*Spodiopsar sericeus*

096/ 灰椋鸟　*Spodiopsar cineraceus*

097/ 虎斑地鸫　*Zoothera aurea*

098/ 灰背鸫　*Turdus hortulorum*

099/ 乌灰鸫　*Turdus cardis*

101/ 乌鸫　*Turdus mandarinus*

102/ 白眉鸫　*Turdus obscurus*

103/ 白腹鸫　*Turdus pallidus*

104/ 斑鸫　*Turdus eunomus*

105/ 宝兴歌鸫　*Turdus mupinensis*

106/ 鹊鸲　*Copsychus saularis*

107/ 灰纹鹟　*Muscicapa griseisticta*

108/ 北灰鹟　*Muscicapa dauurica*

109/ 白腹蓝鹟　*Cyanoptila cyanomelana*

110/ 红尾歌鸲　*Larvivora sibilans*

111/ 红胁蓝尾鸲　*Tarsiger cyanurus*

112/ 紫啸鸫　*Myophonus caeruleus*

113/ 白眉姬鹟　*Ficedula zanthopygia*

114/ 鸲姬鹟　*Ficedula mugimaki*

115/ 北红尾鸲　*Phoenicurus auroreus*

116/ 白腰文鸟　*Lonchura striata*

117/ 山麻雀　*Passer cinnamomeus*

118/ 麻雀　*Passer montanus*

119/ 山鹡鸰　*Dendronanthus indicus*

120/ 树鹨　*Anthus hodgsoni*

121/ 黄腹鹨　*Anthus rubescens*

122/ 灰鹡鸰　*Motacilla cinerea*

123/ 白鹡鸰　*Motacilla alba*

124/ 燕雀　*Fringilla montifringilla*

125/ 黑尾蜡嘴雀　*Eophona migratoria*

126/ 金翅雀　*Chloris sinica*

127/ 黄雀　*Spinus spinus*

129/ 黄喉鹀　*Emberiza elegans*

130/ 栗鹀　*Emberiza rutila*

131/ 白眉鹀　*Emberiza tristrami*

04　哺乳纲

135/ 东北刺猬　*Erinaceus amurensis*

136/ 马铁菊头蝠　*Rhinolophus ferrumequinum*

137/ 东亚伏翼　*Pipistrellus abramus*

139/ 亚洲长翼蝠　*Miniopterus fuliginosus*

141/ 黄鼬　*Mustela sibirica*

142/ 鼬獾　*Melogale moschata*

143/ **参考文献**

144/ **动物中文名称索引**

146/ **动物拉丁名称索引**

南京林业大学校园平面示意图

01

两 栖 纲

两栖纲（Amphibian）动物是一类在个体发育中经历幼体水生和成体水陆兼栖生活的变温动物，是动物演化史上从水生到陆生的过渡类型。因水陆环境的巨大差异，两栖动物登陆需要克服一系列环境胁迫，然而两栖动物只是初步适应了陆地生活，其身体结构、功能以及个体发育都表现出过渡性状。

根据 AmphibiaWeb 网站（https://amphibiaweb.org/）统计，全球目前已知两栖动物有 8749 种（截至 2024 年 6 月 30 日），隶属于 3 个目，即蚓螈目（Gymnophiona）、有尾目（Caudata）、无尾目（Anura）。根据中国两栖类网站（https://www.amphibiachina.org/）记录，我国两栖动物共有 676 种（截至 2024 年 6 月 30 日），占全球两栖动物物种数约 7.7%。根据最新统计数据，江苏省共有两栖类 2 目 8 科 21 种。

两栖动物因其独特的生活史特征，对环境的依赖性强，因此常被作为环境变化的敏感指示类群。2023 年，第二次全球两栖动物濒危状况评估结果显示，两栖动物中全球受胁物种比例高达 40.7%，较 2004 年首次评估结果上升约 8%。气候变化和栖息地丧失是两栖动物的主要受胁因素，过度利用、疾病和生物入侵也是导致两栖动物受胁的重要因素。

经观察，南京林业大学校园内共发现两栖动物 1 目 4 科 6 种。

蟾蜍科 Bufonidae

中华蟾蜍 *Bufo gargarizans*   英文名：Asiatic Toad

形态特征　体长 62～125 mm。皮肤粗糙，背面满布圆形瘰疣，吻棱上有疣，上眼睑内侧有 3～4 枚较大的疣粒，其前后分别与吻棱和耳后腺相接，沿眼睑外缘有一疣脊，腹面满布疣粒，胫部无大瘰粒。体背面颜色有变异，多为橄榄黄色或灰棕色，有不规则深色斑纹，背脊有 1 条蓝灰色宽纵纹，其两侧有深棕黑色纹，肩部和体侧、股后常有棕红色斑。腹面灰黄色或浅黄色，有深褐色云斑，咽喉部斑纹少或无，后腹部有 1 枚大黑斑。

习　　性　栖息于海拔 120～4300 m 的多种生态环境中。耐旱性较强，除冬眠和繁殖期常见于水中外，其余时期多在灌丛、旱田、水边或土穴等环境中活动。以鞘翅目、双翅目、直翅目的昆虫等为食。

观察时间　3 月至 10 月。

校园分布　北大山。

姬蛙科　Microhylidae

北方狭口蛙　*Kaloula borealis*　　　　英文名：Boreal Digging Frog

形态特征　体长 40～46 mm。皮肤较厚而平滑，背面有少数小疣，枕部有横肤沟，颞褶斜置，肛周围小疣较多，腹面皮肤光滑。生活时背面呈浅棕色或橄榄棕色，头后肩前一般有浅橘红色"W"形的宽横纹。

习　　性　生活在海拔 50～1200 m 平原和山区丘陵地区，常栖息于住宅或水塘附近的草丛中、土穴内或石块下。在繁殖期的雨后最为活跃。主要以昆虫为食。

观察时间　6 月至 8 月。

校园分布　北大山。

饰纹姬蛙 *Microhyla fissipes*   英文名：Ornamented Pygmy Frog

形态特征   体长 21~25 mm。皮肤粗糙，背部有许多小疣，有的个体背中线上小疣排列成行，由眼后至胯部常有一斜行大长疣，枕部常有一横肤沟，并在两侧延伸至肩部。背面颜色和花斑有变异，一般为粉灰色、黄棕色或灰棕色，有 2 枚前后连续的深色倒 "V" 形斑，腹面白色。雄性饰纹姬蛙具单个咽下外声囊。

习　　性   栖息于海拔 1400 m 以下的平原、丘陵和山地的泥窝或土穴内，或在水域附近的草丛中。主要以昆虫为食。

观察时间   3 月至 8 月。

校园分布   北大山。

小弧斑姬蛙 *Microhyla heymonsi*　　　英文名：Arcuate-spotted Pygmy Frog

形态特征　体长 18～24 mm。背面皮肤较光滑，散有细痣粒，从眼后角至前肢基部有肤沟，亦绕至腹面，构成环绕着咽喉部的肤沟。小弧斑姬蛙与饰纹姬蛙形态特征和生境相近，区别于饰纹姬蛙的典型特征之一是其背部脊线上有 1 对或 2 对黑色弧形斑。

习　　性　栖息于海拔 70～1550 m 的稻田、水坑边、沼泽泥窝、土穴或草丛中。以小型昆虫为食。

观察时间　5 月至 6 月。

校园分布　北大山。

叉舌蛙科　Dicroglossidae

泽陆蛙　*Fejervarya multistriata*　　　　英文名：Paddy Frog

形态特征　体长 38 ~ 49 mm。背部皮肤粗糙，体背面有数行长短不一的纵肤褶，褶间、体侧及后肢背面有小疣粒，体腹面皮肤光滑。两眼间有"V"形斑，肩部一般有"W"形斑，有些个体具有宽窄不一的青绿色或浅黄色脊线纹。

习　　性　栖息于平原、丘陵和海拔 2000 m 以下的稻田、沼泽、水塘、水沟等静水域或其附近的旱地草丛。主要以昆虫为食。

观察时间　4 月至 9 月。

校园分布　北大山。

蛙科　Ranidae

黑斑侧褶蛙　*Pelophylax nigromaculatus*　　　英文名：Black-spotted Pond Frog

形态特征　体长 62～74 mm。背面皮肤较粗糙，不同个体间体色和斑纹存在一定差异，有淡绿色、黄绿色、深绿色、灰褐等颜色，杂有许多大小不一的黑斑纹，如体色较深，黑斑则不甚明显。多数个体自吻端至肛前缘有淡黄色或淡绿色的脊线纹，背侧褶金黄色、浅棕色或黄绿色，部分个体沿背侧褶下方有黑纹，或断续成斑纹。自吻端沿吻棱至颞褶处有 1 条黑纹，四肢背面浅棕色，前臂常有棕黑横纹 2～3 条，股、胫部各有 3～4 条。

习　　性　栖息于平原或丘陵的水田、池塘、湖沼区及海拔 2200 m 以下的山地。雨后和夜间活跃。会跳跃捕食飞行昆虫以及其他无脊椎动物，偶尔会取食其他小型蛙类。

观察时间　3 月至 9 月。

校园分布　北大山。

爬 行 纲

02

爬行纲（Reptile）动物由两栖类进化而来，心脏有两心房一心室，心室有不完全隔膜，体温不恒定。爬行类动物不仅在成体结构上进一步适应陆地生活，其繁殖也脱离了水的束缚，与鸟类、哺乳类共称为羊膜动物；其躯体骨化程度和呼吸系统对氧气的获取较两栖动物也发生了进一步的进化。这些生理结构变化是脊椎动物向陆地扩散分布的革命性特征，使得爬行纲动物成为真正适应陆地生活的变温脊椎动物。

根据爬行动物数据库网站（http://www.reptile-database.org/）统计，全球目前已知爬行动物种类为12162种（截至2024年6月30日）种，世界爬行动物分属5个目，即喙头目（Rhynchocephaliformes）、龟鳖目（Testudoformes）、蜥蜴目（Lacertiformes）、蛇目（Serpentiformes）和鳄目（Crocodylia）。我国爬行动物分类系统将蜥蜴目和蛇目合称为有鳞目（Squamata）。《中国生物物种名录》（2024版）记录我国爬行动物共656种，占世界爬行动物物种数约5.4%。根据最新统计数据，江苏省共有爬行类2目18科54种。当前，至少21%的爬行动物为全球受胁物种，气候变化、砍伐、城市化、环境污染和外来物种入侵等是导致爬行动物受胁的重要因素。

经观察，在南京林业大学共发现爬行动物1目3科6种；其中包括IUCN（VU易危）物种1种，为黑眉锦蛇（*Elaphe taeniura*）。

壁虎科　Gekkonidae

多疣壁虎 *Gekko japonicus*　　　　　　　　　　英文名：Schlegel's Japanese Gecko

形态特征　体长 12～13 cm。身体扁平，背面灰褐色，有 5～6 条深色横斑纹，体被疣鳞高而密，枕部有较大的圆鳞，指、趾间有蹼迹，第一指、趾无爪，指、趾底面有单排皮瓣；尾基两侧各有大疣 2～3 个；尾背有 9～12 枚褐色横斑。

习　　性　栖息在建筑物的缝隙及岩缝、石下、树下或草堆柴堆内。常见于夜间光源附近，捕食趋光性昆虫。

观察时间　4 月至 9 月。

校园分布　校园各处建筑墙壁上。

无蹼壁虎　*Gekko swinhonis*　　　　英文名：Peking Gecko

形态特征　体长10～15 cm。头、颈、躯干、尾及四肢均有深或浅色斑。指（趾）端膨大，指（趾）间无蹼，膨大处具5～9个攀瓣。四肢背面被颗粒状小鳞。腹面的鳞片覆瓦状排列。尾略侧扁，基部每侧有肛疣2～3个，雄性较大。颈及躯干背面形成6～7条横斑，尾背面形成11～14条褐色横斑。

习　　性　栖息在建筑物的缝隙及岩缝、石下、树下或草堆柴堆内。习性和多疣壁虎类似，这两种壁虎常同时出现在光源附近捕食趋光性昆虫。

观察时间　4月至9月。

校园分布　校园各处建筑墙壁上。

石龙子科　Scincidae

宁波滑蜥　*Scincella modesta*　　　　　英文名：Modest Ground Skink

形态特征	体长 12～15 cm。小型蜥蜴，体小且细长；背面古铜色，散布黑褐色点斑或线纹；体两侧各有 1 条黑褐色纵纹，自吻端延伸至尾；腹面灰白色。
习　　性	多见于向阳坡面溪边卵石间和草丛下的石缝。以小型无脊椎动物为食。具有冬眠习性。
观察时间	4 月至 9 月。
校园分布	北大山。

游蛇科　Colubridae

黑眉锦蛇　*Elaphe taeniura*　　　　英文名：Beauty snake

IUCN 受胁等级　易危（VU）

形态特征　体长 22～160 cm。体型较大的无毒蛇。头略大，与颈明显区分，瞳孔圆形，躯尾修长。头部黄绿色，眼后有一条粗黑眉纹，故名黑眉锦蛇。

习　　性　平原、丘陵和山区均有踪迹。主要以啮齿类动物为食，有时也会捕捉其他小型脊椎动物。具有冬眠习性。

观察时间　4 月至 9 月。

校园分布　北大山。

乌梢蛇　*Zaocys dhumnades*　　　　英文名：Chinese rat snake

形态特征	体长 58～260 cm。大型无毒蛇，全长一般 2 m 左右。眼大，瞳孔圆形，背鳞行偶数，通体绿褐色，有黑色纵线 4 条。
习　　性	栖息于平原、丘陵或山区。出没于耕作地及其周围、水域附近。白昼活动。主要以蛙类、啮齿类为食。具有冬眠习性。
观察时间	4 月至 9 月。
校园分布	北大山。

有鳞目　游蛇科

赤链蛇 *Elaphe taeniura* 　　　　　　　　英文名：Beauty snake

形态特征	体长 17～110 cm。体型中等偏大的无毒蛇。头略大，吻端宽扁，与颈可以区分。眼小，瞳孔直立椭圆形，躯尾较长，背面黑褐色，有约等距排列的红色横版。
习　性	栖息于平原、丘陵、山区的田野和村舍附近。主要以两栖动物为食，多于傍晚或夜间活动觅食。
观察时间	4月至9月。
校园分布	北大山。

03

鸟　纲

鸟纲（Aves）动物是一类适应飞翔生活的高等脊椎动物类群，为恒温动物，由爬行动物进化而来。鸟类呈流线型的身体、全身被羽、中空的骨骼、特化为翼的前肢以及双重呼吸等形态和生理特性都是其适应飞翔生活的重要特征。

根据 BirdLife International 网站（https://www.birdlife.org/）统计，目前全球已知鸟类共 11197 种（截至 2024 年 6 月 29 日），隶属于 44 个目，253 科，其中全球受胁物种 1354 种，极危物种 223 种。根据《中国鸟类分类与分布名录》（第 4 版）记录，我国目前共有鸟类 1507 种（2571 种及亚种），隶属于 26 目 115 科 506 属，约占世界鸟类种数的 13.5%。其中，中国一级保护鸟类共有 88 种，中国二级保护鸟类共有 306 种，中国鸟类特有种共 109 种。根据最新统计数据，江苏省共有鸟类 21 目 80 科 482 种，其中国家重点保护鸟类 123 种。

根据鸟类的生态类型，我国的鸟类可分为游禽、涉禽、攀禽、陆禽、猛禽、鸣禽 6 种类型。根据鸟类的居留型，可分为留鸟、候鸟（包括冬候鸟与夏候鸟）、旅鸟、迷鸟、逸鸟 5 种类型。鸟类是我们日常生活中最常见的野生动物，他们数量多、分布广、易于观察，是衡量环境好坏的重要生态指标。栖息地的丧失、气候变化、森林的无序砍伐等是导致鸟类受胁的主要因素。

经观察，南京林业大学共记录到鸟类 15 目 38 科 103 种，大部分为森林栖息型鸟类。

雉科　Phasianidae

灰胸竹鸡 *Bambusicola thoracicus*
英文名：Chinese Bamboo Partridge

居 留 型	留鸟。
形态特征	体长 24～37.5 cm，体重 242～325 g。额、眉纹和颈部蓝灰色，与脸、喉和上胸的棕色对比明显，上背、胸侧和两胁有大块月牙状褐色斑，外侧尾羽栗色。
习　　性	常集群活动在灌木丛、竹林中。以植物种子、嫩芽以及其他小型脊椎和无脊椎动物为食。
观察时间	全年。
校园分布	北大山（偶见）。

鸟纲 Aves 019

鸡形目

雉科

雁形目 | 鸭科

鸟纲 Aves

| 鸭科　Anatidae |

豆雁　*Anser fabalis*　　英文名：Bean Goose

居留型	冬候鸟。
形态特征	体长 72～80 cm，体重 2200～4100 g。外形和大小似家鹅，雌雄相似。头、颈棕褐色，肩、背灰褐色，具淡黄白色羽缘。初级和次级飞羽黑褐色，最外侧几枚飞羽外翈灰色，三级飞羽灰褐色。初级、次级覆羽黑褐色，具黄白色羽缘。尾黑褐色，尾羽末端白色。
习　性	冬季常见于长江中下游洪泛湿地，常成大群活动。具有列队飞行的习性，由 1 只有经验的头雁领队飞行，雁群的速度、队形、目的地均由头雁决定。在春秋迁徙季，豆雁习惯在夜间进行长距离飞行以减少捕食者的威胁。主要以植物性食物为食。
观察时间	3 月至 4 月；9 月至 10 月。
校园分布	操场上空（偶见）。

雁形目　鸭科

䴙䴘目 | 䴙䴘科

䴙䴘科　Podicipedidae

小䴙䴘　*Tachybaptus ruficollis*
英文名：Little Grebe

居留型	留鸟。
形态特征	体长 22～32 cm，体重 160～275 g。繁殖期喉部和前颈羽色偏红，顶冠和颈部后方深灰褐色，上体褐色，下体偏灰，嘴裂处具明显淡黄色斑。非繁殖期上体灰褐色，下体白色。虹膜黄色，喙黑色而尖端色浅。
习　性	栖息于开阔水域和多水生生物的湖泊、沼泽、水田。常单独或成小群活动，善于潜水捕食，很少飞行，受惊扰时，会急扇翅膀，贴近水面做短距离飞行。主要以小鱼和水生无脊椎动物为食。营巢于漂水植被上，可借助植被腐烂发酵的温度孵卵。
观察时间	12 月至次年 2 月。
校园分布	紫湖溪（偶见）。

鸠鸽科　Columbidae

山斑鸠　*Streptopelia orientalis*　　　英文名：Oriental Turtle Dove

居 留 型	留鸟。
形态特征	体长 30 ~ 36 cm，体重 175 ~ 323 g。颈侧具明显的黑白条纹，上体具深色扇贝状纹，腰部为灰色，尾长及其张开时的白色与珠颈斑鸠差异明显。
习　　性	常成对或集群在地面觅食。杂食性，以植物种子和果实为食，偶尔也会取食小型无脊椎动物。
观察时间	全年。
校园分布	校内各区域常见。

珠颈斑鸠 *Spilopelia chinensis*   英文名：Spotted Dove

居 留 型	留鸟。
形态特征	体长 27.5～34 cm，体重 120～200 g。较山斑鸠尾长，颈部黑色具明显的白色点状斑块。尾羽展开时，末端白色部分中断。
习　　性	常成对或集群在地面觅食。食性与山斑鸠类似。
观察时间	全年。
校园分布	校内各区域常见。

鸽形目　鸠鸽科

鹃形目 杜鹃科

杜鹃科 Cuculidae

噪鹃 *Eudynamys scolopaceus* 英文名：Western Koel

居留型 夏候鸟。

形态特征 体长 37～43 cm，体重 175～242 g。雄鸟通体乌黑泛幽蓝色金属光泽，喙黄绿色，虹膜血红色，脚蓝灰色。雌鸟上体、翼和尾部深褐色，密布阵列状的白色星斑，下体密布深褐色星斑。

习　　性 常躲在林冠层，经常发出响亮的叫声，极其隐蔽不易观察。有巢寄生行为，偏好寄生于鸦科（如灰喜鹊、喜鹊、红嘴蓝鹊等鸟类）的巢穴。杂食性，以各类小型脊椎、无脊椎动物和植物果实为食。

观察时间 5 月至 9 月。

校园分布 北大山、教学九楼、教学五楼等附近。

大鹰鹃 *Hierococcyx sparverioides*
英文名：Large Hawk-Cuckoo

居留型	夏候鸟。
形态特征	体长 35～41 cm，体重 135～168 g。外形似鸽，但喙稍细长。羽色与小型鹰类相似，但嘴尖端无利钩，脚细弱而无锐爪。头灰，背灰褐，尾具宽阔横斑，喉及上胸具纵纹，下胸和腹部密布横斑，两性相似。喙峰稍向下弯曲。
习 性	一般栖息于山脉丘陵的周边林地。与大多数杜鹃科鸟类一样，通常只能听到它特有的鸣声，身形隐匿于高大乔木的冠层。羽色和飞行状态模仿松雀鹰，以惊吓其他小型鸟类从而方便自身的巢寄生行为。主要以昆虫为食，有时也会取食植物果实。
观察时间	5月至9月。
校园分布	北大山（偶见）。

鹃形目　杜鹃科

四声杜鹃 *Cuculus micropterus*　　　　英文名：Western Koel

居 留 型	夏候鸟。
形态特征	体长 31～33.5 cm，体重 100～146 g。似大杜鹃，区别在于尾部灰色并具黑色次端条带、虹膜较暗，灰色头部与深灰色背部形成对比，雌鸟较雄鸟体羽多褐色（图为幼鸟）。
习　　性	栖于原生林和次生林的林冠层，通常单独或成对活动。常闻其声，不易见。主要以昆虫为食，尤其是鳞翅目幼虫，有时也吃植物种子等少量植物性食物。
观察时间	5 月至 9 月。
校园分布	北大山（偶见）。

大杜鹃 *Cuculus canorus*   英文名：Common Cuckoo

居 留 型	夏候鸟。
形态特征	体长 26～34 cm，体重 90～153 g。成年雄鸟上部灰暗，尾羽黑褐色，具白色斑点和末端，腹部灰白相间，具黑色条纹。雌鸟相似，部分具红褐色上胸，具黄色眼环，虹膜浅棕色至橙色。喙黑色，基部黄色，脚黄色。幼鸟具白色颈背斑点，冠羽和背部羽毛尖端白色。
习　　性	栖息于开阔的森林地带和大面积芦苇地，有时停在电线上寻找大苇莺的巢寄生。偏好有林地带，尤其靠近水源的区域。
观察时间	5月至9月。
校园分布	北大山（偶见）。

鹭科 Ardeidae

夜鹭 *Nycticorax nycticorax*　　　　　　　英文名：Black-crowned Night Heron

居 留 型	留鸟。
形态特征	体长 48～58.5 cm，体重 500～685 g。体态敦实的鹭类，颈部常向内缩起。成鸟头顶和背部蓝黑色，翼上灰色，腹部白色，虹膜红色，幼鸟羽色明显不同，整体褐色，布满斑点，虹膜黄色。
习　　性	常结群站立于水边的枝干上。白天休息，夜间捕食。主要以鱼类、两栖类和甲壳类无脊椎动物为食。
观察时间	全年。
校园分布	紫湖溪（偶见）。

鹈形目　鹭科

鸟纲 Aves

池鹭 *Ardeola bacchus*　　　　　　　　　　　英文名：Chinese Pond Heron

居 留 型	夏候鸟。
形态特征	体长 47～54 cm，体重 270～320 g。深色的头部将其明显区别于其他鹭类。体型中等，常见于各种沼泽生境。繁殖期成鸟头部、颈部及胸部栗色，白色翅膀上方覆盖着蓝黑色饰羽。非繁殖期成鸟和幼鸟除白色翅膀外，其他部位均为褐色。
习　　性	栖于稻田、水塘等区域，单独或分散小群觅食，主要以鱼类和两栖类为食。
观察时间	5月至9月。
校园分布	紫湖溪（偶见）、操场（傍晚时于觅食地和停歇地迁飞）。

鹈形目　鹭科

白鹭 *Egretta garzetta*　英文名：Little Egret

居留型	留鸟。
形态特征	体长 54～62.5 cm，体重 350～540 g，白色的小型鹭类。喙黑色、细长，腿黑色，脚黄色。繁殖期成鸟有两条细长的头部饰羽，下背部有白色蓑状饰羽。
习　　性	广布于各种湿地、湖泊、河流和河口生境。单独或集松散的小群活动，集群筑巢和栖息。主要以鱼类和两栖动物为食物。
观察时间	全年。
校园分布	紫湖溪（偶见）。

鹈形目　鹭科

鸟纲 Aves 033

鹈形目 | 鹭科

034 / 南林野韵：校园陆生脊椎动物图鉴

鲣鸟目 鸬鹚科

鸬鹚科　Phalacrocoracidae

普通鸬鹚 *Phalacrocorax carbo*
英文名：Great Cormorant

居留型	冬候鸟。
形态特征	体长 72～90 cm，体重 1340～2250 g，雌雄相似。通体黑色，伴绿褐色金属光泽。喙基和喉囊橙黄色，脸颊及喉白色。夏羽颈及头饰具白色丝状羽，冬羽则消失，两胁具白色斑块。亚成鸟深褐色，下体污白。
习　　性	栖息于河流、湖泊、池塘、水库、河口及其沼泽地带，常停栖在岩石或树枝上。主要通过潜水捕食各种鱼类。
观察时间	11 月至次年 2 月。
校园分布	操场上空（偶见）。

鲣鸟目　鸬鹚科

鹬科 Scolopacidae

丘鹬 *Scolopax rusticola* 英文名：Eurasian Woodcock

居 留 型 冬候鸟。

形态特征 体长约 35 cm，体重 205～415 g，雌雄相似。体形矮胖，腿短而喙较长。羽毛以黄褐色为主，头顶和枕部具有带状横纹，尾羽黑色，末端呈黄灰色。下体呈白色且密布暗色横斑。

习　　性 主要栖息于潮湿、阴暗、落叶层较厚的混交林和阔叶林中。白天常隐伏林中，黄昏时飞到森林附近的湿地觅食。主要以蚯蚓、鞘翅目、鳞翅目和双翅目等昆虫及其幼虫为食。

观察时间 11 月至次年 2 月。

校园分布 北大山（偶见）。

白腰草鹬 *Tringa ochropus* 　　　　　　　　　　英文名：Green Sandpiper

居 留 型	冬候鸟。
形态特征	体长 20～25.5 cm，体重 60～104 g。腹、臀部白色。飞行时翼下黑色、腰部白色和尾部横斑明显。
习　　性	主要栖息于山地或平原森林中的湖泊、河流、沼泽和水塘附近，以水边的各类小型无脊椎动物为食物。
观察时间	12 至次年 2 月。
校园分布	紫湖溪（偶见）。

鸮形目 鸱鸮科

鸱鸮科　Strigidae

斑头鸺鹠 *Glaucidium cuculoides*
英文名：Asian Barred Owlet

居留型	留鸟。
保护等级	国家二级。
形态特征	体长 25～26 cm，体重 150～210 g。无耳羽，整体棕褐色并具浅色横纹；颏纹白色，肩部具 1 条白色斜纹，腹部白色具棕褐色纵纹；虹膜黄褐色；喙、脚黄绿色，跗跖被羽。
习　　性	栖息于从平原、低山丘陵到海拔 2000 m 左右的阔叶林、混交林、次生林和林缘灌丛，也出现于村寨和农田附近的疏林中。大多单独或成对活动。主要以昆虫和小型脊椎动物为食，有时也会捕食鸟类和啮齿类动物。
观察时间	全年。
校园分布	常于北大山、樱花大道及行政楼附近活动，其他区域偶有记录。

鹰形目 鹰科

鹰科　Accipitridae

蛇雕　*Spilornis cheela*　　　　　　　　　　　　英文名：Crested Serpent Eagle

居留型	旅鸟。
保护等级	国家二级。
形态特征	体长 59～64 cm，体重 1150～1700 g。体态结实的森林性大型褐色猛禽。停栖时，可由以下几点形态特征迅速辨识：鲜黄色的眼先部裸皮、布满白斑点的腹和翼下，以及松散的黑白羽冠。
习　性	常于晴天在高空盘旋搜寻猎物，主要以蛇类为食，也捕食鸟类或其他小型脊椎动物。
观察时间	5月至9月。
校园分布	北大山上空过境（罕见）。

凤头鹰 *Accipiter trivirgatus*　　　　英文名：Crested Goshawk

居 留 型	留鸟。
保护等级	国家二级。
形态特征	体长 41～49 cm，体重 370 g。体态强健的林栖性猛禽，尤其偏好丘陵林地。成鸟头灰色，翅膀褐色，下体白色具深褐色横纹，喉部有黑色纵纹。亚成鸟似成鸟，但花纹较不明显，头褐色，胸腹部具水滴状斑点。脚趾较短且粗壮，这点可用于区分松雀鹰。
习　　性	栖息在 2000 m 以下的山地森林和山脚林缘地带，有较强的领域行为，常驱赶周边有威胁的其他猛禽。主要以蛙、蜥蜴、鼠类、昆虫等动物性食物为食，有时也会捕食鸟类和体型稍大一些的哺乳动物。
观察时间	全年。
校园分布	北大山。

赤腹鹰 *Accipiter soloensis*   英文名：Chinese Goshawk

居留型	夏候鸟。
保护等级	国家二级。
形态特征	体长 26.5～28.5 cm，体重 108～132 g。雌、雄鸟体色大致相同。翼短而尖，后缘平直，尾羽短，有数条黑色横斑。成鸟头部至背面蓝灰色，胸腹部橙色。飞行时可见翼尖黑色，飞羽外缘黑色形成 1 条细黑带，翼下及腹面没有斑纹。雄鸟虹膜黑色、雌鸟黄色。
习　　性	栖息于山地森林和林缘地带，也见于低山丘陵和山麓平原地带的小块丛林，有时也见于开阔地带。以蛙类和爬行动物为食，有时也会捕食鸟类和小型啮齿动物。
观察时间	5 月至 9 月。
校园分布	北大山。

雌鸟　　　雄鸟

松雀鹰 *Accipiter virgatus*　　　　英文名：Besra Sparrow Hawk

居留型	留鸟。
保护等级	国家二级。
形态特征	体长 28～31.5 cm，体重 188～192 g。中等体型的深色鹰。似凤头鹰但体型较小并缺少冠羽。区别于凤头鹰，松雀鹰脚趾较细，中趾明显长于其他脚趾。
习　性	通常栖息于高海拔山地针叶林、阔叶林和混交林中，冬季时则会到海拔较低的山区活动，常单独生活。林间飞行能力较强，主要以小型雀形目鸟类为食，偶尔也会取食昆虫或其他小型脊椎动物。
观察时间	全年。
校园分布	北大山（偶见）。

鹰形目 鹰科

雀鹰 *Accipiter nisus*　　　　　　英文名：Eurasian Sparrowhawk

居 留 型	旅鸟。
保护等级	国家二级。
形态特征	体长 31～41 cm，体重 130～300 g。雄鸟头、背部青灰色，眉纹白色，喉部布满褐色纵纹。有 6 枚翼指，下体具细密的红褐色横斑。雌鸟上体灰褐色，头后少许白色，眉纹白色，喉具褐色细纵纹，下体白色或淡灰白色，具褐色横斑，尾部有 4～5 道黑褐色横斑。
习　　性	栖息于山地森林和开阔的林地。日行性，常单独活动。捕食雀形目小型鸟类、昆虫及鼠类等。
观察时间	2 月至 5 月；9 月至 11 月。
校园分布	北大山（偶见）。

鹰形目

鹰科

黑鸢 *Milvus migrans*　　　　　　　　　　　　　　　　　　英文名：Black Kite

居留型	留鸟。
保护等级	国家二级。
形态特征	体长 54～66 cm，体重 1015～1150 g。上体暗褐色，下体颜色较浅。具黑色过眼纹，尾较长，呈叉状，飞羽具宽度相等、深浅相间排列的横斑。飞翔时初级飞羽基部左右各有一枚大的白斑。浅叉型尾，飞行时尾部张开成平尾形。
习性	喜开阔区域，善于在晴朗的天气借助上升气流在高空盘旋。主要以小型鸟、鼠类、蛇、蛙、鱼、野兔、蜥蜴和昆虫等动物性食物为食，偶尔也取食家禽和腐肉，是南京地区最常见的猛禽。
观察时间	全年。
校园分布	学校各区域上空常见。

鹰形目　鹰科

灰脸鵟鹰 *Butastur indicus*　　　　　　英文名：Grey-faced Buzzard

居留型	旅鸟。
保护等级	国家二级。
形态特征	体长 39～46 cm，体重 375～447g。成鸟整体褐色，胁部具褐色斑点，腹部具褐色条纹，喉部中央及两侧有黑纵纹，白色眉纹明显，翼下多白色。幼鸟头部及腹部的白色明显多于成鸟，背部和翅膀显得更斑驳。修长且平直的翅膀是其识别的重要特征之一。
习　　性	迁徙时常集成大群。在位于山林地带的繁殖地常可听到其双音节哨声。
观察时间	5月至9月。
校园分布	操场上空过境（罕见）。

鹰形目　鹰科

犀鸟目 戴胜科

鸟纲　Aves　049

戴胜科　Upupidae

戴胜　*Upupa epops*
英文名：Eurasian Hoopoe

居留型	留鸟。
保护等级	国家二级。
形态特征	体长 26.5～31.5 cm，体重 53～81 g。头顶羽冠长而阔，展开时呈扇形。通体淡棕色，站立时飞羽及背部呈黑白相间色型。区别于啄木鸟，戴胜的喙细长，有利于寻找土壤下的各类食物。
习　性	倾向于栖息在半开阔的生境，如灌木丛生的荒野、农地、果园、草坪等。细长的喙善于在地面翻动寻找食物，被戴胜翻找过的土壤会留下一个个圆形孔洞。主要以土壤无脊椎动物为食。
观察时间	全年。
校园分布	新图书馆附近草坪，林下草地。

犀鸟目　戴胜科

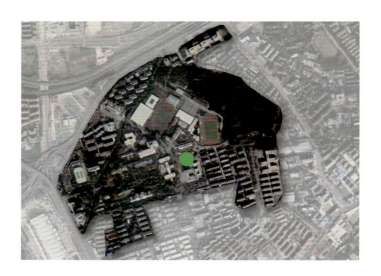

佛法僧科 Coraciidae

三宝鸟 *Eurystomus orientalis*　　　　英文名：Oriental Dollarbird

居 留 型　夏候鸟。

形态特征　体长 24～29 cm，体重 108～194 g。成鸟通体为富有光泽的蓝绿色，头部色深近黑色夹杂钴蓝色羽毛，下体颏及喉部带有钴蓝色纵纹，虹膜暗褐色。喙和脚为鲜艳的朱红色。雄鸟体色鲜亮，雌鸟体色稍暗淡。飞翔时，翼缘黑色，左右初级飞羽具白斑。

习　　性　筑巢于洞穴中（通常为树洞）。常停栖于电线上或高大的枯树顶部。叫声怪异沙哑，善于飞行捕食，主要以金龟甲、叩头虫、天牛等多种昆虫为食物。

观察时间　4月至9月。

校园分布　新图书馆附近、北大山（罕见）。

翠鸟科 Alcedinidae

普通翠鸟 *Alcedo atthis* 英文名：Common Kingfisher

居 留 型	留鸟。
形态特征	体长 15~17.5 cm，体重 24~32 g，常见的小型翠鸟。上体浅蓝绿色并泛金属光泽，颈侧具白色斑，下体橙棕色，颏部白色。
习　　性	见于水域附近，常停栖于水面上方的树枝上。飞行时常快速掠过水面，捕食时常停歇于水面附近，发现猎物时猛然扎进水面。主要以小鱼为食，有时也会取食水生甲壳类和昆虫及其幼虫。
观察时间	全年。
校园分布	北大山、紫湖溪水域附近。

啄木鸟科 Picidae

斑姬啄木鸟 *Picumnus innominatus*　　　　　英文名：Speckled Piculet

- **居留型**　留鸟。
- **形态特征**　体长 9.5~11 cm，体重 10~16 g，体型很小的啄木鸟。通体橄榄绿色，喙短而粗壮，向颈后逐渐过渡至橄榄绿色。具白色眉纹，过眼纹黑褐色，其下有一白纹，皆向下延伸至颈部。下体白色，喉具黑斑，胸及两胁布满黑褐色圆形点斑，向下逐渐过渡为横纹。尾短，主要为黑色，中央和最外侧白色。脚灰色。
- **习　　性**　主要栖息于低海拔山地阔叶林、竹林、灌丛等生境。主要以各类森林昆虫为食。同类之间会通过叩击树木或竹子来传递不同信息。
- **观察时间**　全年。
- **校园分布**　新青年广场、北大山、南大山公寓。

灰头绿啄木鸟 *Picus canus*　　　　英文名：Grey-faced Woodpecker

居 留 型	留鸟。
形态特征	体长 26.5～31.5 cm，体重 120～159 g，中等体型的绿色啄木鸟。通体绿色。下体全灰，颊及喉亦灰色。雄鸟前顶红色，眼先极狭窄，颊纹黑色。
习　　性	主要栖息于低山阔叶林和混交林。以各类昆虫幼虫为食，有时也会取食植物果实和种子。相比其他啄木鸟存在更强的地栖性，会在地面寻找食物。
观察时间	全年。
校园分布	北大山、樱花大道附近（偶见）。

啄木鸟目　啄木鸟科

啄木鸟目 啄木鸟科

星头啄木鸟 *Picoides canicapillus* 英文名：Grey-capped Woodpecker

居留型	留鸟。
形态特征	体长 14～16.5 cm，体重 27～30 g。上体黑色，下体灰白色且具黑色纵纹，整体沾有淡黄灰色调。雄鸟枕部的红色小斑点通常不可见。尾下覆羽没有红色，在野外可用于区分大斑啄木鸟。
习　　性	小型啄木鸟，栖于混合落叶林地。主要以各类侵蚀乔木的昆虫幼虫为食。
观察时间	全年。
校园分布	北大山、新青年广场。

大斑啄木鸟 *Dendrocopos major*   英文名：Great Spotted Woodpecker

居 留 型	留鸟。
形态特征	体长 20 ~ 24 cm，体重 63 ~ 79 g，体型中等的黑白相间的啄木鸟，常见。雄鸟枕部具狭窄红色带而雌鸟无。两性臀部均为红色，是区别于星头啄木鸟的显著标志。
习 性	栖息于山地和平原针叶林、针阔叶混交林和阔叶林中，尤以混交林和阔叶林较多，也出现于林缘次生林和农田地边疏林及灌丛地带。主要以各类森林昆虫为食，有时也会取食植物果实。
观察时间	全年。
校园分布	北大山、新青年广场。

隼科 Falconidae

红隼 *Falco tinnunculus*　　　　英文名：Common Kestrel

居 留 型	留鸟。
形态特征	体长 31～38 cm，体重 140～300 g。雌雄两态。雄鸟头顶、头侧、后颈和颈侧呈蓝灰色，带有细黑色羽干纹；前额、眼先和眉纹棕白色，胸部、腹部和两胁棕黄色或乳白色，带有黑褐色纵纹；背部、肩部和翅膀为砖红色。雌鸟略大于雄鸟，整体为棕红色。
习　　性	分布广泛，常栖息于山地森林、低山丘陵、草原、旷野以及城市公园等各种生境中。主要捕食小型哺乳动物，也会捕食雀形目鸟类、蛙、蜥蜴和昆虫等。
观察时间	全年。
校园分布	北大山、研究生大楼。

游隼 *Falco peregrinus*　　　　　　　　　英文名：Peregrine Falcon

居 留 型	旅鸟。
保护等级	国家二级。
形态特征	体长 34～50 cm，体重 550～1500 g，雌鸟体型大于雄鸟。整体呈深色，头部黑色，头顶及脸颊黑色或有黑色条纹，颈部黑色带蓝色光泽。上体有黑色点斑及横纹。身体末端白色，羽干纹黑色。
习　　性	游隼的适应能力强，通常选择栖息于视野开阔、食物丰富的生境，栖息地类型丰富。喜捕食较大体型的鸟类。
观察时间	2月至5月；9月至11月。
校园分布	操场上空（偶见）。

雀形目 山椒鸟科

山椒鸟科　Campephagidae

小灰山椒鸟　*Pericrocotus cantonensis*　　英文名：Swinhoe's Minivet

居 留 型　夏候鸟。

形态特征　体长 16～20 cm，体重 16～24 g。前额明显白色，腰及尾上覆羽浅皮黄色。区别于灰山椒鸟，小灰山椒鸟额部的白色部分延伸至眼后，且腹部灰色较多。

习　　性　栖于低海拔及山脚下的林地中。常呈 5～10 只的小群活动，飞行时鸣声短促连续。主要以叩头虫、甲虫、蝽象、蝼蛄等鞘翅目、鳞翅目、同翅目等昆虫和昆虫幼虫为食。

观察时间　5 月至 9 月。

校园分布　全校各区域均有活动。

暗灰鹃䴗 *Lalage melaschistos*　　　　英文名：Black-winged Cuckooshrike

居 留 型	留鸟。
形态特征	体长 20 ~ 24.5 cm，体重 30 ~ 50 g。雄性呈深灰色，具金属蓝灰光泽，腰及尾上覆羽色较浅，下体颜色渐淡至腹部和尾下覆羽。雌鸟与雄鸟相似，但整体颜色偏浅，下体常有细微的灰色横纹。幼鸟上体棕黑，下体灰褐色，全身覆盖白色鳞状斑点，飞羽有宽大白色端斑。
习　　性	栖息于海拔 300 ~ 2450 m 的各种林地生境中，包括阔叶林、竹林等，非繁殖季节可下移至更低海拔的区域。主要食物为昆虫，如毛虫、甲虫和蜡象等，偶尔吃植物果实。
观察时间	全年。
校园分布	北大山。

雀形目　山椒鸟科

卷尾科 Dicruridae

黑卷尾 *Dicrurus macrocercus* 　　　　　　　　　　　　　英文名：Black Drongo

居 留 型	夏候鸟。
形态特征	体长 30 ~ 35 cm，体重 40 ~ 70 g。全身蓝黑色而具金属光泽，尾长且分叉较深。幼鸟似成鸟，金属光泽弱，下腹部具近白色的横纹。虹膜深色，嘴黑色，脚黑色。
习　　性	常见于城乡交界处的田野，站立于路边的电线或枯枝上。繁殖期性情凶猛，敢于攻击威胁鸟巢的猛禽和其他大型动物。飞行技巧高超，擅长捕食空中飞行的昆虫，主要以蜻蜓、蝗虫、胡蜂、金花虫、瓢、蝉、天社蛾幼虫为食。
观察时间	5 月至 9 月。
校园分布	北大山（偶见）。

灰卷尾 *Dicrurus leucophaeus*　　　　　　　　英文名：Ashy Drongo

居留型	夏候鸟。
形态特征	体长 25～32 cm，体重 40～75 g，中等体型的灰色卷尾。通体灰色，喙峰稍曲，先端具钩，具喙须。一般翅形长而稍尖，尾长而呈叉状，但不及黑卷尾叉深，尾羽 10 枚，上有不明显的浅黑色横纹。
习　性	主要栖息于平原丘陵地带、村庄附近、河谷或山区，以及停留在高大乔木树冠顶端或山区岩石顶上。食性与黑卷尾类似，但相较于黑卷尾更偏于在山脉林缘活动。
观察时间	5 月至 9 月。
校园分布	北大山（偶见）。

雀形目　卷尾科

发冠卷尾 *Dicrurus hottentottus*　　　　　英文名：Hair-crested Drongo

居 留 型	夏候鸟。
形态特征	体长 28～35 cm，体重 40～75 g。通体黑色，上体、胸部及尾羽具金属光泽，酷似黑卷尾，但体型较粗大，外侧尾羽显著向上弯曲，从前额发出 10 余条发状羽毛形成冠羽，尾为深凹形，最外侧一对尾羽向外上方卷曲后，又朝内弯曲。
习　　性	栖息于海拔 1500 m 以下的低山丘陵和山脚沟谷地带，多在常绿阔叶林、次生林或人工松林中活动。单独或成对活动，很少成群。主要在树冠层活动和觅食，树栖性。主要以金龟甲、金花虫、蝗虫、蚱蜢、竹节虫、椿象、瓢虫、蚂蚁、蜂、蛇、蜻蜓、蝉等各种昆虫为食。
观察时间	5 月至 9 月。
校园分布	北大山（偶见）。

王鹟科　Monarchidae

寿带　*Terpsiphone incei*　　　　英文名：Chinese Paradise Flycatcher

居 留 型	夏候鸟。
形态特征	体长 17～49 cm，体重 15～30 g。雄鸟有栗色型和白色型，雌鸟则都是栗色型。雌雄两性均有小但可见的羽冠，头黑色，具蓝色眼圈。
习　　性	栖息于山区或丘陵地带的林区，常隐匿在树丛中，成对或数对活动。以各种小型昆虫为食，如天蛾、蝗虫、松毛虫等。
观察时间	5月至9月。
校园分布	北大山（罕见）。

伯劳科 Laniidae

红尾伯劳 *Lanius cristatus* 英文名：Brown Shrike

居 留 型	夏候鸟。
形态特征	体长 17～21 cm，体重 23～37 g，中等体型的淡褐色伯劳。喉白，成鸟前额灰、眉纹白，过眼纹黑色，头顶及上体褐色，下体皮黄。
习　　性	主要栖息于低山丘陵和山脚平原地带的灌丛、疏林和林缘地带，尤其在有稀矮树木和灌丛生长的开阔旷野、河谷、湖畔、路旁和田边地头灌丛中较常见。主要以昆虫为食，有时也会捕捉小型脊椎动物。会将猎物穿挂于树杈上，撕食其内脏和肌肉等柔软部分。
观察时间	5月至9月。
校园分布	教学五楼附近（罕见）。

棕背伯劳 *Lanius schach*   英文名：Long-tailed Shrike

居 留 型	留鸟。
形态特征	体长 22～28 cm，体重 42～72 g，体型略大且尾长的伯劳。成鸟背部浅灰色，下背部及两胁处呈现不同程度的橙色，具黑色贯眼纹，西部亚种则头部全黑。
习　　性	常活动栖息于草地、农田及其他开阔地。与红尾伯劳相比，脊椎动物性食物的占比更高，也具有将猎物穿刺在锐利物上撕食的习性。
观察时间	全年。
校园分布	北大山（偶见）。

鸦科　Corvidae

松鸦　*Garrulus glandarius*　　　　　英文名：Eurasian Jay

居 留 型	留鸟。
形态特征	体长 30～36 cm，体重 135～175 g。翅短，尾长，羽毛蓬松呈绒毛状。头顶有不明显羽冠，应激时能够竖立起来。羽色随亚种而不同，云南亚种额白，头顶黑色。其余亚种额和头顶红褐色，口角至喉侧有一粗著的黑色颊纹。上体葡萄棕色，尾上覆羽白色，尾和翅黑色，翅上有黑、白、蓝三色相间的横斑。
习　　性	一年中大多数时间都在山上，很少见于平地。针叶林和阔叶林或针阔叶混交林中均可遇见。一般远离人居。秋后开始过游荡生活，偶尔于城郊住宅附近活动。杂食性，以昆虫为主，也会取食雏鸟和鸟卵。
观察时间	5月至9月。
校园分布	北大山（偶见）。

灰喜鹊 *Cyanopica cyanus*   英文名：Azure-winged Magpie

居 留 型	留鸟。
形态特征	体长 32～42 cm，体重 73～132 g。成鸟额、头顶、枕、头侧及后颈为具金属光泽的黑色，黑色帽状色块下方的浅灰色羽毛围合成一不明显的灰白色领环，肩、背、腰和尾上覆羽土灰色。翼上灰蓝色，尾羽灰蓝色具白色端斑。下体颏、喉白色，余部淡灰白色。虹膜黑褐色，喙和脚黑色。
习　　性	生性喧闹，适应城市环境，常结群栖于开阔松林、阔叶林及公路等。以各类昆虫和植物果实为食。
观察时间	全年。
校园分布	校内广泛分布。

红嘴蓝鹊 *Urocissa erythroryncha*
英文名：Red-billed Blue Magpie

居留型	留鸟。
形态特征	体长 51～64 cm，体重 150～200 g。体长且尾长的鸦科鸟类。头黑而顶冠白色，嘴、脚红色，腹部及臀白色，尾楔形，外侧尾羽黑色而端白。
习　性	主要栖息在山区的常绿阔叶林、针叶林、针阔叶混交林以及次生林等多种森林类型中，也可以见于竹林、林缘疏林以及村旁和田边的树上。成群活动，不断地以喧闹、嘈杂、沙哑的叫声互相联络、交流。性凶猛，常驱赶其他鸟类。主要以昆虫等动物性食物为食。
观察时间	全年。
校园分布	樱花大道、北大山。

雀形目　鸦科

灰树鹊 *Dendrocitta formosae*　　　　　　　　　英文名：Grey Treepie

居 留 型　留鸟。

形态特征　体长 31 ~ 40 cm，体重 70 ~ 120 g。颈背灰色，尾长，下体深灰色，臀棕红色，腰及下背浅灰或白，两翼黑色，初级飞羽基部具白色斑块。

习　　性　常见于低海拔林地。主要以浆果、坚果等植物果实与种子为食，也吃昆虫等动物性食物。

观察时间　全年。

校园分布　北大山。

雀形目 鸦科

喜鹊 *Pica serica* 英文名：Oriental Magpie

居 留 型	留鸟。
形态特征	体长36～49 cm，体重190～266 g。体型中等的鸦科鸟类。羽色华丽，尾长，易辨识。羽色对比鲜明而独特：腹部及背部白色，飞羽上有白斑。在良好的光线条件下，翅膀呈蓝绿色金属光泽。
习 性	常见于开阔至半开阔地带。杂食性，主要以昆虫、雏鸟等小型脊椎动物为食，秋冬季会增加植物性食物的比例。
观察时间	全年。
校园分布	校内广泛分布。

山雀科 Paridae

黄腹山雀 *Pardaliparus venustulus* 英文名：Yellow-bellied Tit

居 留 型	留鸟。
形态特征	体长 8～11 cm，体重 9～14 g。体小而尾短的山雀。雌雄异色。下体黄色，翼上具两排白色点斑，喙短。
习　　性	栖息于海拔 500～2000 m 的山地。常结群活动于高大的针叶树和阔叶树上，或穿梭于灌丛间，有时与大山雀混群。主要取食昆虫，也吃植物性食物。
观察时间	全年。
校园分布	北大山。

燕科　Hirundinidae

大山雀　*Parus minor*　　　　　英文名：Japanese Tit

居 留 型	留鸟。
形态特征	体长 12～15 cm，体重 11.8～15.5 g。体型较大的山雀。成鸟头部整体为黑色，两颊各有 1 枚椭圆形大白斑，翼上有一条醒目的白色条纹，有一条黑色带沿胸部中央而下。
习　　性	栖息于低山和山麓地带的次生阔叶林、阔叶林和针阔叶混交林中，也出入于人工林和针叶林。主要以昆虫为食。
观察时间	全年。
校园分布	校内广泛分布。

家燕 *Hirundo rustica*　　　　　　　　　　　英文名：Barn Swallow

居 留 型　留鸟。

形态特征　体长 13～20 cm，体重 14～22 g。头顶、颈背部至尾上覆羽为带有金属光泽的深蓝黑色，翼黑色，飞羽狭长。颏、喉、上胸棕栗色，下胸、腹部及尾下覆羽浅灰白色，无斑纹。尾深叉形，蓝黑色，喙黑褐色，基部宽阔，跗跖和脚黑色，较纤弱。雌雄相似。

习　　性　栖息于人类居住的环境中，如房顶、屋檐、电线等人工建筑物上。常群聚站立在路边的电线上，善于高空滑翔盘旋。夏季傍晚常见于空旷的田野或水边捕食飞行昆虫。在中国的传统文化中，家燕有着家庭和睦的寓意。

观察时间　5月至9月。

校园分布　校内广泛分布。

金腰燕 *Cecropis daurica*   英文名：Red-rumped Swallow

居 留 型	留鸟。
形态特征	体长 15～21 cm，体重 18～30 g。中等体型的燕。腰部橙色，喉部及胸部白色并具清晰的细纹，尾下覆羽黑色呈长方形，尾羽黑色。
习　　性	主要栖息于低山丘陵至平原的村落、城镇等地。常与家燕混群活动，以各种飞行昆虫为食。
观察时间	5 月至 9 月。
校园分布	校内广泛分布。

鹎科　Pycnonotidae

领雀嘴鹎　*Spizixos semitorques*　　　　英文名：Collared Finchbill

居 留 型	留鸟。
形态特征	体长 16.5 ~ 21.5 cm，体重 35 ~ 50 g。中等体型的偏绿色的鹎。特征为喉白，嘴基周围近白，脸颊具白色细纹，尾端黑色。
习　　性	通常于次生植被及灌丛活动。结小群停栖于电线或竹林，飞行中捕捉昆虫为食。
观察时间	全年。
校园分布	北大山。

白头鹎 *Pycnonotus sinensis*　　英文名：Light-vented Bulbul

居 留 型	留鸟。
形态特征	体长 16～22 cm，体重 26～43 g，上体橄榄色，成鸟枕部白色，幼鸟为灰色，腹部灰白色。
习　　性	长江中下游及其以南地区的优势鸟类，栖息于低海拔的低山丘陵和平原地区的各类生境。杂食性，以各类昆虫和植物果实为食。
观察时间	全年。
校园分布	校内广泛分布。

雀形目　燕科

黑短脚鹎 *Hypsipetes leucocephalus*　　　　　　　　英文名：Black Bulbul

居 留 型	夏候鸟。
形态特征	体长 21～28 cm，体重 41～67 g。喙鲜红色，脚橙红色，尾呈浅叉状。有两种色型：一种通体黑色；另一种头、颈白色，其余通体黑色。
习　　性	主要栖息于低山丘陵或海拔较高的次生林、阔叶林和针阔混交林及林缘地带。杂食性，主要以昆虫等动物性食物为食，也吃植物的果实、种子等植物性食物。
观察时间	5月至9月。
校园分布	北大山。

雀形目 柳莺科

柳莺科　Phylloscopidae

黄眉柳莺　*Phylloscopus inornatus*　　　英文名：Yellow-browed Warbler

居留型	旅鸟。
形态特征	体长 8.5～11 cm，体重 6～9 g。具两道明显的近白色翼斑，翼斑中间的黑色部分明显，下体色彩从白色变至黄绿色。
习　性	性活泼，常结群且与其他小型食虫鸟类混群，栖于森林的中上层。以小型昆虫为食。
观察时间	4月至5月；9月至11月。
校园分布	北大山。

鸟纲 Aves

黄腰柳莺 *Phylloscopus proregulus*   英文名：Pallas's Leaf Warbler

居 留 型	旅鸟。
形态特征	体长 8.5～11 cm，体重 5～7.5 g。腰黄色，具 2 道浅色翼斑，下体灰白，臀及尾下覆羽沾浅黄，具黄色的粗眉纹和适中的顶纹，眼先为橘黄色，喙细小。
习 性	栖息于森林和林缘灌丛地带，常与其他柳莺混群活动，在林冠层穿梭跳跃。觅食昆虫及幼虫。
观察时间	5月至12月。
校园分布	北大山。

雀形目 柳莺科

冕柳莺　*Phylloscopus coronatus*　　　英文名：Eastern Crowned Warbler

居 留 型	旅鸟。
形态特征	体长 11.5 ~ 13 cm，体重 6 ~ 11 g。体型较大的柳莺。具近白色的眉纹和顶纹，上体绿橄榄色，飞羽具黄色羽缘，仅 1 道黄白色翼斑，下体近白，与柠檬黄色的臀成对比，眼先及过眼纹近黑。
习　　性	以林缘疏林、灌丛、河谷和路旁疏林灌丛地带较常见。主要以昆虫为食，包括有尺蠖蛾科幼虫、甲虫、螟蛾科幼虫、步行虫，以及其他半翅目、鞘翅目、膜翅目、蜉蝣目等昆虫及其幼虫。
观察时间	4 月至 5 月。
校园分布	北大山。

极北柳莺 *Phylloscopus borealis*　　　　　英文名：Arctic Warbler

居 留 型	旅鸟。
形态特征	体长 11 ~ 13 cm，体重 7 ~ 12 g。体型较修长的柳莺。具明显的黄白色长眉纹，上体深橄榄色，具甚浅的白色翼斑，第 2 道翼斑常模糊不可见，下体略白，两胁褐橄榄色；眼先及过眼纹近黑色。
习　　性	繁殖期间常单独成对活动，迁徙季则多成群，有时也和其他柳莺混群活动于乔木顶端。主要以昆虫为食。
观察时间	4 月至 5 月。
校园分布	北大山。

雀形目　柳莺科

雀形目 树莺科

树莺科　Scotocercidae

棕脸鹟莺　*Abroscopus albogularis*　　　英文名：Rufous-faced Warbler

居 留 型	留鸟。
形态特征	体长 8.5～10 cm，体重 4.5～7.5 g。头部棕黄色，顶冠橄榄绿色，侧冠纹黑色，喉部白色具有细密的黑色纵纹，上体和尾橄榄绿色，下体白色。
习　　性	主要栖息于海拔 2500 m 以下的阔叶林和竹林中，活泼好动，常结小群。主要以昆虫和昆虫幼虫为食。
观察时间	全年。
校园分布	北大山、老图书馆附近。

强脚树莺 *Horornis fortipes* 英文名：Brown-flanked Bush Warbler

居 留 型	留鸟。
形态特征	体长 10.5～13 cm，体重 9～14 g。具淡黄色眉纹，腹部、胸侧、两胁及尾下覆羽褐黄色。
习　　性	栖息于中、低山常绿阔叶林，次生林及林缘灌丛等地。通常躲藏于茂密的灌丛，但可以通过其特有的连续渐高的鸣叫声轻松辨别。在繁殖期求偶状态亢奋时可能会出现在更加暴露的位置。主要以昆虫为食。
观察时间	3 月至 6 月。
校园分布	北大山、南大山公寓附近。

鳞头树莺 *Urosphena squameiceps*　　　　英文名：Asian Stubtail

居 留 型	旅鸟。
形态特征	体长 8~10 cm，体重 6~10 g，体小而尾极短的树莺。具明显的深色贯眼纹和浅色的眉纹，上体纯褐，下体近白，两胁及臀黄色，顶冠具鳞状斑纹。外形看似矮胖，翼宽且嘴尖细。
习　　性	主要栖息于海拔 1500 m 以下的低山和山脚的混交林地带，尤以林中河谷溪流沿岸的僻静密林深处较常见。主要以昆虫为食，是少见且行踪隐秘的旅鸟。
观察时间	4月至5月、9月至10月。
校园分布	新图书馆附近（有鸟撞记录，罕见）。

长尾山雀科 Aegithalidae

银喉长尾山雀 *Aegithalos glaucogularis*　　　英文名：Silver-throated Bushtit

居 留 型	留鸟。
形态特征	体长 12 ~ 16.5 cm，体重 7 ~ 11 g。具宽的黑眉纹，翼上褐色及黑色，下体沾粉色。幼鸟下体色浅，胸棕色。
习　　性	栖息于山地针叶林或针、阔混交林中。主要以小型昆虫为食。
观察时间	全年。
校园分布	北大山、新青年广场、老图书馆。

红头长尾山雀 *Aegithalos concinnus*　　　　英文名：Black-throated Bushtit

居 留 型　留鸟。

形态特征　体长 9～12 cm，体重 5～8 g，头顶及胸棕色，过眼纹宽而黑，颏及喉白且具黑色圆形胸兜，下体白且具不同程度的栗色。

习　　性　主要栖息于山地森林和灌木林间。主要以小型昆虫为食。

观察时间　全年。

校园分布　老图书馆、北大山。

鸦雀科　Paradoxornithidae

棕头鸦雀　*Sinosuthora webbiana*　　　英文名：Vinous-throated Parrotbill

居 留 型	留鸟。
形态特征	体长 11.5 ~ 13 cm，体重 10 ~ 12 g。头顶至上背棕红色，上体余部棕褐色，翅红棕色，尾暗褐色。
习　　性	栖息于中、低海拔的灌丛，林缘以及湿地芦苇。常结群在灌木荆棘间穿梭活动，作短距离的低飞，觅食时叫声嘈杂。主要以小型昆虫为食。
观察时间	全年。
校园分布	北大山、老图书馆、樱花大道附近。

绣眼鸟科 Zosteropidae

暗绿绣眼鸟 *Zosterops simplex*　　　　　英文名：Swinhoe's White-eye

居 留 型	留鸟。
形态特征	体长 8.5～12.5 cm，体重 9～15 g。体型较小的橄榄绿色绣眼鸟。上体橄榄色，具明显的白色眼圈和黄色的喉及臀部。胸及两胁灰色，腹白。
习　　性	主要栖息于阔叶林和以阔叶树为主的针阔叶混交林、竹林、次生林等各种类型森林中。通常结5～10只小群活动，以昆虫、植物果实、花蜜为食。
观察时间	全年。
校园分布	北大山。

噪鹛科　Leiothrichidae

画眉　*Garrulax canorus*　　　英文名：Chinese Hwamei

居 留 型	留鸟。
保护等级	国家二级。
形态特征	体长 19.5 ~ 26 cm，体重 55 ~ 58 g。通体棕褐色，白色的眼圈在眼后延伸成狭窄的眉纹（画眉的名称由此而来），顶冠及颈背有偏黑色纵纹。
习　　性	多栖居在山丘灌丛和村落附近或城郊的灌丛、竹林或庭院中。杂食性，主要以昆虫为食，秋冬季节则以植物种子和果实为主要食物来源。
观察时间	全年。
校园分布	南林二村。

雀形目 噪鹛科

小黑领噪鹛 *Garrulax monileger*
英文名：Lesser Necklaced Laughingthrush

居留型	留鸟。
形态特征	体长 27～29 cm，体重 78～85 g。中等体型的棕褐色噪鹛。上体棕橄榄褐色，后颈有一橙棕色领环，一条细长的白色眉纹在黑色贯眼纹衬托下极为醒目，眼先黑色，耳羽灰白色。下体几全为白色，胸部横贯一条黑色胸带。
习　性	栖息于海拔 1300 m 以下的低山和山脚平原地带的阔叶林、竹林和灌丛中。常与黑领噪鹛混群。主要以昆虫为食，也吃植物果实和种子。
观察时间	全年。
校园分布	北大山。

雀形目　噪鹛科

黑脸噪鹛 *Pterorhinus perspicillatus*　　　　英文名：Masked Laughingthrush

居留型	留鸟。
形态特征	体长 26.5～31 cm，体重 100～142 g。额及眼罩黑色，上体暗褐，外侧尾羽端宽，深褐色，下体偏灰，腹部近白色，尾下覆羽黄褐色。
习　性	栖居于平原和丘陵的矮灌木丛中，不善于作长距离的飞行，在地上多鼓翼跳跃前进。常在荆棘丛或篱墙的下层活动，喜群居。杂食性，主要以昆虫为食，秋冬季多取食植物果实。
观察时间	全年。
校园分布	校内广泛分布。

黑领噪鹛 *Pterorhinus pectoralis*
英文名：Greater Necklaced Laughingthrush

居留型	留鸟。
形态特征	体长 28.5～32 cm，体重 135～152 g，体型略大的棕褐色噪鹛。头顶和上体褐色，眼先和眉纹白色，脸部具黑白相间的横纹，颈侧至胸前具显著的黑色宽带，形成一半领环，其后方的颈背向下至两胁皆为棕黄色，其余下体白色。尾褐色，尾羽端具白色斑。
习　　性	栖息于海拔 1500 m 以下的低山和山脚平原地带的阔叶林中，也出入于林缘疏林和灌丛。以甲虫、金花虫、蜻蜓、天蛾卵和幼虫以及蝇等昆虫为食，也吃草籽和其他植物果实与种子。
观察时间	全年。
校园分布	北大山。

雀形目　噪鹛科

椋鸟科 Sturnidae

八哥 *Acridotheres cristatellus*　　　　　　　　　　　英文名：Crested Myna

居 留 型	留鸟。
形态特征	体长 22～28 cm，体重 78～150 g。雌雄同型。通体黑色，鼻须及额形成长而竖直的羽簇，翅具白色翅斑，飞翔时尤为明显。尾羽和尾下覆羽具白色端斑。虹膜橘黄色，喙乳黄色，脚黄色。
习　　性	主要栖息于海拔 2000 m 以下的低山丘陵和山脚平原地带的次生阔叶林、竹林和林缘疏林中。常集大群活动，尤其是在傍晚，叫声尖锐嘈杂。杂食性，食物以昆虫和植物果实为主，有时也会取食例如幼蛇、蜥蜴、蛙等小型脊椎动物。
观察时间	全年。
校园分布	校内广泛分布。

丝光椋鸟 *Spodiopsar sericeus* 英文名：Red-billed Starling

居 留 型	留鸟。
形态特征	体长 20～23.5 cm，体重 65～82 g。体型略大的灰白色椋鸟。喙红色，两翼及尾黑色，飞行时翼下白斑明显，头具近白色丝状羽，上体余部灰色。
习　性	主要栖息于海拔 1000 m 以下的低山丘陵和山脚平原地区的次生林、小块丛林和稀树草坡等开阔地带。主要以昆虫为食，也吃桑葚、榕果等植物果实与种子。
观察时间	全年。
校园分布	校内广泛分布。

灰椋鸟 *Spodiopsar cineraceus* 英文名：White-cheeked Starling

居 留 型 留鸟。

形态特征 体长 18 ~ 24 cm，体重 74 ~ 95 g。中等体型的棕灰色椋鸟。头黑色，喙橙红色，头侧具白色纵纹，飞行时翼下有白斑。雌鸟色浅而暗。

习　　性 栖息于低山丘陵至平原的疏林、草甸或农田，常见其与丝光椋鸟混群，在人居地附近觅食活动。主要以天牛、金龟子、叶甲、蝗虫、蝼蛄、蚊、蝇等农林害虫为主食。

观察时间 全年。

校园分布 校内广泛分布。

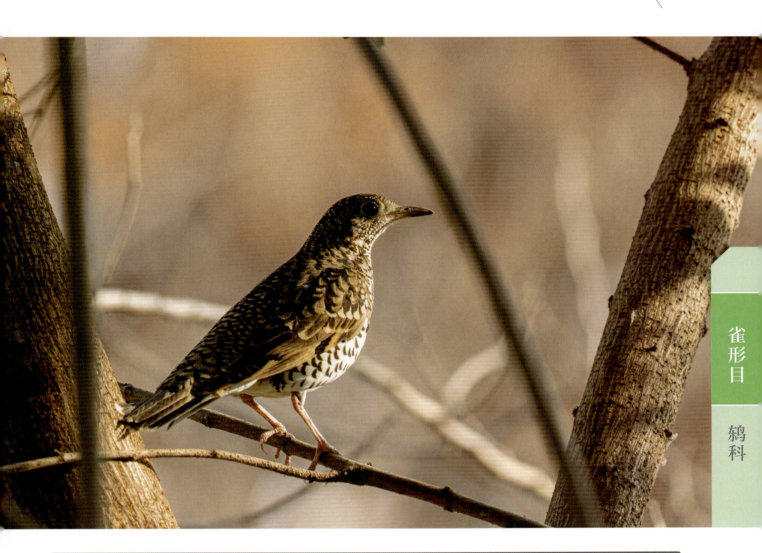

鸫科 Turdidae

虎斑地鸫 *Zoothera aurea* 英文名：White's Thrush

居 留 型	冬候鸟。
形态特征	体长 26～30 cm，体重 88～130 g。体大并具粗大的褐色鳞状斑纹的鸫。上体褐色，下体白，具鳞状斑纹。
习　　性	主要栖息于阔叶林、针阔叶混交林和针叶林中，具地栖性，常单独或成对活动，多在林下灌丛中或地上觅食。主要以昆虫和无脊椎动物为食，有时也吃少量植物果实、种子和嫩叶等植物性食物。
观察时间	10月至次年3月。
校园分布	北大山。

灰背鸫 *Turdus hortulorum*　　　　英文名：Grey-backed Thrush

居 留 型	冬候鸟。
形态特征	体长 20.5～22.5 cm，体重 50～73 g。体型略小的灰色鸫。两胁棕色。雄鸟上体全灰，喉偏灰白，胸灰，腹中心及尾下覆羽白，两胁及翼下橘黄。雌鸟上体褐色较重，喉及胸白，胸侧及两胁具黑色点斑。
习　　性	栖息于低山丘陵的茂林中，尤喜林下植被丰富的河谷次生阔叶林。常单独或成对活动。迁徙季成小群活动于开阔地带。营地栖生活。主食鞘翅目、鳞翅目和双翅目等昆虫和幼虫，也吃蚯蚓和植物种实。
观察时间	10月至次年4月。
校园分布	北大山。

乌灰鸫 *Turdus cardis*   英文名：Japanese Thrush

居 留 型	夏候鸟。
形态特征	体长 19.5～23 cm，体重 65～84 g。雌雄异色。雄鸟上体纯黑灰，头及上胸黑色，下体余部白色，腹部及两胁具黑色点斑。雌鸟上体灰褐，下体白色，上胸具偏灰色的横斑，胸侧及两胁沾赤褐，胸及两侧具黑色点斑。
习　　性	多栖息于中低海拔山地的阔叶林、针阔混交林的中层和底层。繁殖季成对活动，非繁殖季集小群活动于林缘、园林和旷野边的疏林中，具地栖性，性隐蔽而怯生。多在地面觅食，主要觅食昆虫，也吃植物果实和种子。
观察时间	5月至7月。
校园分布	紫湖溪、樱花大道、北大山（偶见）。

雀形目 | 鸫科

乌鸫 *Turdus mandarinus*
英文名：Chinese Blackbird

居留型	留鸟。
形态特征	体长 24～25 cm，体重 80～110 g。校园最常见的鸫，通体黑色，嘴黄色，脚黑，具黄色眼圈。
习　　性	栖息于各种不同类型的生境中，覆盖范围从数百米的低海拔地区到高达 4500 m 的高海拔地区。常单独或成对活动，多在地上觅食。繁殖期间常隐匿于高大乔木顶部枝叶丛中，不停地鸣叫。主要以昆虫、蚯蚓和其他无脊椎动物为食。
观察时间	全年。
校园分布	校内广泛分布。

雀形目　鸫科

雀形目 鸫科

白眉鸫 *Turdus obscurus* 英文名：Eyebrowed Thrush

居 留 型	冬候鸟。
形态特征	体长 20.5～23 cm，体重 49～89 g。中等体型的褐色鸫。白色过眼纹明显，上体褐色，头深灰色，眉纹白，胸带褐色，腹白而两侧沾赤褐色。
习　　性	繁殖期间主要栖息于海拔 1200 m 以上的针阔叶混交林、针叶林和杨桦林中，尤以河谷等水域附近茂密的混交林较常见，迁徙和越冬期间也见于常绿阔叶林、杂木林、人工松树林、林缘疏林草坡、果园和农田地带。主要以昆虫和浆果为食。
观察时间	10 月至次年 2 月。
校园分布	体育馆附近（偶见）。

白腹鸫 *Turdus pallidus* 英文名：Pale Thrush

居 留 型	冬候鸟。
形态特征	体长 20.5 ~ 24 cm，体重 66 ~ 76 g。中等体型的褐色鸫。额、头顶和颈灰褐色，脸和喉部灰色，无眉纹。上体橄榄褐色，胸和两胁灰褐色，其余下体白色，尾羽两端白色，飞行时易见。
习　　性	冬季常见于中低海拔的针阔叶混交林，行为与其他地栖鸫科鸟类类似，主要植物果实和种子为食。
观察时间	11 月至次年 3 月。
校园分布	北大山。

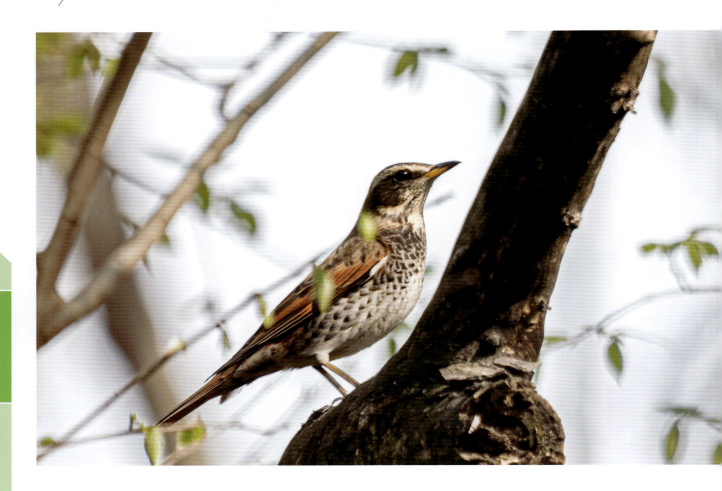

斑鸫 *Turdus eunomus*　　　　　　　　　　英文名：Dusky Thrush

居 留 型	冬候鸟。
形态特征	体长 20～25 cm，体重 69～85 g。中等体型且具明显黑白色图纹的鸫。具白色眉纹，翅棕色，胸带和两胁具黑斑。
习　　性	繁殖期间主要栖息于西伯利亚泰加林、桦树林、白杨林、杉木林等各种类型森林和林缘灌丛地带，非繁殖季节主要栖息于杨桦林、杂木林、松林和林缘灌丛地带，也出现于农田、地边、果园和村镇附近疏林灌丛草地和路边树上，特别是林缘疏林灌丛和农田地区在迁徙期间较常见。主要以昆虫为食。
观察时间	11月至次年3月。
校园分布	北大山。

宝兴歌鸫 *Turdus mupinensis*　　　　　　　　　　　英文名：Chinese Thrush

居 留 型	冬候鸟。
形态特征	体长 20~24 cm，体重 51~74 g。上体橄榄褐色，眉纹棕白色，耳羽淡皮黄色，耳部有显著的黑色块斑。下体白色，密布圆形黑色斑点。
习　　性	单独或成对活动，多在林下灌丛中或地上寻食。主要以半翅目、鳞翅目、鞘翅目昆虫及其幼虫为食。
观察时间	9月至次年2月。
校园分布	北大山（偶见）。

鹟科 Muscicapidae

鹊鸲 *Copsychus saularis*　　　　　英文名：Oriental Magpie Robin

居 留 型	留鸟。
形态特征	体长 18.5～23 cm，体重 33～47 g。中等体型的黑白色鸲。雄鸟头、胸及背蓝黑色，外侧尾羽及覆羽上的条纹白色。雌鸟似雄鸟，但通体偏灰色。
习　　性	常在人类活动的地方居住，栖息地点相对固定。主食甲虫、蝼蛄、蟋蟀、蚂蚁、蜂和蝇等多种昆虫，以及少量植物种子和果实。
观察时间	全年。
校园分布	校内广泛分布。

灰纹鹟 *Muscicapa griseisticta*   英文名：Grey-streaked Flycatcher

居留型	旅鸟。
形态特征	体长 11.5～14 cm，体重 12～18 g。体型略小的褐灰色鹟。眼圈白，下体白，胸及两胁具深灰色纵纹。
习　性	常栖于密林、开阔森林及林缘。主要以昆虫和昆虫幼虫为食，常见的食物种类有蛾、蝶等鳞翅目幼虫，以及象甲、金龟甲等鞘翅目昆虫和其他幼虫。
观察时间	5月。
校园分布	北大山。

雀形目 鹟科

北灰鹟　*Muscicapa dauurica*　　　　英文名：Asian Brown Flycatcher

居 留 型　旅鸟。

形态特征　体长 10～14.5 cm，体重 7～16 g，体型略小的褐灰色鹟。上体灰褐，下体偏白，胸侧及两胁褐灰，眼圈白色，下喙基部色淡。

习　　性　常栖于密林、开阔森林及林缘。主要以昆虫和昆虫幼虫为食。

观察时间　4月至5月。

校园分布　北大山。

鸟纲 Aves

白腹蓝鹟　*Cyanoptila cyanomelana*　　英文名：Blue-and-white Flycatcher

居 留 型	旅鸟。
形态特征	体长 16～17 cm，体重约 25 g。雄性成鸟羽色非常艳丽，有闪亮的蓝色背部，腹部白色，脸部黑色延至胸部，雄性幼鸟有似成鸟的蓝色翅膀，其余部位为褐色。
习　　性	栖息于海拔 1200 m 以上的针阔混交林及林缘灌丛。主要以昆虫和昆虫幼虫为食。
观察时间	4 月至 6 月；9 月至 10 月。
校园分布	北大山（偶见）。

雀形目　鹟科

红尾歌鸲 *Larvivora sibilans*   英文名：Rufous-tailed Robin

居留型	旅鸟。
形态特征	体长 12~15 cm，体重 11~18 g。上体棕褐色，尾羽棕栗色，眼先和颊黄褐色，具淡黄褐色眼圈。下体、颏、喉污灰白色，微沾皮黄色。胸部具橄榄色扇贝形纹，两胁橄榄灰白色，腹部和尾下覆羽与颏、喉同。虹膜深褐色，喙黑色，脚淡粉色。
习　　性	多栖息于常绿阔叶林和林木稀疏而林下灌木密集的区域，主要在地面或接近地面的灌木或树桩上活动。以毛虫、蚱蜢等鞘翅目，鳞翅目，直翅目等昆虫和昆虫的幼虫为食。
观察时间	4月至5月；10月至11月。
校园分布	樱花大道及紫湖溪附近灌丛。

雄鸟　　雌鸟

红胁蓝尾鸲　*Tarsiger cyanurus*　　英文名：Orange-flanked Bush-robin

居 留 型	冬候鸟。
形态特征	体长 12 ~ 15.5 cm，体重 10 ~ 17 g。体型略小的鸲。两胁橘黄色，腹部灰白色。雄鸟上体蓝色，具白色眉纹。亚成鸟及雌鸟褐色，尾蓝。
习　　性	栖于湿润山地森林及次生林的林下低处。以各类昆虫等动物性食物为主，也吃果实和种子等植物性食物。
观察时间	10 月至次年 3 月。
校园分布	北大山。

紫啸鸫　*Myophonus caeruleus*　　　英文名：Blue Whistling Thrush

居 留 型	留鸟。
形态特征	体长 28 ~ 35 cm，体重 136 ~ 210 g。紫啸鸫雌雄羽色相似，通体蓝紫色，前额基部和眼先黑色，各羽末端均具金属光泽的淡紫色滴状斑。此滴状斑在头顶和后颈较小，在两肩和背部较大，腰和尾上覆羽滴状斑较小且稀疏。
习　　性	栖于临河流、溪流或密林中岩石附近。常于地面取食。食物主要以昆虫和昆虫幼虫为主，也吃少量植物的果实和种子。
观察时间	全年。
校园分布	紫湖溪、北大山、南大山公寓。

雀形目　鸫科

鸟纲 Aves 113

雀形目

鹟科

白眉姬鹟 *Ficedula zanthopygia*　　　　　英文名：Yellow-rumped Flycatcher

居留型	夏候鸟。
形态特征	体长 11 ~ 14 cm，体重 10 ~ 15 g。体小的黄、白、黑色鹟。雄鸟上体黑色，下体黄色，具白色眉纹和白色翼斑。雌鸟上体橄榄绿色，无眉纹。
习　性	喜栖于混合林，尤其是河畔的树丛。主要以天牛科、拟天牛科成虫，叩头虫、瓢虫、象甲、金花虫等鞘翅目昆虫，以及尺蠖蛾科、松鞘蛾、波纹夜蛾幼虫、毛虫和其他鳞翅目幼虫为食。
观察时间	4月至6月。
校园分布	北大山。

鸲姬鹟 *Ficedula mugimaki*　　　　　　　　　英文名：Mugimaki Flycatcher

居 留 型　旅鸟。

形态特征　体长 11~13.5 cm，体重 11~15 g。体型略小的橘黄及黑白色的鹟。雄鸟上体灰黑，狭窄的白色眉纹于眼后，翼上具明显的白斑，尾基部羽缘白色，喉、胸及腹侧橘黄，下腹及尾下覆羽白色。雌鸟上体包括腰褐色，下体似雄鸟但色淡，尾无白色。

习　　性　栖息于山地森林和平原的小树林、林缘及林间空地。主要以鞘翅目、鳞翅目、直翅目、膜翅目等昆虫和昆虫幼虫为食。

观察时间　5月、10月。

校园分布　北大山。

雀形目　鹟科

北红尾鸲 *Phoenicurus auroreus* 　　　　　　　　　　英文名：Daurian Redstart

居 留 型	冬候鸟。
形态特征	体长 12.5～16 cm，体重 14～22 g，中等体型而色彩艳丽的红尾鸲。具明显而宽大的白色翼斑。雄鸟眼先、头侧、喉、上背及两翼黑色，仅翼斑白色，雌鸟通体褐色，白色翼斑显著，具淡黄色眼圈。
习　　性	夏季栖于亚高山森林、灌丛及林间空地，冬季栖于低地落叶矮树丛及耕地。常站立在突出的枝条上，尾上下颤动并点头。以昆虫及植物种子为食。
观察时间	10月至次年3月。
校园分布	北大山。

雀形目　梅花雀科

梅花雀科　Estrildidae

白腰文鸟　*Lonchura striata*　　　　　　　英文名：White-rumped Munia

居 留 型	留鸟。
形态特征	体长 10～12 cm，体重 9～15 g。中等体型的文鸟。上体深褐，特征为具尖形的黑色尾，腰白，腹部皮黄白。背上有白色纵纹，下体具细小的皮黄色鳞状斑及细纹。
习　　性	栖息于海拔 1500 m 以下的低山丘陵和山脚平原地带，尤以溪流、苇塘、农田耕地和村落附近较常见。通常活动于草丛、稻田中，在榕树、相思树等上筑巢，以草叶编织成球状鸟巢。以植物种子为主食，夏季也取食昆虫和未成熟的谷穗、草穗。
观察时间	全年。
校园分布	行政楼附近、北大山。

鸟纲 Aves 117

雀科　Passeridae

山麻雀　*Passer cinnamomeus*　　　　　　英文名：Russet Sparrow

居留型	夏候鸟。
形态特征	体长 12～14 cm，体重 15～21 g。雄雌异色，雄鸟顶冠及上体为鲜艳的黄褐色或栗色，上背具纯黑色纵纹，喉黑，白色的脸颊与麻雀差异明显。雌鸟色较暗，具深色的宽眼纹及奶油色的长眉纹。
习　性	栖息于低山丘陵和山脚平原地带的开阔林地、灌丛、农田及村寨。杂食性，以植物性食物和昆虫为食。
观察时间	4月至6月。
校园分布	南大山公寓（偶见）。

麻雀 *Passer montanus*　　　英文名：Eurasian Tree Sparrow

居 留 型　留鸟。

形态特征　体长 11.5 ~ 15 cm，体重 16 ~ 24 g。体型略小的矮圆而活跃的雀科鸟类。头部暗栗褐色，背部棕褐并带有黑褐色条纹，耳下方有黑斑，喉部黑色。

习　　性　麻雀广泛分布于全国，常见于农村和城市的各类生境，与人类伴生，栖息于居民点附近。杂食性，春夏育雏时动物性食物占比高，秋冬多以植物种子为食。

观察时间　全年。

校园分布　校内广泛分布。

鹡鸰科 Motacillidae

山鹡鸰 *Dendronanthus indicus* 英文名：Forest Wagtail

居 留 型	夏候鸟。
形态特征	体长 14.5 ~ 17 cm，体重 15 ~ 19 g。具非常突出的近白色眉纹，上胸具两条月牙形的黑色胸带。上体橄榄色，黑色的翅膀具两道宽大的白色翼斑。
习 性	主要栖息于低山丘陵地带的山地森林中，尤以稀疏的次生阔叶林中较常见，也栖息于混交林、落叶林和果园中。常单独或成对活动在林缘、河边、林间空地、甚至城镇公园中的树上。喜欢在粗的树枝上来回行走，以典型鹡鸰类的波浪式飞行。主要以昆虫为食。
观察时间	4月至6月。
校园分布	北大山（罕见）。

树鹨 *Anthus hodgsoni*　　　　　　　　　　　　英文名：Olive-backed Pipit

居 留 型	冬候鸟。
形态特征	体长 14 ~ 17 cm，体重 20 ~ 26 g。中等体型的橄榄色鹨。具粗显的白色眉纹。与其他鹨属鸟类的区别在于背部深色纵纹较少，喉及两胁皮黄，胸及两胁黑色纵纹浓密，耳后具白斑。
习　　性	主要栖息于针阔混交林、马尾松林和农耕区。常单独或结小群活动，站立时尾常上下摆动，受惊扰时飞起落于树上。主要觅食昆虫及植物种子，也吃少量苔藓。
观察时间	10 月至次年 5 月。
校园分布	紫湖溪、北大山。

黄腹鹨 *Anthus rubescens*　　　　　　　　　　　　　英文名：Buff-bellied Pipit

居 留 型	冬候鸟。
形态特征	体长 14~17 cm，体重 20~26 g，体型略小的褐色而布满纵纹的鹨。似树鹨但上体褐色浓重，胸及两胁纵纹浓密，颈侧具近黑色的块斑。初级飞羽及次级飞羽羽缘白色。
习　　性	主要栖息于阔叶林、混交林和针叶林等山地森林中，亦在高山矮曲林和疏林灌丛栖息。迁徙期间和冬季，则多栖于低山丘陵和山脚平原草地。常活动在林缘、路边、河谷、林间空地、高山苔原、草地等各类生境，有时也出现在居民区。主要取食鞘翅目昆虫、鳞翅目幼虫及膜翅目昆虫，兼食部分植物种子。
观察时间	10月至次年4月。
校园分布	北大山（罕见）。

灰鹡鸰 *Motacilla cinerea*　　　　　　　　　　英文名：Grey Wagtail

居 留 型　留鸟。

形态特征　体长 17～19 cm，体重 14～12 g。中等体型而尾长的偏灰色鹡鸰。头部和背部深灰色。尾下覆羽黄色，中央尾羽褐色，最外侧一对黑褐色具大形白斑。

习　　性　栖息于溪流、河谷、沼泽、池塘等多种水域的岸边以及附近农田、草地乃至居住点等。主要以昆虫为食。

观察时间　全年。

校园分布　紫湖溪（偶见）。

白鹡鸰 *Motacilla alba*　　　　　英文名：White Wagtail

居 留 型	留鸟。
形态特征	体长 15.5～19.5 cm，体重 15～30 g。中等体型的黑、灰及白色的鹡鸰。额顶前部和脸白色，头顶后部、枕和后颈黑色。背、肩黑色或灰色，飞羽黑色。翅上小覆羽灰色或黑色，中覆羽、大覆羽白色或尖端白色，在翅上形成明显的白色翅斑。尾长而窄，尾羽黑色，最外两对尾羽主要为白色。颏、喉白色或黑色，胸黑色，其余下体白色。虹膜黑褐色，嘴和跗蹠黑色。
习　　性	多栖于地上或岩石上，有时也栖于小灌木或树上，多在水边或水域附近的草地、农田、荒坡或路边活动，或在地上慢步行走，或跑动捕食。主要以昆虫为食，偶尔也吃植物种子、浆果等植物性食物。
观察时间	全年。
校园分布	校内广泛分布。

燕雀科　Fringillidae

燕雀　*Fringilla montifringilla*　　　　　　　　　　　　　　　　　英文名：Brambling

居留型	冬候鸟。
形态特征	体长 13~17 cm，体重 19~28 g。中等体型、斑纹分明的雀。胸及两胁棕色，腰白色。成鸟雄鸟头及颈背黑色，背近黑，腹部白，两翼及叉形的尾黑色。
习　性	繁殖期间栖息于阔叶林、针叶阔叶混交林和针叶林等各类森林中，尤以在桦树占优势的树林较常见。主要以草籽、果食等植物性食物为食，尤喜食杂草种子，也吃小米、稻谷、高粱、玉米、向日葵等农作物种子，繁殖期间则主要以昆虫为食。
观察时间	10月至次年4月。
校园分布	北大山。

黑尾蜡嘴雀 *Eophona migratoria*　　　　　英文名：Chinese Grosbeak

居 留 型	留鸟。
形态特征	体长 17.5～20.5 cm，体重 41～59.5 g。雄鸟整个头部为辉亮的黑色，后颈和背、肩灰褐色，腰和尾上覆羽淡灰色，尾黑色，初级覆羽和飞羽具有明显的白色端斑。下体淡灰色，腹中央至尾下覆羽白色。虹膜淡褐色，喙橙黄色，。雌鸟头部灰褐色，无黑色，其余似雄鸟而色泽偏灰淡。
习　　性	栖息于低山和山脚平原地带的阔叶林、针阔叶混交林、次生林和人工林中，也出现于林缘疏林、河谷、果园、城市公园以及农田地边和庭院中的树上。主要以种子、果实、嫩叶、嫩芽等植物性食物为食，也吃部分昆虫。
观察时间	全年。
校园分布	北大山。

雀形目 燕雀科

金翅雀 *Chloris sinica* 英文名：Oriental Greenfinch

居 留 型	留鸟。
形态特征	体长 11.5 ~ 14.5 cm，体重 15 ~ 22 g。喙细直而尖，基部粗厚，头顶暗灰色。双翅的飞羽黑褐色，但基部有宽阔的黄色翼斑。飞行时翼下黄色翅斑明显。
习　　性	栖息于海拔 1500 m 以下的低山、丘陵、山脚和平原等开阔地带的疏林中，常集群站立于乔木顶端休憩。主要以植物果实、种子和谷粒等农作物为食。
观察时间	10 月至次年 6 月。
校园分布	北大山。

黄雀 *Spinus spinus*　　　　英文名：Eurasian Siskin

居留型	冬候鸟。
形态特征	体长 10.5～12 cm，体重 10～15 g。雄鸟额至头顶黑色，飞羽羽缘缀黄绿色，贯眼纹黑色，头颈侧余部绿黄色，后颈和肩背为橄榄黄绿色，腰鲜黄色，尾羽黑褐色。下体颏和喉中央黑色，喉侧、颈侧、胸至上腹鲜黄色，其余下体白色。两胁和尾下覆羽略缀暗色纵纹。雌鸟似雄鸟，但体色较暗淡，头顶无黑色，头顶至背为灰橄榄黄色。
习　　性	秋季和冬季多见于平原地区或山脚林带避风处，站立于柳、杨、榆等乔木的顶端。秋冬季主要以植物性食物为主。
观察时间	10 月至次年 4 月。
校园分布	北大山。

鹀科　Emberizidae

黄喉鹀 *Emberiza elegans*
英文名：Yellow-throated Bunting

居留型	冬候鸟。
形态特征	体长 13.5～15.5 cm，体重 13～24 g。雄鸟头黑色，具明显羽冠，枕部黄色，上背栗褐色，颈侧、腰部覆羽蓝灰色。喉黄色，胸具大形黑斑，下体余部白色，胁部具褐色纵纹。雌鸟头棕褐色，喉部皮黄色，胸无黑斑，虹膜深褐色，嘴黑色，下嘴色浅，脚淡红色。
习　性	栖息于低山丘陵地带的次生林、阔叶林、针阔叶混交林的林缘灌丛中。主要取食植物种子，繁殖期以昆虫和昆虫幼虫为食。
观察时间	10 月至次年 4 月。
校园分布	北大山。

雀形目 鹀科

栗鹀 *Emberiza rutila* 英文名：Chestnut Bunting

居 留 型　旅鸟。

形态特征　体长 13～15 cm，体重 15～22 g。体型略小栗黄色的鹀。繁殖期雄鸟头、上体及胸栗色而腹部黄色。雌鸟体侧和两胁灰绿，具亮黑褐色纵纹。

习　　性　栖于山麓或田间树上，湖畔或沼泽地的柳林、灌丛或草甸。除繁殖期间成对或单独活动外，其他季节多成小群活动，一般由数只或由 10～30 只个体组成。以植物性食物为主，兼食昆虫等。

观察时间　5 月。

校园分布　新图书馆附近（有鸟撞记录，罕见）。

鸟纲 Aves

白眉鹀　*Emberiza tristrami*　　　英文名：Tristram's Bunting

居 留 型	旅鸟。
形态特征	体长 13～15.2 cm，体重 14～19.8 g。中等体型的鹀。雄鸟头部有黑白色图纹，喉黑，腰棕色而无纵纹。雌鸟及非繁殖期雄鸟色暗，头部对比较少，但图纹似繁殖期的雄鸟，仅颏色浅。
习　 性	栖息于海拔 700～1100 m 的低山针阔叶混交林、针叶林和阔叶林、林缘次生林、林间空地和溪流沿岸。性胆怯，善隐蔽，常于林下灌丛和草丛中活动和觅食，主要食物为草籽、种子等植物性食物，也会取食部分昆虫。
观察时间	4 月至 5 月。
校园分布	行政楼附近灌丛（罕见）。

哺 乳 纲

04

哺乳纲（Mammalia）动物通称兽类，是脊椎动物中演化最晚、生理机能和身体结构最完善的类群。与其他动物类群相比，哺乳动物最突出的特征是胎生和哺乳，胚胎在雌兽体内发育，幼兽出生后雌兽用乳汁喂养。哺乳动物大脑结构复杂，有高度发达的神经系统和感官。完善的血液循环系统和恒温系统以及体温调节机制，为哺乳动物提供了稳定的内环境，减少了其对外界环境的依赖，极大地增强了他们对环境的适应能力。哺乳动物分布广泛，从海洋到高山，从热带到极地都有分布。

据统计，全球目前已知野外存活的哺乳纲动物有6594种，可分为原兽亚纲、后兽亚纲和真兽亚纲，隶属于27个目。《中国生物物种名录》（2024版）记录我国哺乳动物694种，占全球哺乳动物物种数约10.5%。根据最新统计数据，江苏省共有哺乳类9目26科71种。当前，有约25%的哺乳动物为全球受胁物种，人类活动、气候变化和栖息地丧失是哺乳动物的主要受胁因素。

除啮齿目外，本书记录的南京林业大学其他哺乳动物共3目4科6种，均为城市适应型兽类。

猬科 Erinaceidae

东北刺猬 *Erinaceus amurensis*
英文名：Amur Hedgehog

形态特征 体长 150 ~ 290 mm，体重 800 ~ 1200 g。从头至尾均覆有棘刺。受到惊吓或遭遇天敌时，身体可蜷缩为球状。

习　　性 适宜生境广泛，可栖息于海拔至 2000 m 的多种生境。常见于草地和灌木丛等生境，有冬眠习性。取食昆虫或者蜥蜴、青蛙等小型脊椎动物，也会取食植物果实等，属于杂食性哺乳动物。

观察时间 4 月至 10 月。

校园分布 北大山及其附近草地，南林一村。

翼手目 菊头蝠科

菊头蝠科　Rhinolophidae

马铁菊头蝠 *Rhinolophus ferrumequinum*　　　　英文名：Greater Horseshoe Bat

形态特征　体长 58～64 mm。体型较大的菊头蝠类。耳大且宽阔，背毛浅棕色，腹毛淡灰棕色。

习　　性　常栖息于岩洞以及岩隙。以昆虫为食。

观察时间　全年。

校园分布　傍晚见于校内各处空中飞行。

蝙蝠科　Vespertilionidae

东亚伏翼　*Pipistrellus abramus*　　　　英文名：Japanese Pipistrelle

形态特征　体长 48 mm。常见的小型蝙蝠。耳小，一般毛色为深棕色。
习　　性　通常集小群在古旧建筑物的天花板和屋檐下。以昆虫为食。
观察时间　全年。
校园分布　傍晚见于校内各处空中飞行。

翼手目 | 长翼蝠科

哺乳纲　Mammalia

长翼蝠科　Miniopteridae

亚洲长翼蝠　*Miniopterus fuliginosus*
英文名：Eastern Long-fingered Bat

形态特征	体长 100 ~ 110 mm。体型中等，翼长且窄，耳小且短圆。体色从红棕到深棕不等，下体颜色较浅。
习　　性	通常集大群于岩壁上。以昆虫为食。
观察时间	全年。
校园分布	傍晚见于校内各处空中。

翼手目

长翼蝠科

哺乳纲　Mammalia

鼬科　Mustelidae

黄鼬 *Siberian Weasel*
英文名：Siberian Weasel

形态特征	体长 280 ~ 390 mm，体重 650 ~ 820 g。中小体型的鼬类。整体毛色为棕黄色，面部具有近黑色的"面罩"。
习　　性	适应能力极强，可栖息于海拔至 5000 m 的多种生境。常见于林地、灌丛、居民地等生境。食性广泛，包括鸟类、啮齿类和两栖类等，校园内还可见其在垃圾堆附近觅食。
观察时间	4 月至 10 月。
校园分布	校内全域分布。

食肉目

鼬科

鼬獾 *Chinese Ferret-badger*　　　　　　　　英文名：Chinese Ferret-badger

形态特征　体长 31 ~ 42 cm，体重 500 ~ 1600 g。与猪獾、狗獾相比，鼬獾的体型更小且纤细，尾巴占身体比例更大。吻部和额部为黑色，头顶中间有白色条纹。

习　　性　鼬獾属于典型的亚热带与热带兽类。常见于森林、灌丛、草地和居民区等多种生境。杂食性，常取食蚯蚓和昆虫等无脊椎动物，生活在人居地附近的鼬獾常翻找垃圾，取食人为投喂物。

观察时间　4月至10月。

校园分布　南大山公寓、北大山、南林一村。

参 考 文 献

段文科，张正旺，2017. 中国鸟类志：下卷 [M]. 北京：中国林业出版社.

国家林业和草原局和农业农村部. 国家重点保护野生动物名录 [R/OL]. (2021-2-9). http://www.gov.cn/xinwen/2021-02/09/content_5586227.htm.

费梁，2009. 中国动物志：两栖纲 下卷 无尾目 [M]. 北京：科学出版社.

江苏省林业局. 江苏省陆栖脊椎动物名录：2024 [R/OL]. (2024-6-20). https://lyj.jiangsu.gov.cn/art/2024/4/22/art_61275_11237495.html.

刘少英，吴毅，2019. 中国兽类图鉴 [M]. 福州：海峡书局.

宋晔，闻丞，2016. 中国鸟类图鉴：猛禽版 [M]. 福州：海峡书局.

薛达元，2005. 中国生物遗传资源现状与保护 [M]. 北京：中国环境科学出版社.

郑光美，2023. 中国鸟类分类与分布名录 [M]. 4版 北京：科学出版社.

赵尔宓，2006. 中国蛇类：上 [M]. 合肥：安徽科技出版社.

赵尔宓，赵肯堂，周开亚，等，1999. 中国动物志：爬行纲第三卷 有鳞目蜥蜴亚目 [M]. 北京：科学出版社.

赵正阶，2001. 中国鸟类图志：上卷 非雀形目 [M]. 长春：吉林科学技术出版社.

中国两栖类，2022. "中国两栖类"信息系统 [EB/OL]. http://www.amphibiachina.org/.

AmphibiaWeb.l [R/OL]. https://amphibiaweb.org. University of California, Berkeley, CA, USA. [2024-06-30].

BirdLife International [R/OL]. [2024-06-29]. https://www.birdlife.org/. accessed.

Cox N, Young B E, Bowles P, et al., 2022. A global reptile assessment highlights shared conservation needs of tetrapods [J]. Nature, 605: 285-290.

Farooq H, Harfoot M, Rahbek C, et al., 2024. Threats to reptiles at global and regional scales [J]. Current Biology, 34(10):2231-2237.

Luedtke J A, Chanson J, Neam K. et al., 2023. Ongoing declines for the world's amphibians in the face of emerging threats [J]. Nature, 622: 308-314.

The IUCN Red List of Threatened Species. Version 2024-1 [R/OL]. https://www.iucnredlist.org.

The Reptile Database [R/OL]. [2024-06-30]. http://www.reptile-database.org, accessed.

Uetz P, Freed P, Aguilar R. et al., 2023. The Biodiversity Committee of Chinese Academy of Sciences, 2024, Catalogue of Life China: 2024 Annual Checklist [R/OL]. Beijing, China.

动物中文名称索引

A

暗灰鹃	059
暗绿绣眼鸟	088

B

八哥	094
白腹鸫	103
白腹蓝鹟	109
白鹡鸰	123
白鹭	032
白眉鸫	102
白眉姬鹟	113
白眉鸭	131
白头鹎	076
白腰草鹬	037
白腰文鸟	116
斑鸫	104
斑姬啄木鸟	052
斑头鸺鹠	039
宝兴歌鸫	105
北方狭口蛙	003
北红尾鸲	115
北灰鹟	108

C

池鹭	031
赤腹鹰	042
赤链蛇	015

D

大斑啄木鸟	055
大杜鹃	029
大山雀	072
大鹰鹃	027
戴胜	049
东北刺猬	135
东亚伏翼	137
豆雁	021
多疣壁虎	010

F

发冠卷尾	062
凤头鹰	042

H

黑斑侧褶蛙	007
黑短脚鹎	077
黑卷尾	060
黑脸噪鹛	092
黑领噪鹛	093
黑眉锦蛇	013
黑尾蜡嘴雀	125
黑鸢	046
红隼	056
红头长尾山雀	086
红尾伯劳	066
红尾歌鸲	110
红胁蓝尾鸲	111
红嘴蓝鹊	068
虎斑地鸫	097
画眉	089
黄腹鹨	121
黄腹山雀	071
黄喉鹀	129
黄眉柳莺	078
黄雀	127
黄腰柳莺	079
黄鼬	141
灰背鸫	098
灰鹡鸰	122
灰卷尾	061
灰脸鹰	047
灰椋鸟	096

动物中文名称索引

灰树鹊	069	普通鸬鹚	035	无蹼壁虎	011
灰头绿啄木鸟	053				
灰纹鹟	107	**Q**		**X**	
灰喜鹊	067	强脚树莺	083	喜鹊	070
灰胸竹鸡	018	丘鹬	036	小黑领噪鹛	091
		鸲姬鹟	114	小弧斑姬蛙	005
J		雀鹰	045	小灰山椒鸟	058
极北柳莺	081	鹊鸲	106	小鹀鹛	023
家燕	073			星头啄木鸟	050
金翅雀	126	**S**			
金腰燕	074	三宝鸟	050	**Y**	
		山斑鸠	024	亚洲长翼蝠	154
L		山鹡鸰	119	燕雀	124
栗鹀	130	山麻雀	117	夜鹭	030
鳞头树莺	084	蛇雕	040	银喉长尾山雀	085
领雀嘴鹎	075	饰纹姬蛙	004	游隼	057
		寿带	063	鼬獾	142
M		树鹨	120		
麻雀	118	丝光椋鸟	095	**Z**	
马铁菊头蝠	136	四声杜鹃	028	噪鹛	026
冕柳莺	080	松雀鹰	043	泽陆蛙	006
		松鸦	066	中华蟾蜍	002
N				珠颈斑鸠	025
宁波滑蜥	012	**W**		紫啸鸫	112
		乌鸫	101	棕背伯劳	065
P		乌灰鸫	099	棕脸鹟莺	082
普通翠鸟	051	乌梢蛇	014	棕头鸦雀	087

动物拉丁名称索引

A

Abroscopus albogularis	082
Accipiter nisus	045
Accipiter soloensis	042
Accipiter trivirgatus	041
Accipiter virgatus	043
Acridotheres cristatellus	094
Aegithalos concinnus	086
Aegithalos glaucogularis	085
Alcedo atthis	051
Anser fabalis	021
Anthus hodgsoni	120
Anthus rubescens	121
Ardeola bacchus	031

B

Bambusicola thoracicus	018
Bufo gargarizans	002
Butastur indicus	047

C

Cecropis daurica	074
Chloris sinica	126
Copsychus saularis	106
Cuculus canorus	029
Cuculus micropterus	028
Cyanopica cyanus	067
Cyanoptila cyanomelana	109

D

Dendrocitta formosae	069
Dendrocopos major	055
Dendronanthus indicus	119
Dicrurus hottentottus	062
Dicrurus leucophaeus	061
Dicrurus macrocercus	060

E

Egretta garzetta	032
Elaphe taeniura	013
Elaphe taeniura	015
Emberiza elegans	129
Emberiza rutila	130
Emberiza tristrami	131
Eophona migratoria	125
Erinaceus amurensis	135
Eudynamys scolopaceus	026
Eurystomus orientalis	050

F

Falco peregrinus	057
Falco tinnunculus	056
Falco tinnunculus	059
Fejervarya multistriata	006
Ficedula mugimaki	114
Ficedula zanthopygia	113
Fringilla montifringilla	124

G

Garrulax canorus	089
Garrulax monileger	091
Garrulus glandarius	066
Gekko japonicus	010
Gekko swinhonis	011
Glaucidium cuculoides	039

H

Hierococcyx sparverioides	027
Hirundo rustica	073
Horornis fortipes	083
Hypsipetes leucocephalus	077

K

Kaloula borealis	003

L

Lanius cristatus	064

Lanius schach	065	*Phalacrocorax carbo*	035	*Spodiopsar sericeus*	095
Larvivora sibilans	110	*Phoenicurus auroreus*	115	*Streptopelia orientalis*	024
Lonchura striata	116	*Phylloscopus borealis*	081		

M

		Phylloscopus coronatus	080		
		Phylloscopus inornatus	078	*Tachybaptus ruficollis*	023
Melogale moschata	142	*Phylloscopus proregulus*	079	*Tarsiger cyanurus*	111
Microhyla fissipes	004	*Pica serica*	070	*Terpsiphone incei*	063
Microhyla heymonsi	005	*Picoides canicapillus*	054	*Tringa ochropus*	037
Milvus migrans	046	*Picumnus innominatus*	042	*Turdus cardis*	099
Miniopterus fuliginosus	139	*Picus canus*	043	*Turdus eunomus*	104
Motacilla alba	123	*Pipistrellus abramus*	137	*Turdus hortulorum*	098
Motacilla cinerea	122	*Pterorhinus pectoralis*	093	*Turdus mandarinus*	101
Muscicapa dauurica	108	*Pterorhinus perspicillatus*	092	*Turdus mupinensis*	105
Muscicapa griseisticta	107	*Pycnonotus sinensis*	076	*Turdus obscurus*	102
Mustela sibirica	142			*Turdus pallidus*	103
Myophonus caeruleus	112				

T

R

U

N

Rhinolophus ferrumequinum 136

				Upupa epops	049
Nycticorax nycticorax	030			*Urocissa erythroryncha*	068

S

				Urosphena squameiceps	084

P

		Scincella modesta	012		
		Scolopax rusticola	036		

Z

Pardaliparus venustulus	071	*Sinosuthora webbiana*	087		
Parus minor	072	*Spilopelia chinensis*	025	*Zaocys dhumnades*	014
Passer cinnamomeus	117	*Spilornis cheela*	040	*Zoothera aurea*	097
Passer montanus	118	*Spinus spinus*	127	*Zosterops simplex*	088
Pelophylax nigromaculatus	007	*Spizixos semitorques*	075		
Pericrocotus cantonensis	058	*Spodiopsar cineraceus*	096